ANDREW LLOYD WEBBER UNMASKED

A MEMOIR

韦伯自传

面具后的天才与狂喜

（英）安德鲁·洛伊德·韦伯 著
裘晔 邵京英 译

广西师范大学出版社
·桂林·

中文版代序

安德鲁·洛伊德·韦伯爵士的大名，早就由于他那两部著名的音乐剧《猫》和《剧院魅影》的数次上演，而在中国为音乐剧爱好者所熟知！说起来，音乐剧为国人接受并喜爱不过是近二十年不到的事。上海大剧院 2002 年率先引进了音乐剧《悲惨世界》，第二年又逆“非典”而上推出了洛伊德·韦伯爵士的名作《猫》，紧接着又连续上演了 100 场《剧院魅影》，作为上海大剧院首任艺术总监的我也由此与韦伯大师相识。

2018 年，长期参与我们音乐剧演出项目的裘晔先生告知我，他已经获得正式授权，把洛伊德·韦伯爵士皇皇 45 万字的自传《韦伯自传：面具后的天才与狂喜》翻译成中文出版，对于这样一件十分辛苦而又功德无量的事，今天最终能够变为现实着实让人感到无限欣慰和钦佩。在通读全书的过程中我不禁又忆起了当年在作曲家的伦敦家中做客的情景，并希望以此回忆文章代为裘晔的译文作序！

2009 年春，我受邀去伦敦参加“中英音乐剧论坛”，洛伊德·韦伯爵士得知后，通过在英国“四十八家集团俱乐部”工作的夏乐进先生，邀请我抵英次日晚即赴他家做客。夏先生说：“韦伯要详细向你介绍他新写的音乐剧《魅影：永不逝去的爱》。”

自二十世纪七十年代起，韦伯已创作了许多音乐剧，包括《猫》

《剧院魅影》《星光快车》《日落大道》《约瑟夫和神奇彩衣》等，均是久演不衰的上乘佳作，其中《猫》和《剧院魅影》最受欢迎。

音乐剧爱好者都非常喜欢韦伯的音乐，但我却觉得在《剧院魅影》之后，韦伯的另几部作品（如《白衣女郎》等）的歌曲，缺少了他原先创作中的那种灵秀和魅力。有人评说，1986 年韦伯创作《剧院魅影》时正在与莎拉·布莱曼热恋，激发了作曲家的灵感，写出了那么多脍炙人口的优美旋律。但自从与莎拉分手，此种感觉似乎再也没有重返他的心灵。二十年后，也许“回忆重新降临”，韦伯突然又找到了那种情怀。几乎花了一年时间，他为《剧院魅影》写了续集，便是我在他家里听到的《魅影：永不逝去的爱》（后来也有翻译为《真爱不死》）的音乐。他提出让《魅影：永不逝去的爱》择时在欧、美、亚太地区的三座代表性城市一起推出，作为全世界首演。伦敦、纽约是当仁不让的两座首选城市，那么亚洲放在哪座城市呢？知情者告诉我，首尔、东京、墨尔本、悉尼还有中国香港都希望应此盛举，但韦伯本人却提出应该是上海——上海大剧院，也就有了此次对我的邀请。

我和夏先生是晚七点差五分按响韦伯家门铃的，男管家开门将我们引进客厅。韦伯见了我，略寒暄几句，就把钢琴谱塞进我手中，要我坐下来听《魅影：永不逝去的爱》的全部钢琴伴奏演唱录音。说实话，对这部《剧院魅影》续集的音乐，我最初有些怀疑。因为历史上许多成功作品的续集时有给人“狗尾续貂”的印象。造访韦伯之前，为了解《剧院魅影》续集的内容，我还仔细阅读了作为蓝本的小说《曼哈顿的幻影》。但在正式听音乐前，我问韦伯剧情是否跟《曼哈顿的幻影》一样，韦伯立即说“请您忘记这本小说”。实际上，音乐剧故事的线索虽和小说大同小异，但情节被重新安排了——

1907 年，曼哈顿 69 号码头，从法国来的帕尔塞佛涅号缓缓驶入，船上满载最高级别的贵族。著名女高音克里斯汀·戴伊和丈夫拉乌尔及十岁的儿子古斯塔夫也在其中。克里斯汀将应邀参加科尼岛新开业的歌剧院首演。随着剧情的推进，人们发现新歌剧院的主人原来就是《剧院魅影》结束时消失了的魅影。是芭蕾舞教师吉瑞夫人及其女儿梅格当年成功地帮助魅影从巴黎歌剧院地下湖逃脱，辗转到了美国。梅格在魅影的调教下也成为一名女高音歌唱家，她满以为新歌剧院开张后第一个在舞台上演唱的必定是她。可是，克里斯汀的到来击破了她的梦想。魅影念念不忘十年前对克里斯汀的旧情，他甚至发现了克里斯汀儿子出生的秘密……新的歌剧是为克里斯汀量身定做的。首演当晚，克里斯汀在舞台中央唱起了魅影为她写的主题曲《爱是慢慢成熟的》（后改名为《真爱不死》）。因为没有得到魅影的青睐，失望的梅格挟持了古斯塔夫。首演大为轰动，回到化妆间的克里斯汀看到桌上有一朵娇艳欲滴的红玫瑰，终于明白是魅影安排了这一切。她突然发现孩子不见了，发疯似的到处寻找。梅格来到码头，内心一片混乱，痛苦之余她想拉着孩子一起跳海。此时，魅影和吉瑞夫人赶到，梅格掏出手枪对准魅影，魅影力劝她要理智。克里斯汀也赶到了，看到她，梅格更是妒火怒烧，失去理智向她开枪，魅影扑到克里斯汀身旁，深情地抚摸着心爱的人的脸庞。经历了这一切的古斯塔夫仿佛长大了，他在魅影身边跪下，轻轻地摘下魅影戴着的面具，久久地凝望着自己生父的眼睛……

听完全剧音乐后，我有些激动。一方面该剧情节颇为离奇感人，另一方面，韦伯在音乐上的确花了心思。新剧的情调和前作很统一，虽然也加进了二十世纪初曾在欧美音乐中风靡一时的奢华轻浮的康康舞音调和节奏，但仍然更靠近歌剧的风格。特别是那首主打歌曲，系韦伯十多年前的作品，女高音卡娜娃在韦伯五十岁生日音乐会上，以及伊莲·佩吉2001年在中国人民大会堂“韦伯作品音乐会”上都曾唱过。韦伯告诉我他非常喜欢这首多年前创作的歌，现在用在《剧院魅影》续集里，颇有画龙点睛之神奇。

两个多小时飞快地过去，管家过来招呼大家用餐。韦伯意犹未尽，一再问我感觉如何？我说：“我已打消了来之前的疑虑，因为我很担心你为了区别前作，新创作的部分可能会走得太远。现在没有这个顾虑了。”

韦伯向我解释道：“就像电影《教父》之一和之二一样的关系，两者之间既有联系又有区别。‘魅影’两部作品也遵循这个原则。”他坐到钢琴前，示范了前作里“音乐天使”这一主题是如何在新作中变化再现的。此时的韦伯已完全沉浸在关于他新作的狂喜之中，脸上洋溢着犹如一个母亲看到新生儿时的那种兴奋。

入席时，韦伯的大提琴家弟弟携中国女友也到了。一经介绍，才知这位女朋友竟是原上海交响乐团的大提琴演奏员，现正在伦敦留学。于是话题马上又围绕着上海展开。一直在旁默不作声的真有用总经理帕金斯基对我说，韦伯已经决定必须把上海排进《剧院魅影》续集的世界首演城市中。韦伯笑着对我说：“我非常喜欢上海，那里的‘气场’与我似乎相当投缘。”我回应大师：“说到音乐剧，在亚洲，上海还是不如东京、首尔，我们只能讲刚刚起步。”韦伯挥挥手说：“但上海正在赶上去。我特别喜欢你们大剧院人的那种干劲和努力学习的劲头。我认为上海应该可以和伦敦、纽约相提并论！”为了表示对我们的欢迎，韦伯的管家请中国餐馆送来了回锅肉、红烧茄子，可韦伯还是说：“比不上你们那儿的菜呵！”（我想此时，他肯定又想起了来访时我们在大剧院八楼宴请他时的菜肴）我感受到了作曲家的心意。

音乐剧的发展在欧美已有一百多年的历史，在上海还不过是十多年的事情，但我们这座城市的活力已受到包括韦伯在内的国际音乐剧界和大师名家的广泛关注和承认，或许这就是所谓城市软实力提升的体现吧。当然，上海要真正成为像伦敦、纽约那样的世界音乐剧产业中心，还有漫长的路要走，这是需要几代人的不懈努力才会成功的。

钱世锦

上海大剧院首任艺术总监

上海戏剧学院客座教授

本书谨献给我那位政治不正确到人见人爱的薇姨，可惜她的绝大部分言论已经不方便在2018年跟大家分享了。

致　谢

本书得以问世，离不开以下诸位相助：罗宾·拜洛、彼得·布朗、约翰·伊斯特曼、约翰·古德博迪、大卫·哈林顿、苏·奈特、马丁·勒凡、朱利安·洛伊德·韦伯、马丁·诺布尔、艾伦·奥德菲、马克·福克斯和在我私人办公室工作的维多利亚·辛普森、简·艾德、和路易·伯恩斯。

也感谢卡梅隆·麦金托什爵士、哈罗德·普林斯爵士、蒂莫西·莱斯爵士和特雷弗·努恩爵士他们允许我从他们的沟通信件中引用文字。

要特别感谢乔纳森·伯纳姆以及哈珀·柯林斯出版集团的全体员工、莎拉·诺里斯、艾德·维克多，还有尽管书中只字未提及，却毅然不厌其烦地帮我校对手稿的我的妻子玛德琳。

前　言

长期以来我一直拒绝写什么自传。凡是自传必然会自吹自擂一番，我的也不能免俗。而这本书能最终写完，全都怪我身边至亲至爱之人一直催促，再加上我那位刚刚辞世的优秀的文学经纪人艾德·维克多的煽风点火——他老在我耳朵边哼哼唧唧地说：“得用你自己的方式来讲述你自己的故事。”为了省得他们继续唠叨下去，我只能乖乖投降了。所以，这本书会如此之厚，错不在我。

我真的尝试过用一本普通书籍的篇幅来展示我的完整的回忆录，结果一败涂地。就算是现在这样的体量，您也看不到多少内容在描写我那份对美术的热爱。而这份热爱，跟我对建筑及音乐剧的热爱，一样强烈。我已经拿定主意另找机会，来讲述我如何构建起一个堆满了老旧过时的拉斐尔前派风格和维多利亚风格画作的收藏大杂烩的传奇故事了。因此那些曾费尽心机来占我便宜的美术品奸商们，可以闭上眼睛安心睡觉了——至少这一阵子可以。

这本厚得可以拿来做顶门砖的书，写到《剧院魅影》的首演之夜即戛然而止。我自己都很纳闷，对一个迄今为止我描写过的最无聊透顶的人物，我居然可以如此滔滔不绝。在此期间我一度绞尽脑汁，想要模仿瓦格纳把他的经典曲目巧妙地嵌入他的歌剧序曲中那样，把我职业生涯的某些亮点硬塞进一个十分紧凑的章节里，结果以惨败收场。因此我唯一能与瓦格纳相提并论之处，只在于作品篇幅之巨。

所以说这本书只是我的人生传奇第一部。要是您对人物传记来者不拒，那就敬请开卷，至少翻阅那么两三页。要是您不喜欢这一类书，那容我在这里先给您简述一下：如果您很清楚您这一生喜欢做些什么行当，那您的运气真不错！如果您还能把喜欢做的行当发展成了您的职业，那您的运气真是相当不错！如果您不仅把喜欢做的行当发展成了您的职业，还能像我这样在演艺圈里一个叫“音乐剧”的非比寻常的小角落里，遍历跌宕起伏、阴晴冷暖的话，那您的运气简直就像“克罗伊斯王踩在高跷上”① （我的薇姨肯定会这么形容）那样令人羡慕了！

安德鲁·洛伊德·韦伯

① 克罗伊斯王是古希腊吕底亚王国最后一位君主，据传极其富有。这句话是形容一种既富足又幸福的状态。（译者注；全书圈注均为译者注，原注用 * 表示。）

目　录

序章和开篇

咪咪比我来得更早。

咪咪是一只猴子，是一个直布罗陀来的有点跛足的男高音在1946年夏天送给我妈的，我妈当时对他颇有好感。在那个被供应配给制压得喘不过气的伦敦城里，咪咪和我妈相伴迂回穿行在饱受轰炸蹂躏的南肯辛顿街道，显然是一道颇不和谐的风景。莫莉外婆就在“南肯”那里租了一套莫名其妙就躲过了希特勒的空军轰炸的公寓，跟咪咪、我妈和我爸住在一起。

我亲爱的莫莉外婆来自希曼斯家族，那个家族出过一个叫菲莉西亚的，就是她创作了那首挽歌——《那男孩站在燃烧的甲板上》，害得一个世纪前所有的英国小学生都必须死记硬背这首诗。外婆可不是寻常妇人，这还不只是说她诡异的政治立场：她是名字上就自相矛盾，也没能延续多久的“基督教共产主义者党”创始人之一。她有个姐姐，就是大外婆艾拉，嫁了一个混迹于伦敦的布鲁姆斯伯里派①的年轻布景设计师，自己还在瑞丁城外——真不是我编的——打理着一间休息站餐厅，专门服务在A4公路上跑运输的卡车司机们，餐厅里还养着些母鸡。

外婆跟一个陆军兵痞子结了婚，然后很快又离了婚，这绝不像二

① 1904年至第二次世界大战期间，以英国伦敦布鲁姆斯伯里地区为活动中心的文人团体，代表人物有弗吉尼亚·伍尔夫等。

十世纪二十年代的女孩儿能做出来的。她跟我说，在蜜月的第一晚，她就把她的结婚戒指摘下来扔进了马桶。不过看起来这个逃兵痞子还是赖了挺长时间的，长到足够给莫莉外婆留下三个孩子，分别是阿拉斯泰尔、薇奥拉，以及最末一个——我妈妈琴恩。最终他和某个自诩为“安娜斯塔西娅公主”的俄罗斯流亡者再婚，之后的事情我就都不知道了。

毫无疑问，外婆的确命不好。她唯一的儿子阿拉斯泰尔在十八岁刚刚离开学校时，就在一起发生在多塞特郡斯沃尼奇的游船事故中溺
4 水身亡了。在写下这几句话时，我的写字台上就摆着一张这位本该是我大舅舅的男生的照片。这件事对外婆的影响极大，对我妈来说更是一记重创。我妈对阿拉斯泰尔有着一份心理上的固着，终身坚称跟他有灵性沟通。有意思的是，我倒觉得她真的跟他联系上了，尽管她至今未能兑现在她临终前寄来的一封信里做出的“在搞清楚沟通的原理方式后会跟我联系”的那个保证。

1938 年时，外婆已经是一个爱子离世，还要供养两个女儿的单身母亲，压力重重。兵痞子从来就没有正常地给过她赡养费，所以她不得不变卖了在哈罗山的一栋大房子，搬到 SW7 区南肯辛顿哈林顿路上的出租公寓里。当我妈结识了一个名字叫威廉姆·洛伊德·韦伯的小伙子后，爱情的花朵就怒放了。他是个水管工的儿子，同时也在战前的皇家音乐学院里拿过奖学金并被寄予厚望。没多久，尽管第二次世界大战如火如荼，也无法阻挡他们举行婚礼。当时我爸的收入几乎为零，这就是他、我妈、我外婆，还有咪咪，都只能蜗居于一室的原因。

欧洲胜利日仅仅两年后，这种战后“四人行”的格局被猝不及防地打破了：我妈怀孕了。咪咪开始变得神经质，一边令人毛骨悚然地嚎叫，一边情绪激动地攻击我妈的肚子。简言之，咪咪是这世上头一个讨厌安德鲁·洛伊德·韦伯的。

于是大家决定必须毫不迟疑地以快马加鞭的速度，把咪咪请出南肯辛顿的住所。然后到了1948年3月22日，我又把这里的住户总数恢复到了四。

快进到二十世纪六十年代的岁月里，哈林顿路哈林顿大楼10号公寓给“波希米亚人”里的“亚（文化）”字赋予了新的含义。1967年，这套公寓的居住人口达到顶峰时，共计有莫莉外婆、我妈、我爸——加上他那架巨硕的教堂电子管风琴、获得柴可夫斯基国际音乐比赛大奖的钢琴家约翰·里尔、蒂姆·莱斯、我的大提琴手弟弟，还有我。
10号公寓位于一座维多利亚风格大厦的顶层，电梯偶尔能正常使用， 5
不过大多数时候你还是得靠楼梯才行。街上的交通噪音喧嚣震天，不过我怀疑邻居们未必觉得有影响，我们家不停爆出来的各种音乐声响也不过如此吧。

有一天下午，蒂姆·莱斯跟我一起离开我家这个杂耍场，沿着楼梯往下走的时候，朱利安正在练习大提琴。楼下那套公寓里有人探出身子来，跟我们发了通牢骚。

“你们家那个弹钢琴的我还能忍。”他气呼呼地说，“可是那个双簧管就吹得太要人命啦!”

不过，就算哈林顿大楼10号当年充斥着那么特立独行的波希米亚风情，我还是迫不及待地想要摆脱它，尤其是我妈时不时用“从五楼窗户跳下去”来吓唬我弟弟和我。这套说辞玩多了就没劲了。所以，这里就要请我的姨妈出场了——我那令人叫绝的、讨人喜欢的、永远花样百出地政治不正确的薇姨，我外婆的大女儿。她嫁给了一个有点自命不凡的医生，名字叫乔治·克劳斯比。当年外婆手头吃紧的时候，曾给他当过一段时间的秘书。薇姨演过一阵子戏。她风趣无比，又是个出过好几本货真价实的菜谱的厨艺高手。她还认识些戏剧行业的名人。反正我家里所欠缺的在她身上都能找到。我可喜欢她了，她就是我的减压阀。五十年后的今天，她的很多名言我依然不敢付诸文印：二十世纪六十年代的时候，她就率先出版了一本同性恋菜谱，那本书里面有一章叫作“鸡毛和野味”，开头写了几个醒目的大字：鸡鸡啃多了口气重（*Too Many Cocks Spoil the Breath*）。

坦白来讲，把我归结为咪咪这只猴子行为上的怪异表现的诱因，是不科学的。哈林顿大楼10号里有一只一天到晚飞来荡去的猴子，成何体统？无论如何，老妈还是坚持她最早的那套说法。十年后，有一
6 次她带我弟弟朱利安和我去切辛顿动物园，一走进猴子馆，她突然大喊一声“咪咪”！声调之高估计能让当年那个跛足的男高音自愧不如。那只猴子转过脑袋，一脸疑惑。

“快看，她还认得我。这只就是咪咪。”我妈得意扬扬地说。同时那只猴子从笼子的另一头跳着冲过来，以一种攻击性的姿势爬上栏杆，发出最为令人心悸的叫声。

“我就跟你说那一定是咪咪吧！”我妈看着我，直截了当地说，“她那时候想到你就恨得牙痒痒，现如今可是亲眼看到你了。”

要讲述我的人生历程？也许从这里开篇，就挺不错的。

1　珀修斯及其他

我于 1948 年 3 月 22 日在西敏医院出生，额头上带了个大胎记，妈 7
妈说这一定是某个信仰治疗大师给我驱邪时留下的。大家都说这个胎
记自行消退了，可我妈绘声绘色的描述让我不由自主地相信：只要我
不听话，它就随时会长回来。我人生最初的记忆是三岁时因为急性阑
尾炎住进了医院。照我妈的说法是之前被漏诊了，直到我肠子快炸开
了才被发现。漏诊了阑尾炎的主治医生就是乔治姨父，是我薇姨那时
候的“对象”（他们当时还没结婚）。当我长到十几岁，跟我最可亲的
薇姨日益亲近时，这个阑尾炎漏诊的传奇便不断带着更多添油加醋的
细节，传到我的耳朵里。我妈更是认真地补充道，那天乔治姨父是担
心我哭天抢地的号叫有损他的业界形象，所以过早地把我赶出了医院。
那时候妈妈正辛苦地怀着朱利安，所以说得好听点，她对那件事一定
刻骨难忘。

我人生之初的第二段记忆，就是被通知自己有了个弟弟。那是个
阳光明媚的春天，我正在瑟洛广场的花园里玩——我们家有这个花园
的钥匙。我只记得那时还不太懂“有了个弟弟”是什么意思，后来的
事就完全空白了。朱利安小时候的事我一点都想不起来。大概是因为
当朱利安流窜到这个世界的时候，正好那只猫，珀修斯，也来了。珀
修斯是一只漂亮的方脸盘海豹色暹罗公猫，可不是现在人们喜欢用来
配种的那种尖嘴猴腮的纯种猫。我一看到珀修斯就喜欢上了他，爸爸 8

也对他钟爱有加。不过我如今意识到，像我们家把这样一只动物关在一间小小的公寓里的行为，是不应该的。他为了能跑出去而夜以继日地发出的哀嚎，让我至今噩梦连连。

珀修斯那低沉的暹罗猫的嘶吼太让人心神不宁了，所以等我到了七岁左右，就问家里人，我不去学校的时候能不能拴根绳子带他去瑟洛广场遛遛弯。妈妈和外婆都同意了。那个年代的家长多放心啊，现在可不敢让一个小孩子独自牵着只猫咪在南肯辛顿的街上逛——除非你是想在 YouTube 网站上集满一百万个赞。因此，我像人家遛狗一样带着珀修斯穿行过街斑马线的举动，就成了那里的一道日常风景线。那道斑马线直通火车站，以及一小片绿地，至少我和朱利安在学校学期以内，也就只知道那片绿地了。有一天，珀修斯开小差了。五个小时后，我们在那条斑马线上找到了他，他正在从他唯一熟悉的那块绿地往回走呢。珀西[①]遵守交通规则的严谨态度真是无可挑剔。

若干年后，照料临终的珀西的任务落在了我身上。这只老猫歪歪斜斜地从他的窝里抬起身，嘶叫的声音让人联想起当年他被关在屋子里时的呼喊。可怜的老猫在家门口四处抓挠，就像是外面有只兔子在等着他去捉一样。我给他系上了绳子，他不愿走路，就蹲在了我的肩上，这也是他一向喜欢的一种出行方式。

那之前一两年，南肯辛顿的交通布局被改造成了令人生畏的单行道系统。当时据称采用了欧洲最复杂的交通信号灯设施。珀修斯就从没能搞清楚这套新的规则，不过很显然这只老猫还是希望能自己走到一度可以随意来去的花园那边。

我们到了那条有年头的斑马线那儿，珀西想要从我的肩上下来，我就把他放了下来。他在原地坐了一会儿，看着新交通灯，嘶嘶地叫

① 珀修斯的昵称。

着。然后他自己掉过头，绳子拖在身后，走回了我们家。第二天他就离世了。后来我会创作《猫》，不只是因为妈妈老在临睡前给我读 T.S. 9
艾略特的诗集《老负鼠讲述世上的猫》[1]，还出于对珀修斯的一份情义。

我人生之初的第三段记忆就是 1951 年了，可能因为这段记忆如此骇人，以至于我一点都没记住朱利安小时候的事。那就是我上了《养育天地》杂志的封面。我妈雇了个摄影师，硬往我身上塞了把小提琴和琴弓，生造了张令人作呕的照片，登在了那份令人生厌的杂志封面上，让我至今无法释怀。这就是我妈。我妈对自家孩子绝对雄心勃勃，要是有一个“天才神童摧残大奖赛”，她定能跟吉普赛·罗斯·李[2]的老妈杀个不分胜负。只可惜我天分不佳。世上那些一意孤行的妈妈们要听好了：孩子们会造反的。正如吉普赛·罗斯·李后来走上了那条出乎她老妈意料的职业道路一样，我也是。只不过我没去跳脱衣舞，至少没公开跳。

我妈是位一流的儿童钢琴老师。虽然她 1994 年就去世了，可是在那些伦敦西南部的绿树成荫的小区里活得挺滋润，或者不算特别滋润的人们口中，她依然是一个传奇人物。1950 年，妈妈和罗素夫妇共同创办了一家名为韦瑟比的学龄前预科学校。罗素先生信奉对小朋友就要采用“脱裤子、打板子”的教育方式。我是该校头一批入学的小屁孩之一。这所学校后来如日中天。这些年以来，从威廉王子、哈里王子到休·格兰特这样的诸多各界名流，都一度是穿着短裤走进韦瑟比大门的大队人马之一。

在学校于初创期间就能站稳脚跟这件事上，妈妈发挥了举足轻重的作用。那时候社会各阶层的爹妈都想让自己的孩子学会弹钢琴。我

① *Old Possum's Book of Practical Cats*。

② 吉普赛·罗斯·李（Gypsy Rose Lee，1911—1970），美国演员，四岁登上舞台，长大后成为二十世纪三十年代著名的脱衣舞明星。

妈在这方面表现出来的才智与耐心，确保了韦瑟比学校声名鹊起。凡是有过坐在孩子身边，听他们锤打着键盘，弹奏像《左右摇摆》或《号角震天》这类练习曲的经历的人都明白，那种情形下只有圣人，或者音盲，甚至得是两者兼备才能熬得住。我妈的耐心算是到了几乎能重新定义“超凡入圣”这四个字的地步了：我算了算，她这辈子至少教了十万堂钢琴启蒙课。而且，她收起费来还一点都不马虎。曾几何时，这位根红苗正却意志不太坚定的社会主义者，却带出了一大帮子保守党弟子来。

我承认她给我上的钢琴课让我在音乐基础知识上比别人领先了一步。可问题是，课也太多了，更别提那把破小提琴了。我妈的总体规划是让我将来成为一个像耶胡迪·梅纽因那样琴不离手的小提琴神童，在国际性音乐会的舞台上崭露头角。她的希望很快就破灭了。

紧接着被祭出来的法宝是圆号。我吹气比挠琴弦要强得多。其实我还挺喜欢玩这个被过度开发了的狩猎乐器，一直到我十二岁为止。那一年我遭受了严重打击：我妈的打算是让我去参加正规的音乐水平等级考试，于是我就得攻克兴德米特的圆号奏鸣曲。我从别处看到过一些说法，说兴德米特研究出了一箩筐理论，强调了业余演奏员对音乐领域的重要性。可在我看来，他创作的部分曲子，就是为了劝退那些水平平庸的演奏员，比如我这样的。他在我身上成效卓著：在试着吹奏了他的旷世杰作后，我就把圆号塞回了盒子里，至今没再打开过。

很显然，我妈把曾经寄予我爸的厚望，转嫁到了我身上。要想搞明白我怎么会遭此厄运，还得多了解一些我爸的情况。威廉姆·洛伊德·韦伯，是个对任何形式的官方机构都惧怕三分的温顺男人。有一次他因为误叫来了消防队，躲进了橱柜里。后来才搞明白，原来是外婆把烤鸡忘在烤箱里烤过了头，熏了一屋子的烟。他则坚信自己会因为滥用急救服务而被抓去坐牢。

他的父母是实打实的工人阶级。他的父亲是个职业水管工，同时
也是位充满热情的业余歌唱家。跟同一辈的很多人一样，我的爷爷也
参加过好几个不同教堂的唱诗班。因此在他操练喉头的时候，我爸爸
就有机会沉浸在十九世纪高教会派后期典型的唱诗班氛围中，就是那
种英国天主教徒所热爱的“燃香明灯，黄钟大吕”的腔调。在我爸还
是小孩子时，他就把所有的音乐奖学金拿了个遍。他打破了皇家音乐
学院奖章获得者的最低年龄纪录，他还是克莱伦斯门的圣·西彼廉教 11
堂最年轻的管风琴手和唱诗班指挥，这可是一座由尼尼安·康珀爵士
设计的“艺术与工艺（Arts and Crafts）”风格的教堂，金碧辉煌。可
爸爸即便如此才华出众却仍然谨小慎微，生怕惹事。他只想太太平平、
按部就班地生活。

到我十岁的时候，我爸对他在学术上取得的地位越来越心满意足了，比如皇家音乐学院作曲系教授这种头衔。1959 年，他当上了伦敦音乐学院的院长，自此以后，他对作曲的热情几乎消失殆尽。他觉得自己的作曲风格已无法跟上时代步伐了，于是开始不断用各种笔名创作一些“轻音乐”，或者写一些供教堂业余合唱团演出的曲目。我妈对他的不求上进颇为恼火，可她依然坚持带我去听他创作的康塔塔和圣歌什么的，尤其是首演的场次。连朱利安这样岁数刚够去听音乐的娃娃，都被拽去听这些作品。不过很快，新作品的才思就枯竭了——或者说我们以为是这么回事。爸爸去世后，朱利安发现了一堆被藏起来的从未演奏过的作品，其中有几首曲子完全可以和他当年的佳作相媲美。

2　那一处醉人的遗址

影响了我这一生的三大挚爱——美术、音乐剧和建筑——很早就显露端倪。我对建筑的热爱，可以追溯到从我记事起就拥有的对残破的城堡和修道院那种奇异又浪漫的痴迷。到了十多岁的时候，我对各式各样的建筑的热爱就全面爆发了。这种热爱从何而来是个未解之谜，洛伊德·韦伯家族的基因在视觉艺术方面并无建树。

至于音乐剧和流行音乐，就很好解释了。每年圣诞节，我家都会去伦敦帕拉迪厄姆剧院观看圣诞歌舞会演*。那里的一切都让我着迷。那年头的帕拉迪厄姆就是流行综艺戏剧演出的代名词。所有大腕都在那儿登过台。歌舞会演里都是大明星、大场景，加上时下的流行歌曲，足以让一个五岁的孩子眼花缭乱。有一个叫《阿拉丁》的节目，里面的一个段落我到现在还很喜欢：

> 阿拉丁擦了一下神灯，精灵出现了。
>
> “您有什么愿望，主人?”
>
> “想听阿尔玛·科根唱那首《甜蜜到永远》。”
>
> 大幕拉开，阿尔玛出现在舞台上，唱起了《甜蜜到永远》。

---

* 一种适合阖家欣赏的英国特色的剧院娱乐形式，起源于十九世纪，不熟悉英国文化的人无法理解其吸引力。

没多久我就搭好了自己的第一个玩具剧院。一开始，那只是个讨 13
人喜欢的波洛克玩具剧院的改建版，可最终变成了一个用积木来构建的庞大工程，被冠以“哈林顿宫剧院”之名。之后几年里，这座剧院在技术上已经雄心勃勃到打算在舞台上安装一个旋转台的地步了，原料就是来自一台废旧留声机的转盘。旋转舞台这主意，是在我看了电视节目《伦敦帕拉迪厄姆剧院星期天夜间秀》那个著名的收场镜头后，受启发而模仿来的。出场的明星们都站在帕拉迪厄姆剧院那个神奇的旋转舞台上，向电视机前的数百万名英国观众挥手道晚安。而对这些观众来说，这档节目就是二十世纪五十年代末六十年代初的电视节目的代名词。它在英国的地位就相当于美国的《沙利文综艺秀》。如今我每天都要掐自己一下，好确认这家引领我走上戏剧生涯的剧院已经归于我名下这件事，并不是在做梦。

那些受帕拉迪厄姆剧院节目的启发，在“哈林顿宫”里“上演”的各种“歌舞会演”和“综艺秀”的演出季，都没能坚持多久。在1958年圣诞节，我第一次和音乐剧撞了个满怀，说我接受了一场“洗礼”都太轻描淡写了。我在四个星期里，分别观摩了《窈窕淑女》《西区故事》，再加上电影版的《琪琪》和《南太平洋》，三观被彻底刷新。1958年又恰逢哈林顿大楼里迎来了第一台密纹唱片留声机，还附带送了一套柴可夫斯基《胡桃夹子》组曲的密纹唱片。不过可怜了我爸，因为唱片的另一面是普罗科菲耶夫的《三个橘子的爱情》组曲，华丽而又不和谐的杂乱的引子，深深吸引了我和朱利安。那首著名的进行曲让我俩开心地在床上跳起了舞。我这辈子从此就爱上了普罗科菲耶夫，在我眼里他就是二十世纪最伟大的旋律大师。

《窈窕淑女》是伦敦1958年的热门话题。这部改编自萧伯纳原作《皮格马利翁》的充满传奇色彩的音乐剧两年前就在百老汇开演，几乎获得一致好评，艾伦·杰·勒纳①跟我说，唯一的例外，就是《综艺》杂志评价这部戏里没有能让人铭记于心的曲目。该剧制作人在英国的宣传推广工作做得相当不错：在伦敦首演前，禁止播放和演奏剧中任
14 何音乐段落，以至于该剧的百老汇版录音专辑俨然成了紧俏的高级走私货。薇姨自然是收了一张，所以我到了去看演出的时候，已经对曲子倒背如流，还对雷克斯·哈里森那种半说半唱的表演方式，是不是合适在“哈林顿宫”里演出权衡了许久。随着三位百老汇巨星——雷克斯·哈里森、朱莉·安德鲁斯和斯坦利·赫洛维——在德鲁利巷皇家剧院的领衔登台，全伦敦的热情水涨船高。我很幸运地搞到一张票去欣赏三位的风采——其实只看到两位，因为赫洛维那天休息了。这种失落感能伴随一生，也挺有意思的。对我来说，弗雷德·恩斯福德-希尔悠扬地吟唱《就在你身旁》时，那块绘着温普尔街外景的布制景片沙沙作响，就是那个十二月的星期六下午场的记忆中印象最深的部分了——如果不算我为了显示自己对歌曲多熟悉，边看演出边跟着唱下去的话。

读了乐谱后产生的喜爱促使我去看了电影《琪琪》，整个故事现在看来属于政治不正确到无以复加的地步了——讲一个女孩是怎样被训练成为高级交际花的。你能想象如果在今天的好莱坞拍一部片子，里头有个老男人唱了一首叫《感谢上苍送来这些小姑娘》的歌，会落得个什么样的下场吗？谢天谢地，我那时还天真无邪，只是觉得《琪琪》的序曲听起来别有风味，至今依然如此。

有意思的是，莫莉外婆居然会心心念念《西区故事》，也是她带我去看的这部戏。美国剧组的舞蹈表演跳得我大开眼界。这两部音乐剧的风格如此大相径庭，却一样引人入胜，让我如痴如醉。外婆给了我

---

① 艾伦·杰·勒纳（Alan Jay Lerner，1918—1986），美国音乐剧作曲家、作词家，代表作品《窈窕淑女》《琪琪》等。

一套该剧百老汇版卡司专辑当作圣诞礼物，这很快就成了我的另一个心头好。我与伯恩斯坦的音乐的联结程度，跟我对普罗科菲耶夫的《三个橘子的爱情》的音乐相当。

不过彻底击中我内心的是《南太平洋》这部电影。我是和爸妈一起去看的，那个下午在我脑海里依然像当年的影片使用的神奇彩色滤镜那样栩栩如生，不过音乐的影响更深刻。我不得不熬到第二年的三月过生日那天，才能拿到他们的音乐专辑。这张早已磨损严重的唱片我至今还视若珍宝——巧的是，这是唯一一张曾盘踞英国各大音乐榜 15
单冠军宝座长达整整一年的专辑。到 1961 年圣诞节的时候，我拿到了《天上人间》《国王与我》和《俄克拉荷马！》的乐谱，还看了四遍《南太平洋》。另外有部电影，虽然歌不多，仍深深地吸引了我，那就是艾尔维斯主演的《监狱摇滚》。听《监狱摇滚》的插曲都让我激动得爬到椅子上了。我还保留着那张让我爸妈精神崩溃的磨损不堪的 45 转单曲唱片。

音乐剧很快就成了“哈林顿宫”的“主打菜”。我创作了无以计数的可怕的戏码。至于欣赏我和朱利安配音的最新大作的观众团，就由早已不胜其烦的爸妈、朋友、亲戚和所有我能拉来的人充任了，与此同时我还在钢琴师和换景师两个岗位上来回倒。在这座“剧院”的鼎盛期，如果按照真实比例搭建出来，都能让巴士底广场新建的那座巴黎歌剧院显得渺小。演出剧目则涵盖从《认真的重要性》①到《示巴女王》。“剧院”周边逐渐建起了一座漂亮的小镇，镇上的每个人多多少少都靠“剧院”来谋生。还有个售票亭，能让镇上的人们买票。佳作还是劣品，就通过早就受够了的爸妈和亲友观众团的反馈来判定。

我和朱利安共建了一个以音乐剧为共同基础的完整的世界，我可以躲进这个小天地里，并乐在其中。那里有明星来来往往，从海报上就能

---

① 亦被译为《不可儿戏》。

看到有人复出，也有人被淡忘。有装腔作势的导演、设计师和节目册，甚至还会有纪念品册，因为我对《窈窕淑女》推出的硬皮本印象深刻。在演出之夜，会有从小镇接观众到剧院的专列服务。还有，在我拥有了第一台自己的磁带录音机后，原版卡司录音专辑也顺理成章地出现了。

还是要真心感谢上帝祂老人家，这部磁带录音机和其他的型号都
16 不兼容。反正它有着自己特立独行的卷带速度，因此我青春期的细嗓门连同这个记录下它们的新玩意儿，都谢天谢地不用担心被后人放出来耻笑了。不过我还是以别的形式留存了其中的两段旋律：在那部被谦逊地标榜为“具有超级重要性的音乐剧巨制”的《任真!》[①]里，有一段曲子后来变成了《约瑟夫和神奇彩衣》中的那段《披枷带锁》；《爱的面面观》中和舞台场景十分契合的《童年歌谣》的主旋律，也是来源于同一部戏。说来我也很纳闷：后一首曲子当年怎么就会跟一部由王尔德经典传世喜剧改编的音乐剧搭上了关系。

而与此同时，我对中世纪的大教堂、遗址和小教堂的热爱也与日俱增，它们和音乐剧对我产生的影响一样深刻。我在儿童房的另一端用积木搭了个很大的大教堂（献给“圣·埃尔维斯”），以满足到“哈林顿宫”看戏的人们的精神需求。“圣·埃尔维斯”大教堂后来惨遭“强拆”——朱利安在大发脾气的时候把它推倒了。不过因为“哈林顿宫”是用胶水粘的，得以完整保留了许多年。二十世纪六十年代我离家时，我的玩具剧院被细心地拆开，收了起来。只是令人伤心的是，1974 年我搬家的时候把它弄丢了，现在只有它为数不多的几张照片了。

有了玩具剧院，薇姨对我就愈加关注了。我妈，说实话，虽然没明确反对我那些孩子气的小打小闹，但也没表示赞许。她已经把培养

① 作者把前面提到的《认真的重要性》(*The Importance of Being Earnest*) 里的“Earnest”结构错写，编出了一个新的剧名《任真》(*Ernest*)，同时用“重要性”作为海报宣传语。

出一个古典音乐家儿子的宏伟目标，转移到了三岁的朱利安身上，给他买了把儿童大提琴。而我爸，则开始对我玩的那些游戏有了兴趣。我十岁的时候，他拿了我作的一些曲子，简单做了些调整以便在钢琴上弹奏，然后以《玩具剧院》为题让一家名为《音乐教师》的杂志以我的名字发表了。时不时地，当我在钢琴上试弹新曲的时候，他就会过来，问问我是怎么想到的某个和弦或别的什么。我并不觉得奇怪：我爸爸，无愧于他那些“皇家音乐学院作曲系教授”等等光辉头衔， 17
对音乐确实热爱。实际上，他是当时对旋律的态度最为包容的人了。

于是，除了欣赏所有当时流行的音乐剧——尤其在我去过薇姨那儿以后，我爸爸就会弹奏各式各样的音乐给我听，虽然他特别倾向于拉赫玛尼诺夫的。我爸对“严肃”音乐的品位并不涵盖现代主义作品。然而，他确实敬佩本杰明·布里顿的编曲，虽然他也会义愤填膺地挥舞着手里的鸡尾酒调酒器，谴责布里顿在“二战”时以自己是“出于良知拒服兵役者”为由躲去了美国。我爸经常抱怨，说布里顿这么干，比其他留在饱受轰炸的伦敦，并在战时为国尽力的作曲家们——比如他自己，得了太多的便宜，很不公平。

1958 年，我爸决定重拾管风琴旧业。他战后曾放弃了所有在玛格丽特街诸圣堂的职务，去皇家音乐学院教作曲了。十年后的今天，他被任命为西敏循道会中心教堂的音乐总监。中心教堂的仪式风格和属于高教会的诸圣堂截然相反。我觉得他改换阵营的做法，在那些信奉“焚香燃烛才是和上帝建立联系的关键渠道”的信徒圈子里掀起了不小的波澜。不过我妈很高兴，她不信任天主教徒，他们认为动物是没有灵魂的。其实真正的原因是，循道会中心教堂有一架当时最好的管风琴，我爸又心痒着要再度出山演奏。我的大提琴手弟弟朱利安告诉我，弹琴的时候，爸爸就表现出了他那刚强的一面。在朱利安从业早期，曾问爸爸该如何克服上场前的惊慌。爸爸教训他说，如果他确实好好准备了，是不会惊慌的。

我和朱利安因此每个星期天都被拖去教堂，去参加那平淡无趣的礼拜。整个过程中除了偶尔提到的上帝那一惊一乍的神迹的布道词，或振奋人心的自由教派赞美诗以外，唯一的亮点就是我爸在管风琴上的即兴演奏，可以来渲染一下仪式的气氛。循道会自然是禁酒的，所以但愿没人会想到去检查我爸随身带来的、放在管风琴键盘下的矿泉
18 水瓶里是什么东西，那一大口下去，他的才华就会奇迹般地肆意流淌。

2014 年，在我爸诞辰一百周年的纪念活动中，大家对他作为一名作曲家的身份备感兴趣。这要归功于被朱利安发现的，很多爸爸创作出来，却一直被压在纸堆下的作品，因为爸爸当时坦率地表示过，他创作的音乐已跟不上当代严肃音乐界的水准了。此话不假。可是，正如维多利亚时代后期的画家们，在印象派、立体派等新流派出现后的很长一段时间里，仍然延续了已处于弱势的拉斐尔前派的特色。结果就是这些画家虽然并不顺应当时的潮流，但时至今日看来却颇有其贡献。我对我爸的音乐亦有同感。他完全有可能成为一名杰出的电影作曲家。他的作品充满了优美大气的旋律，尽管对当代古典音乐界来说是有点另类，不过在作品规模和戏剧广泛性方面都能跟诸多二十世纪的著名电影作曲家相媲美。我相信他对这一点心知肚明，只是无法认同自己去选择那样一条职业道路。

首先，在二十世纪三十年代，一个工人阶级出身，却赢得了几乎所有学院奖学金的孩子，如果自甘堕落地踏进“商业”音乐领域，是会被看作一项十恶不赦的滔天罪行的。

其次，他喜欢按部就班。他不可能去迁就一个容易心血来潮的，随时随地就会重新构思一部音乐剧制作的导演提出的，隔夜就要完成的重写曲子的命令。可是去听听爸爸那首交响诗《北极光》吧。我给电影导演肯·罗素演奏过一次，他称赞这是一部风情万种、极具张力

的小篇幅杰作——《恋爱中的女人》的导演当然识货咯。

爸爸留给我的回忆中有一段一直历历在目。在去看电影《南太平洋》之前，他放了马里奥·兰扎录制的《在一个醉人的夜晚》给我听。他反复放了三遍，泪流不止。差不多在第三遍的时候，他轻声嘀咕着，大意是说理查德·罗杰斯的发行商* 告诉他，这首曲子肯定会引发战后婴儿潮。当唱片放完后，他定定地看着我。 19

“安德鲁，”他说，“你如果能写出一首有这一半漂亮的曲子，我会非常、非常为你骄傲。”

那晚起，我就跟理查德·罗杰斯的音乐作品情定终身了。我入睡时满脑子都是优美的旋律。可令人伤心的是，在我后来的职业生涯中，爸爸从未提过我是否已经达到了《在一个醉人的夜晚》的一半的水平。

与此同时，我妈已下定决心要让我成为神童，只要在一个领域能成功就行。所以当我就读西敏公学儿童部，也就是人们说的附小时，我妈对我的回家作业实施了鹰眼式的监管。这也就意味着我在学校里升级的速度有点夸张了：我十一岁时，已经和一些比我大两岁的人同班上课了。

想一想，我比其他男生个子小，在体育上毫无优势，玩的是古典音乐，还是个书呆子，我会被人欺负就没什么稀奇的了。我得想一条锦囊妙计出来。结果这个妙计的出现方式令人出乎意料。那时候西敏公学附小所在的广场，是可以步行到维多利亚火车站的，再坐两站地铁就到“南肯”站了。天晓得现在的家长们要是知道孩子上学要乘坐拥挤的通勤列车，再路过一个卖“补铁胶囊”的铺子，还得经过当时伦敦第一家同性恋电影院“传记影院”，心里会怎么想，可当时我每天

---

* 罗杰斯和汉默斯坦名下的威廉姆逊音乐公司，是由查普尔音乐制作公司的泰迪·霍尔姆斯代理的。后者在给罗杰斯和汉默斯坦担任发行商的同时，也是我爸的发行商。

就在这条路线上来来回回。出事的那天早上，一个流氓试图趁地铁上人流拥挤对我上下其手。我被吓蒙了，一声都喊不出来。不过我确实愤怒了，愤怒到让我想出一条妙计，妙到可以说是智慧女神显灵。反正，这条妙计改变了我那“校园小男生”的命运。

20 那天下午正是学校的期末音乐会。我因为一直弹奏那些无聊的海顿钢琴曲而受尽白眼，正好趁机变点花样出来。我在台下震天响的哈欠声中走上舞台，宣布节目换了。台下传来一阵听起来很感兴趣的低声碎语。

“今天，”我大声说道，“我要演奏几首我给学校里每一位老师创作的曲子。”

低声碎语已经变成了嘈杂的交头接耳——还是比较轻的，可毕竟有了反响。于是我把为“哈林顿宫”写的曲子一首接一首地献给每一位老师。第一首结束时只有勉为其难的几下掌声，第二首之后开始有点强烈了。弹到第四首时，全体学生都在跟着曲子拍手。然后在弹第六首之前，我转向校长说：“这首是献给您的。”这下连其他老师都鼓起了掌。

演奏结束后，场内是一片欢呼声。男生们呼喊着：“洛伊德，洛伊德！”

我再也不是什么小书呆子了，我是安德鲁。我是通过音乐而成为安德鲁的。

如果我在那一刻就知道自己命中注定要搞音乐创作的话，那写这本大部头的书就会容易很多。可真相是，还没到那个时候。当时音乐的确在我的生活中扮演了越来越重要的角色，实际上成了我的减压阀，可还没成为我压倒一切的热情所在。建筑仍与其不相上下，紧随其后的就是美术。

我对城堡和修道院遗址的热爱肯定是从小就有了，因为最晚六岁时，我就有一本装订起来的剪贴本。本子里面都是南安普顿和朴次茅斯周围的修道院和城堡的导游册和明信片，还写着很孩子气的文字。这完全说得通，因为我爸的姐姐玛蕾就住在那附近的一栋二十世纪建造的房子里，英国南海岸地区大部分此类房子都杂乱地四处散落，真应该立马拆个精光。

我相当确定自己对建筑的热爱是从西敏寺这里开始的。几年前我
受邀参加了一个会议，是关于这座教堂未来发展的一些振奋人心的规 21
划的。西敏寺的主任牧师向大家出示了一封教堂档案管理员找到的信，并念给大家听。那是我七岁那年把自己的零花钱捐给教堂修缮基金时写的。在座的人听了后，脸上满是“好个小人精”的表情。我曾经多次和他们探讨让我后续参与教堂事务的安排，可对我坚持把那些挂在教堂里的超级难看的大吊灯卖给拉斯维加斯的一家酒店的提议，他们总是能找出各种说辞来搪塞。

爸爸妈妈对我童年那些痴迷爱好的迁就纵容，我今生无以为报，也永志不忘。每次家庭假日游，去的都是有着我想参观的建筑的英国某地。有一年夏天，因为我想去一个叫玛格姆修道院的地方——顺便提一句，修道院的橘园很棒——全家就住进了塔尔伯特港大型炼钢厂附近的一栋出租房里。最棒的一次度假经历是在约克郡。只有心肠像约克郡的花岗岩那样坚硬的人，才不会为清泉修道院那令人备感震惊而又赏心悦目的遗址所动容。我最喜爱的是里沃兹修道院遗址，在它被亨利八世的走狗们以极端方式损毁之前，这座中世纪的辉煌杰作究竟是何等模样？这让我浮想联翩。而从山上那座建于十八世纪中期，位于里沃兹上方的优美的公园纵览修道院时，映入眼帘的正是英格兰最美的田园风光。

不过深深镌刻在我脑海中的，是一场不那么“田园风光”的事故。

有一次，爸妈带着我和珀修斯那只猫一起去里士满城堡。那儿当时没什么人，我妈就解掉了珀修斯的“狗”链子。突然一群来自当地军营的陆军学校的学生大踏步奔进了城堡花园，军靴踩出来的脚步声能有多响就有多响。他们一看到我们家那只吓坏了的猫，就沿着一栋塔楼的螺旋楼梯追着他往上跑。我爸呢，不用说，躲起来了。事到如今，我对当兵的依然充满恐慌。这件事显然引发了我童年对服兵役的恐惧，
22 当时英国还是兵役制，也导致我在十年后对被强制征召入伍的美国“越战”大兵的同情心大增。那场事故，以及贯穿整个1955年炎热夏天的有关苏伊士运河的战事持续不断、耸人听闻的头条新闻报道给我的内心带来了阴影。我担心那些我无法控制的力量总有一天会毁了我，还有由戏剧和中世纪建筑组成的那个小天地。于是在那次其他方面还算是“田园牧歌”的度假期间，我人生中第一次做了睡前祷告。

不久，剧院建筑就加入了修道院、大教堂、郊野庄园等这一类主宰了我童年生活的爱好之中。二十世纪五十年代，电视走进了千家万户。没多久，战前在人们生活中相当重要的综艺剧场逐渐变成了潦倒、无用、苟延残喘的躯壳。一座接一座剧院倒在了拆楼的铁球下。我意识到它们的命运已无可挽回。有些剧院实际上被荒弃了。我记得自己有一次艰难地爬进了伦敦卡姆登区那座已经被废弃了的贝德福德剧院，二十世纪初的画家沃尔特·希科特笔下曾经流光溢彩地描绘过其生动景象，使得这座剧院令人难忘地名噪一时，彼时雨水正从屋顶开裂的大洞中浇下来。两年之后，它便只存在于人们的记忆中了。

有些幸运儿因为被改作电视演播厅，躲过了一劫。切尔西宫就是其中一个。我曾被带去观摩一部大型电视系列喜剧《军队游戏》的现场播出。一楼观众席被抬到和舞台一样高，与舞台一起连成一片巨大的平地，硕大的电视摄像机就在这平地上，穿梭游走于那些小布景之

间。在二十世纪五十年代后期，这类节目都是直播的。有那么一小段时间，“哈林顿宫”也被改成了电视演播厅，也搭了个那样的台子。好在老天有眼，常理占了上风，随着改编自《麦克白》的大型热卖音乐剧《妖邪三女巫》的上演，现场舞台演出又迅速地在“哈林顿宫”重拾辉煌。现在，切尔西宫早已被改造成国王大道上又一座购物中心了。当今的制作人要是能在这种地段找到这般精美的剧院，得花多大代价啊？

不过当时真正吸引我、给我带来翻天覆地的变化的电视节目，是
每星期六晚的一档摇滚乐节目，叫《哦，男孩！》。令人惊喜的是它树 23
立了在剧院里摄制的好榜样，那是一座叫哈克尼帝国剧院的漂亮的综艺秀剧场，而有趣的是这座剧场恰巧和伦敦帕拉迪厄姆剧院的建筑设计师是同一个人——弗兰克·麦查姆。节目导演是杰克·古德，他之后又执导了《灵魂地狱》，被称为《奥赛罗》的摇滚版。他把观众席也作为场景的一部分，镜头掠过那些大呼小叫、歇斯底里的女孩们的头顶，俯冲向舞台，台上就是那些动不动就姓“王尔德”“伊戈尔”或者“弗瑞”的英国偶像男孩们。同样了不起的一个安排，就是在现场伴奏的“罗金汉姆爵士十一人”乐队，他们连乐器都编了动作来参与表演，特别好玩。我还和我妈妈念叨，说如果古典交响乐团也能这样表演的话，勃拉姆斯的曲子听起来一定会更带劲。几年后，克里夫·理查德明确告诉我，其实每期节目都是精心编排好的，细致到他在最后一个镜头时送出的秋波都是有剧本指令的。

《哦，男孩！》让我惊为天人。从此“摇滚”两个字就成了音乐剧的同义词，而“哈林顿宫”也马上被摇滚节目点亮了。

到我十岁时，我弟弟朱利安正朝着成为一名儿童大提琴明星的方向进发。“神童”这个词已经在哈林顿大楼10号如雷贯耳，压过了街

上交通的喧嚣。我妈的关注焦点毫无悬念地转移到了我这个小弟弟身上。虽然如此，每星期六上午，我们俩还是都要去皇家音乐学院的初级班上课，我是去学圆号的。

不过在我妈看来，我最多也就靠撞大运成事儿了，所以她对我的学术前景不再抱有希望，而我则因为学校音乐会那些事儿的激励，也对学术道路不抱任何希望了。让我成为西敏公学高年级部（高中部）有史以来年龄最小的“女王学童”的念头也就此烟消云散。我都没能获取参加被称为“大考”的奖学金考试资格。我妈唯一获得的安慰奖就是我入读西敏公学时才十二岁，比通常的入学年龄早了整一年。与此同时，我跟令人愉快而又特立独行的薇姨越来越亲近了。

3 薇 姨

简短说明一下：薇姨是我妈妈琴恩的姐姐。她嫁给了乔治·克劳 24
斯比医生，我外婆莫莉曾给这个矮矮胖胖的、有一点自命不凡的医生当过一阵子秘书。薇姨管他叫“树熊猴”，还真是挺贴切的。“大老爷”这个尊贵的称呼大概就是为他发明的。薇姨和乔治，跟一只叫库伯的橘猫，就住在他位于威茅斯街的诊所楼上的顶层公寓里，离伦敦的医疗机构聚集区中心哈雷街近得很，环境却更优雅，房价也更低。我有段时间一有机会就往那儿溜。在体验过总是脏兮兮又难得清静安宁的哈林顿大楼之后，这套公寓——或者按乔治夸张的说法，是复式套房——显得不可思议地华美迷人（我姨则会说是“矫揉造作”）。

楼上本来分出了一间休息室，和隔壁屋子打通了，中间有一扇相当“矫揉造作”的拱门。房间角落里摆了台立体声唱机，是薇姨用来播放那些二十世纪五十年代的拉美唱片，展示立体声的神奇效果的：你能听到邦戈鼓独奏的鼓点，分别从左边和右边一问一答般呼应着出现。餐厅里有个地下吧台和乔治收藏巴罗洛葡萄酒的酒架。直到那之前，凡是我看到过的酒瓶子，里面都只装着蜡烛。还有一间可以找到香料叶、洋葱、大蒜和酒的厨房，薇姨就是在那里给现代女性调制菜谱的。1956 年，她用婚前的名字薇奥拉·贾斯通撰写并出版了一本热销的菜谱《主妇当厨》。这本书能热销是由于在五十年代，没人再请得
起家庭佣人和厨师了。设计这份菜谱的意图就是让主妇们能在离开厨 25

房之际，依然粉黛庄重，可以即刻进到厅堂里跟大家高谈阔论，仿佛有一大队副总厨从天不亮就忙上忙下，而她却刚刚睡了个优雅的午觉一般。这比起哈林顿大楼里雷打不动的煮烂掉的卷心菜，可谓天壤之别。

还有薇姨的那些朋友们。我曾遇见过当时主演偶像级情景剧《汉考克半小时秀》的托尼·汉考克。薇姨就是在他自己的公寓里介绍我认识他的，当时他正在那里试着教一只鹦鹉说“沃伦太太去死”。沃伦太太是他的清洁女工，可是他很讨厌她，所以略施小计，想让她主动辞职。她没辞。薇姨告诉我，有一天鹦鹉诡异地大叫：“汉考克真没种!”

我还见到了电影导演罗纳德·尼姆，他就是大卫·里恩在拍《远大前程》这类经典英国影片时起用的那个富有传奇色彩的摄影师。未来某一天我会在《敖德萨档案》这部片子里跟他合作。还有瓦尔·盖斯特和他迷人的演员妻子约兰德·唐伦，我对她可是五体投地，就因为她和克里夫·理查德一起主演了《咖啡邦戈》。芭蕾舞铁杆粉丝们肯定不愿相信这部史诗巨片中的摇滚舞都是出自肯尼斯·麦克米兰爵士之手，而这个名字也将出现在我的职业生涯中。若干年后，瓦尔从电影《大洪荒》里相中了拉蔻儿·威尔奇，也正是瓦尔打造出了身穿鹿皮比基尼的威尔奇小姐这个经典造型，他还把这个造型印在了他发送的圣诞贺卡上，我还留着我收到的那张。

最后，我还遇见了当时刚刚因为《男朋友》这部戏火起来的戏剧导演维达·霍普，那可是为数不多的打进百老汇的英国二十世纪五十年代音乐剧作品之一。朱莉·安德鲁斯就是因为出演了《男朋友》里年轻的主角，才被相中参演《窈窕淑女》的。我还记得维达声色俱厉地批判一部她刚看过的百老汇音乐剧：“这部戏找了一个 55 岁的女人假装 18 岁的小修女，再加上一堆可爱到腻歪的小屁孩，简直令人作呕。”她所指的，当然就是《音乐之声》里的玛丽·马丁。

现在的人会很难理解在英国知识阶层的眼中，罗杰斯和汉默斯坦的声誉曾经是多么地低。我还记得学校里一个朋友的父亲，因为我喜 26
欢被评价为“无病呻吟”的《天上人间》而认定我是个天生的弱智。他把那些恶毒剧评都当作剪报收集起来，还兴致勃勃地给我看了约翰·巴伯写的将这部戏比喻为“糖稀”的那篇。当然我也被带去看了《男朋友》，不过老实说，我至今对这部戏不感冒。那只是又一部被摇滚乐的大潮拍死在沙滩上的英国老式风格音乐剧，当然比起教母梅波拽着我去看的《青葱岁月》这样的大杂烩，还是好很多的。没多久，一次她和我外婆一起吃饭，让我照管她的一条狐狸毛披肩，结果却被大猫珀修斯给毁了，于是她就此和我断绝了关系。我还记得自己当时就在想，如果将来我能在剧院里管事，《青葱岁月》这种戏一定会被我无情地淘汰掉。

威茅斯街 28 号有着我家所缺少的一切。薇姨对“室内装饰”真是有眼光，可我爸妈连这四个字都没听说过。也是薇姨教会了我做菜，与此同时我还学到了一些警词妙句，跟我同龄的男孩几乎都没听说过，更别提理解了。然而真正把我推入薇姨那无微不至的温暖怀抱的，却是我妈新养成的给全家带来了深重影响的那份执念。毫无疑问，我家真的天翻地覆了。这份执念有个名字，叫约翰·里尔。

约翰·里尔和朱利安在皇家音乐学院的星期六初级班相遇时，约翰 16 岁，朱利安只有 9 岁。约翰·里尔是学校音乐会的明星钢琴家，是注定要成为第一位赢得莫斯科柴可夫斯基国际音乐比赛大奖的英国人的。虽然朱利安比约翰小了 7 岁，他们还是交上了朋友，交情好到朱利安会邀请他来哈林顿大楼，于是约翰就在那里见到了我妈。那次相遇，改变了我们所有人的一生。其实想想他的出身，就很容易能明白为什么约翰能引起我妈的关注：约翰·里尔出身于工人阶级家庭，住在当时荒僻又潦倒的伦敦东北郊区莱顿的一所贫民窟房子里，如今
27 此地这样的房子要卖上数十万英镑，伦敦的住房危机由此可见一斑。约翰本来要去当地的公立学校，可他在钢琴上的表现很优秀，使他赢得了入读皇家音乐学院初级班的奖学金，又靠着在东区一家低档酒吧里弹琴攒出了火车票钱。酒吧老板一般用这样的金句来给约翰开场：

"你晓不晓得你裤裆都开线了啊？"

约翰会接着回应："不晓得呀。不过您哼个开头我就能续上啦……"①

可算有了一位我妈一直苦苦寻觅的年轻音乐才俊。更让她开心的是，他的身份背景大大地安抚了我妈那份因为在韦瑟比花费大量时间给特权阶层的孩子们上课而不安的良心。不久，我妈就开始开车送约翰从学院回莱顿，还和他父母成了朋友。很快，朱利安和我就被拖去了莱顿，得以亲眼见识一下位于我妈不加掩饰地直呼为"贫民窟"的约翰家住的连排破屋。

这么做还带来了另一个改变命运的后果：当我妈去做好人好事的时候，朱利安和我就在莱顿的街头巷尾撒欢了。我们很快就找到了当地的足球队，那支被誉为伦敦足球俱乐部里的"灰姑娘"的莱顿东方队。虽然莱顿东方队确实在某个赛季里，曾短暂地出现在英格兰足联顶级俱乐部的行列之中，但我们这些支持者，依然只是一小群从未有机会欢呼胜利的球迷，主要原因就是这样的机会从未出现过。可是一旦你宣称支持某个足球俱乐部，那就没有回头路了。朱利安和我到今天还在支持东方队，尽管在我写下这句话的时候，这支俱乐部已经悲惨得无缘参加英格兰足球联赛了。

---

① 英文原文 vamp 有"缝补"和"即兴演奏"的双重意思。

若干年后，正是在东方队这里，我收获了一些非常睿智的忠告。大约在单曲《万世巨星》[1]开始在英国发行那阵子，俱乐部时任主席伯纳德·德尔方特邀请我到东方队主会议室共进午餐。伯尼[2]，也就是后来的德尔方特勋爵，是卢·格雷德和莱斯利·格雷德同母异父的兄弟。他们兄弟仨掌控了大英帝国的演出行业——伯尼负责剧院，卢掌管顶级电影、电视渠道，莱斯利则是明星们的经纪人——也就是今天人们所说的360度全覆盖。所以全英国戏剧圈最有权势的人邀请我观看他 28
名下的俱乐部的主场比赛这种事，还是让我有点犯怵。莱顿东方队毫无疑问输了比赛。不过我印象最深的是这场惨败后进行的那段对话。

“小伙子，想听一些忠告吗？”伯尼把我招呼到一边说。

“当然想了，德尔方特先生。”

“叫我伯尼吧。”

“好，伯尼。”

“我听了你的那些歌了，我觉得你应该前途无量。我给你提些忠告，小伙子。你不是犹太人吧？”

“不……我不是，我是……”

“你不混帮派吧？”

“没有，我，呃……”

“算了，我跟你直说了吧。”他停顿了一下，“永远不要，孩子，永远都不要去买一个足球俱乐部。”

从那之后，伯尼就成了一个我总能指望得上的朋友。多年后当我们搞不定要上演《猫》的剧院时，正是伯尼出手拯救了卡梅隆·麦金托什和我。

---

① 专辑《耶稣基督万世巨星》中的一首单曲。

② 伯纳德的昵称。

我妈没熬上多久，就手脚麻利地把约翰带入了我们家。还是让我沾了点光的：随着约翰在哈林顿大楼练琴的时间越来越多，我时不时翻翻他的钢琴谱，就会发现一大堆我可能没有机会从别处了解到的音乐作品，约翰的演奏技巧对旁听者也很有启发。可这样一来，暑期家庭假日游就有 3 个男孩了。我敢肯定约翰也很不乐意，不过看起来他对我妈给他的安排全盘接受。不管朱利安和我是什么态度，我们多了个大哥哥，而且这件事上我们没有选择权，我爸也一样。他欣赏约翰，也认可他杰出的天赋，尤其是作为一个贝多芬作品的演绎者。只是对这个安静内敛的男人来说，自己的太太把注意力和期望都集中到了别人身上，应该也很难释怀。

29 约翰·里尔的传奇在 1960 年的秋天还只处于萌芽阶段，12 岁半的我——比同学们还小一岁的事让我胆战心惊——开始了在西敏公学的第一个学期。大约在 1960—1965 年间，这所学校跟我还是有点共鸣的：集反叛、传统、难以取悦又神经质于一身，仅凭着优秀的学习成绩尚未分崩离析。当然严格来说，后半句用来描述我就不太合适了。该校据说是由伊丽莎白一世于 1560 年创建的，而实际上它的岁月比这位英国皇家历史上最出名的红发女还要悠久得多。事实上这是亨利八世做过的除了创作《绿袖子》这首歌之外，少有的好事——把一座乱糟糟的教会学校给整顿了一下。1536 年，他在强占并且劫掠了几乎所有修道院之后，发现自己对西敏寺左右为难，因为此处是君王加冕的所在。把它毁了，加冕仪式就不太好办了。于是改建这座学校便成了他对西敏寺的规划的一部分。

学校所处的地段在很大程度上决定了其特性。西敏寺位于英国的传统中心，是君王加冕的所在。依例，国王或女王一旦加冕，是由女王学童率先高呼“上帝护佑某某”的。西敏公学的学童时至今日依然可以列席旁听英国议会的辩论。如果你是和我同一个年代的学童，你可以不用排长队就能瞻仰温斯顿·丘吉尔的遗容，也可以见证同性恋合法化的投票表决，还能旁观“普罗富莫事件”是如何拖垮了麦克米伦内阁。

入学时，新生要在数学、法语这些通用科目之外，另选两门自己的特选科目。糟心的是历史不能选。西敏公学低年级学生的历史课是不考试的，因为那些高年级的历史老师们想当然地认为学那个没什么用。我最后只能选了我讨厌的古希腊语，还有生物学（我们必须选一门理科类科目），这是一门对我来说跟古希腊语一样难懂的科目。

在这座“大型商场”的头个两星期里，会给你分配一名比你大一岁的学长，他的任务应该是带着热情告诉你，在这所即将伴随你数年 30
的学校里生活的幸福之处。可实际上，你听到的都是关于校长那些出了名的体罚的恐怖传说，和体育老师斯图亚特·莫瑞的虐待狂丑闻——那混蛋烧成灰我都认得。我在西敏公学附小就读期间他就已经实行过少儿版狂虐计划，从而在我心中深深种下了对体育和锻炼的憎恨，这种心态直到二十世纪七十年代才被一位来自加利福尼亚的游泳教练米莫莎解决了一部分。我一向不觉得自己是个睚眦必报的人，不过多年后的一个早晨，当我从校刊上读到莫瑞先生咽气的消息后，就创作了两段曲子，午餐时还开了瓶红酒喝。

第一学期我一直“卧薪尝胆”，不过在观看校内圣诞歌舞会演时，一个计划浮现在我的脑海。对我而言，歌舞会演的制作还是用了心的，只是没有一首曲子是原创的。接下来的复活节学期我按兵不动，可一到夏季学期我就出手了。我玩了招老调重弹。夏季学期的一个重要活动就是学校年度音乐会。我报名钢琴演奏，曲目待定。

在披头士时代降临前夕，英伦排行榜上充斥着一些自产的奇人异士，其中以拉斯·康威最甚。康威先生是个长得相当英俊的同性恋男士。他在电视节目里带着招牌式的笑容弹奏酒吧钢琴曲，尽管他在皇家海军服役期间失去了两根手指头，具体是怎么发生的我们也不必多费笔墨了。他还创作过好几首荣登榜首的器乐曲，最出名的就是《侧鞍》。约翰·里尔在酒吧演出时也弹过其中的几首。

我在学校年度音乐会上给大家献上的，就是依照他的风格草草创作的一首曲子，达到了预期效果。两次返场之后，学院主任不得不宣布今天到此为止了。第二天一早我就被叫去见学院年级长。他告诉我有个高年级男生正在创作下个学期的年度歌舞会演节目，需要编进去几首歌，问我是否愿意和他见一面。我就是这样认识了我的第一个作词搭档，并为我人生第一部成功上演的音乐剧作了曲。这部音乐剧的
31 名字叫《豆秸秆上的灰姑娘》，词作者名叫罗宾·拜洛。

我的自满从来不能长久。在确信自己是被上帝安排来专门创作优美旋律这一信念的前提下，经由我爸爸的出版商查普尔音乐制作公司的泰迪·霍尔姆斯帮忙，我特意给理查德·罗杰斯写了封信，表达我的景仰。罗杰斯收到了这封信，而且，让我喜出望外的是，他还邀请我去观看《音乐之声》在皇宫剧院的伦敦首演。于是，1961 年 5 月 19 日，我观摩了人生中的第一场首演。独自坐在三楼后排的我，为剧中的音乐所倾倒。然而当时的我是个自负的臭小子，会在节目册曲目表里的《越过群山》旁边写道："没有《你永远不会孤独前行》那么好。"即便如此，我依然明白自己听到的是一位旋律天才在其巅峰时期带来的长青之作。

可惜伦敦的评论家们并不跟我一样享受这首演之夜的音乐盛宴。就在第二天早上我刚到学校时，我那些所谓的校内挚友们就给我泼了一盆冷水：他们贴心地帮我把所有评论文章摊开，摆在休息间的桌子上。"看看他们对你的偶像都做了些什么，洛伊德。"他们开心地嚷嚷

着。那是我第一次体会到首演之夜的光芒被夺走了不少的感觉。可至少我学到了创意广告的第一堂课：其中一篇评论说道，“如果你像糖尿病人那样渴求那些甜腻到令人作呕的东西，那就先打上一大管胰岛素，你绝对能陶醉于《音乐之声》中”。

“你绝对能陶醉于音乐之声中”这句广告语，诗意盎然而恰到好处地装点了皇宫剧院的门楣，整整八年。

接下来这个学期，《豆秸秆上的灰姑娘》的排练开始了。我发现我这个低年级学生，竟然在指导高年级学生学唱学生会主席创作的歌词。不出所料，头两次排练的效果令人气馁。那个年代，不管哪所学校，年级资历对人们来说还是件挺重要的事。不过令人惊喜的是，一旦大家混熟了，就都忘了那些乱七八糟的事情。旋律被提出、指摘、改写、 32
讨论，曲目被试唱、删改，恢复后再被删减。后来，我又发现年级长有副很不错的嗓子，就没羞没臊地为他专门安排了几个足以吸睛的炫技段落。自打入校以来，我第一次发现让我最幸福的事就是创作音乐剧。我们做了三部戏，我都在后台弹钢琴伴奏，每晚演出后我都可以自豪地微微鞠躬谢幕。

圣诞节出了两件大事：第一件是从意大利传来的消息，薇姨因为比萨大教堂的司事说她衣着的肩部暴露过多，反而刻意脱衣对他露点，被教堂轰了出来；第二件事则发生在圣诞节当日。我妈一直在鼓动朱利安和我去参加早上在西敏寺大厅举行的圣诞礼拜，却很不明智地留外婆莫莉在家做圣诞火鸡。我曾提议由我来看炉子，让外婆去听我爸和他的合唱团的演出，可我的话就像没人听见似的。在整个圣诞礼拜过程中，我心里都沉甸甸地挂念着火鸡的命运，急切地想要以最快的速度同时又是最优雅的方式赶回哈林顿大楼。于是我妈开车送我回家，留我爸和朱利安在享用完袋泡茶加包装小甜饼的礼拜茶歇后，再搭邻居的车回来。

我妈打开车上的收音机，从那小小的单声道喇叭传出的乐曲一下子就把火鸡的事儿挤到了九霄云外。我妈调到那个频道的时候，普契尼的《托斯卡》刚放了五分钟。我彻彻底底被迷住了。我一个字也听不懂（这可能是件好事，因为您越了解《托斯卡》的剧情，就越会觉得不快），可我有生以来从未听到过如此富有戏剧性的、优雅动人的音乐。到了第一幕结尾的那首《感恩赞》时，我妈一边将小车停进法国公立学校旁的车棚，一边解说了一下故事概要。我现在明白了为何《感恩赞》敲击着我体内的每一根神经：我对维多利亚时代教堂建筑的钟爱，和对日渐衰落的高教派所感到的亲和力不相上下，可如果戏剧方面有任何片段能与之比肩，必是《托斯卡》中的《感恩赞》。时至今
33 日，这仍是唯一一个我偷偷想要导演一把的戏剧片段，就那一小段而已。可惜，由于会有太多的香火缭绕，你极有可能看不太清楚我的导演处女秀了。

不幸的是，我妈算好了我爸和朱利安搭车能到家的时间，她觉得，不管放的是《托斯卡》还是别的什么，都到了交换圣诞礼物的时候了。我恳求她让我能留在车里，她说了句“看来音乐比圣诞节还重要”之类的话，叫我听完后用她留在点火开关上的车钥匙把车门锁好，说完就一路小跑去照看她的家庭大餐了。我聚精会神地听完了第二幕，车里也越来越冷，当我听到那段后来才知道名为《为艺术，为爱情》的唱段时，我冻得跟在车外的空气一模一样了。当第三幕里的罗马钟声响起时，我已经完全被征服了。这是我连做梦都没想过会存在的真正的戏剧音乐，难以言表！也就在那一刻，我的幻梦被车子挡风玻璃上猛烈的拍打声打断了。

您得从警察叔叔的角度来看这件事：一个十三岁的小男孩在天寒地冻的圣诞节下午两点，泪流满面，看起来掌管着车钥匙，还把收音

机音量调到最大放歌剧，怎么都是不正常的，更别说是在圣诞节当天。还要过分的是，这个十三岁男孩的情绪表现得相当不稳定，甚至在叫他关掉收音机解释一下情况时特别不情愿。最终警察叔叔勉强接受了我的说法，说了句“看在今天过圣诞节的分上，我就权当你没编瞎话”，然后在必须由他亲自带我到公寓大门口的前提下，对我高抬贵手了。

一个星期后，我爸给了我一张《托斯卡》精选辑。于是我决心要存下我的每一分零花钱，好在将来有一天能买上一套全剧的总谱。

我曾说过创作音乐剧是我最幸福的时刻，不过那个圣诞节的一件
礼物再次证明事实并非完全如此。我收到了一本关于修道院遗址的书， 34
于是我再一次一头扎进了那个历史和建筑的小天地里去了。从那以后的每个期中假，我都会坐上火车去某个想看的地方。若没有这份稳定持续的爱好，我的人生会截然不同。

1962 年复活节，我唯一一次参加了学校组织的假期游。我们一堆人，包括我新的作词搭档罗宾·拜洛，被带去了雅典和罗马，那里的古迹让我们叹为观止。我自己找了些教堂去参观，结果在罗马因为看错地图而撞见了一座真正影响并改变了我的建筑。我事后认为，自己回家后写的那篇陈词慷慨的论文——那座镶嵌着由维多利亚时代的伟大美术家爱德华·伯恩-琼斯设计的马赛克镶拼画的罗马美式教堂①，是整个罗马最美的建筑——可能是我第一篇落成文字的战斗檄文。如果真是这样，它达到了预期效果。

我的美术课老师勃然大怒。“你怎么能写出这种垃圾?”他咆哮道，“你没看见那座教堂里堆满了维多利亚风格的劣质品吗?”

---

① 指罗马城内圣保罗教堂。

对一个二十世纪六十年代的美术课老师来说，拖着一帮十几岁的小家伙遍览古希腊和古罗马时代的美术瑰宝，却发现其中一个被维多利亚风格的美术作品勾引走了，肯定挺让他没面子的。

接下来的夏季学期恰逢西敏公学年度奖学金考试，称为“大考”。会有八个男生被选中进入“大书院”，即专门给获奖学童预备的学院。还在附小的我参加这种考试毫无意义。然而我毕竟人小胆大，想去试试看，于是就去了。开头的几张考卷，像希腊语、数学这些，就让我觉得自己要来试一下的想法真的极不明智。最后一张是历史，当时我心里很明白，前几张考卷已经让我的处境极为不利了，所以这一场考试也没啥好想的，胡诌一气算了。我的这张答卷几乎就是一首对中世纪英伦的颂歌，还添油加醋地说到哥特复兴风格在其中起到的积极作
35 用。我指出，能与西敏寺顶窗上华丽的中世纪玻璃相媲美的，只有由一个维多利亚时代的名叫肯普的人做的南侧廊玻璃，与之相比，其他的都黯然失色。

那个明媚的夏日，我悠闲地踱出了考场，心里认定自己不会收到“大考”背后的专家们的任何信息。第二天我居然被叫去面试了。面试桌子后面坐着奖学金主管、校长和一位和蔼可亲的历史老师，叫查尔斯·基利。不知为何，是奖学金主管在主持面试提问。有趣的是，我们谈到了威尔士边境的城堡这个话题上。我已经记不清为什么我会提到克兰城堡，不过，要是您一旦发现自己被这个话题套牢了的话，只要记得是奥利弗·克伦威尔炸掉了这座城堡的“主塔”或者说主楼，结果这栋主楼几乎完好无缺地顺着它原先所在的山坡滑了下去。我提到了这一点，结果发现这位奖学金主管的祖籍就在克兰。

当晚我就被告知获得了西敏公学的女王学童奖学金。

4 品相黯淡，口感生涩

如果，您跟我一样，也认为一个关于青春期焦虑、抑郁、单恋等 36
种种异象以及由日常荷尔蒙失衡引发的故事，最好是被限定在那种“失恋少年聊天室”里的交流切磋的话，就请直接跳过下面这些吧。说真的，我几乎都不想写出来。简明扼要地说，接下来的两年我一直恍恍惚惚、无精打采，一部分原因就是我离开了家，住进了一所寄宿学校，哪怕学校离家只有区区三站地铁之遥。而且没错，那时候在大多数公立学校里，都会有那么一个老师，按照如今的标准来看，其所言所行是足以够格在女王陛下名下那些让人不太舒服的场所里①好好住上一阵的。

不过说到底，用合当时时宜的话来讲，我特别老老实实、规规矩矩，也算是在西敏公学里幸存下来，其间还遇到了一些凡是学生娃们都梦寐以求的既优秀又善良的老师们。他们之中排名第一的，就是我们的舍监吉姆·伍德豪斯以及历史课主课老师查尔斯·基利。也正是查尔斯的据理力争帮我争取到了奖学金，可惜在最后关头，我还是极其不厚道地辜负了他对我的一片苦心。

前面提到的可以跳过的那部分，始于 1962 年夏天，那是一个总会让我联想到布莱恩·海兰德那首苦乐参半的名曲《以吻封缄》的夏天。

---

① 此处指监狱。

薇姨和乔治大老爷卖掉了威茅斯街的公寓，搬去了他们在意大利里维
37 埃拉地区建起来的一套房子里住。房子就在一座紧挨着法国边境、名叫拉莫托拉的村子里，这个村子因为有汉璧礼植物园而名声大噪。这座植物园至今仍是我所钟爱的地中海胜地之一。乔治已经到了退休年龄，而且充沛的阳光和廉价的杯中物显然是令人无法抗拒的。突然间我在伦敦的避难所消失了，尽管我很快就发现国外这处是一个更棒的避难所。在拉莫托拉村，我得以体验到带有波希米亚风情的蔚蓝海岸那最后的金秋时节，如今这番景象已经被遍地可见的政治寡头和欧陆土豪给彻底摧毁了。

那一年的家庭假日游，我们去了诺福克郡北部的一座叫伯纳姆市场的村子。我挑选诺福克的原因是那里的教堂多如牛毛。可问题是约翰·里尔也加入了我们，于是我们度假小屋的账单里多了一台立式钢琴。同时很明显地，很多压力开始转向朱利安。有一天下午我们参加了一个敞篷观光公共汽车游，阳光无比明媚，我硬拖着我弟弟跟我一起去各个教堂打卡。我至今依然清晰地记得，他问我该怎么办才能让妈妈明白她的所作所为给这个家庭带来的后果。

其实我们俩都喜欢约翰。那年假日游期间，他正在苦练那段难度超级高的普罗科菲耶夫《第七钢琴奏鸣曲》的末乐章，一段八七拍的夺冠巅峰之作。我当时帮他翻琴谱，翻着翻着，就对这段曲子稀奇古怪的特征性节拍所具有的催眠般的感觉着了魔……要是想数清楚七拍子的节奏，这里给个小贴士：先照“一二三，一二，一二”这样不间断地连着数，接下来试着照“一二，一二三，一二”数，然后以此类推再演变下去。你要是在地铁站里这么打鼓肯定会大红大紫的。我创作的每一部音乐剧里，都会有一段八七拍的曲子。到了《剧院魅影》的时候，这样的做法还被当成了个笑话，而据我所知，只赢得过一次笑声——来自觉得这么安排好滑稽的指挥家洛林·马泽尔。

我猜约翰也会觉得好笑的。他跟我在音乐相关的幽默上还是心有灵犀的。就在几年后，我们俩去圣潘克拉斯市政厅看了场用特殊乐器演奏的音乐会。全场的重头戏是沃恩·威廉姆斯的《大号协奏曲》。很不幸的是，前一档节目是维瓦尔第的《高音竖笛与乐队协奏曲》。只见一名壮汉走上舞台，没有带任何看得见的乐器，而他的手则是我迄今 38
为止见过的最大的一双。指挥举起了指挥棒，这位巨人就用他肥厚的手掌捂住自己的嘴，然后发出了一阵无比尖细刺耳的声音，足以催动周边的小狗和蝙蝠去追着“黄牛”①的屁股买前排座位来聆听此曲。更倒霉的是，客气点讲，维瓦尔第创作这部惊世杰作时，还没有达到他艺术生涯的鼎盛状态。约翰和我咯咯地笑个不停，直到我们前面座位上一位本来正专心研读一份乐谱的、看着很严肃的戴眼镜的女士，转过头来说了句“这曲子也许有点滑稽，可也没滑稽到这个地步”，我也正好笑得打起了嗝才停了下来。紧接着当一个身材娇小的小伙子扛着对他来说可谓硕大无比的大号，举步维艰地上台时，就来了位领位员，很不客气地要求我们立刻离场。这会不会是前所未有，也绝无仅有的，一位柴可夫斯基国际音乐比赛大奖得主被轰出一场古典音乐会呢？此外约翰跟我讲过，他有一次在菲利普·格拉斯的一部经典作品首演时，两次漏掉了同一页琴谱，演奏结束后，格拉斯还表扬了他精妙绝伦的演绎方式。长话短说，我反正越来越喜欢约翰了。事后看来，约翰对我来说从来就不是什么问题，问题只是我妈对约翰的过度痴迷。

我不能代表老爸发言，可我猜他的感受也是一样的，1962 年夏天的那些安排对他来说有点过头了。于是出乎所有人的意料，他宣布要去意大利跟薇姨和乔治待一阵儿。老爸那时候还一辈子都不曾“飘洋过海”呢。我妈可无意跟随前往，最终计划是他在我姨妈家待一星期，

---

① 指“票贩子”。

而我则晚几天再飞过去。

尼斯那座蔚蓝海岸机场留给我的最初记忆，就是我爸坐在电瓶车上穿过登机大厅时，口齿也不清了，灰白的皮肤也开始松弛脱皮，看到姑娘们的翘臀就歇斯底里地偷笑。显然，日照和当地佳酿让他印象深刻。而盎格鲁海滨大道留给我的最初记忆，则是我爸对它的赞不绝口。要知道在当年那阴暗潮湿的迷雾笼罩下的英伦三岛，比基尼还不算是常见的户外打扮。我们很快就驾车穿过当时还没什么高楼大厦的
39 摩纳哥公国，掠过滨海走廊沿线的豪华别墅，以及费拉海角，驶向法国边境的一片天地。那里，我们可以领略奇香异色，演员和美酒，帕尔玛干酪和橄榄油，一大堆著名电影导演，大卫·尼文以及他那座按英制尺寸定制却按照公制尺寸建造的游泳池，总是那几张老面孔却每逢假期都会变换组合的艺术家和他们的伴侣们，薇姨那台刷成天蓝色的钢琴，以及她那座蓝雪花树掩映着的栽满了以深蓝色的地中海为背景的紫色三角花的大露台，坐落于海滩上只能步行抵达却以烹饪鱼鲜出名的梦幻般的“海角”小餐厅，汉壁礼植物园和温斯顿·丘吉尔在得悉德国投降后即享用了一顿庆祝午餐的拉莫托拉餐馆……这些如今已经消失殆尽却早已跟我的一生浑然一体的回忆，我能如数家珍般地叙述到永远。

从那时起，薇姨的大宅就成了我的第二个家。因此也不难理解，在一个黯淡的秋天的下午去西敏公学报到开始住读生涯这件事，对我来说是多么大的一个打击了。更要命的是，由于我被编入的学院对学生是按照年龄分组的，我领先一年的优势就完全报废了。因为我入学时岁数很小，所以我跟被分在我上一年级的男生资历一样，都在校两年了。我提出抗议却石沉大海，这简直是不公平得令人恐惧。当然几个星期后，所有这些都不再重要了。1962 年 10 月是古巴导弹危机唱主

角的一个月。有好几个晚上，我们都从宿舍的窗户望着不远处的英国议会大厦，心里嘀咕着会不会这是最后一次得以目睹这片建筑群了。整整连续十三天，每逢就寝时间，我们没有一个人不真心渴望能跟自己父母来一个满怀拥抱的。当时唯一可以安慰我们的是，由于学校位于西敏寺这里①，我们的灭顶之灾如果降临，也应该是蛮干净利落的。

我的降级给剧目排练带来了一个大麻烦：首当其冲的，就是我之前那个学院的圣诞歌舞会演的排练。那个演出已经演变成一部名为《苏格拉底在摇摆》的音乐剧了，而且罗宾·拜洛跟洛伊德·韦伯的搭档关系还远不算稳固。不能因为我换了学院，就把老学院的事儿给耽 40
搁了。问题是排练通常是在初中生就寝时间后开始的，而我又成了一个初中生。罗宾很完美地跟我新就读的学院里的同级学长谈妥了，后者不太情愿地迁就了我晚点回寝室的安排。结果他还是找了个借口，为了一件我没有做过的事狠狠地揍了我一顿，算是让我为那个妥协付出的代价。为此我在演出伴奏时，是垫了一块七八厘米厚的椅垫才坚持下来的。我爸妈也来看了演出，我猜从那一刻起，我不可能当上一个模范历史学者这事儿，就板上钉钉了。

就在《苏格拉底在摇摆》的全球首演前几周，本杰明·布里顿的《战争安魂曲》的伦敦首演在西敏寺拉开了序幕。有几个女王学童被选中担任领位员，我就是其中之一。当晚正巧是一个被称为“豌豆汤”的黄色雾霾之夜，能见度不及一两米——哪怕是在教堂里面。因此演奏员们居然能跟上指挥的调度，堪称奇迹。而大家又是怎么摸到教堂来的就更令人不可思议了。这也证明了在空气污染控制时代尚未来临时的伦敦市民们，对浓重的雾霾已经司空见惯到了什么程度。

这场演出对我来说真是印象深刻。配着威尔弗雷德·欧文的战争

---

① 西敏寺和英国议会大厦仅一街之隔。

诗歌以及拉丁语的安魂弥撒经文的《战争安魂曲》，是一部富有动人心魄的戏剧性的作品。布里顿的配器一向是大师级水准，可依然无法与这一次相媲美，因为他这次启用了三个分部——一支满编制乐队、一支室内乐队，以及一架小型管风琴（就是珀塞尔这样的巴洛克早期作曲家常用的管风琴，音色十分独特），来给他那超然脱俗、轻盈飘渺的男童合唱团伴奏。正是这场演出，让我对布里顿的歌剧作品《彼得·格雷姆斯》和《旋转的螺丝》产生了兴趣。而布里顿在《魂断威尼斯》里，用单只鼓刷在一面军鼓上刷出拖轮的声音这一招，简直是天才的奇思。

就在《战争安魂曲》伦敦首演同一周的周末，另一场首演也登台
41 了。那个圣诞节，一支来自利物浦的，没什么名气的叫“披头士”的乐队唱了一首名为《爱我不渝》的歌曲，打进了流行歌曲排行榜。这首歌的排名只上升到第 17 位，却成为 1963 年来临的预告——披头士乐队开始他们显然永不休止的榜首金曲大满贯，以及流行音乐被彻底改变的那一年。利物浦的“默西节拍音乐”脱颖而出，“摇摆伦敦”也应运而生。西敏公学正处于伦敦的正中心，距离叮砰巷[*]的那些音乐发行商们以及不断推出新作的俱乐部和音乐会现场就是几步之遥。我当时一心想要从那个迫使我与世隔绝的校园里纵身一跃，飞跃教堂屋顶，加入这场近在咫尺的全新的音乐运动。我那时拼了命地想要证明，不仅仅是约翰·里尔，我也同样能走上成功之路。

也许是 1962 年圣诞期间我爸看了我那部连演两场的力作《苏格拉底在摇摆》，觉得我还是需要提高一下水平，抑或我们俩在盎格鲁海滨大道那段旅程中找到了一些共同点，1963 年春季，他决定在学校放假

* 苏荷区丹麦街的戏称。

期间，送我去一个音乐专科人才学院进修。这所“学院”实际上面向在音乐上算是“文盲”的歌曲创作者，教授他们如何创作出够格发表的作品。事后我才知道，经营这所学院的是我爸自学生时代起就相识的一个叫艾瑞克·吉尔德的人，老爸觉得我应该可以学到一些实用小技能。实际上吉尔德先生的确教了我一些精妙的转调手法，我至今还偶尔会用到，比起常用的半音上行转调法，这些手法是质的飞跃了。吉尔德先生教会我的最有价值的本事，就是如何为一部音乐剧制备钢琴谱。被拿来当“实验小白鼠”的是一部我已经开始着手创作的音乐剧，只是其创作构思之烂，大概只有想要创作以成吉思汗的博爱事迹为题材的音乐剧这种思路才能垫底。我的这部戏名字叫《维斯顿尼亚!》，是一部对“鲁里塔尼亚”这种虚构题材的拙劣模仿！不过艾弗·诺维洛会喜欢到要死的。近六十年后，我对此事依然尴尬无比，以至于没有人——哪怕是我至亲至爱之人——知道我把这部戏的谱子藏在了哪里。

《维斯顿尼亚!》的出现，主要是因为我当时准备孤注一掷了。罗 42
宾·拜洛已经开始准备考大学，而西敏公学里也没有其他愿意和我搭伙的词作者了。如流星般划破天际的“帅哥四人组”①又把我的同龄人对音乐剧的兴趣热度，从零度骤降到零下。我唯一能找到的愿意给我那稚嫩的音乐撰写歌词的人，是我姨妈的一个澳大利亚朋友，叫琼·科尔莫，她当过演员，相当俗气。《维斯顿尼亚!》就此呱呱坠地。

要感谢吉尔德先生的是，这部令人恐惧的作品的乐谱倒是编得颇具专业水准。所以当我把乐谱连同一封特别强调我只有十四岁的信，寄给西区头号制作人哈罗德·菲尔丁后，这封信被拆阅了。这位制作过《半个六便士》和《歌舞大王齐格飞》的制作人公开夸赞该剧的音

---

① 指披头士乐队。

乐部分潜力无限。反正消息传播得足够远了，以至于有那么一两个经纪人跟我爸打听我是不是需要代理业务。自然而然地，我以为这部戏的西区首演已经指日可待，而我可以拿跟发行商开会为借口翘课的渴望也热烈高涨。

最终我收到的是一封来自哈罗德·菲尔丁的亲切回信，他告诉我要坚持在音乐方面的发展，可是把《维斯顿尼亚!》搬上西区舞台则遥遥无期。收到信之前，我曾短暂地被顶级代理商诺维尔·盖伊机构代理过一阵儿，不过当菲尔丁把我打回原形后，他们就立刻甩掉了我。我从云端重重地跌落在地，鼻青脸肿。我当时决定：音乐剧这玩意儿彻底没有奔头了——尤其是在所谓的顶级制作人都会无视《维斯顿尼亚!》这样引领潮流的作品所明显具有的优秀品质的时候。还是当一个流行歌曲写手吧。不过走这条路的一个无法躲避的障碍，就是我被困在一个我连喜欢都谈不上的寄宿学校里，而家里则被“里尔传奇”的光芒彻底笼罩着。

复活节假期快要结束，我陷入了深度忧郁之中。我妈的约翰·里尔情结让她越来越情绪化和反复无常。我的家就像一口盛满了紧张情绪和嫉妒的大锅，我爸对酒的嗜好只是火上浇油。寄宿学校新学期的
43 到来，就像一把暗灰色的大铁锤日渐逼近。我的青春期荷尔蒙在跟我说，我已经受够了。

一天早晨，我从浴室柜橱里偷了几片止痛片，跑去邮局把我的存款全部取出——总共 7 英镑。然后我又从“南肯”两家不同的药店里买了些阿司匹林，就直奔地铁站。我们那时候的“地铁”可以深入翁加尔这样远的埃塞克斯乡间腹地。我买了张单程票，坐到了终点站后，我在小镇上游荡，又买了些阿司匹林和一瓶葡萄适①，之后去了公共汽

① 葛兰素史克旗下的一种饮料，于 1927 年由英国药剂师亨特先生（Mr. Hunter）推出。

车站。我打算坐上头班出发的公共汽车，到一个杳无人迹的所在，把我带着的这一大包药吞了以后，就近找一块灌木篱笆，躺倒了事。

我看到一辆车头写着“拉文纳姆”的公共汽车，就觉得有什么声音在告诉我去坐这辆车——这个地名可能在建筑史上有点什么来头。这辆老旧的公共汽车慢吞吞地穿行在埃塞克斯乡间，等开到了萨福克时，太阳开始升起来。当我们最终抵达拉文纳姆时，本来乌云遮天的早晨，已经变成了一个阳光明媚的春日。

拉文纳姆！我之前还从未见到过这样一个未受到破坏的英格兰小乡村。不过最棒的还是教堂。我现在只记得，我坐在教堂里面大概两个小时，不停地说“感谢上帝带我到拉文纳姆”。我回头直奔公共汽车站，再回到伦敦，心里想着：情况也没有糟到那个程度。可我还是把药片留在了身边。

要说在西敏公学的岁月没有给我带来一丝收益，也是罔顾事实。首先，西敏公学让我萌发了对维多利亚风格建筑的热爱。“大书院”有个教务长叫约翰·豪斯，2014 年刚刚去世，他的美术学监的职业生涯成绩卓然，后来被牛津大学授予斯莱德美术讲席教授教职。约翰是引领我了解那伟大的维多利亚风格建筑的第一人，此外，还有一位当时跟我日渐密不可分的朋友，格雷·沃森，和他一起，我开始在英国各地遍访维多利亚风格的教堂建筑。

到我在“大书院”就读的第二年，全伦敦城就没几处是我不了解 44
的。我的建筑巡览也把我带去了英国城镇的各个角落，我猜西敏公学里没几个同龄人见过那些地方。绝大多数精致的维多利亚风格教堂，都是被用来帮助手无寸铁的穷困人民，击溃魔鬼撒旦的诱惑的所在。所以我好几次差点跟当地的小孩子起冲突，他们才不会对一个穿着高档校服，紧抱着一本娘娘腔的建筑导游册的娇滴滴的男孩子客气呢。不过由此，我也发现我在体育上并不是完全无能的，我还是挺能跑的！

到我毕业离校之时，我已经对全英国至少十几个城镇相当熟悉了。那是一个大规模拆除被认为不适合居住的民宅的年代，冠冕堂皇点说，这叫作以人为本的民居建设。正是在二十世纪六十年代间，新建的都市主干路毫不留情地切开了英国各地的城镇中心区域。还好同时新出台的规划准则把行人和当时马路的主宰——汽车，给分隔开了。无论走到哪里，都能看到由政府推动的拆建狂欢，将英国城市的心脏撕裂、摧毁，成效远比希特勒的纳粹德国空军更为卓著。毫无疑问，维多利亚风格的建筑被当作所有建筑中最发育不全的一类，都被排在了拆楼机工作清单的首位，尤其是剧院建筑。我还记得我跟我姨妈的一群朋友躺倒在蓓尔美尔街上，徒劳地抗议拆除伦敦那座精美的圣詹姆斯剧院的情景。挽救全英国最无力自保的那些历史建筑，就从此成为我毕生致力所在之一。

就读西敏公学的另一个收益就是跟外婆的争论。格雷·沃森以及“大书院”的我们这一众小男生，对于跳上地铁、飞驰到哈林顿大楼，用我们越来越显得右翼而且政治不正确到离谱的观点和“基督教共产主义者党”的联合创始人唇枪舌剑一番这项活动，一直欲罢不能。外婆当然暗地里很喜欢这样，而我也不断地从这位不同寻常的女士身上发现新的深度。她十分放心地跟我讲起在哈罗山的波希米亚风开放大宅的故事，以及她姐姐艾拉开设的专供卡车司机享用的大排档，起了个名字叫“杰
45 克的饭盒”这种事情。会不会是因为她在我身上，看到了那个当年刚刚走出校门，就从她身边被悲剧性地夺走了的那个儿子的一些身影来了呢？

不过还是有一件事是她没能上心的。哈林顿大楼这间公寓变得越来越肮脏杂乱，越来越不适合邀请朋友上门了。

1963年的冬天，我新近定位的职业角色“流行歌曲王牌写手”获得了巨大的回报，或者说我是这样以为的。一个来自联美音乐公司的

发行人抓了一把我的作品，寄给了迪卡唱片艺人发展部的头儿，一个叫查尔斯·布莱克维尔的。布莱克维尔可是一位业界大佬，手下掌管着像P.J.普罗比这样的艺人——他在沃瑟姆斯托一家影院的舞台上演出时，把自己的长裤撕破而成为众口铄金之对象。那个星期六之夜，我碰巧溜出学校，得以见证摇滚乐历史上这一起无足轻重的事件。很不幸的是，一张可以看到普罗比、撕破的裤子以及观众中的我那张小脸在一起的照片（现已下落不明），被一家小报登了出来，不过谢天谢地，学校里没有人有机会看到。

布莱克维尔决定让一个叫威斯利·桑兹的歌手来录制我的一首歌。威斯利（真名叫克莱夫·萨尔斯特德）是披头士前时代的歌手伊登·凯恩（理查德·萨尔斯特德）和彼得·萨尔斯特德的小弟弟，后一个萨尔斯特德将来有一天会演绎一支名曲叫《你要去哪里（我的小可爱）?》，蒂姆·莱斯当时把这首歌叫作《你要去哪里，我的丑八怪》，可现在又说他挺喜欢这首歌的。萨尔斯特德才是这兄弟仨真正的姓氏，而不是凯恩或桑德斯。布莱克维尔选中的那首歌叫《相信爱》。更妙的是，歌词也是我创作的。不过出于谦虚的态度和对常识的了解，我不敢在这里把歌词挂出来。可以说我当时相当确定我已经开始走上职业道路，并准备尽情驰骋了。我又找了个新的代理，一个三十多岁的叫戴斯蒙德·艾略特的校园发行商。我被邀请去参加棚录，我有机会亲手打造自己首部一鸣惊人的金曲啦！

不幸的是，西敏公学学生联合军训队的新任指挥官有别的主意。在那时，像西敏公学这类学校的在校学生是被强制要求列入陆军、海 46
军或者空军的候补军官行列的。我很悲催地从军训测试不及格开始了我的行伍生涯。我还因为受到“有散播哗变的思想苗头”的指控，被拽到指挥官面前过。这项虚假的指控，是根据我针对一道题目的回答而提出的，问题问的是“当你遭遇敌人火力攻击并面对一扇紧紧关闭的大门时，该如何处理”。我回答说，我应该立刻打开这扇门逃命去也。这显然不是一个候补军官应该做出的行为。正确答案好像是说你要么在这扇门下挖洞钻过去，要么撑竿跳翻过去。我指出，就我个人而言，没有一个选择是可行的。为了回应认为我不爱国，不忠于女王陛下、学校和祖国的说法，我反过来提出要创作一首能够让《希望与荣耀的土地》都无地自容的进行曲，给学生联合军训队用。

指挥官要么相信了我的抗辩，要么担心我出现在检阅场上会具有致命的破坏性。一整年里，我都获准在队列周围闲逛，听军乐队演奏。结果我在整个军训期间无意中学会了不少给铜管乐器作曲的本事。不过新的学年开始后，新来的指挥官完全不吃这一套。我猜他是从学校的小道消息渠道听说我有一首歌要被录成唱片了，于是就命令我立刻去参加一个野外军事集训。我跟他苦苦求情，说这次棚录过程对我是一次难得的机会，他则回答说学校教育的目的不是为了让我去当个流行歌曲写手，去奥尔德肖特体验一次陆军攻击训练才是我真正需要的。

我彻底心神错乱了。我当时——至今依然——对军队感到恐慌，我真的被吓惨了。我找到上次存起来的阿司匹林，大把地吞了下去。再清醒过来时，就看到一个大夫把脸贴得很近地质问我，究竟什么事情值得我把自己的爹妈吓唬成这样。我也没法告诉你，这么做到底算是一次求救，还是我真的就想寻死。我至今也没想明白。

一个心理医生得出结论，说我对军队的恐慌是货真价实的，如果
47 不是一种器质性疾病，也跟一直困扰我爸的一个问题对应。据说在战争期间，他应征后去做入伍体检时整个人都僵死了。除了表明我有头晕症以外，这份报告里的其他部分是怎么评估我的就不得而知了。其实我自己就能告诉他们这个毛病的。我很小的时候，有一次被体罚，站到一个箱子上时，就曾一度浑身僵硬不能动弹。如今我站久了，还会感到头晕。

于是我的行伍生涯就这么不光彩地终止了。指挥官吓唬我，说这起事件会永久记录在军情五处给我开的档案里，会对我任何试图申请公职的打算不利。可是我那位优秀的舍监吉姆·伍德豪斯对我深表同情，因此在 1963 年末，我还是照旧在西敏公学混日子，没有像在别的学校会发生的那样，因为不合时宜而被赶走。那年年底实在无聊透顶。罗宾·拜洛已经离校，所以也没什么圣诞演出要创作了。戴斯蒙德·艾略特的出版商朋友们请我在他们的圣诞聚会上弹弹钢琴，卖卖脸蛋，于是我挣了几英镑，屁股上被拧了好几下，就是换了泰勒·斯威夫特一定会勃然大怒的那种拧法。1963 年，对披头士来说，也许是志在必得的一年，可是对我来说，则像是当年份的法国葡萄酒——品相黯淡，口感生涩。

也正是因为葡萄酒，害得我通过一件让我足以在西敏公学死得很难看的烂事，走进了 1964 年。薇姨认得一个酒商，于是我就有机会以跟屁虫的方式混进一场 1961 年份的干红葡萄酒品酒会现场。整个 1963 年对我自己和法国酒农来说，也许都算是一个“屁滚尿流之年”①，可是 1961 年则是被称颂为赋予葡萄种植业以真正意义的年份。那些酒在我的嘴里和眼里都和红墨水别无二致，可是我被明明白白地告知，五十年以内这些酒就会非同凡响，而且很有可能这些“红墨水”比我存活得更久②。于是我用我圣诞节里的收入买了好几箱宝玛酒庄③的酒。显然能买到来自这个虽然鲜为人知却早已经名列高级别酒庄品牌出产的年份酒，是淘到便宜货了。酒痴们将会证明薇姨的那个酒商相当明

① 原文为法语“année de pissoir”。

② 指被人收藏保存。

③ 宝玛酒庄（Château Palmer），位于法国波尔多梅克区的著名酒庄，在 1855 年被评定为三级庄，是为数不多能挑战一级庄的三级酒庄。

白让自己垂涎三尺的到底是什么。

48 麻烦的是这些酒没有被送去我爸妈的家，而是不知怎么搞的，被送到了西敏公学。喝酒和吸烟，都是足以受到开除处分的违规行为。当我在下午茶歇时被命令前往校长约翰·卡勒顿的书房时，我觉得这多数就是我的下场了。我解释了一下事情的经过：脑子正常的人根本不可能打算花几十年来喝这么多酒，所以只是送错了地方而已。校长很直截了当地问我喜不喜欢喝酒，我没法撒谎。我很直白地告诉他，我姨父收藏意大利葡萄酒，所以，没错，我曾品尝过几杯他的最佳藏品，所以，没错，我的确爱喝。校长考虑了一小会儿，然后命令我两个钟头后再回到他这边来。于是这两个钟头里，我痛苦无比地揣测着，在即将到来的更加令人痛苦无比的两分钟里，校长会不会已经决定了现在这两个钟头就是我在西敏公学的最后时光。不过迎接我的校长并没有紧紧攥着那根众人皆知的一米八长的教鞭对我怒目而视，而是一脸喜气洋洋地站在那里。一张小桌子已经摆好，桌上立着一个醒酒器和两个酒杯。

“今晚我有个小型晚餐聚会，打算用 1945 年份的巴顿酒庄[1]的酒招待大家。”这个在学校里外号叫“酷秃”的人郑重地说道，“我觉得你应该有兴趣跟我一起品一下这份酒。”

我跟校长的友谊就是这样开始的。我很珍惜与他一起相处的时光，尽管有些时候意味着我得跟他同坐一张沙发，还靠得特别近。

---

① 巴顿酒庄（Château Lēoville Barton），位于法国波尔多朱利安区的二级酒庄。

5　“洛伊德·韦伯先生，　您喜欢猫吗?”

一脚跨进 1964 年，“摇摆伦敦”也算正式启航了。我在校园里也 49
更如鱼得水。卡纳比街更是滔滔不绝地爆出“现代风”新款时装。即便是美国流行音乐大咖们，也都拼了老命想要在不列颠岛上标榜自己有多嬉皮风：艾弗利兄弟二重唱组合当年就发了张新专辑《两只美国佬在英格兰》，就连时不时还会冒出“巴迪·霍利式嗝音”的鲍比·维，也都捣鼓了个《来自英格兰的新声》系列玩玩儿。

1 月里，不记得是怎么回事，我搞到一张低价位票，可以观摩当年的年度戏剧盛事——对我来说就是人生盛事——佛朗哥·泽费雷利执导，玛利亚·卡拉斯和提托·戈比主演的《托斯卡》的首演。关于这两位歌剧神人为数寥寥的传奇性舞台合作已经笔墨颇丰，所以我只想说，这次演出彻底改变了我的一生：目睹了两位处于事业巅峰状态的世界级歌剧大师，给一部家喻户晓的作品带来崭新的气息。

这场演出着实让不少歌剧评论家开了眼。要知道，因为普契尼的作品早就被誉为歌剧院的提款机了，所以他身为作曲家的光环也已经消退。正歌剧的粉丝对他的作品的评价，跟二十世纪六十年代的知识分子对罗杰斯和汉默斯坦的作品的评价几乎一模一样。只要哪家歌剧院想要搞个票房大丰收，就会上演一部由一支百无聊赖的乐队伴奏的松松垮垮的《波希米亚人》《托斯卡》或者是《蝴蝶夫人》。对歌剧院
管理层来说，这就是为了养活那些惨遭无知公众摒弃的真正的歌剧艺 50

术瑰宝，而不得不忍受的一份庸俗。

大家都有关于《托斯卡》的段子，比如说那身形丰硕的女高音从天使堡的屋顶纵身一跃，落到底下铺好的蹦床，结果被弹了回来什么的。《托斯卡》早就被归为“低俗的惊悚剧”了。《牛津音乐指南》（由珀西·斯科尔斯编辑的第七版）收录了一条针对普契尼的评论——篇幅只有巴托克那篇的三分之一左右——相当不待见，火力十足：

> （他的）音乐就是那种典型的、简单俗套的意大利风格……他的和声的新颖程度，刚刚足以吸引传统的歌剧观众的注意力……他也不像略长一些的前人那样，擅于给自创的和声体系配上新的表现手法。

可是这版演出，至少对音乐的处理还是一丝不苟的，制作排演的水准也是一流的，证明了他的确是一个大师级的戏剧作曲家。顺带提一下：尽管我如此痴迷《托斯卡》，但在普契尼的其他作品里，也就《波希米亚人》我还算熟悉。不知为什么，我一直无法对《蝴蝶夫人》或者《曼侬·莱斯科》产生什么感觉。老实说，我的歌剧知识也远不算深厚。其中一个主要原因是我听不清歌词，尤其是当发音含含糊糊，还不是用英文演唱的时候。

1964年2月，两个西敏公学出身的男生也加入了“摇摆伦敦”的行列——彼得·艾舍和高登·沃勒。他们俩在我刚入校时就都是年级长了。高登曾在好几部“猫王”风格的学校内部演出中担任主唱歌手，毋庸置疑是全校红人。我那会儿也没料到，几年后他居然会加入《约瑟夫和神奇彩衣》的第一版制作，出演法老这个角色。

彼得能出名则要归功于他姐姐珍妮，她当时是保罗·麦卡特尼的女朋友，于是乎彼得和高登的亮相之作，也就因为是出自保罗之手而备受关注了。《无爱天地》这首歌在大西洋两岸的排行榜都曾名列榜首。这可是英国公学的毕业生头一遭获此殊荣。我认为西敏公学当时迫切需要这样的骄人成绩，因为我可是切身体会过，约翰·卡勒顿校长是如何发自肺腑地渴望西敏公学能再一次引领文化潮流的。 51

他可不光授权我使用整座校内剧场，还特意给全校放了一天假来观看我的演出。其实我那股干劲儿都是被戴斯蒙德·艾略特撺掇起来的。我早已记不清到底是他还是我，给演出起了个《装个傻》这么奇葩的名字，那干脆就让他背锅吧。我还能记得的是部分寄给要人的演出请柬的收信地址，是我自己乘人不备从一些看似往来公文的信封上随机抄下来的。请柬的反馈着实令人震惊，以至于没多久，那些没有受到邀请的人，都吵着闹着要搞张票，来见证这场在西敏寺大教堂眼皮底下举办的盛事。

整场演出里出自我手的音乐内容寥寥无几，除了那首本打算用来一鸣惊人的威斯利·桑兹演唱的《相信爱》，结果还彻底失败了。一个叫“小星星与行者”的组合抢走了风头：“小星星”是个穿着飘飘长裙的假模假式的女生，被请来给这个男生乐队当主唱。她写了一首摩托车主题的死亡情歌，名字叫《泰瑞》，歌词直白如：“他冲进夜色/加速了他的摩托车/我对着他大喊/别这么干/别这么干。”他们本来还想搞一辆摩托车上台当道具，可惜我们没能搞定。不过《泰瑞》的反响还不错。很快，“小星星”就在迪卡唱片名下录制了这首歌，成为英国上榜金曲。我印象里蒂姆·莱斯也跟“小星星”短暂合作过一阵儿，当然也有可能是我搞错了。

那天还有一大批来自小电台和小电视台的制作人，专门来看这场我主导制作的处女秀。所以说我给他们留下的第一印象是一个制作人，而不是一个作曲家。这也算是西敏公学史无前例的事件了，我真的倍

52 感自豪。到场的老师们都用嘴形夸这场演出“真棒”。这场演出我负责搞宣传、拉演员、找技工、找灯光师、调试音响、挑音乐，还要给参演团队分别带来的作品大杂烩排出演出次序，团队类型则从能激发荷尔蒙强盛分泌的少女组合，到一支来自伦敦北部的、自称“彼得与狼群”而且成天嚷嚷要踢爆默西赛德男生球队的乐队，应有尽有。要知道他们的原创歌曲真差得要命，可是他们的翻唱作品实实在在地把整所学校给炸翻了，以至于当晚都没人参加在圣伏瓦礼拜堂的晚祷（夜间祷告）仪式了。杰克·古德的那个《哦，男孩！》节目对我影响颇深。所以当时我还想着，估计要不了多久，就会有人请我去电视台当实习生了，我也就能风风光光地离开西敏公学了！做白日梦的感觉还挺不赖的。

夏季学期是我们会考的日子。会考成绩决定了你是不是有资格报考大学。西敏公学传统上在牛津大学和剑桥大学都有“直升”名额，也就是说，有一些奖学金或助学基金这类东西，是指定发放给西敏公学毕业生的。不知道这种极度不公平的机制如今是否还在实行，反正在我们那个年代，这种“直升”机会的确吸走了西敏公学最优秀的一批天才，因此在千军万马、高手如云的“统考”考场里，就鲜有西敏公学学生的身影出现了。

可是我的会考成绩差得令人发指，只有两门课过了及格线：历史考了个 D，英语考了个 E，是西敏公学学童中前所未有的低分。这就是我在创作和制作节目上投入精力所带来的“回报”。我和其他人一起坐在基督大教堂里答着考卷，心里却门儿清自己已经完蛋了。参加面试时我就像个行尸走肉那样，因此毫无疑问，我被告知下一年再来复试。我突然之间意识到：我所有的伙伴都要去牛津上学了，只剩我一人窝窝囊囊地留在一个我拼了命要离开的校园里了。当时我的伙伴们都三五成群地开始讨论假期要怎么过了：要不要一起组团巡游欧洲大陆？在牛津开学前跑一趟纽约？他们提到的是纽约，音乐剧的老家欸！可是这些 53
讨论却没我参与的份儿，都怪我自己把大好前程给冲得烟消云散了。

好在天无绝人之路：几乎被命运抛弃的我，突然发现牛津大学面向名下全部学院的招生统考还有两个星期才开始，我还来得及报名。亲爱的吉姆·伍德豪斯对我大发慈悲，签了我的报名表，寄了出去，只不过脸上带着一副“死马当活马医”的表情，我的历史老师查尔斯·基利也是一样。我如壮士断腕般地恶补我喜爱的中世纪历史，祈祷着拿到的那些考题都能被我蒙对，好让我有瞎猫碰死耗子的运气来华丽过关。

那时候已经是期末了，其他同学的升学去向都已明确，因此课程也都是象征性地上上而已，我也申请了全部免修。我每天把自己埋在书堆里长达十二个钟头，然后用剩下的时间，来杜撰一些跟历史学界公认的理论大相径庭的扯淡观点，希望能引起某个考官的关注。只要能挖掘到足够多的史料来支撑那些奇谈怪论，没准我就能靠一通胡诌混进一个小学院。不过到头来还是要看我拿到的考题是什么样的，以及我有没有妙笔生花的本事了。

填报统考志愿也是一个重要的考虑因素：我选了莫德林学院作为第一志愿。出于对拉斐尔前派画家霍尔曼·亨特的喜爱，我对这座学院的建筑相当熟悉，①而且该院的历史系高级教授正是中世纪历史专家K.B.麦克法兰，我拜读过他的著作。我选的第二志愿是青铜鼻学院，仅仅因为我喜欢这个名字。

于是，到了11月中旬我坐进考场时，我就是当时那里唯一一个西

① 亨特画过莫德林学院的建筑。

敏公学的学生了。考卷简直是美梦成真：我唠唠叨叨地阐述了为什么爱德华二世当国王比爱德华一世更在行；解释了为什么维多利亚时代的扩建反而强化了卡迪夫城堡的中世纪建筑风格（我以个人名义担保
54 女王陛下她并不赞同这个观点）；争辩了为什么说长年以来被指有碍观瞻的维多利亚红砖风格的基布尔学院，实际上是牛津大学里最优秀的三栋建筑之一；考证了实际上是承袭古典主义衣钵的克里斯托弗·雷恩爵士当年力主将西敏寺大教堂的塔楼改建成哥特式风格（顺便提一下：这座尚未完工的塔楼现在依然是一堆难看得要死的破烂），等等。我真心怀疑这一通胡拼乱凑的史料大排放能否打动哪位考官，反正我已经把吃奶的劲儿都使上了。

三天后我收到来自莫德林学院的一封面试邀请函，信里说我有可能会参加第二轮面试，因此要准备好在学院里住上一晚。面试那天上午我连奔带跑地赶到了学院的门房，被安排入住一间极其雅致的维多利亚风格的卧房，然后被告知我的面试安排在下午 3 点。我对牛津这地方不算很熟，不过还是有足够的时间去确认我对基布尔学院的看法是否是准确的。更值得一提的是，当晚在牛津新剧院有金·皮特尼领衔主打的演唱会。我当天晚上就有事情做了！

在和一帮莫名紧张到都不敢跟你聊金·皮特尼的《残酷之城》[1] 的小伙子们共进午餐后，我跟着其中几位也等着参加面试的人，一起来到一间貌似是休息室的房间门口。就是在那一刻，我看到了那只暹罗猫，或者准确地说，那只暹罗猫看到了我。都说心有灵犀一点通，反正这只猫对我是一点都不迟疑：它一下子跳到我的大腿上，响亮又开心地咕噜着，爪子顶着我的拳头，搞得好像我俩在促膝长谈，却又时不时擦擦它自己的脸，急于证明自己是一只如假包换的暹罗猫。不一

① 皮特尼的一首单曲。

会儿，它安静了下来，在我的腿上团成一坨，仿佛梦回远方的暹罗了。

当房门打开，有人喊道“洛伊德·韦伯先生在吗？请进”的时候，我显然是没法把那只猫丢下不管的，所以我带着它进去了。获准入座后，我新交上的动物朋友就安心地躺在我的腿上，隔着一张不大不小的餐桌正对我坐着的，便是麦克法兰教授。两侧围拥着几个老师，其中某一位还提了个关于西敏寺大教堂正厅落成时间的问题，我张嘴就能回答。直到如今我还是麦克法兰的著作的忠实拥趸，因此能被这位 55
中世纪历史大拿亲自面试，着实让我欣喜不已。面试进行了一阵儿后，他终于开始要问一些严肃的问题了。

“洛伊德·韦伯先生，您喜欢猫吗?”

我没有问“您愿意听我讲多久”，反正我回答的核心内容，导致他在面试结束时就直接告诉我所有面试都完成了，我不必在此留宿并参加第二次面试了。

我有点慌了，不过总体来说我感觉一切都还算顺利。我向那只猫咪道了个别，毕竟它一路跟到了我入住的小房间外。现在的大问题是我已经被告知不需要留宿，可我又超想去看金·皮特尼的表演。万一他们打算把这间房转给一个明天还要二次过堂的可怜蛋过夜呢？我最后决定还是见机行事吧。于是当晚，我第一次现场聆听了《我会坚强面对》这首金曲。

第二天一早我就坐上了火车，下车后直接去了我爸妈的公寓。外婆迫切地想知道我面试得怎么样。我详细解释了那只猫的事情，她看起来有点气恼，嘟嘟囔囔地说什么总有一天我会栽在猫的手里的话，当然我从没这么觉得。我想方设法掩盖自己对面试结果的惴惴不安。好在这种煎熬倒也不是必须的，于是我索性打了个电话给莫德林学院，问问是不是碰巧可以问到下一学年的本科新生名单。电话最后被转到一个听起来级别比较高的女士那里，她自称是学院财务主管的秘书。

我问她下一个学年的本科新生名单是不是已经出来了。

“很遗憾我们目前只有奖学金获得者的名单，本科新生名单要两天后才能发布。”

我可熬不起两天了。

“顺便请问您尊姓大名？”

我含糊不清地报了自己的姓名。

“哦，稍等。”她说，“您是洛伊德·韦伯先生，让我看看。啊，有
56 了。洛伊德·韦伯先生，祝贺您，您获得了历史系的本科学金*。我们期待着下一学年在莫德林学院与您相见。”

我当时就张口结舌了。外婆也眨着眼强忍开心的泪花。瞧瞧我，一个在西敏公学荒废了一整年的小男孩儿，居然在牛津大学拿到了该年度唯一授予西敏公学学生的公共奖学金。跟外婆道别后，我一路跑着去了南肯辛顿车站，搭上那班似乎永远也到不了站的西敏寺专线。接着我沿着托希尔大街一路冲进院长方庭，找到我那操碎了心的历史老师上课的教室。他刚刚上完一堂课。我把消息告诉他后，就见他面色苍白，最后只说了一句：“祝贺你，我的孩子。”

直到那时，我才知道他花了多大的力气帮我争取到了西敏大学的奖学金，而我却那般无情无义地背叛了他的信任。不过在那天剩下来的时间里，我满脑子都是那只猫咪难以言表的法力。

---

* 莫德林学院对新生奖学金的一个专用称法。

6 来了个蒂莫西·迈尔斯·宾顿·莱斯[1]

那年圣诞节前，戴斯蒙德·艾略特启动了一个项目，耗掉了我们之后两年的时光。戴斯蒙德经营着一家小型发行公司，名字叫“阿灵顿图书”，专注类似烹饪菜谱类的小众领域。他同时还代理莱斯利·托马斯，就是那个一年后出版小说《处男士兵》而大获成功的作家。莱斯利是一个“巴纳多孩子”，具体来说就是在巴纳多孤儿之家里长大的孤儿。这些“孤儿之家”都是由一个维多利亚时代的慈善家托马斯·巴纳多大夫创办的。他目睹了当时像狄更斯笔下描绘的那些父母双亡的伦敦东区孩子的困境，于是跟他后来的妻子一起携手创办了一所孤儿院。之后，“孤儿之家”如雨后春笋般发展壮大，成为享有世界级领先地位的无家可归儿童慈善机构之一。

戴斯蒙德立刻觉得巴纳多的故事将会是继《雾都孤儿》后的又一部大热门作品。一群小孩子，快活的伦敦东区佬，狄更斯时代的场景，一个在对抗维多利亚时代政府当局的“圣战”中几乎失去一生所爱的英雄——戴斯蒙德坚信，只这一点就能让《雾都孤儿》显得跟《青葱岁月》[2] 一样过时了。莱斯利要做的是提供一个故事大纲，而我则要写出几首曲子来，这样戴斯蒙德就能去找一个制作人了。剧名就定为《孤海浮灯》。看到这里，对音乐剧票房毒药有鉴赏力的朋友们应该开

---

① 蒂姆·莱斯的全名。

② 《青葱岁月》(*Salad Days*)，英国旧式风格音乐剧代表作。

58 始闻到味道了。几年后，一部关于巴纳多大夫的音乐剧（不是我的那部）的确登上了西区的舞台。汤姆·勒尔跑去看了，有人听见他嘟囔了一句“早产儿综合征晚期”（a terminal case for abortion）。

可是创作过程遇到了一些小麻烦。我当时还是个在校生。如今再没人会强制中小学生在学校必修课程结束之后，继续无所事事地滞留在校园里了。不过在 1965 年 1 月，我再次回到了“大书院”的高中部住读，所以我必须要能离开校园。于是我编了个故事，说有个古董书商给了我一份兼职工作。这可是一个很体面的解决方案。到了 2 月我就自由了，想着要开始给这部音乐剧作曲了。可麻烦的是，莱斯利·托马斯实在没能拿出多少货来。事后来看，我猜他当时对戏剧创作其实毫无概念。他毕竟是个小说家，而不是编剧。

突然之间可以自主安排时间，一大早醒过来都不知道该如何消磨一天的时光，这种感觉还是很奇怪的。当你一把老骨头的时候，你可以做一些毫无意义的事情，比如写写自传，来填补每天的空白，可那时候的我是没有这个选项的，更何况离牛津开学也就是几个月之遥。于是那一年开头的一阵子里，我出去观察建筑了。就在那段时间，我对英国都市的罪恶一面有了深刻的了解。

现如今经常可见的一个论调，是说新的一代将要生活在一个比他们的父母生活过的更糟糕的未来世界之中。不过基于一些我在 1965 年亲眼所见的画面，那时候新的一代想要躲开一个比他们的前辈经历过的更好的未来世界，倒是难上加难。当时，随处可见四户人家被塞进一栋破旧不堪的排屋里，共用一间厕所，而且厕所被安置在一块臭气熏天却被冠以“花园”之美名的角落里。如果有人说“拉克曼时代”在当时早已终结，那我是完全没有看出来。拉克曼声名狼藉到“拉克曼式剥削”都能被当作重要词条列入牛津英语大词典。这位拉克曼就是那个通过购买不景气区域里的破败楼房，然后用外来移民填满这些楼房的臭名昭著的英国穷人区大地主，直到1962年他才做了件对他来说非比寻常的，不是为了牟取暴利才愿意做的事情——他咽气了。

来自一个纵使有点波希米亚风情却备受呵护的环境，我承认当我 59
发现大城市里跨越不同的地区，周边的环境是如何会一下子就变得面目全非的时候，我还是会感到震惊，并且被吓得不轻。我有一次在帕丁顿地区环绕在圣玛丽·抹大拉教堂周围的一栋排屋外，被一个嘴里嚷嚷着“仙草”[1]的，长得不算太凶可是个头超大的牙买加人推搡着靠到了松松垮垮的栅栏上，而三个路过的白人小无赖又把我们围起来，说着诸如“就算他看起来像一个如花似玉的娘娘腔，可他也是白人，所以把你那该死的黑手拿开”的名言警句。我心里明白这当口绝不可能插嘴去聊什么维多利亚鼎盛时期的哥特建筑。如今圣玛丽教堂周围的房子早就不见了踪影，而想想诺丁山和帕丁顿地区幸存下来的那些排屋已经售价高达上百万英镑，真是奇也怪哉。

复活节我是在拉莫托拉村的薇姨家过的，那里已经进入了地中海鲜花盛开模式。她在厨房里花了许多时间，时不时喊出像“天杀的教皇”这样的句子，紧接着就在一本笔记本上一丝不苟地记下菜谱。我则一边瞄着她大露台上那年春天提前盛开到荼蘼的紫色三角花，一边在她的蓝色钢琴上叮叮咚咚地弹琴，琢磨着讲巴纳多的那部戏的曲子。不过莱斯利·托马斯还是没有发来什么故事大纲，于是我就只能自己瞎编一个了。回到伦敦后，我丝毫没有预兆地收到了下面这封信。

根特格鲁夫11号，伦敦，邮编SW10

① 指大麻。

4 月 21 日，1965 年

亲爱的安德鲁：

阿灵顿图书的戴斯蒙德·艾略特把您的地址给了我，我相信他也跟您提到过我的事情了。

艾略特先生跟我说您在“寻找一个‘搭调’的写手”来给您的
60 歌曲作词，我正好创作流行歌曲有一小段时间了，特别喜欢写歌词。不知道您是否愿意抽空跟我见个面。我也许跟您的要求还有点差距，不过无论如何见面聊一下还是很有意思的——但愿如此！

不知道您是否可以尽快联系我，晚间可以拨打 FLA 1822，或者在白天拨打 WEL 2261（佩蒂特和韦斯特雷克法律事务所的电话号码）。

静候佳音，

您的，

蒂姆·莱斯

我很自然地感到好奇了。我觉得打电话到他的工作地点不太明智，于是拨了那个 FLA 开头的号码。在那个时候，所有的电话号码都有个由姓名或者所属城镇城区的缩写构成的前缀码。如今对应的数字编码还依然留存，比如在伦敦，号码开头如果是“235”的，就是对应贝尔格莱维亚区的“BEL”①。我在学校有个朋友的叔叔就有一个“235”开头的号码，所以直到二十一世纪初他去世为止，他报电话号码时总是说“贝尔格莱维亚多少多少号”。此外他说起希思罗机场时，也依然用该地 1938 年时的名称“伦敦航空站”，说“阿尔卑斯”时的发音还是“乌尔卑斯”②。还有一次他跟我吐槽公司把董事会会议安排在星期三的

① 原文是“BELgravia”，一度是伦敦的上流社会居住区。

② 原文为“the Oorlps”，是旧时代英语里“Alps”的读音。

做法，搅乱了他在自己的郊外别墅的短居计划。“这下两个周末全都给毁了!”他气呼呼地说。我跑题到此为止。[①]

一位谈吐非常得体的年轻小伙儿接听了电话，他解释说他写过流行歌曲歌词——实际上他还写过一些他自称为“三和弦歌曲”的作品来配合这些歌词。他当时 22 岁，刚刚在巴黎的索邦大学完成了一个进修课程，在一家法律事务所当实习生，倍感无聊。他跟戴斯蒙德·艾略特搭上关系是因为他想根据流行歌曲排行榜榜单出版一本合集手册，觉得戴斯蒙德也许会同意。显然戴斯蒙德并不认可这个创意（蒂姆后来以《大英畅销单曲吉尼斯纪录》的名义成功地出版了），然后在他的 61
回绝信里明摆着把我当作一个安慰型回复写进去了。我们俩约定了某天晚上在蒂姆下班后见个面。

见面前的那段时间里，我拼命想象一个“搭调”的，带着公立学校口音又在索邦大学进修过的，还怀有抱负的流行歌曲词作者到底长什么样子。不知道为什么，我脑海里的形象是一个矮壮结实、留着长鬓角的家伙，穿着一件披头士夹克，还可能戴着一副运动款金属边眼镜。所以当三天后哈林顿大楼公寓的门铃响起，我去开门时，完全被打了个措手不及。被正在变暗的电梯灯光映衬出来的，是一个身高一米八多，瘦得像根芦柴杆儿一样，金发美人般的帅哥。拖着步子跟我来到门廊的外婆，貌似膝盖都有点莫名其妙地发软了。我当时觉得自己……该怎么说合适呢……毫无疑问地渺小不堪。说“肃然起敬”应该能更贴切地描述我对蒂莫西·迈尔斯·宾顿·莱斯的第一感觉。

没用多久我就明白蒂姆的真正梦想是成为一名激情四射的摇滚明星。我知道了他曾在苏塞克斯的蓝星学院就读，他生于 1944 年，所以

① 从“希思罗机场”开始到这里，都是在嘲讽英国当年的上流社会的人如何迂腐守旧而又游手好闲。

比我要大几乎整整四岁，他父亲曾就职于霍克·西德利航空公司以及他母亲是创作儿童故事的。他随身带来了一张唱片，是一首他创作并演唱的歌曲。毫无疑问我对这张唱片非常感兴趣，同样对蒂姆也是，我觉得和彼得与高登的组合一样，他就是流行单曲界的上帝对我虔诚祈祷的馈赠。我开始琢磨究竟怎样才能挤上这班明星旅途快车。

因此我听过的第一首蒂姆·莱斯作词的歌曲是，《那就是我的故事》。一首旋律朗朗上口的、相当吸引人的示范曲。蒂姆以一种轻松惬意、朴实无华的风格，弹奏一把木吉他给自己伴奏，吟唱着他的“三和弦歌曲”。可是我又很快觉得这简单、欢快、吸引人的旋律，不太匹配讲述一个小伙子抛弃自己女朋友的苦乐参半的歌词，除非说整个故事都是编造的，实际上是他的女朋友抛弃了他。歌词里的点睛之笔是那句“那就是我的故事，哦，老天，希望不是真的”。

62 无论如何，我觉得到了年底，蒂姆就可以凭这首歌成为巨星，我估计到时候跟人说他还没有扬名全球我就认识他，这感觉肯定棒棒哒。不过相反，我多多少少也提出，尽管我很喜爱流行歌曲和摇滚歌曲，但我的真爱还是音乐剧。出乎我意料的是，蒂姆说他从小就是听着他爸妈的音乐剧卡司版唱片长大的，他实际上也喜欢戏剧性的歌曲。我当时没觉得他对音乐剧有一种压倒一切的热情，不过他也的确不像我的某些朋友那样喜欢对那些剧目夸夸其谈。我记得那次我就没提到巴纳多大夫项目和《孤海浮灯》，不过在他跟我爸妈见了面，而且迷倒了他们两位之后，我们约定要再见一次面。

我真的很喜欢蒂姆，他的语汇简明干练又不失幽默，我之前从未遇到过这样的人。他跟我校内的朋友也见了面，他们也很喜欢他，尤其是那几个同性恋。终于，我试探性地跟他提到了戴斯蒙德·艾略特那部讲巴纳多大夫的音乐剧，给他弹了两首曲子。蒂姆看起来很感兴趣。当时我能拿得出来的，只有一个我自己在莱斯利·托马斯给不出任何材料时，瞎编乱凑的一个粗略的剧情梗概，不过好歹开了个头。有一首曲子安排给一对青少年爱侣，他们俩是一支剧情副线的基础角色。另一首歌曲则用来描述一场拍卖。这首拍卖歌里，在一些奇奇怪怪的拍品拍卖之后，巴纳多大夫击败了所有的竞价者，买下了位于伦敦东区的中心位置，麦尔安德路上名为“爱丁堡城堡”的酒吧。之后他会把这个酒吧改造成一个戒酒中心来推广改良主义思想。就是这样一部戏。

几天后蒂姆带来了两段歌词，第一段是那首拍卖歌，他起了个名字叫《卖了，卖了，卖掉了!》。第一件上台的拍品是一只鹦鹉。所以我读到的来自这位将来的合作搭档的第一对押韵句，就是这么写的：

> 我手里这只鹦鹉声音响亮身体倍儿棒
> 我可以发誓它没有毛病身体绝对健康
>
> *Here I have a lovely parrot, sound in wind and limb*
> *I can guarantee that there is nothing wrong with him.*

叫我怎么能不开心？到现在为止也只有蒂姆才能写出“这只鹦鹉身体倍儿棒”这样的词来。蒂姆词汇表达的清奇和简练立刻抓住了我 63
的心。在一股奇特的潜在作用下，我们把《卖了，卖了，卖掉了!》写成了一首推动剧情发展的歌曲，这首曲子还预示了我们未来最为知名的三部作品中的无对话风格。蒂姆把陷入爱河的两个剧情副线主人公的歌，取名为《爱在此地》。第一段主歌是这样的：

> 我两手空空来见你
> 巴黎太远，也非春色艳丽
> 更没有珍珠把你打扮美丽
> 画家可没这份眼力

作家更是无从落笔
他们看不到爱在此地

I ain't got no gifts to bring
It ain't Paris, it ain't Spring
No pearls for you to wear
Painters they have missed it too
Writers haven't got a clue
They can't see love is here

不过当我告诉戴斯蒙德·艾略特我已经决定让蒂姆跟我一起来创作《孤海浮灯》时，他可并不怎么乐意。他的思路是，一个专门写流行歌曲歌词的人就应该专门写流行歌词，直到我给他弹了这两首歌。没过多久，阿灵顿图书的戴斯蒙德·艾略特也成了蒂姆的代理。

尽管莱斯利·托马斯还是没有拿出什么剧情大纲来，蒂姆却已经提出了一些歌曲的思路，然后我们就开始创作了。戴斯蒙德指定了一名“制作人”，埃内斯特·赫克特——其实只是来自珍藏出版社的又一个书本发行商而已。埃内斯特·赫克特是通过儿童撤离行动①从纳粹德国来的移民，他曾跟我说，出版发行商对作者的首要职责，就是要能保持偿债能力。他也曾涉足戏剧领域，并在 1967 年代理了《浮生若梦》中的布莱恩·瑞克斯。不过 1965 年时，他是如何被认为够格去负责一部音乐剧的，就令人匪夷所思了。反正这是戴斯蒙德的活儿，所以我就当他自有道理吧。

与此同时我找到了一个音乐发行商。在我游历于校外的岁月里，

① “二战”前英国启动的从纳粹德国及周边国家撤离近一万名犹太儿童的行动。

我结识了几个来自南方音乐公司的人。这是一家美国人开设的发行公司，拥有一个曲目丰富的乡村和西部曲目库，在伦敦的叮砰巷设有一间业务活跃的办公室。我马上就被他们的首席执行官纳入麾下，他叫 64
鲍勃·金斯顿。过不了多久，鲍勃就会给我一个我职业生涯中最有价值的忠告之一，还颇有不少人因为这个忠告而积攒了相当大一笔财富。他慧眼识才地发现我是一个对音乐剧有强烈兴趣的十七岁的奇葩——我那一代人对音乐剧没有多大兴趣——而且我的热情也许还能影响另一些人。于是他跟戴斯蒙德达成协议，来代理发行《孤海浮灯》。

鲍勃对我们尚在孕育中的乐谱非常热情，只是觉得还少一首秒杀一切的情歌。他不停地念叨说要有一首像《只要他需要我》[1] 那样的歌。结果就是我们搞出了一连串曲子，都带着三个长音，就像莱昂纳尔·巴特经典佳作里的“需要我”这三个音。如果要找到依据证明创作歌曲靠公式法则是不明智的行为的话，听听多年后在塞德蒙顿音乐节上演绎《孤海浮灯》时的那首《叫我如何知晓》的歌曲录音就能明白了。我觉得这首歌被收录的原因是，蒂姆和我当时认为，在多次尝试后，模仿巴特的经典之作才是最佳方案。要是这部戏真的开始制作排练的话，这首歌就会被剔掉，因为当时它的首发地位已经被另一首确定要创作的歌曲《一个孤独的男人》取而代之了。你猜得到吗？这首歌的曲子就是《相信爱》(那首扼杀了我担任词作者的职业梦想的歌)。鲍勃立刻宣布我们手上已经有了一首劲爆金曲，所有乐谱都已完工。

接着就是找了贝斯、鼓和一位古董级的钢琴师，来为几个临时歌手以及填补空白的蒂姆跟我伴奏，录了小样。这位古董级钢琴师只会弹奏一种风格，就是跨步钢琴[2]，可即使是大情歌也会需要酒吧钢琴的质感。音效工程师又对他新配置的回音设备有点上瘾，所以这份小样

---

① “As Long As He Needs Me”，音乐剧《雾都孤儿》里的一首女声独唱情歌。

② 一种早期爵士钢琴演奏法，左手在琴键的中、低音区大幅度地来回“跨步”，也叫“跨奏风格”。

里，有些部分还挺像回事儿的，其他部分就明显差了些。整个录音听起来就像是在凌晨三点的纽约市中心宾州车站录制的一样。没关系，反正在家里，我可以拿出我的第一张音乐剧专辑唱片把我的朋友们唬得一愣一愣的了。在西区上演也肯定就是几个月后的事儿。

1965 年夏天也不是全部被《孤海浮灯》霸占了。我跟着一群学校
65 里的好友一起游历意大利，还去拉莫托拉村跟薇姨和乔治住了好一阵儿。就在那个夏天，我算是正式地跟薇姨的朋友，电影导演罗纳德·尼姆相识。罗尼（罗纳德的昵称）刚刚结束执导朱迪·嘉兰的电影《我还能一直唱下去》，这也是该片主题歌的名字。很不幸的是，接下去的那句歌词就是“直到母牛们回到圈里”，足以让人联想到电视剧《那一周》某一集里，歌手被疯狂的牛群踩踏的场景。当时我脸皮厚到想要给罗尼弹奏一段曲子听听，实际上我本来就打算在他拍摄那部片子时把这段曲子寄给他的，只是被薇姨劝住了。他说听起来有点“古典风格”，这首曲子后来以《我不知该如何爱他》的名字问世了。

罗尼曾在大卫·里恩导演的经典影片如《远大前程》里，担任过摄影师和制作伙伴的角色。当他告诉我，有一次在跟德克·博加德合作拍一场情绪激动的戏时，朱迪·嘉兰毫无预警地彻底脱开剧本，来了段超级动情的自述体独白的时候，我被完全吸引住了。当时罗尼担心摄影师会停止拍摄这段纯粹即兴的珍贵片段，便把摄影师支走，自己来操作。罗尼定格了镜头，然后把摄影机一点一点地沿着轨道后退，吸引嘉兰一边继续独白，一边朝着他后撤的镜头前进。他就是这样在一部并不怎么特别的电影里，创造出了一个经典的嘉兰时刻。

那个夏天我还第一次遇到了蒂姆的父母。那时我刚刚考驾照考砸了，于是蒂姆开着一辆跟他父母借来的“二战”前问世的奥斯汀轿车，拉着我去了他们在伦敦以北 32 公里左右的哈特菲尔德附近改建过的农舍。琼和休非常和气，问了很多关于我家里和我个人志向所在的问题，还问了很多关于牛津的事，以至于我都觉得在蒂姆面前这么问大学的

事情有点过头了，也许我想错了。我没告诉他们麦克法兰教授的那只猫对我的考核结果起了多大作用。

有些歌，你能生动地记得是在何时何地第一次听到的。我第一次 66
听到理查德·罗杰斯的《有些好事》是在约翰·古德博迪家里，他是西敏学童，而且家族姓氏和他本身就是全英少年举重冠军这一事实，真是合拍到无以复加，①当然这也是大家不大会跟西敏学童联系在一起的一项成就。约翰当时是个实习记者，在他之后漫长的报纸传媒职业生涯里，他成长为伦敦《泰晤士报》旗下备受尊敬的体育编辑。他跟我一样疯狂喜爱艾弗利兄弟，所以在一个星期六晚上，我紧紧抱着我新买的，还没被唱机蹂躏过的《音乐之声》电影原声密纹唱片去了他父母在伦敦的家。约翰的朋友们都略比我年长一些，也更刻薄一些，所以毫无疑问他们会认同《纽约时报》的观点，觉得《音乐之声》就是一堆“浪漫色彩的胡言乱语和多愁善感”。

我估计他们根本没有注意到，当我刚听到那段壮观的序曲时，就已经感到浑身冰凉，比大家常去的奥地利的滑雪坡道之冰凉有过之而无不及。在《我喜欢的东西》结尾处漂亮的变调之后，就冒出了理查德·罗杰斯最辉煌也最具特征的旋律，还是一个全新的旋律！足足有五年时间，罗杰斯未曾写过这样的作品。现在《有些好事》这首歌就是他最杰出的作品，以《神秘之岛》② 的三全音* 结尾，就是音阶里对应歌词“岛”那个字的音符，经常出现在他那些最典型的佳作之中。初次听到这段旋律的体验，和我第一次听到《佩普中士的孤独之心俱乐部乐队》这张专辑时的体验，一样历历在目。

时间继续前进至 10 月份，迎来了我在牛津的第一个学期。不过我

---

① “古德博迪”（Goodbody）字面的意思是“很棒的身体”。

② “Bali Hai”，罗杰斯另一部作品《南太平洋》中的歌曲。

* 三全音是指一个由三个相连的全音组成的音程。

曾一度对未来失望而感到的自责，被我妈的另一场家庭闹剧给利用上了。这次她在凌晨四点冲进我的卧室，声称约翰·里尔出了什么大事，她能感觉到他在遭受痛苦。天亮后过了一阵儿，我们发现他的确是从他的小摩托车上摔了下来。也许老妈声称的通灵体验还真有那么回事，
67 又或者是——只是说说而已——约翰在事故发生后给她打了电话，只是我睡着了，没听到电话铃声。尽管我更倾向于相信前一个可能性，毕竟老妈挺擅长通灵交流的。这个怪异的事件带来了两个后果：第一，我下决心要想个法子尽快搬出哈林顿大楼，牛津绝对是一个不错的踏板；第二，老妈下决心要把约翰·里尔搬进哈林顿大楼，因为住在莱顿的话，他更容易出交通危险。

不管之前什么情况，还是约翰开着车，在 10 月的某一个凄冷的夜里送我去牛津莫德林学院上第一个秋季学期的，而且我一路上真巴不得能跟他多聊一会儿。后来还有过几次这样的旅程。有人跟我说最好是先住进来，然后提前询问在“新大楼”有没有房间。我真搞到了一间，不过被分配到的房间让我吃惊不小。在住过哈林顿大楼后，我分到的这个房间，简直不能称为“房间”，如今一般都称之为“乡村农舍旅店级别的总统套房”——再加上个“破破烂烂”的形容词也许更合适。只是我是不会拒绝那种破败的豪华风格的。所谓的新大楼落成于 1733 年，而尽管我是个维多利亚哥特风的死忠，也完全不会拒绝一间巨大的，配有镶满木板墙的会客厅的，还有卧室、厨房，以及从浴室就可以俯视莫德林学院的著名大草坪的房间。那草坪上可以看到一大群鹿和蛇头贝母，后者是一种极其罕见的花卉，可不是什么重金属乐队。有一个不太爽的地方是，房间在阴面，而且还没有钢琴。

在我北上去莫德林学院之前的几个星期里，我一直给戴斯蒙德灌输把我们的戏交给牛津大学戏剧社团来演的思路。牛津大学戏剧协会是一个主流社团，简称“牛戏社”（OUDS），还有一个叫实验剧团，简称“实验团”（ETC）。对于一个十七岁的新生来说，这个设想有点自

负过了头。这两个社团在戏剧圈都负有盛名，也经常在牛津校园之外登台献艺，有时候还会出国演出。戴斯蒙德估计是有点不以为然的，不过他并没有彻底否定这个思路。于是我去牛津市中心的布莱克韦尔书店租了一台小型的立式钢琴，学院里也没人有意见。接着我给这两 68
个戏剧社团的主席都写了介绍函，我记得我写得相当谦虚，不过也略微偷偷地暗示了我是西区的下一个天降英才，所以他们最好趁着还比较容易见我的时候，跟我见个面。

当我第一次在莫德林学院令人心旷神怡的哥特式餐厅吃午饭时，幸运女神又一次眷顾我了。我的邻座是一个叫大卫·马克斯的法学院新生。他立志要当一个演员，而且看起来不是一般地有前途。在获取了所有牛津大学可以颁给他的表演奖项后，他接着又当上了“牛戏社”的主席。我们相识一年后的爱丁堡艺术节上，他就在汤姆·斯托帕德第一版《君臣人子小命呜呼》的首演中，出演了罗森克兰茨这个角色。大卫后来没有继续从事表演事业，而是成为一名出色的辩护律师，理由是他觉得表演太千篇一律了。他还答应成为出演托马斯·约翰·巴纳多大夫的第一人。

很快我就跟所有的学生高层都亲切交谈过了。“牛戏社”当时的头儿叫鲍伯，就是后来成为曼彻斯特艺术和体育领域的总负责人的鲍伯·斯科特爵士。大卫·伍德是“实验团”的当家人，他是一个成功的演员、作家和作词人，所以当时“实验团”看起来最有可能接纳《孤海浮灯》。我们见了好几次面，甚至还讨论过由他取代大卫·马克斯来出演巴纳多大夫。当时制订了计划，要在 1966 年夏季学期结束后，在牛津演艺厅上演该剧。只是，当时我们还有一个天大的麻烦——剧本还在天上飞呢。由于这是戴斯蒙德的项目，我显然不可能去跟他提议撇开他最畅销的小说家莱斯利·托马斯，转而起用某个刚刚出道且名不见经传的牛津大学学生编剧。

于是《孤海浮灯》和当时牛津一部热门的话剧相比，就显得完全不可同日而语了。由一个二年级本科生创作的《你上次见到我母亲是几时?》经“牛戏社”排演后，很快在伦敦制作上演，创作者也被誉为
69 在西区有上演剧目的最年轻的一位。他的名字叫克里斯托弗·汉普顿，和蒂姆·莱斯上的是同一个中学，而且传闻这部话剧受到了蓝星学院里的同性恋行为的影响。这个话题我一直没有跟蒂姆爵士提起过，因为我感觉他对这个话题肯定相当不在线。克里斯托弗大我几岁，可如果我想要夺取“西区最年轻的创作者”的桂冠的话，显然《孤海浮灯》是不能一拖再拖的。当然我没有夺取那顶桂冠，不过二十五年后，克里斯托弗跟我将会因为《日落大道》而荣获托尼奖。

与此同时，牛津戏剧社团中开始逐渐浮现关于一个不善社交的十七岁小子，住着一间可以俯视莫德林大草坪的超大号公寓，里面还有台钢琴的传说。于是，除了《孤海浮灯》，我还见了好些刚出道的写手和词作者，其中有几位后来在戏剧行业里还挺德高望重的。可是我心里很快就相当明白，他们中没有一位能像蒂姆那样对韵律如此娴熟，还有，更重要的是，有他那种相当独特的表达方式。多年以后我在克里斯托弗·汉普顿的作品里偶尔会留意到相似的语汇表达。我真心希望能跟蓝星学院的英语课老师认识一下。

1965 年离移动电话出现还有好几十年，所以当时跟外界唯一的通讯方式就是在门房外头的一台投币电话，那里也就必然总是排着长队。因此我开始略微频繁地搞“伦敦一日游”，因为我已经有点担心蒂姆会忘记他还有个牛津低年级生搭档。显然我没能合理地安排我的时间，过分拼命想要应付太多的事情了。我的历史老师叫我去见他。他说我十七岁就到牛津上学有点太早了，这一学年余下的时间里我应该休个学。他真的客气得不得了，甚至提出如果我有什么东西不方便搬回家的话，他可以帮我照看。我立刻想到：要是我都不在牛津了，又怎能让《孤海浮灯》在那里上演呢？可是我试图表明我能应付得了后，却只换来一句“咱们明年 10 月再见”。

7 《〈青少年歌剧〉精选》与《流行歌曲大合唱》

始料未及地从牛津休学，让我在直到10月重新入学前的这段时 70
间，突然空出了一大片。显然随着我搬回伦敦住，《孤海浮灯》也就没什么希望在那年夏天登上牛津演艺厅的舞台了。歌曲的小样都已做好，可依然没剧本。我爸安排我去皇家音乐学院上了几堂课，我又到意大利的薇姨和乔治那儿去了几回，还被南方音乐公司的美国老板带去了圣雷莫音乐节，认识了金·皮特尼。我跟老同学们聚了聚，去牛津探望了大卫·马克斯，跟蒂姆见了几次，他还是在佩蒂特和韦斯特雷克法律事务所上班。接着，我在第三次驾考后拿到了驾照，开车送我弟弟上学。差不多就这些，也就是说，除去可能有那么一桩被我在很多场合都已经反复讲过的小故事以外，就没什么能吸引读者和出版商眼球的事情了。问题是这些年来我一直都在散布假新闻。

刚才提到的这则小故事是这样的。1966年，我经常去富汉路地下街，那里会便宜出售一些不知道怎么回事就从某辆卡车上掉下来的最新的密纹唱片。①那附近有家小古董店。有一天我在它的橱窗里看见一幅脏兮兮的油画，看上去像极了雷顿爵士的那幅《燃烧的六月》，那差不多是在所有维多利亚风格的画作中最出名的一幅了。就算维多利亚

---

① 指来路不明的唱片。

风格的画作在当时的人们眼中几乎毫无价值，店家开给我 50 英镑（相当于如今的 890 英镑）的价格，在我看来还是便宜得很。于是我去求
71 外婆借钱给我。她问了我为什么要钱后，当即明确表示她的公寓里不许摆放维多利亚风格的垃圾。

我关于此事后续的说法一直是，这幅画被那位在维多利亚风格作品方面一向富有追求的画商杰瑞米·马斯买下了。然后他又将它卖给一个名叫路易斯·A.费雷的波多黎各水泥大亨，他当时正要在波多黎各岛南部的老家庞塞开个博物馆。显然费雷自己有个规矩，就是绝不买超过 5 000 美元的东西。那年头，用 5 000 美元能买来的维多利亚风格的画作可以铺上几公顷，结果费雷先生将不少佳作收入囊中，如伯恩-琼斯的大作《亚瑟王在阿瓦隆》[①]。这些如此重要的“唯美主义”画作最终落户在这座被大自然肆意摧残的岛屿上，颇有讽刺意味。现如今《燃烧的六月》被誉为“南半球的蒙娜丽莎”，已在泰特美术馆、弗里克收藏馆等任何一个你能想到的地方展出过，价值数百万英镑。就这样，外婆断送了我获得一幅维多利亚风格杰作的机会。几十年来我一直在文章里或者饭桌上提到这件憾事。

可惜我搞错了。我最近才知道杰瑞米·马斯实际上只是在转手售出的前几年，才从他的理发师手里买到了这幅画的真迹。所以我要借此机会向大家鞠躬谢罪，因为我甚至曾在一份皇家学院展会的目录上永久地留下了这则假消息，不过我也因为终于发现其实我并没有错过一笔大买卖而万分欣喜。

复活节前后，鲍勃·金斯顿，南方音乐公司伦敦代表处的头儿，叫我去他的办公室。我绝不是唯一一个因为聆听他的教诲而对他永念

---

① 画作原名《亚瑟王在阿瓦隆最后的栖息》(*The Last Sleep of Arthur in Avalon*)。

感恩的人。包括蒂姆·莱斯在内，所有在我们早期演出中赚得盆满钵满的人都应为他树起一座丰碑。要不是他，本书接下来的内容会截然不同，更别提我之后的人生轨迹了——多半还包括无计其数的其他人的人生。鲍勃·金斯顿是第一个告诉我有关“大权利”的人。之所以开这么个会，是因为不知道是戴斯蒙德·艾略特，还是埃内斯特·赫克特，收到了哈里·赛科姆的经纪公司对《孤海浮灯》小样给出的很 72
微弱的积极反响。哈里·赛科姆是位非常成功的英国喜剧演员，他的与众不同之处是他有一副只要稍微挤一挤，便能超过及格线不少的男高音嗓子。这使得他有机会参与一些轻歌剧，还出演了 1963 年中期在伦敦开演的，受《雾都孤儿》启发而创作的音乐剧《匹克威克》的同名主角。该剧由彼得·科伊导演、肖恩·肯尼设计舞美，是他们俩自莱昂纳尔·巴特的那部经典剧目①开始搭档后的再度合作。当然，我们的这部史诗巨作，也去联系了这二位。

在和眉飞色舞的戴斯蒙德进行了一场过分乐观的交谈后，鲍勃觉得该让我坐下来，听他讲讲现实生活中音乐商业部分的真相了。在那个年代，写歌的收入来自三方面：第一是唱片销量；第二是电台、电视台和公共媒体为播放而支付的费用；第三是“纸上音乐”，也就是歌谱的销量。发行商会就第一和第二类收入和创作者五五分成，而从第三类的收入中只拿出 10%给创作者。国际范围发行带来的收入，则是在当地发行商支付给英国发行商的金额基础上，双方再五五分成。通常大的发行商都会在各地建立自己的办事处，这些办事处会挖走歌曲收入的一大部分，结果就是发行商实际上获得的收益比例远远超过创作者的。比方说，有首歌在美国挣了 100 美元。美国发行商（其实是英国发行商的下属机构）拿走 50%分成，支付 50%给英国发行商，英

① 即《雾都孤儿》。

方再和作者五五开。这样，当时许多创作者其实只拿到国际范围发行收入总额的25%。这种做法虽被诟病已久，但在1966年时还算是行业惯例。鲍勃解释道，这三项收入来源，被叫作“小权利”。

接着鲍勃说到的就是另一类权利，大权利。他告诉我，叮砰巷的发行商们几乎不懂这套。大权利是指，当一整部戏剧作品登上舞台或者在电影中被演绎时产生的所有版权收入。鲍勃觉得流行音乐发行商
73 如果还要分这笔收入，在道义上可说不过去。蒂姆和我拿到的《孤海浮灯》合同是份标准文本，字里行间暗示我们已签字将一切权利卖断给南方音乐公司。鲍勃提议把大权利返还给我们。虽然《孤海浮灯》从未因大权利而收益分毫，不过那个上午鲍勃告诉我的，无疑是我整个职业生涯中最为珍贵的建议。

那年5月，蒂姆律所的老板们——佩蒂特和韦斯特雷克，叫他去销毁一些高度敏感的法律文件。结果他往碎纸机里送错了纸，导致法务生涯命悬一线。于是他的父亲休去找了些在电气巨头百代集团里的人脉，让蒂姆在6月份作为管培生进了百代唱片公司。他很快就被派到了A&R部门，A&R意即艺人与曲目，是负责寻觅音乐人才、挑选他们的歌曲作品并监督唱片制作业务的部门。

即便如今EMI[1]这三个缩写字母在音乐界都没什么地位了，可1966年的百代唱片是当仁不让的唱片业巨擘，旗下的艺人数不胜数，排名第一的就是披头士乐队。还有一大批名留青史的古典音乐家，一个既制作音乐软件也生产音乐硬件的大型制造基地，再加上在修道院路的那座全世界最负盛名的录音棚。无法想象这家曾经辉煌的公司名字，如今只有在“索尼/联合电视台/百代发行”和“维京/百代唱片”

[1] 百代唱片公司的英文名字。

这样的组合中才有机会出现了。2012 年，当时该公司的所有方——风投巨擘泰丰资本实力走弱，从“巨人”缩为“矮人”。一番风云变幻后，收购了音乐发行和唱片部的日本大佬索尼音乐又被环球音乐吞并，接着环球就将其与维京唱片合并了。

几乎就在蒂姆去百代唱片的同时，我收到莫德林学院的来信。信写得直截了当。学院的大佬们听说我在做一部音乐剧，他们祝我好运，
不过希望我记得，等回了学校精力就该集中在读书上了。如果我有想 74
法，也是可以讨论讨论变更我的就读科系的，可要是真想回学校，他们希望我能表现出一名奖学金获得者应有的状态。

现实骨感地摆在了眼前。我想过从历史系转到音乐系。我爸爸跟颇受赞誉的伯纳德·罗斯博士认识，他也是莫德林学院那支人见人夸的合唱团团长。可我爸极度反对我去学音乐。他觉得牛津的课程对我来说太过学术了。因此我在牛津唯一的出路就是回去好好读历史。多多少少，我实际上要有三年暂别音乐剧了，至少无法以职业身份去参与了。

同时，比我大近 4 岁，而且对自己的未来理所当然地雄心勃勃的蒂姆，走上了那家世界顶级唱片公司创意部的一个岗位。就算他当时只是个底层职员，也已经一只脚跨进门了。蒂姆当时可以独自，或者另找一位创作者一起出一首热门歌曲。他完全可能对一个年纪比他小又一心热衷戏剧，但与追求上榜排名的百代唱片公司，和已经火到白热化程度的“摇摆伦敦”处于截然不同的世界的新秀，丧失所有兴趣。况且我很明白，在牛津根本找不到谁，能在作词方面跟他比肩。

我是该回牛津去，还是从牛津退出？这是我当时人生中最重大的决定，而我觉得我找不到人去听取忠告。家里人会说那两个惨不忍睹的会考成绩将是我一生唯一的学业成绩。我的音乐等级考试很出色，但我不可能上台演出，因此那也是条死路。大家对我最为称道的就是我会写旋律、对音乐剧超级热爱和对建筑与中世纪历史有着诡异的嗜

好。我很清楚要是自己扔了莫德林学院伸来的这根救命稻草，家里会闹翻天的。

我独自内心煎熬着。万一音乐剧快过时了呢？万一我在音乐剧这
75 方面不是块料呢？我明白自己不是个作词人，那么去闯一条必须强烈依赖歌词的水平，而且剧情可能会很烂的职业道路，是不是有点神经兮兮了呢？又万一词作者，当时也就是蒂姆，不想跟我继续合作了呢？万一他写不出好词来了呢？大部分音乐剧都惨淡收场，凭什么我创作的那些就会独树一帜呢？这还得有个前提，就是我真的能创作出一部来。

我在脑子里一遍又一遍地纠结着，一张牛津的文凭对我来说意义究竟何在。我实在想不出有哪个工作，是既让我开心，又对我有用的。毕竟我家没什么钱，连哈林顿大楼这套公寓都不是他们所有的。总有一天，我得自力更生啊。可究竟是否有必要拿着一张不知道是什么专业的文凭呢？留在牛津的话，至少可以拖到三年后再为职业生涯做决定。当然那样的话，我就得埋头苦学拿个像样的学位证书。可从另一方面来说，如果不是因为麦克法兰教授的猫，我此刻占据着的奖学金名额，很有可能就给了另一个比我更配得上的人，这件事也让我万分焦虑。难道我不该把这名额让给更配得上的人吗？

不过，退学的决定将在家里引起怎样的反响，我是心知肚明的。莫莉外婆会满脑子焦虑，薇姨和乔治姨夫会大发雷霆，我妈估计已百炼成钢，就不知道我爸会是什么反应。一家人中我最亲近的是莫莉外婆，我已强烈预感到在我这位日渐虚弱的外婆眼中，从牛津退学无疑是疯狂的、自杀性的举动，而这会不会又要引发她关于痛失爱子阿拉斯泰尔的诸多联想呢？毕竟她关爱我不亚于他。可万一我就此失去了蒂姆呢？这些念头一直在我脑海里盘旋，萦绕耳边挥之不去。最后我下定决心。1966 年 7 月 17 日，我写信给托马斯·博斯，莫德林学院的

招生办主任，通知他我不想继续占据历史系的奖学金获得者名额了。

我觉得自己扔的这颗炸弹落地还算安稳：几张不太爽的面孔，几
句牢骚咕哝，反正我能注意到的也就这些了。我带着三个同学一起去 76
薇姨和乔治家住了一阵儿。一开始他们还有点儿沉着脸，不过很快我便和薇姨在她那风光如画的海景厨房里捣鼓起了橄榄油新配方。直到最近我才得知，当年才不是我以为的那么简单。首先我弟弟朱利安就记得，在我告诉了爸妈我的决定后，家里前所未有地吵闹不休。接着我自己从母亲留下的文稿中，看到了她自传的大纲，我对外婆会把这件事跟阿拉斯泰尔之死相提并论这一点上，猜得精准无误。在她看来我就是葬送了自己的人生，而令她震惊的是我父亲竟然听之任之。薇姨和乔治因远在意大利所以没办法直接参与。1966 年时打国际长途既不方便又死贵，得先跟接线员下单预约，可他们的看法在那些刻意瞒着我写来的信中表露无遗。

多年后还是听我妈说了，我才颇为震惊地得知，正是爸爸不仅替我辩护，还支持了我的决定。当时他强有力地辩解道，在皇家音乐学院和伦敦音乐学院的所有学生里，他从没见过谁对自己要做的事有如此大的决心，所以要是给我制造障碍，只会适得其反。事后看来，那应该是在我和小伙伴们去意大利之前，我爸跟我之间的一次对话的结果。首先他重申不会支持我去考皇家音乐学院。我还记得他给出的理由是，“那会把你的音乐才华给教没了”，从皇家音乐学院作曲系资深教授又兼伦敦音乐学院的大当家的嘴里说出来，这句话可真是掷地有声。

其次，他强烈建议我去学一下配器。他认为如果运用得当，管弦乐能展现出音乐最丰富的色彩。当我爸说他会帮我安排参加市政厅音乐与戏剧学院的一门非全日制课程时，我高兴坏了。我一直都幻想着能拥有布里顿等作曲家们的多彩音色，并达到像理查·施特劳斯这样
的浪漫主义大师让管弦乐发挥到的前所未有的出类拔萃的程度。我记 77

得自己当时认为学配器就相当于学烹饪基本功，就像我跟薇姨学会了做蛋奶酥和蛋黄酱一样，现在我要学的是怎么把自己基于管弦乐队的创意，变成实际的作品。市政厅音乐与戏剧学院的课程令我受益匪浅。那是我认真上过的唯一一门学术课程。

与此同时，蒂姆正在百代唱片安顿下来。如今我猜他当时正忙着站稳脚跟，也顾不上操心我的人生决定，我时常怀疑他是否明白他自己在我的人生计划中有多重要的地位。可他已经一只脚跨进了世界头号唱片公司这一事实，很可能会为我俩都带来诸多机会，所以我当时一心想搭他的车。蒂姆被分配到了百代唱片最成就斐然的老一辈唱片制作人诺里・帕拉莫尔管辖的部门。

诺里是前披头士时代唱片业大军的领军人物。他也是那位在五个不同的时代里都登上过单曲榜首的英国传奇流行歌手，克里夫・理查德身后的掌舵人。即使音乐界的少壮派在业绩上已经超越他了，他也依然是英国唱片业的一支主力军。到 1966 年中，诺里掌管的百代唱片旗下的明星们又开始走上坡路。那是因为当时百代唱片的顶级制作人中有几位优秀者，不满为百代唱片赚着数以百万计的英镑，得到的回报却仅仅是微薄的薪水和可笑的版税（如果的确有的话），从而集体离职，自行成立了一家独立唱片公司。那些殿堂级人物，包括披头士的教父乔治・马丁都觉得忍不下去了。

这样一来，一向可靠的老好人诺里就升到了顶峰位置。在辛纳屈这样的艺人以一曲《我的方式》平息了这场倒戈风波后，百代唱片的高层也因为被认为在允许乔治・马丁一众出走这件事情上，脑子还算清醒而被众人原谅了。所以蒂姆是在恰当的时候走到了恰当的地方。我怀疑老派的诺里・帕拉莫尔从当代流行歌曲听众的表现里，也该明白一个非常英俊潇洒的蒂姆，才是他得以进入早已与自己无缘的年轻

人的世界的合适途径。更重要的是，蒂姆会写歌词。所以没多久，蒂 78
姆就得以监制一些百代唱片真心想要放弃，可因为有合同要求而不得不发唱片的艺人了。

二十世纪六十年代后半期，流行乐变化飞快。1965 年，“融合”这一概念脱颖而出，就是指什么乐器都能混搭。早在 1964 年，“桑尼与雪儿”乐队出了首用双簧管主打伴奏的歌《与你相伴》；保罗·麦卡特尼唱了首伴随着弦乐四重奏的《昨天》；1967 年的《佩普中士的孤独之心俱乐部乐队》这首歌更进一步，加入了以单纯叙事结构演绎音乐的尝试；到 1968 年底，连滚石乐队的歌里都用上了伦敦巴赫合唱团。当这场古典配器与摇滚结合的大潮如火如荼之际，我正好在学这门学问的基本原理。

就在 1966 年的那个夏天，“海滩男孩”合唱组的《美妙的心动》开创了新的音乐风格种类，或许就此催生了六十年代极度“融合”类型的单曲，比如吉米·韦布与理查德·哈里斯那首六分钟长的《麦克阿瑟公园》。那首概念单曲是后来才出现的。最成功的是那张《〈青少年歌剧〉精选》，一部包括了童声合唱的微型歌剧类型的作品。《青少年歌剧》这部戏一直没能做出来，不过这个思路彻底地抓住了那个时代的精神面貌。所有这些我都没有错过。

那些发落给蒂姆去进行人道终结的不受待见的艺人，的确都挺不济的——不过有一个例外。那是个 23 岁名叫莫瑞·黑德的帅小伙。百代唱片早先给莫瑞下了相当大的血本想要捧他出道，可还是没能成功。如今他成了“包袱”，于是诺里就安排蒂姆去把他合同内的最后一首单曲给录掉。不过莫瑞已经被选中在罗伊·博尔廷一部名为《持家之道》的电影中出演主要角色，而且是和约翰以及海莉·米尔斯父女来演对手戏。保罗·麦卡特尼给影片作了曲，莫瑞也写了首名为《就在眼前》

的歌，打算用在片子里。蒂姆录制的就是这首歌。

莫瑞有着一副轻柔的男高音类型的摇滚嗓，可以非常抒情，而需
79 要时又能激情饱满、很接地气。蒂姆介绍我认识莫瑞，可真是做了件大好事，后者一定觉得我这人好奇心很重。身处他那间随处可见麻醉品的公寓，我感觉彻底无所适从，紧张得要死。好在他总是跟吉他腻在一起。他惊人的音乐即兴演奏能力令我为之一振——总是富有旋律性，总是富有极致的个人色彩。我告诉他，蒂姆认为鉴于那部电影会给莫瑞和这首歌带来的知名度，他可能已经制作出了其名下的第一首热门金曲。遗憾的是事情并没有这样发展下去。《就在眼前》的绝大部分内容都被扔在了胶片剪辑室的地上。不过我同意蒂姆的看法，就是莫瑞相当与众不同。

1967 年来临，莱斯利·托马斯的《孤海浮灯》剧本依然杳无音信，尽管我依稀记得见过一篇跟蒂姆和我写的东西毫无关联的剧情梗概。进剧场上演已经希望渺茫了。我接着上我的配器课。我妈谈下了哈林顿大楼的另一套公寓，主要是这样她就能让约翰·里尔搬进去住了。公平点讲，对关节炎日益严重的外婆来说，那套公寓里也有一间更像样的房间。还有间空房我妈想租出去，我提议租给蒂姆，他也同意了。就这样，南肯辛顿最妖冶的一个“三人行”组合瞬间诞生。加上隔壁的我跟我那台留声机，拉着大提琴的朱利安和弹着电子管风琴的我爸，“波希米亚狂想曲”一词就被赋予了新的解释。

2 月底，我收到科利特科特小学的音乐总监写来的信，就是位于汉默史密斯的圣保罗男校的小学部。他名叫艾伦·道奇特。艾伦在西敏公学附小教过朱利安，就此跟我爸妈交好。艾伦是公开“出柜”的，可并非如他被指责的那样，对小男孩们有所企图。实际上朱利安在小学时的确从未遇到过这方面的麻烦，毕竟他当时也是个不算难看的小

男生。反正无论如何，艾伦对自己与成年人的同性关系并不避讳。他也喜欢早期古典音乐。

这导致了我和朱利安背地里用他的名字来取笑人家。离我们家不远的昂斯洛花园那里有套公寓，这家人一到夏天就会把窗都打开，于 80
是会传出极少听得到的羽管键琴的音乐。从屋子内部的装潢就能看出这不会是一个体育健将的家。朱利安和我小时候管这种地方叫“道奇特之家”。艾伦提议我帮他写一部《流行歌曲大合唱》。他的合唱团已经公演并录制过两首类似的作品，赫伯特·查普尔写的《但以理爵士套曲》和麦克·赫德的《约拿小子爵士套曲》。他们主要的亮点在于用轻松的流行音乐来讲述一个圣经故事，没有什么太耸人听闻的处理，只要新颖到让家长能露出微笑，还能让一班唱歌不着调的小朋友不会被留校处分就行。他们在歌词方面的能力不强。很显然教育类出版社诺维洛公司跟他们合作得不错。诺维洛出版过爸爸的教会音乐，他也确认了此事：《但以理爵士套曲》是他们当时卖得最好的曲谱。

所以 3 月 5 日那天，如果那篇日记没有写错的话，我跟艾伦见面喝了一杯。他说想要有部让全校都能一起来唱，可也得让合唱团和校内管弦乐队出任一些专门角色的作品。有独唱角色也可以，可他重申，关键是要有能让所有人，哪怕“音盲”都能一起参与演出的部分。他提到了美国诗人韦切尔·林赛的一本诗集《刚果河》，说我可以拿它当作配乐项目的理想素材，却没说明为什么他会觉得我是给这部作品谱曲的最佳人选。诗集中有一首读起来颇有欧洲歌曲大赛的歌词风范，此处引用一段：“嘎嘎，嘎嘎/乒/噗哩，噗哩，乓。”《刚果河》里尽是这类出自刚果语歌曲的无意义词。反正我挺怀疑这样的诗，在伦敦西部这种精致且收费高昂的私立小学白人小朋友嘴里，念出来是不是还像那么一回事，虽然我也能预见孩子们会乐意拿这些词来发出一些搞笑的爆破音的样子。不管怎样，我跟蒂姆讲了艾伦的这一提议。

81 蒂姆刚开始并没有因为要给一帮8至13岁大的孩子写歌而感到欣喜若狂。这哪里比得上在西区的首演和在百代唱片公司的那种白热化劲头，这可是该公司发行了《佩普中士的孤独之心俱乐部乐队》专辑的一年呐。可吉尔伯特和沙利文的轻歌剧毕竟是蒂姆学生时代留下的深刻记忆，特别是吉尔伯特风趣的歌词。此外《流行歌曲大合唱》这一思路，确实和当时的风气颇为合拍。没有剧本这点我们很喜欢——并不是说我们有过什么剧本的经验，而是说莱斯利·托马斯依然没能给灰尘都已越积越厚的《孤海浮灯》拿出任何东西来——所以我们就找了几个故事点。一开始我们觉得再做圣经故事就不好玩了，没准儿能从英国历史上找点素材？我不记得后来我们拿来把玩的理查一世国王和他的吟游诗人布伦戴尔这个点子，是不是当时就提过。我们想当然地细查了一遍我们所有的历史书，可没一个故事能入我们的法眼。有个詹姆斯·邦德类型的题材，一度是我们的首选，可我们马上觉得这故事太依赖时代背景，而且还需要一个剧情线索，所以又马上抛弃了。

结果是《圣经故事传奇》这本书拯救了一切。这类书籍真的是很棒的音乐剧创作素材库，给我们节省了很多阅读的时间和精力。情节精炼得恰到好处，字比较大，还有很多图片可以把一些重要情节具象化。蒂姆对“约瑟夫和他的彩衣”这个故事一见钟情。我觉得这个思路不错。它具备了复仇和宽恕的基本元素，幽默段落也不难找，尤其是如果把约瑟夫塑造成那种的确有点惹人讨厌，但到结尾看起来还挺不错的形象的话。还有法老。我很好奇，要是我们给法老一直铺垫下去，结果他甫一登场的造型就是“猫王”的话，大家会有什么样的反响。此外约瑟夫与父亲和家人会再度团聚，也正好是个皆大欢喜的结局。看来用这个故事是理所当然的了。

起初艾伦·道奇特可不同意。他觉得这就成了该校第三部出自圣经故事的大合唱作品了。我们就想不出些更原创的东西吗？不过有天晚上当他听到我弹了开场的头两首歌后，就被彻底征服了。他看了蒂姆写的几段词，也喜上眉梢。

约瑟夫把彩衣披身上	*And when Joseph tried it on*	82
不再是放羊小子模样	*He knew his sheepskin days were gone*	
迷人的彩衣大放光芒	*His astounding clothing took the biscuit*	
穿着它真是无比风光	*Quite the smoothest person in the district*	

《约瑟夫和神奇彩衣》的歌词，正是因为用了朗朗上口的日常口语才如此漂亮。那可是 1967 年，我们在写《流行歌曲大合唱》，谁还在乎韵脚是不是完美。当我把蒂姆介绍给他认识的时候，单身汉艾伦更是两眼放光了。很快《约瑟夫和神奇彩衣》就排进了 1968 年的科利特科特复活节期末音乐会日程里。我们职业生涯的起步之作就这样整装待发了。

8 艾尔维斯与魔音琴和铃鼓

83 从1967年复活节起，我们这部流行风大合唱，就被作为第二重要的工作日程，开始慢工出细活了。不过鉴于《孤海浮灯》仍然前途未卜，蒂姆和我先开始写起了流行歌曲。莱斯与洛伊德·韦伯组合第一首商业发行的歌是《这一个夏天》，萝丝·汉纳曼演唱，编曲兼制作人麦克·林德曾为披头士的《她正离家出走》编曲。萝丝曾是1967年“《伦敦晚报》年度最佳女生”比赛的参赛者，当时社会上开始觉得这类比赛有那么点“政治不正确”了。我们从萝丝的简介上看到她会唱歌，蒂姆就问他老板，如果她赢得了比赛能否把她签下来。没想到回答是可以。于是我们一起去了一个俱乐部听她唱歌，在那遇到了一位有着不错的民谣嗓音而且很漂亮的姑娘，颇有玛丽安·菲斯福尔的风范。蒂姆立刻喜欢上了她，不过她已经有了两个经纪人，其中一位是她男友，蒂姆只得暂时放过。

当时只要有晚报上的投票券，你就可以无限制地给你最喜欢的年度最佳女生投票，仔细想想这也是个套路，可以多卖点报纸给参赛者亲友团。蒂姆和萝丝的经纪人找到一大摞没卖掉的晚报，打算都用来给萝丝投票。最终她获胜的拉票痕迹也就太过明显了，以至于比赛组
84 织者，舰队街[1]那位足智多谋的资深记者安格斯·麦克吉尔，不得不宣

---

① 英国历史上报社集中的一条街道。

布萝丝为并列冠军。他不能将她的资格作废，因为比赛规则说了你可以想投多少次票就投多少次。可他没想到有人会利用废品回收站那几千份没卖掉的报纸。实际上安格斯被此举逗乐了。本来也不是什么严肃的比赛，他也乐得有获胜者能成为流行歌星。有人介绍了我给安格斯认识，我们很快成了好朋友。我经常跑去他在摄政公园的公寓，然后我们再一起从那儿开车去他开的那家店，店名叫“把手和门环”，里面的货品和招牌上写的倒是完全名副其实。

我给萝丝写的曲子，是为她那纤细的女高音度“声”定制的，是一首在我脑海里浮现出来的乡村幽怨情歌，简单地配以原声吉他，和一段随意的小型弦乐伴奏。蒂姆的歌词恬静优雅、恰到好处。“这一个夏天你会留在这里与我相伴。”毕竟这张专辑叫《夏日之爱》。录制的时候没有去修道院路，而是去了奥林匹克录音棚，那里是滚石乐队的首选，据说也是当时全伦敦管弦乐队录音效果最佳的录音棚之一。那天早上去的时候，我完全没有料到奥林匹克录音棚将会在我人生中扮演那么重要的角色。可惜麦克·林德对我这支小曲子的感受和我相去甚远。麦克没用吉他和室内乐来伴奏，他把这首歌的编曲换成了一套彻头彻尾的乱哄哄感觉的电子节奏乐风格，再加上一个打鼓特别下狠手的鼓手，那笨拙的鼓声响到在麦克风里压过了整个伴奏。在听到自己这首作品时，我遭受了前所未有的打击，只能坐在录音棚的角落里，郁闷不已。

我觉得唱片 B 面，那首模仿《郊区小别墅里的詹姆斯先生》的名叫《我的爱在南头镇》（当时我们正处在《温切斯特大教堂》风靡的时代）的歌，听起来更好一些，虽然蒂姆和我都觉得它听起来更像那种“节拍音乐”，不怎么适合民谣风的女高音。我还是很喜欢《这一个夏天》的旋律，在《艾薇塔》的《布宜诺斯艾利斯》里又拿它作了歌曲的中间部分。而在第二幕中，艾娃预感自己身染重病的那段旋律所采 85

用的编曲方案，和我记忆里这首萝丝的单曲的风格，就比较像。

安格斯为蒂姆和我安排了一系列宣传噱头，从让晚报比赛的两位并列冠军白天出席皇家雅士谷赛马会，到在马克·博利新开的安娜贝尔[①]亮相一晚。此举可能让晚报的销量大增，却没怎么能让我们那首单曲获得听众的青睐。出人意料的是蒂姆轻松地跟我说，我们又要和萝丝合作一次了。这次的歌名叫《1969》，歌词写的是一个人在迷幻状态下产生的奇怪预感——“一支中国乐队四人一排齐步走过”这类的。副歌部分唱道“嘿，我讨厌这个画面，1969”。预言家蒂姆并未预见到1969将是充满欢笑的一年。那次的曲子我只创作了一半，因为我们决定利用一点贝多芬的《致爱丽丝》里的元素。我加了些我觉得挺勾人的和声和有点诡异的下行三全音过门。这回前影子乐队的鼓手托尼·米汉的演绎跟我想要的就接近得多了，到如今我都觉得根本不会有难以入耳的感觉。B面的《大概在星期四》的歌词，即便如蒂姆写的大部分歌词一样，讲述了一个悲情故事，也还是很优雅深沉的：“你将离我而去，大概在星期三/大概在星期四。”二十年后我为这段歌词重新作曲，和莎拉·布莱曼录制了这首歌。

那年夏天我们给《约瑟夫和神奇彩衣》写了首歌，觉得应该会成为一首畅销流行曲。受《夏日之爱》的影响而创作的相当流行曲风的歌词，却展示了一个很不明快的色彩——听听忧郁蓝调乐队那张名气很大的流行融合风电子合成器专辑《已经逝去的未来岁月》，或任何一张多诺文的金曲专辑就知道了。那首歌是《有梦就好》，其歌词也不例外。很快，这种风格的歌词越来越多了。

流行娱乐行业的类型片里总有一个套路角色，就是唱片公司的收

---

① 伦敦顶级私人会所。

发室小弟。他们无一例外地会趁给顶层高管送信的机会，坚持要对方听听他挖掘出来的某支乐队的演出，不然就不走。为了能支开他，那 86
位顶级高管会勉为其难地跑去听听他们的演出。结果这支乐队，在经历了各种艰难困苦后，会被发现原来是流行音乐的大救星。百代唱片就有这么个收发室小弟，名叫马丁·威尔考克斯。我不知道他有没有想方设法进了大老板的办公室，可他的确把东西递到了蒂姆·莱斯的手里。他兜售的这支乐队有着个迷幻的名字，叫作“贾斯汀传奇”。主唱是个叫大卫·道特瑞的年轻人，大家会想当然地认为他是谁人乐队的罗杰·道特瑞的某个远亲，可我从未见到任何证据。他住在赫特福德郡的波特斯巴镇，离蒂姆家不远，1967 年时，那地方是伦敦郊区一处杂乱无趣的所在。也许大卫写的歌起一个《阿尔伯特（一株宠物向日葵）》这样的名字是为了避世吧。他有一副好听的嗓子，还跟一支叫“大杂烩”的乐队关系不错，后者一直给一些当红歌手做开场演出，混得挺好。

蒂姆成功地让百代唱片签约了贾斯汀传奇乐队，首发单曲就是《阿尔伯特（一株宠物向日葵）》，蒂姆跟他老板吹风说是我编曲的。“阿尔伯特”这首歌里缺了一点英式综艺秀音乐风格，所以我在已有伴奏之外，又加了支“佩普中士”风格的管乐声部。我们都觉得这首歌已经够抓人了，完全可以一炮而红。蒂姆和我还把乐队签下来，自己做他们的经纪人——我们自称为“安蒂”经纪公司——把他们加到了我们的花名册上。当时花名册上仅有一人，即萝丝·汉纳曼。她跟之前的团队散伙了，可能因为她那时正和蒂姆有段短暂的恋情吧。可惜萝丝没跟安蒂经纪厮混多久。她和《〈青少年歌剧〉精选》的缔造者马克·沃兹搭上了关系，后者即刻召开新闻发布会，向全世界宣布大家即将听到一个全新打造的萝丝·汉纳曼。可其实我们什么也没听到，这一对结婚两年后又离了。

萝丝的拆台没吓倒安蒂经纪。出于为客户提供最优秀的经纪服务的目的，我们为贾斯汀传奇的《阿尔伯特（一株宠物向日葵）》设计印刷了些具有迷幻感的唱片套。有天晚上，我们花了几个钟头把推广
87 唱片塞进这些套子里。我们的想法是，因为百代唱片的单曲从来都没有做过特定的推广唱片套，电台制作人和评论家们会以为这次是整个百代唱片集团在全力推动这首歌的发行。

可惜百代唱片推广部门的头儿，一个三十多岁名叫罗伊·费瑟斯通的家伙，和英国公众一样对此毫不认可。销量也近乎为零。罗伊把蒂姆好生训斥了一番。因此当我听到外婆从哈林顿大楼递来消息，说有位费瑟斯通先生打来电话要我去他办公室时，深感惧怕。当两个星期后，我胆战心惊地走进罗伊·费瑟斯通的办公室时，完全想不到他竟然微笑着，还递给了我一杯咖啡。蒂姆给大卫·道特瑞录了好几首歌，都是我编的曲。费瑟斯通先生说道，他觉得歌还算过得去，不过编曲真是太棒了，尤其是那首叫《走道》的——我在那首歌里尝试用上所有音效。他打算安排我再为其他一些歌手编曲。这是第一次有唱片公司的人认可我的音乐，哪怕只是我的配器。这个机会来得再恰当不过了，毕竟蒂姆刚刚告诉了我一个几乎是当头一棒的噩耗。

跟当年乔治·马丁和其他前百代唱片顶级制作人一样，诺里·帕拉莫尔宣布，他也将离开百代唱片，自立门户。他要蒂姆一起走，当他的左膀右臂。这样的邀约蒂姆无法拒绝。他也不该拒绝。不过尽管蒂姆反复暗示，诺里显然没看出来在他的新征途上能有我什么事。而且他还找来了前西敏男生尼克·英格曼当编曲和作曲，蒂姆将与他合作为歌手们创作几首非主打歌之类的作品。讽刺的是，尼克曾是在我为彼得和高登举办的西敏音乐会上演唱《相信爱》的团队领唱。

我这下有点紧张了。蒂姆转眼就 23 岁了，他的工作让他能在歌曲创作上把握机会，前景光明。我才 19 岁，为了蒂姆和一部永不会见天

日的音乐剧，放弃了从牛津毕业这条路。好歹罗伊·费瑟斯通扔了根 88
救命稻草给我。事实上我后来和罗伊建立了非常好的关系，只是那是十年后的事了。我当时仅能找到的真正管用的救命稻草，是一场星期五下午的学校音乐会。

1968 年 3 月 1 日，星期五，天空灰暗、阴沉，下着蒙蒙细雨，不过这一天在那个时令还不算太冷。下午两点左右，两百来位家长，不抱任何期待地挤在科利特科特小学狭小的门厅里。因为是工作日，所以大部分是当妈的，话题主要是希望这场名为《约瑟夫和神奇彩衣》的期末音乐会尽早结束，好让她们赶在周末交通高峰前把孩子接回家。有位年轻的母亲提到美国时间的那天下午，约翰尼·卡什和琼·卡特就要永结百年了。当她们被带到只有在学校礼堂才看得到的那种小硬板凳上坐下时，可能对舞台上的布置颇感惊讶。

洛伊德·韦伯与莱斯将安蒂经纪旗下全体艺人都带到了现场。舞台中央是全套流行乐队装备、架子鼓和扩音器，由波特斯巴本土暖场乐队“大杂烩”来摆弄。坐在麦克风架子旁的是波特斯巴的明星歌手及歌曲作者，大卫·道特瑞。舞台上有架看上去像电子管风琴一样的巨型新式键盘乐器，是我跟学校软磨硬泡去租来的，叫“魔音琴”。这种如今销声匿迹已久的老古董是人工合成器的祖先，颇受忧郁蓝调乐队的喜爱。它自己并不发出声音，而是从一大堆笨重的预录好的磁带里截取音源。挤得密密麻麻地坐着的，是学校的管弦乐队，又加上了一些来自各个音乐学院的学生来壮大声势。在他们背后排了两组男孩，第一组是 30 多名学校合唱团的歌手，第二组是 300 名左右不会唱歌或音盲或干脆两者兼备的孩子，有些拿着手鼓。掩藏在后台的是蒂姆，他准备出演“猫王”打扮的法老。家长们略微好奇地交头接耳，还不 89
时看看表，盼望着这个活动早开始、早结束。

学校校长，一位名叫亨利·考利斯的谦谦君子，走上台做了个简短发言，明确表明了他对即将开始的演出的信心。接着他介绍了艾伦·道奇特，听起来好像在说要是这里出了状况，就都是道奇特的责任，他下星期一也不用来上班了。艾伦跳上台，领结系得漂亮整洁，举起指挥棒，演出开始了。第一小节就直接进入了故事情节，因为如今那段标志性的号角齐鸣的开场，那时还不存在呢。

《约瑟夫和神奇彩衣》（海报上“彩”这个单词中有个字母“u”，还不知为何被加了个括号）①就这样登场了。

音乐会一炮打响。年轻漂亮的妈妈们完全忘了周末交通高峰的事，返场几乎是重演了这部 22 分钟长的作品。大家都很喜欢蒂姆的“猫王”打扮的法老，可是真正受欢迎的是整部作品。有些妈妈大声嚷嚷着要求改天再来一次，好让她们的另一半也来看。先说明一下，接下来的只是我们那天下午演出内容的超浓缩版剧情。

雅各布有两位妻子、十二个儿子。约瑟夫，这个他最疼爱的儿子，同时也是个做梦高手，不识趣地对他的兄弟们预言有朝一日他会比他们高贵。在雅各布送给了约瑟夫一件彩衣后，这件事成了压垮兄弟们心头担忧的最后一根稻草。他们打算宰了他。他们把约瑟夫骗到沙漠里，在那遇到了一群游牧的以实玛利人。突如其来的良心发现加上可以赚点小钱的机会，导致他们转而将约瑟夫卖作奴隶送去了埃及。他们把约瑟夫的衣服沾上羊血，告诉哀痛欲绝的父亲他在格斗中英勇献身了。约瑟夫被关进了监狱，估计是被当作非法移民了吧，在那里他唱起了他的大歌《关上每扇门》。他给牢友做的释梦引起了噩梦缠身的
90 法老的注意。约瑟夫认为法老的梦预示了即将发生连续七年的丰收，

① 原著英文中，此处的“彩”字写为 Technicolo（u）r。

然后又会有连续七年的大饥荒。法老让约瑟夫掌管配给计划来为灾年未雨绸缪。约瑟夫那些遭了灾的兄弟们来到埃及求粮。他们没认出自己的小兄弟，可他却认出了他们，便决定试他们一试：他放了个银杯在最年幼的弟弟本杰明的粮袋里，然后指责他偷窃。兄弟们争着挺身保护小弟弟，自愿代为受过。看到他们现在成了有担当的人，约瑟夫向惊讶不已的兄弟们表明了自己的身份。雅各布被迎接到埃及，和他以为早已离世的小儿子重聚。幸福结局，皆大欢喜。

这个简单又朴素的故事涵盖了所有元素。蒂姆选题选得真好。我那时还不曾意识到，可在我努力写出能让儿童演员唱了不会觉得无聊的歌的过程中，我不知不觉间建立起了后来成为我个人标志的“一唱到底”的音乐剧类型，就是说全场只有很少或根本没有台词型对话，成功与否不只靠旋律，还以音乐的结构、调性关系、节奏和节拍的运用为关键的那种类型。《约瑟夫和神奇彩衣》没有一处随意的编排。由于没有任何经验，所以我是凭本能创作的。可没有台词型对话这一事实，就意味着我在创作上处于主导地位。当蒂姆和我就剧情中的关键部分达成共识，商定好主要的歌曲会出现在哪些部分后，作品的叙事节奏便都靠我了。当然，台词型对话可以带来很大价值——很多情况下它是戏剧性场景表达的最好方式——不过对我来说，还是那些我用音乐从头到尾串起来的戏，让我最满意。

正是《约瑟夫和神奇彩衣》内在的核心力量，使得它能从本来的数段戏仿段落，快速扩充成一部舞台版音乐剧演出。这一核心有其自身的音乐风格，哪怕是稚嫩的，而且最重要的是具有一个真正的情感核心。在科利特科特演出的版本里唯一的戏仿段落，是将法老打扮成“猫王”样子的《国王之歌》。我必须声明那可是我的主意。我觉得我们在约瑟夫唱完了那首用歌词“以色列的后代永不孤单”点出该作品
朴素的中心要点之一的《关上每扇门》之后，得有些东西来活跃气氛。 91

不同寻常的是连剧名都是我起的，尽管并非原创，而是受了艾伦·普莱斯的单曲《西蒙·史密斯和他的神奇跳舞熊》的启发。加上了“彩”字，是因为我觉得这样一来能表示有“很多颜色”，挺酷的。此外“多彩梦幻”，配合二十世纪六十年代的韵味，正合当时的潮流。

让人喜出望外的是，音乐会当场就有人提出了公开发行的要约。艾伦·道奇特都没告诉蒂姆和我，就邀请了顶级古典音乐发行商诺维洛公司的团队，他们凭借着《但以理爵士套曲》已成功地长驱直入教育发行领域。他们也发行过不少我爸爸的教堂音乐，我怀疑他是不是也插了一手，让诺维洛的人愿意在星期五腾出一个下午来听我们的努力成果。反正他们当场就想要签下《约瑟夫和神奇彩衣》这部戏。我们请他们和戴斯蒙德·艾略特联系。

戴斯蒙德对我们的流行风格大合唱没啥兴趣。实际上他对我在做的那些事都没什么兴趣。相当长一段时间，他的注意力多多少少专门放在了亚当·戴蒙特，蒂姆的一个同校朋友身上。亚当是个小说家，写了几本类似詹姆斯·邦德风格的书，书名就是像《娃娃谍》和《砰砰鸟》这样的，主角则是一个跟“王牌大贱谍”相差不多的角色。戴斯蒙德说服亚当蓄上长发，结果让发行商迈克·约瑟夫紧张得要死，以至于他们预付给他一大笔定金，让他以“现代风”的打扮，在英语国家地区的电视脱口秀上亮相。伦敦的公共汽车车身上也刷着“读不上亚当的书，就先爱上他”这样的广告。简而言之，亚当赚了大把的钱，也赚了大把的名气。

所以有这么个年轻好看的帅哥明星作家在手，戴斯蒙德对我热情
92 不再也就不足为奇了。当他为了我们两个人，从诺维洛那里仅仅拿到100英镑定金（相当于今天的1670英镑），只相当于他从亚当·戴蒙特身上赚到的九牛一毛的时候，他觉得我爸爸（因为可以签合同的合法

年龄是 21 岁）应该会立马签约。幸得鲍勃·金斯顿的忠告句句在耳，我在条款中添上了“大权利除外”这句，找我爸画了押、签了名。

于是，在戴斯蒙德那位于圣詹姆斯街的办公室里激发的咆哮声之强烈，即使是在邻近的丽兹酒店棕榈阁里聆听下午茶时段四重奏的人，都能听得清清楚楚。我怎会愚蠢如此，去毁了这笔买卖？这是在浪费他的时间。无论如何，一部 20 分钟的流行风格大合唱不可能有什么大权利存在，没人会想要在剧院里演这玩意儿。他给我爸爸回了一封充满讥讽的信，说“适可而止吧”。蒂姆在这场争执里躲得远远的，大概在坐山观虎斗吧。我坚持自己的立场。我说既然大权利这部分不会有一分钱收入，那么诺维洛也不会介意，就让这句话留着，以防万一。我说对了，诺维洛根本没吱声。合同签订了，大权利除外。我和戴斯蒙德的关系也从此不复昨日了。

要求再演《约瑟夫和神奇彩衣》的呼声愈演愈烈，足以让蒂姆、艾伦和我认真对待了。可场地是个问题。这时我爸爸出手了。他建议在西敏循道会中心教堂星期天下午六点半的布道之后演一场。有两个小麻烦。第一，西敏循道会中心教堂很大——座位有 3 000 个左右，我们能填满吗？第二，《约瑟夫和神奇彩衣》只有 22 分钟，还得有些别的节目一起演才行。这时我妈妈出场了。音乐会前半段可以安排古典音乐演奏。朱利安可以演奏一部分，我爸爸可以弹管风琴，约翰·里尔可以作为第一幕的压轴。最终敲定了 5 月 12 日这晚的演出。这里有个奇妙的巧合，三年后，也正是 5 月 12 日，《耶稣基督万世巨星》在 93
匹兹堡首次公演。

排练进行得马马虎虎。空旷的中心教堂让“大杂烩”的声音变得有气无力，没有合适的传声系统则让我很担心大卫·道特瑞的声音会完全消失。艾伦·道奇特从未在如此规模的大厅里指挥过演出，不具备一个有经验的音乐指挥所需的控场能力。我紧张到都恨不得取消演出，蒂姆对这些问题不咸不淡的态度让我更加抓狂，这些情况他也都明白。我又发现各部演奏不齐整，担心作为对外公演会显得太不专业了。

其实我不必如此压力重重。尽管上半场的古典音乐表演长得不行，但《约瑟夫和神奇彩衣》的欢乐气氛和年轻演员们富有感染力的热情，足以令现场一片欢腾。虽然已过了大部分孩子上床睡觉的时间，演出还是在狂热的欢呼声中返场数次，预示了《约瑟夫和神奇彩衣》的未来前景。戴斯蒙德·艾略特最终表现出了一丝兴趣，虽然我不觉得他看到了《约瑟夫和神奇彩衣》在校园之外的前途。我们做了个改动。为了能独一无二地成功复制《〈青少年歌剧〉精选》在前一年创下的辉煌，我们加长了法老让约瑟夫做他副手的这一唱段。我们还加了一段颇具“青少年歌剧”风格的调皮的副歌，《约瑟夫，我们怎么才能说尽对你的赞不绝口》，如今这段已经是《约瑟夫和神奇彩衣》的核心主题曲之一，尽管我们紧接着就把整个段落都改写了。

可是在面对演出获得的排山倒海的反响之际，我是不会有这种想法的。我当时只盼望那个夜晚能永远延续下去，这样受欢迎的《约瑟夫和神奇彩衣》的演出，还能再来一次吗？

9 有梦就好

5 月 13 日早上我在收音机震耳欲聋的广播声里醒来，巴黎发生了 94
大规模学生暴动，已经遍及整个法国，正危及尼斯。这让我很心烦。我原本设想的《约瑟夫和神奇彩衣》之后的冷静期，是买张便宜的夜航机票去薇姨和乔治那儿，而去拉莫托拉村最近的机场就是尼斯的蔚蓝海岸机场。那天午餐时分我接到薇姨的电报，说机场已被封锁，所以我只能跟尼斯说再会了。我约了同学大卫·哈林顿一起吃晚餐。直到如今，跟大卫在一起也总是让我很开心。他也是《权力的游戏》中演员基特·哈林顿的父亲。大卫和我一样，是个老饕。

今天的美食作家们编造出的一大传说就是，在他们入行之前，伦敦是美食沙漠。用薇姨的话说，编瞎话编得跟真的似的。英国也许没有推出过顶级烹饪料理，可依然有很多不错的餐馆。大卫和我那晚去的就是其中一家。餐馆名叫卡罗小馆，紧挨着富汉路上一家报亭，报亭里半价出售评论家们用过的新发行的密纹唱片。餐馆内裸露着各种管道和砖墙的装饰风格，即使在当今的纽约肉库区看起来依然很先锋派，他家的腌鸽胸肉更是一绝。卡罗小馆对我有特别的意义。一年后正是在那里，我在一张匆匆要来的餐巾纸上，写就了《耶稣基督万世巨星》的标志性主题曲。

其实我也正好想要跟大卫聊聊。那天上午，《泰晤士报》教育副刊
上刊登了一则关于《约瑟夫和神奇彩衣》的观后感。在夸赞了几句像 95

瓦格纳般冗长的上半场里我爸爸的管风琴演奏后，文章即指出《约瑟夫和神奇彩衣》很令人愉快，可没有哪支很突出的曲子，作品“带着基督教流行歌曲的顽固风格”，而在节奏上那种“突突突突的四四拍”出现得太频繁。这让我有点不开心，因为我对约瑟夫指责弟弟偷盗的那段八七拍非常自得。我安慰自己，“大杂烩”和中心教堂的音效也许是会让梅瑞昂·伯温，也就是评论作者听得不太真切。可真正让我气不打一处来的，是他在文章末尾，可恶地、略带褒扬地说《约瑟夫和神奇彩衣》“强有力”地证明了我有朝一日能“成为一名成功的作曲家/编曲”。

去死吧，我现在就想要成功。如果我当初留在了牛津，到这年夏天我就是个抢手的牛津毕业生了！不过跟大卫吃了一顿晚饭，他也表示不相信最后那句话的说法，我就重新振作起来了。然后我出发去布莱顿周游维多利亚风格的教堂，把这些事情都抛在脑后了。大概是当我置身于圣巴塞洛缪教堂，这座享誉国际的维多利亚风格杰作里那间令人赞叹不已的砖结构正厅的时候，我想到我应该去找百代唱片的罗伊·费瑟斯通，用伯温先生的预言，让他回忆起他曾对我给大卫·道特瑞的编曲做出的评价。

到了星期天，一些完全出乎意料的事情发生了。因为在《星期天泰晤士报》那了无生趣的标题《约瑟夫唱流行歌了》下，出现了一篇随便哪个初出茅庐的新手都期盼获得的积极评价。流行/摇滚乐评人德瑞克·朱韦尔给出的唯一批评是《约瑟夫和神奇彩衣》的“爽快劲儿”结束得太早了。蒂姆在哪？他看到没？他说过他要出去过个“私密的”周末，我猜是跟哪个姑娘一起吧。我迫不及待要赶回伦敦去，找到艾伦·道奇特请他喝一杯。终于蒂姆在哈林顿大楼找到了我，我发现他那一贯显得无所谓、没什么大不了的风格，这次破例了。蒂姆高兴坏了。有人因为我们给流行音乐带来了突破而欢呼！当然没能逃过我们法眼的是，藏在评论结尾的，是诺里·帕拉莫尔新推出的明星歌手克里夫·理查德给出的几近恭维的褒扬。

第二天我们就开始行动了。也许是被克里夫·理查德的赞赏刺激了，也许是觉得被誉为“流行乐界的突破”也没什么坏处，尤其是当这一所谓的突破团队就在他眼前，颇负盛名的诺里·帕拉莫尔决定力挺《约瑟夫和神奇彩衣》。很快他就拿到了迪卡唱片关于制作《约瑟夫和神奇彩衣》音乐专辑的要约，而且迪卡还很乐意让原来的演员来演唱。这可真是个好消息，尽管可能是因为找知名歌手会让迪卡和诺里花不少钱。

当时有两个小问题。其一是《约瑟夫和神奇彩衣》的长度只够占用一张密纹唱片的一个单面，其二便是诺里想要发行它，也就是说想从我们可能获得的收入里分一杯羹。《约瑟夫和神奇彩衣》已经签约诺维洛公司，一家富有声誉的传统发行商，而诺里则在前几年被电视节目《那一周》毫不客气地指出其在百代唱片期间，给顶级歌手们录制唱片时，并非出于艺术水平考虑，就把自己创作的歌曲塞到唱片 B 面上去了，那一阵子他的日子可不太好过。

诺里的兄弟艾伦，就被推到了所谓的“帕拉莫尔发行部”头头的位子上。至少是瞒着我，他偷偷联系了诺维洛讨论介入发行的事。作为古典发行商的诺维洛，是以签古典音乐的条款签的《约瑟夫和神奇彩衣》，而不是当时流行音乐行业那些纯属敲诈勒索，“依据发行商确认的收入的 50%”的标准条款。当然，要感谢鲍勃·金斯顿，再嘲笑一下戴斯蒙德·艾略特，他们没有拿到大权利。艾伦·帕拉莫尔的提议是让诺里来重新起草一份流行音乐行业条款的合同，大权利也写进去。没有合同，就别想在迪卡出唱片。这显然是敲诈。不仅如此，蒂 97
姆的工作还靠着诺里，没有资本来对抗他。接下来发生的，就是我第一次在谈判中扮黑脸了，今后的人生中还会有很多次。而我所努力的就是保护我俩尽量免受明显不公待遇的欺凌。我确信即便诺里考虑过将我收入他的麾下，在我和他所谓的发行商兄弟之间这场激烈的对抗之后，也就彻底罢休了。

我指出蒂姆是诺里手下有固定收入的雇员，而我没有这样的财务支持。那么为什么我，老实说也包括蒂姆，要放弃这样一部诺里未参与任何制作的作品带来的潜在收益呢？艾伦大发脾气。他还以为我是好欺负的。最终，显然已经靠不签约就不制作唱片这套说辞，唬住了心有余力不足的古典音乐发行商诺维洛的帕拉莫尔兄弟，提议将发行商的分成，从抢钱般的标准流行音乐发行合同中的 50%，降为 40%，不过一定要包括大权利。我没同意。再一次和艾伦单独会谈时，他说我是个忘恩负义的新手，他提议，大权利归我们，可他们要分 20%，不然就跟制作唱片说再见。我已经没有继续谈判的余地了。一部 22 分钟的校内合唱剧会被搬进剧院并登上电影银幕，在当时来看是不大可能的事情。可即便如此，直到今天我对那场会谈还是感到懊悔不已。不过我好歹把我们在戏剧和电影版上的收入保住了 80%而非 50%，尽管当时都不知道会不会有这部分收入。*

随着发行事宜尘埃落定，蒂姆和我接下来的工作是要将《约瑟夫和神奇彩衣》扩展到一张密纹唱片的时间长度，也就是 40 分钟左右。这好简单。大部分歌曲之前都是刻意缩短的，以免孩子们唱得无聊了，
98 所以本来就打算扩展开来的。不过我们还是添了两首新歌。科利特科特的版本里，我们跳过了埃及大富翁波提法，和他那个对约瑟夫动了心思的妻子这段故事。新歌《波提法》的歌词是典型的蒂姆风：

波提法没有一点心事　　*Potiphar had very few cares*

---

* 蒂姆跟我现在 100%拥有《约瑟夫和神奇彩衣》，这是我的公司多年后一有机会就回购了发行版权的结果。

他在埃及有钱有势	*He was one of Egypt's millionaires*
发家全靠金字塔里	*Having made a fortune buying shares*
有他投资	*In pyramids.*

第二首《快加油，约瑟夫》是典型的二十世纪六十年代歌曲，讲了约瑟夫在狱中为人释梦的故事，在现在的剧院演出里是作为第一幕的收尾。而我们写这首歌的时候几乎没往这个方向考虑过。

诺里·帕拉莫尔想要在配器上盯着我，所以我在他办公室里做了很多创作。当他说他去看了《歌舞厅》首演，觉得那部戏里没什么好听的歌曲，最多就是一部普通水平的音乐剧时，我和这个大人物的关系更糟了。我看过预演，除了旁支剧情里有首关于菠萝的歌比较乏味以外，我觉得整部戏还挺不错的。如此精彩的导演成果让我记住了这个名字——哈罗德·普林斯——还有朱迪·丹奇对莎莉·鲍勒斯的精美演绎和巴里·丹依出演的主持人。我跟诺里说，我觉得这部戏是自卡拉斯的《托斯卡》之后，我在伦敦的舞台上看到过的最好的一部演出。就算把这样风马牛不相及的两部戏放在一起比较太过荒唐，《歌舞厅》还是让我见识了一种天衣无缝的舞台呈现方式，跟我愈加坚定地认为音乐剧可以做成一唱到底的形式的信念相呼应。

尽管我们关于《歌舞厅》有争议，但诺里貌似很满意我做的编曲，迪卡唱片也给了绿灯放行。可有个小小的问题。多彩公司给我们来了封信，要求我们把他们的名字[1]从剧名中移除，因为这侵犯了他们的商标。我回信说没问题，因为我们正和伊士曼色彩公司达成合作，他们
非常想和生机勃勃的划时代作品挂上钩。结果我们收到回信表示，如 99
果我们使用正确的拼写的话，就可以继续用“多彩”这个单词。之前

[1] “多彩公司”英文名字为 Technicolor，而该剧英文剧名里就有这个单词。

我们自然而然地用了英式拼法，就是在“彩（colour）”这个词里有一个“u”。

编写管弦乐，有点像画家运用颜料，你脑海里有各种音乐色彩和一块广阔无边的调色板，差别仅在于画家是自己作画，作曲家则要依赖他人之手来展现他写就的作品。我，跟所有会配器的作曲家一样，在脑海中能听得到我希望整首曲子应该表现出来的声音，不幸的是现实效果却往往不是这样。《约瑟夫和神奇彩衣》的录音开始了，我们那些兴高采烈可是演奏水平颇业余的波特斯巴明星们，在伦敦北部现在已经荡然无存的迪卡唱片公司录音棚里，跟诺里专门请来的正规的管弦乐队合奏时，饱受羞辱。艾伦·道奇特，作为一个业余指挥，更是被拖离了自己的舒适区。我还发现那个独唱的水平也不行。总之，我在控制间听得可不怎么开心。

我把自己搞得心烦气躁，火大到没等惨痛收尾就走了。当我听到混音后的成品时，火更大了。有些演奏粗糙到让我怀疑这版录音能不能拿出来发行。我本来对制作水准的期望被全部归零。火气最终转为崩溃。蒂姆已经安排了第二天放成品录音带给诺里听。我跟他说我们不能把这种晚间自娱自乐的业余水平录音放给他听。

我大错特错。诺里听了喜欢得很，迪卡也是。这种接地气的流行乐队的原生品质，搭配了少年儿童，也就是《约瑟夫和神奇彩衣》针对的目标观众的风格，恰如其分地表达了当人们为了乐趣而演绎音乐时，那种无法掩饰的欢乐。可要成为一张如我期望的，能与《佩普中士的孤独之心俱乐部乐队》或《麦克阿瑟公园》匹敌的唱片，《约瑟夫和神奇彩衣》是毫无可能了。声乐部分也就差强人意，如果要去流行单曲热榜打榜，是远没有什么魅力的。《有梦就好》得等上二十多年，到杰森·多诺文的版本在英国成为榜首时才会登榜。

100 顺便插一句，2002 年时《有梦就好》遭到了来自一个不曾预料到的方向的中伤。坎特伯雷的大主教，罗万·威廉姆斯博士，选择在该年度的丁布尔比演讲的闭幕讲话里，质疑这首歌的歌词倡导“将个人奋斗目标，设定为以偶尔倾心关注的领域为方向来激发自己的潜能”。此话引发了不小的争论，让蒂姆很不开心。我对歌词有意见的地方，是其悲观情绪浓厚，“多想回到最初的时刻/天光正黯淡/梦也如是/这世界和我/一起在等待/心中多疑惑/有梦就好”。有趣的是在科利特科特的初演版本里，歌词是“我的梦正黯淡”而非“天光正黯淡”。我很好奇这些年来有多少唱过我这喜气洋洋调子的学校小朋友，会意识到蒂姆其实在诉说这个世界不能承受之重——歌词毫无喜气可言。

回望过去，我意识到自己那次在录音棚里的怒火，只是往后人生中很多次面对演奏不达标时都会崩溃的第一次表现而已。质量低劣的音效直到今天仍是我最痛恨的事情之一，而即使到如今，我也见识过太多耳朵像是摆设一样的创作团队推出的音乐剧。我的问题一直以来都在于，而且仍然是，我是个完美主义者。任何不够格的演出都会让我抓狂。我觉得自己随着年龄增长，在自我控制方面已略有进步，不过也只是略有而已。反正，在迪卡声称他们对此感到满意之后不久，我们就收到了去圣保罗大教堂演一场《约瑟夫和神奇彩衣》的要约。不过那要等到11月了。此外，迪卡已决定于1969年1月发行《约瑟夫和神奇彩衣》专辑，唱片公司的老板觉得如果捂到秋天或圣诞节的时候再发布消息一定会吸引更多关注。于是这年夏天我空出了一大块时间，被亲爱的薇姨不无体贴地给填补上了。

你可能还记得我之前隐隐提到过薇姨和菜谱那档子事，它就快要大规模干扰我的生活了。事情始自一封内容如下的电报：

天杀的教皇　句号　明日入住伦城大医院　句号　抱歉暂时

断联　句号　薇　句号

我预定了一个国际长途，想要搞明白在“百花海滩”那里究竟出了什么事，同时我猜拉莫托拉邮局那位女译报员的英语肯定很烂。

整件事情的要点有两个。要点一，据我的姨夫乔治说，可怜的薇姨腿摔断了，很严重，三处骨折，已被急救飞机送回英国，将被安顿在伦敦城市大学医院。因为亲戚里她跟我最亲，所以希望我去看望她。目前她还平安。去医院看望薇姨定然是件有趣的事，而乔治身为医生，也能确保她得到很好的医治。

比较麻烦的是要点二。她正在写一本烹饪书，想要我帮她在不便工作期间继续写下去。当时已写就的手稿正以挂号信的方式寄来。我有收到吗？没。不管怎样，到伦敦后的第一件事就是她的腿骨得重接，可乔治确信薇姨在外科医生们做完接骨手术后很快就能恢复神志。那时她会想要听到点好消息，而这本书可以继续写下去，也会是促使她康复的一剂良药。这些听起来都没什么说不过去的。我喜欢跟薇姨叨叨美食那些事。接着手稿就到了。棕色信封的挂号信里的书稿封面已经说明了一切。

女王私家版烹饪指南
城市人的野餐烹调
作者　罗德尼·斯波克

姨妈，毫无疑问是受她众多演艺界朋友的影响，可能还有英国广播公司世界新闻部的肯尼思·威廉姆斯在内，在撰写一本同性恋烹饪指南。
102 在你问“这又怎么样？”之前，你得明白这事儿发生在五十多年前。伦敦也许在摇摆，像“鸡毛硬菜”和她那版“坚果布丁丁”也许会让我觉得很好笑，可国王大道之外的地方还没“摇摆”到能让主流出版商全心全意地接受这样一部作品。我摘录其介绍如下：

> 睫毛膏在往下淌，长睫毛粘错了位，鼻尖没涂粉，指甲光秃秃，肌肤上都已隐隐有毛茬。不要自甘堕落。你可以从容走进厅堂，不必再躲在厨房手忙脚乱。一本供名媛专用的烹饪指南，终于问世了。

我想到的是只有一个出版商可以帮薇姨这个忙。戴斯蒙德·艾略特。我猜对了。薇姨的腿一接好，就和戴斯蒙德的阿灵顿图书谈好了合同。薇姨的腿伤得很重，在那个炎热的夏天在医院住了许久。我举荐了朋友大卫·哈林顿帮薇姨策划诸如“野趣肉类”这些章节，我们也确实让薇姨开心得很，因为她编造了一个名叫罗德尼·斯波克的角色，其“精致的手艺曾提携过伦敦多家引领风骚的餐馆后厨”。这本书最终于1970年出版，那一年的大部分时间及之后数年，我都祈祷没人知道“罗德尼”就是我姨，或这件事跟我有任何关系。

出生于新西兰的马丁·沙利文牧师，也就是那座出自克里斯托弗·雷恩爵士之手的杰作圣保罗大教堂的主任牧师，并不反对以耶稣的名义来搞宣传活动。他有一年在圣保罗教堂西侧沿绳索速降下来，给一个叫“加入流行”的夏季青年艺术节开幕。传统派分子就不太喜欢这样了。伦敦西部的圣保罗男校和这所教堂之间有着历史渊源，而沙利文牧师觉得《约瑟夫和神奇彩衣》可以完美地延续他的夏季狂欢活动。当宣布11月9日，将在这座被誉为由伦敦大火[①]带来的善报之一的大教堂里，举行一场流行风格的合唱演出时，颇引来了不少惊讶

① 1666年伦敦大火，烧毁了五分之四的伦敦城，之后伦敦重建。

的目光。

不幸的是克里斯托弗爵士在设计他的标志性穹顶时，没能替摇滚乐鼓手着想。圣保罗大教堂的回音能长达二十秒之久，而且还不止一道回音，凡是曾拾级而上进过穹顶内部回音廊的人，都能证明这一点。总之，在满足“必须让大家听得清吐字的公开演出”的最佳场所名单上，圣保罗大教堂绝对排不到前几名。因此当被称作“约瑟夫大家庭”的我们这支大队人马，推出《约瑟夫和神奇彩衣》第二版第一场演出时，很多观众都在埋头研究节目册里的歌词。

穹顶在掩饰“约瑟夫大家庭”的节奏缺陷上做得不错，所以又一次欢乐爆棚。雷·康诺利给了很不错的评价，我们当年努力要把他们的年度最佳女生萝丝·汉纳曼推上宝座时，遇到过这位《伦敦晚报》的乐评人。《每日电讯报》上有个已经颇令人惋惜的关闭了的恶搞专栏，为其撰稿的彼得·辛浦杜撰了个故事，讲了一部由老艾东尼亚·亚德里安·黑墨镜作曲的，新的流行大合唱《摩西先生和他那 200 英尺的可控头巾》，结果彻彻底底地消灭了我们认真考虑创作一部续集的任何念头，至少消灭了一部分吧。我们的确把摩西的故事稍微聊了一下，觉得可以从我在卡罗小馆的餐巾纸上草草写就的那首曲子开场，这一段成为了《耶稣基督万世巨星》气势磅礴的主题曲的第一稿歌词，“撒母耳，撒母耳，撒母耳记的第一册”。我们和马丁·沙利文交上了朋友，他极力鼓动我们再找一段圣经故事来创作。实际上他是后来众多提议创作耶稣题材的人里的第一位，可当时《约瑟夫和神奇彩衣》专辑的发行，让我们没机会去想下一部作品的事了。

迪卡要到新年期间才发布《约瑟夫和神奇彩衣》的决定，意味着
104 直到圣诞节前的这段时间，将会是场痛苦缓慢的煎熬。我渐渐开始担心万一《约瑟夫和神奇彩衣》没能走红，我就得去找份工作了。是时

候做计划了。我妈结识了曾经当过模特的，活泼有趣的帕姆·理查兹，她的公寓就在我们隔壁一栋楼里。她一个人住，不过貌似有一大群朋友往来，比较年轻的一群人里有一位意气风发且令人心动的流行歌星，名叫大卫·巴伦泰。当时地下音乐电台里随处都能听到大卫的单曲，我很好奇是谁付他们钱呢。他告诉我有个想要投资演出行业的地产开发商叫塞弗顿·迈尔斯的，一直在资助他。我的家人和大卫交上了朋友，朱利安和我很快就结识了他那美若天仙的妹妹希利娅。朱利安即刻为之倾倒——以至于他们若干年后结了婚。塞弗顿·迈尔斯这个名字我记在了心里。

《约瑟夫和神奇彩衣》的专辑终于在 1969 年 1 月推出了，收到了一些很独特的好评，有些将其誉为真正具有开创意义的作品。不过也就这些了。我鼓动大家在中心教堂再演一场来发布这张专辑，也再筹些钱来做广告。我想错了。《约瑟夫和神奇彩衣》现已是迪卡唱片的重点发布产品，风险提高了不少。第三场公演看起来即使对科利特科特的家长们来说也显然有点多余了。虽然我们确实招来不少观众，但是欣赏的思路完全不同了。也许可以用“犯罪现场调查”来描述吧，观众们并没有开开心心地一起融入气氛，反而更关心这满场闹哄哄的到底在说些什么。

第一个问题就是演奏。我们迪卡专辑的乐手们，老天保佑，还是我行我素，妥妥一群波特斯巴业余乐手。因为我们请不起专业演奏员，就从皇家音乐学院找学生来当管弦乐队。他们的水平还远远不够，加上艾伦·道奇特既不够凶，也没有足以带好一群散兵游勇的经验。绝对禁酒的循道会中心教堂，也不是发布即将改观流行乐坛的新专辑的理想场所。我们等于在把一个方形楔子硬塞进圆形孔洞里。我要是早料到如此，就不该像刚开始那样，竭力推动这个毫无专业性可言的 105
方案。

报应很快就来了。托尼·帕尔默，《星期天泰晤士报》的对手《观察家报》的流行乐评论员，没放过这个机会。在严厉地批评了演奏走调后，他总结道，“如果《约瑟夫和神奇彩衣》是流行乐的新起点，那定是末日的起点。”老实说，就演出水准来讲，他是有道理的。可在诺维洛公司看来，《约瑟夫和神奇彩衣》在1969年表现得还不错，申请演出的学校数字颇令人满意，所以还出了一本钢琴谱，包括了密纹唱片专辑里的新歌。可那点收入养活不了我，我家人和我都很清楚这一点。该去看看塞弗顿·迈尔斯那儿有什么戏了。一个想涉足演出行业的地产商，想来没准儿就会是根救命稻草。

除了迈尔斯常会参加综艺俱乐部活动外，大卫·巴伦泰对其他方面貌似了解不多。也不意外。大不列颠综艺俱乐部在那时和如今一样，是家很不错的慈善机构，通过富有魅力的活动让捐款人有机会和英国的明星们近距离接触，来给残障和病患儿童提供帮助。他们在二十世纪六十年代的赞助人名单简直是本演出行业的名人录，犹太人是其中的主力。我从一个在该慈善机构工作的人脉那里了解到，塞弗顿确实对舞台一片痴心。于是我给他去了封信。

从我这一生的经历里可以发现，如果想从别人那里得到你想要的，就不要把自己真正能给的放在他们眼前。要推点别的给他们，把它们很随意地混在一起。如果他们略微表示有兴趣，你还可以故作忸怩地说那可没得商量哦。这也能让你在99%的情况下，当真正遮遮藏藏的诱饵无人问津时不会显得太难看。于是我写信给塞弗顿，问他是否愿意为支持一家流行乐大事记博物馆帮忙找幢房子。最终时间证明了这
106 点子本身挺不错的，只是真要是建起来了，我也没本事运营它。不过我还捎上了《约瑟夫和神奇彩衣》专辑，摘选了些评论。两天后我收到回信，叫我给他打电话约个时间见面。

我们在他位于梅费尔的查尔斯街上的办公室见了面，正对着现已

破败的马克俱乐部。还有一位男士也参加会面了，他一直都没说话，只是被介绍是迈尔斯的演出行业顾问，名叫大卫·兰德。回头再看，这可能是有史以来大卫·兰德参加过的唯一一次默不作声的会议。会议进展如我所料，他对我的流行乐博物馆毫无兴趣。而《约瑟夫和神奇彩衣》专辑又是怎么回事？塞弗顿的演出行业顾问大卫被叫来研究一下，结果他表示很喜欢。还有这个写歌词的蒂姆·莱斯又是谁？我告诉他们，他是诺里·帕拉莫尔手下的一个能力优秀的唱片监制，而我也正忙着创作好几部要在西区上演的音乐剧。塞弗顿问我能不能几天后再来开个会。

请别介意我这个混合比喻的风格：接下来那周，下金蛋的鸡就送上门来了。塞弗顿给了我一份经纪合同，三年旱涝保收的收入和可再续 10 年的选择权，一年 2 000 英镑，每年再涨 500 英镑，作为我们所得的 25%的提成之外的预付款。这可是笔巨额提成，而 2 000 英镑一年在那时可是很多钱了（相当于今天的 32 000 英镑）。还不限定我非得创作什么样的作品。大卫·兰德在这次会议上话就多了，他说："小伙子，运气真的来了，你是挡也挡不住啊。"

条件只有一个，蒂姆也得同意签过来。我欣然应允。这份合同能保障我三年有稳定收入，向我家人证明我离开牛津并非一无所获。可怎样劝说蒂姆放弃貌似同样可靠的，跟诺里·帕拉莫尔共事的职业道路呢？这可不好开口。蒂姆看上去并非天性爱冒险的人。不会很轻松的，唉，我又不是不清楚。

10 加略人犹大可是受到了上帝的召唤？

107 说服蒂姆自然是花了不少力气。他毕竟比我大了不止三岁，不像现在，代沟早就不怎么明显了，那时可还是有显著的区别的，而且他对未来的安全感比我要看重得多。蒂姆如今也承认自己对音乐剧的热情不及我，所以要考虑放弃一条当时貌似更有保障的，在一家鼎盛时期的唱片公司继续发展的职业道路，必定是个痛苦的抉择。我相信蒂姆应该还尝试过劝说诺里·帕拉莫尔把我收编了，不过诺里不想和这个竟然会喜欢《歌舞厅》还把哈罗德·普林斯挂在嘴边的长发讨厌鬼打交道。我们请了个律师，名叫伊恩·罗斯代尔，他替我们出面协商后，达成每人各得 500 英镑（相当于今天的 7 950 英镑）预付款，而且每周的固定收入概不退还的条款。我觉得这才是让蒂姆上钩的关键。可最重要的，我相信是他父母鼓励了他放手一搏，如果真是那样，我真应该给已过世的休·莱斯和琼·莱斯一个大大的拥抱。蒂姆签了合同，并向不怎么开心的诺里·帕拉莫尔递交了辞呈。

我的天呐！接下来的三年都安稳了。我可以想写什么就写什么。不过有了这份合同加持，还有一项跟写歌同等重要的任务要开动起来了，那就是搬出哈林顿大楼。外婆为我开立了个信托基金，有差不多 4 000 英镑（相当于今天的 63 600 英镑），到我 25 岁后就是我的。我说
108 服了她提前拿出来一半让我买一套公寓。我在格莱德豪花园的一幢楼里找了一间地下室，离伯爵宫挺近的。公寓里有一间屋子很大，又背靠花

园，所以安静得令人欣喜。可它要卖 6 500 英镑（相当于今天的 103 350 英镑），我想买下来就得去贷款。

《约瑟夫和神奇彩衣》在圣保罗大教堂排练期间，蒂姆和我纯粹为了好玩，跑去了高级私人银行——顾资银行的当地支行，他们的顶级客户是英国女王。在那个年代，他们重新定义了什么叫“富贵浮华”。每一位员工，从银行经理到地位最低的小职员，都穿得像弗雷德·阿斯泰尔[1]：戴白领结，穿燕尾服，不过没戏，你可别指望他们会在大理石楼梯上跳起踢踏舞来。我们那次去顾资银行就是为了培养一下对那些得以进入他们法眼的权贵们的敬畏之心。

尽管预料到自己会马上被带到后门轰走，蒂姆和我还是昂首挺胸地走进去要求开户头。我们被带去了死气沉沉的助理经理办公室，那家伙穿着双排扣长礼服，名叫汤姆·斯莱特。他好像听说过圣保罗的《约瑟夫和神奇彩衣》，所以我俩觉得此行基本到此为止了，尤其在这么个噤声静默到点上根香就能变成宗教场所的场合。让我们震惊的是他把开户申请表递了过来，一周后我们就和女王一样，将自己的人间财富都放心地交给了英国最顶级的私人银行。虽然接下来的几年我和汤姆越来越熟，他还是从未告诉过我到底为什么接受了我们。他那天是要向他的老板们报个什么仇吗？不管怎样，我的第一笔贷款就是找汤姆办的，鉴于我的新合同，我拿到了 2 500 英镑的贷款。我终于可以从恐怖的哈林顿大楼搬出去了。

我的新公寓意味着我终于可以开始自己姗姗来迟的社交生活了。我生平第一次觉得可以坦然地请女孩子来家里了。我需要有人帮我一起还贷款，因此我找到往日同学大卫·哈林顿，把卧室分租给了他，而我在大房间给自己安了张构思巧妙的隐形壁床。我们把一块有点像 109

---

① 美国最有影响力的舞蹈家之一，礼帽、白领结和燕尾服是他的典型舞台形象。

花园窝棚的区域，改装成一个具有迷幻感的小小餐厅，又给厨房升级，装了个我个人特别称心如意的洗碗机，然后点了一些蓝色火绒线，让受薇姨一系列菜谱启发制作的晚餐小聚会增色不少。通过牛津的朋友介绍，我慢慢地跟两个女孩子建立起了不错的交往，莎莉·摩根和洛蒂·格雷，也就此不知不觉地开始接触到了英国最高层的间谍家庭。因为不久，莎莉和洛蒂就介绍我认识了一个女孩，她改变了我的人生。我现在也有了一处空间可以装上一套像模像样的音响系统了。买洗碗机的时候，我还一起买了一台每秒 15 英寸的磁带录音机。我觉得一个签了份三年作曲合同的家伙，理所当然用得着这么个玩意儿。

塞弗顿·迈尔斯铺下了迎接的红毯。蒂姆和我被安顿在了他在梅费尔的办公室的三楼。我们不仅有了自己的行政经理，名字叫唐·诺曼，他同时还负责爵士歌手安妮·罗斯，还招了个永远都穿着超短裙的名叫珍妮的姑娘和一个跑腿的宣传干事，名字叫迈克·瑞德，他之后当上了英国广播公司电台一台的顶级音乐节目主持人。迈克是个讨人喜欢的家伙，他后来成了蒂姆的死党，还创作并主演了两部西区有名的惨败之作，分别讲了奥斯卡·王尔德，和诺里麾下的克里夫·理查德的故事。

然后还有大卫·兰德。要把大卫这个人介绍清楚，我只能这么说，如果你打电话给中央经纪公司，要找一个滑稽、热心、唠叨的东区出身的犹太裔演艺经纪人，他们不可能找出比大卫更合适的了。有一天，一块名曰“希望与荣耀有限公司”的招牌出现在了大卫的门外。我问他这家公司究竟是干什么的，大卫说这样他接起电话的时候就可以说“这里是希望与荣耀的土地”①。我问他的姓是怎么来的，他说他爸是从

① 《希望与荣耀的土地》是英国著名爱国歌曲，而兰德的英文是“Land”，字面意思就是土地。

东欧逃过来的，移民局以为“波兰”是“P.O.兰德”①的缩写。我开始真的喜欢这家伙了。

有个小问题是，业内人士似乎除了知道大卫曾是戴根纳姆女孩风笛乐队的经纪人以外，就对他一无所知了。这支风笛乐队是一支社区 110
风笛乐队，名字来源于那个乱糟糟的伦敦东部的同名地区。那里是福特汽车在伦敦的基地，并无特别优美之处，风笛水平也差不多，除非您是那种会被来自苏格兰的峡谷之声深深打动的人。令人惊讶的是有不少人喜欢她们，包括希特勒，据称在二十世纪三十年代初聆听了女孩风笛乐队在德国的巡演后，他表示“希望自己也有支这样的乐队”。这正好说明他就是个音盲。

塞德蒙顿音乐节里最容易引发争论的一段回忆，就是她们身穿仿制的苏格兰短裙，在我家的楼梯上卖力吹奏的画面和声音。那次因为下雨而不得不把她们挪到了室内。当看到她们的新闻片段，尤其是那句“要想让这一晚过得糟糕透顶，戴根纳姆女孩风笛包您满意”，大卫就显得洋洋自得。不过也正是在大卫的运作下，女孩风笛乐队能把她们那令人皱眉的风琴调调，从拉斯维加斯一直吹到了皇家综艺秀上。不可否认，戴根纳姆女孩风笛乐队体现了很值得推崇的社会效用，而且依然给很多人带来享受。他私底下对她们深感自豪，而且当她们令人敬畏的队长佩琦·艾瑞斯被女王授予大英帝国勋章时，他着实乐坏了。

“戴根纳姆女孩风笛”在伦敦东区英语里，就是“挡风玻璃上的雨刮器”的同韵俚语。②

---

① “波兰”的英文是“Poland”。

② “同韵俚语”是伦敦东区英语的一个特色，即使用一些同韵的单词来替代其他单词，比如用“apples and pears”来代替“stairs”。

我们的合同结出的第一颗果实是《快回来，理查，祖国召唤你》。烂透了。《快回来……》——还是别了吧——本来是作为《约瑟夫和神奇彩衣》的后续作品，由伦敦金融城小学演出的，艾伦·道奇特去那儿当上了他们的任新音乐课主任。我为了写这本书去做回溯调查的时候发现了那时的几段谱子，无法想象我们怎会把这样粗糙的制作呈现
111 给了观众，这部作品活该被彻底遗忘。在放弃了以圣经为素材来源后，蒂姆觉得英国狮心王理查的故事拿来做原型素材，挺合适的。可实际上根本就没什么故事可写。理查在位期间的大部分时间都去国离家，到处跟人开兵见仗，所以我们才给这部戏起了这么个名字。在一次军事行动后返回的途中，他在奥地利被擒，于是他那忠诚的吟游歌手布伦戴尔据说走遍了欧洲，哼唱理查最喜欢的歌谣，直到某天从一座城堡的窗户里，他的主人认出歌声后喊了一嗓子。这里必须要引用一下我觉得可以表明蒂姆风格的歌词了：

“大王，臣下在此。”布伦戴尔哭喊道。
“为找到您我四处巡查。”
“有可能就救我出去。”国王说道，
“不过先把你的吉他放下。”

“Sir'tis I,” cried Blondel.
“For you I've travelled far.”
“Rescue me if you can,” said the King,
“But lay off that guitar.”

我不知道蒂姆为何对这个故事如此着迷，可他没有因为《快回来……》所受的冷遇而退缩。几年后，他基于如此单薄的主题写出了一

部完整的音乐剧，名叫《布伦戴尔》。他没请我作曲。

就我所能记得的来说，这部糟糕透顶的作品，有三段旋律后来在其他戏里出现过。一段变成了完整版的《约瑟夫和神奇彩衣》第二幕的开场；我前面提到的那段歌词所配的旋律稍做了些改动，成了《火车猫史金伯旋克斯》的副歌；第三段是《在萨拉丁的岁月》，成了《耶稣基督万世巨星》里的《希律王之歌》。这首歌在诺里·帕拉莫尔当家期间以《试着了解一下》的歌名去参加欧洲歌唱大赛选拔，被刷下来了，因此这首曲子是由诺里发行的。这就在美国版《耶稣基督万世巨星》的专辑单页的版权署名上，给大家造成了点困惑，以至于有人误认为这些重要段落并非由蒂姆和我创作。有一首单曲《快回来，理查》是蒂姆唱的，署名“蒂姆·莱斯与韦伯团队”，最终也销声匿迹。 112

遭遇这次溃败，我们得尽快写出点漂亮的作品来。塞弗顿·迈尔斯花了钱，可不希望看到《快回来……》那种作品。理论上来说，我们的下一部作品看上去更差劲。显然在有了《约瑟夫和神奇彩衣》之后，大家都催着我们找另一个圣经题材，同时很多教会进步派人士敦促我们考虑一下我们一直拒绝的耶稣题材。不过，蒂姆好几次都提到了鲍勃·迪伦提出的那个问题：“加略人犹大可是受到了上帝的召唤？”他开始对处于罗马占领下的以色列这一历史背景中的犹大着迷了。会不会犹大倒是个清醒的门徒，试图防止罗马人由于民众愈演愈烈的反响，而镇压耶稣的传教呢？会不会耶稣也是慢慢开始相信人们所说的，以为他就是真正的弥赛亚？要是我们从犹大的视角将他生命的最后几天创作成戏剧，会是怎么样的？我从中看到了无穷的可能，尤其在戏剧性上。很显然，其他人不会想得到，这样一个偏门题材也可以被拿来创作一部音乐剧。然而我们确实写出了一首歌，歌词涵盖了这些疑问。歌名叫《万世巨星》，它的副歌部分注定会成为我创作过的最出名的三和弦旋律，也就是我在卡罗小馆的餐巾纸上写下的，那段曾经一度属于撒母耳的副歌。

创作歌曲倒是没问题，可怎么用这首歌是个问题。大卫·兰德一脸迷茫。他说：“叫我怎么在大理石拱门犹太会堂里解释这种事情呢？”可他挡不住我们的才思泉涌。蒂姆有了个主意。耶稣和宗教也是当时流行文化中比较时髦的话题，比如有诺曼·格林鲍姆的《天空中的精灵》，丹尼斯·波特讲述基督生平的那部话剧，也是爱唠叨的人们嘀咕个不停的话题。这时候我才知道，蒂姆已经和麦克·林德讨论过耶稣题材可以做成什么样的音乐剧了。后者就是那位制作了我们在百代唱
113 片和萝丝·汉纳曼合作的第一首单曲的作曲/编曲。麦克现在是美国音乐集团唱片公司——当时是环球唱片的一个分支——艺人发展部的头儿，他显然对此很有热情。他们英国公司的头儿是个名叫布莱恩·布罗利的沉稳的爱尔兰人。我第一次在他们办公室的钢琴上，就着蒂姆尽力表现到最佳水平的演唱来弹奏我们那首歌，就是给这一对奇怪的组合听的。

他们被深深吸引住了。布莱恩问我对编曲有什么想法。我回答说，我想把它做成交响乐队、灵魂管乐、福音合唱团和摇滚乐的融合，再加上布鲁斯风情的主唱，来搭配我们的三和弦歌词，应该不算很高的要求吧。没想到的是，布莱恩对我的狮子大开口并未表示退缩，实际上他后来很快就叫我去讨论一下这些安排。我开心地带着我编曲的尚未发行的大卫·道特瑞的新歌《走道》去开会了。布莱恩就我能否协调好如此繁复的各种音乐元素，刨根问底，显然他已经听过那张《约瑟夫和神奇彩衣》专辑了。我告诉他我想做一首前所未有的将管弦乐和摇滚结合到一起的单曲。《走道》的小样最终说服了他。布莱恩上钩了。

我们拿到了雇得起一个全编制交响乐队外加所有必要的配套装备

的预算，而且喜上加喜的是，还可以让我们自己来制作。我简直不敢相信这是真的。可有一个问题：美国音乐集团唱片公司想要独占所有的权利。我后来才发现，布莱恩对抓牢版权的重要性的意识给我带来了很大收益。作为给单曲提供财务支持的回报，美国音乐集团唱片公司，加上环球唱片的发行部利兹音乐公司，将拥有这部当时还没写就的“歌剧”未来在全球各地录制的所有权利，并依据标准的流行乐条款而获得类似范围的发行权。

不过没有任何提及大权利的说法。当意识到布莱恩在这方面眼力相当厉害的时候，我也就顺势装聋作哑了。我又很快发现，大卫·兰德既是利兹音乐公司的老板西里尔·西蒙斯的密友，更是他的拳击陪练。我觉得等我们真要创作这部目前看似不大可能的完整版作品的时
候，再解决这个问题不迟。于是我们就单曲（及其任何最终出版的专 114
辑）签了约，约定在英国的版税收益为5%，在全球其他地区为2.5%，从这笔收益里我们还得偿付录音制作的成本，并支付歌手应得的版税。这笔交易谈得可以说很差劲。不过美国音乐集团唱片公司做这件事的风险成本不低，而我们又没什么资本可以拿来反对。接着最大的问题就是：谁来演唱？

蒂姆最先想到的是莫瑞·黑德，我也同意。他的表现力能很好地展现蒂姆写的词。最棒的是他有副真正属于布鲁斯灵魂乐的嗓子，能瞬间转成如丝绸般温和的嗓音。蒂姆写的歌词是一连串中肯的发问。从开始的对句“每次当我看着你我真不明白/为什么你会让情形变得如此混乱”，伴着副歌“耶稣基督、耶稣基督/你是谁？你又牺牲了什么？”，五十年后，蒂姆的歌词依然掷地有声。我们去找莫瑞的时候，他倒也看出了这一点，可他对这首歌有点犹豫，怀疑它是否有前途。不过他当时已被百代唱片抛弃了，所以最后觉得主唱这首歌也不会有什么损失，只是他想在承诺参与整个项目之前，先看看其他几首歌，

这也可以理解。

正是莫瑞介绍了一支伴奏乐队来，也多亏了他，我才有了非常棒的节奏乐部，因为贝斯和鼓给了给乔·库克伴奏的油脂乐队来操办，加上来自奶酪汉堡乐队的克里斯·莫瑟的次中音萨克斯，以及外号“米克·威夫”的温德·K.弗洛格担任键盘手。优秀的节奏乐部全靠贝斯和鼓，艾伦·斯班纳（贝斯）和布鲁斯·罗兰德（鼓）配合得就像连体兄弟，他们凭直觉就知道对方要做什么。我终于能和顶级乐手们一起工作了，从排练的第一天起，我脑袋里就马不停蹄地想着怎么让这支乐队的成果更上一层楼。

位于伦敦西南郊区巴恩斯的奥林匹克录音棚，是当时英国最热门的摇滚乐录音棚，它的大录音棚可以容纳一支全编制交响乐队。这自
115 然是录制我们单曲的首选。由于经常有主流电影在这里做配乐，录音棚的工程师在摇滚和管弦乐两方面通吃。当基斯·格兰特，这位在奥林匹克录音棚工作的传奇录音工程师，看到我编曲的规模时，便建议让摇滚乐队从耳机里听着节拍器的节奏来录。如今这被叫做“节拍音轨”。有“节拍”为引导，管弦乐队只要跟着它就能和原声音轨完全合拍。可“节拍”也意味着乐手们的演奏是机械的，没有相互的呼应。

杰出的摇滚乐队是不会像机器那样演奏的，而且在每场演出中一定都会在速度上略有变化。这样一来，基斯·格兰特就对在没有“节拍”的引导下，怎么把交响乐队这一大堆录音混进音轨去大伤脑筋。我决定赌一把，认为漂亮的节奏乐部能完全压过这个问题。可基斯接着把我们这活儿交给了一个和我差不多大，名叫艾伦·奥德菲的年轻工程师后，根本就没机会出这样的岔子。艾伦是个说话轻柔动听、心胸宽广的高个子爱尔兰人，他后来成了把我们这群散兵游勇化零为整的中坚力量。他在录音棚录过从新潮乐队到交响乐队的作品这一经验，

让他有能力接得住我抛给他的任何东西。他也从未考虑过用节拍器来做这件事，于是在这间滚石乐队录制过好几首精彩曲目的大录音棚里，我们先录了摇滚乐队和灵魂歌手，再录制管弦乐部分。

莫瑞不知疲倦地给大家提供人声引导，我们雇了个福音合唱团来伴唱，叫“特立尼达歌手们”。灵歌三重唱找的是一对富有经验的白人录音女歌手，苏和桑妮，还有一个叫莱斯利·邓肯的唱作歌手来补充实力，她后来与埃尔顿·约翰搭档过二重唱，比较出名。搞笑的是这些白人灵歌歌手，刚开始听起来比福音合唱团更有黑人韵味，让后者看似更像是《雅士谷加伏特舞曲》[1]，反倒不怎么有加勒比风情了，相比之下逊色不少。可一开始玩真的了，大家的表现都令人惊艳。我和乐队一起对最后的合唱部分尝试了几种不同的变奏，可到了录制最终版的时候，艾伦和布鲁斯他们则自由发挥，把切分音演奏得轻舞飞扬，就像两个人是连体兄弟一样。后来我把这些演奏方式都设法写了下来，116
可即使我完全按照他们的方法来安排其他歌曲的摇滚乐部，做出来的东西听起来总是不太一样。

合拍的问题对管弦乐队这部分果然是场噩梦。《万世巨星》的大和弦，是我照着《查拉图斯特拉如是说》的风格，以市政厅音乐与戏剧学院级别的严谨态度来谱曲的。单独录制那部分很容易。可是在录制紧接着的过门段落，也就是要把整个管弦乐队的切分音部分和摇滚段落精准合拍时，难度大到几乎可以让我爸爸那边的循道会牧师都渴望从那个所谓的“水瓶”里喝上一口来解解压。随着录音的日程越来越紧，总算有一次录到了很棒的效果，谁知艾伦·奥德菲告诉大家伙儿，他忘记把录音设备切到录音档了。我简直气疯了。他倒是沉着镇定地让乐队再来了一遍，奇妙的是这一遍也同样完美无缺。

---

① 音乐剧《窈窕淑女》里一首描述英国上流社会群像的歌曲。

那 70 多个演奏员离开后，艾伦问我要不要听一遍自己作品的录音。这家伙其实录了两遍，所以我那 70 人编制的管弦乐部分现在就成了 140 人的规模。也许是淘气摇滚版希思·罗宾逊[1]在这间录音棚显灵了，也许只是当你突发奇想构思一些无法用文字描述的事物时的肾上腺素的作用，或者根本就是一遍又一遍录制中，由莫瑞的嗓音激发的灵感，不管什么原因吧，《万世巨星》的原版录音完美至极。

唱片 B 面是器乐版，分成了两个段落。第一个段落的编曲极具理查·施特劳斯风格，重度分解的弦乐旋律最终演化成《客西马尼》这首歌。我已经想好耶稣受难这段的曲子怎么写了，我的直觉就是这支曲子将是这部作品的完结部。我想要呈现一种跟耶稣之死带来的阴暗恐惧相对立的情绪，一些过分醇美的，更像教堂里的玻璃彩窗而不只是木头和钉子的风格，就像霍尔曼·亨特的画作《世界之光》或者南意大利的重度巴洛克画风对耶稣的渲染那样。蒂姆把这段曲子叫作《约翰福音 19 章 41 节》，是根据《圣约翰福音书》中描述耶稣的身体在其墓穴中安眠的那个章节起的名字。第二个段落没能出现在最终的
117 “歌剧”里。那是段八七拍的滑稽旋律，我当时觉得万一需要有点欢庆段落的时候就可以用上，比如在耶稣复活、凯旋回到耶路撒冷的部分，结果一直没这样的机会。

蒂姆、大卫·兰德和我把这首单曲播放给麦克·林德和布莱恩·布罗利听时，布莱恩欣喜若狂。他真心觉得这是首大作——他甚至用了“酣畅淋漓”这个词——是流行乐的一个突破。他宣称他的美国大老板们肯定会投资让我们继续完成这部“摇滚歌剧”，当时对这部还不存在的作品就是这么定位的。大卫·兰德则一直在默念着他即将在某个朋友的儿子的犹太受诫礼上要说的话，不过这场讨论很快就转移到

① 英国二十世纪初的著名漫画家，作品以描述通过极其复杂的机械装置完成实际很简单的工作而著名。

这首歌该叫什么名字上了。我们最终确定，叫《来自摇滚歌剧〈耶稣基督〉的〈万世巨星〉》这个名字。

大家一致同意得找一位颇有地位的神职人员来为这张单曲背书。很显然的选择就是圣保罗大教堂的马丁·沙利文。马丁非常乐意，他写道："有些人听到这张唱片可能会瞠目结舌。我恳请你们好好听一听，再斟酌。这是急切的呼喊。你究竟是谁，耶稣基督？是一份万分至诚和颇合时宜的诘问。"马丁即刻表示，如果《耶稣基督万世巨星》这张专辑完成后还有需要的话，我们可以使用圣保罗大教堂。我们一直没用上。事情接踵而来。不过他的确这般警告过我们，那些严苛的，或者用他的话来说，边缘化的基督徒一定会非难我们的作品，只是他并不在乎。他觉得大部分基督徒都会主动接纳这部作品，担心的倒是我们无意间会冒犯了犹太人。

我们很不以为然。我们已经有了两位犹太裔商人的支持，从来没发现会发生这种情况的迹象。我们完全没有想到自己的创作会被离谱地曲解成那样。蒂姆告诉马丁，他预料争议会聚焦在历史记录是否对加略人犹大和本丢·彼拉特[1]太不公允了，倒不觉得这会冒犯到任何人。我补充道，塞弗顿和大卫以及他们和伦敦犹太人社区的诸多关系，应该能搞定任何问题。之后多年，马丁的警告都貌似无中生有。直到 118
《耶稣基督万世巨星》电影版在美国上映之际，才知此言不虚。

布莱恩·布罗利全力开动了。《万世巨星》11 月 21 号就要在英国发行了。他确定了在所有重要地区，还有一些我从未听说过的地方的发行安排。最重要的自然是布莱恩的大老板麦克·梅特兰所在的美国，后者马上就成为该项目极为慷慨的支持者。美国区定于 12 月 1 日发

---

① 下令处死耶稣的古罗马犹太地区总督。

行。而在英国，气氛曾一度十分高涨，因为我们受邀在独立电视台大卫·弗罗斯特的《星期六夜间秀》做一次现场演出。这个安排带来了两个后果：出离愤怒的观众把独立电视台的电话总机给打爆了，以及我跟大卫之间的深厚友情一直持续到2013年夏他过早地离开人世为止。

《每日快讯报》却掀起了一场颇为恼人的风暴。有位颇具想象力的记者费尽心机地找出几句话来暗示我们曾邀请过约翰·列侬来演耶稣。可笑至极。最根本的原因是我们当时根本就没有谱子或者剧本可以给他看。即使到如今，依然有人对此杜撰之言信以为真。不过在那场盛大的电视节目和这个小折腾之外，全英国地区的反应是令人失望地沉闷。大不列颠，还没准备好接受这支被布莱恩·布罗利赞为"酣畅淋漓"的单曲，后来发现美国也是如此。虽然的确也有些许表示有兴趣的涟漪出现，可很快到来的圣诞档期发行热潮，以及该曲在题材方面的问题，意味着相当低的电台播放率。谢天谢地这支单曲在一些陌生的地区，比如荷兰和巴西，倒扶摇直上。布莱恩·布罗利也确定了接下来的一笔巨额预算，20 000英镑（相当于如今的318 000英镑），来让我们录制自己这张"摇滚歌剧"。

美国音乐集团唱片公司都点了头，我们觉得还是写下去吧。我手头新添的这笔财富，意味着我已吃遍了绝大部分伦敦的美食名店，所以我觉得该跑到郊野地区来让我们的创意灵感流动一下了。我的目光落在了斯多克·伊迪丝宅院旅馆，藏匿在赫里福德郡的郊野深处，当时那里的酒品一流，而且我了解到他们有栋副楼里还有一台三角钢琴，同时他们还有道菜叫"鸭肉面包布丁"，照薇姨的说法，这道菜的酥皮
119 口感就像"凝结的油脂包裹着的蛋蛋"。蒂姆记得我们没花多少时间在创作上。我则清楚地记得在富有圣诞气氛的潮湿的赫里福德，把所有的唱片店都扫了一遍也没能找到我们的单曲唱片。我还记得我在赫里福德大教堂的访客留言簿上留了段很不客气的话，诅咒教堂主任牧师

和全体教士，居然把吉尔伯特·斯科特设计的那道华美的十九世纪圣坛屏给切掉了，罪不容诛。去如今还保存着那些圣坛屏的维多利亚与阿尔伯特博物馆看一眼，你就会知道他们这种粗暴、麻木的愚昧是怎样的表现了。希望有朝一日这些圣坛屏能重新安装起来。

我们真正花了力气的，就是将现在大家所见的双唱片专辑的故事线勾画了出来。最重要的是我们用声音来讲故事——只用声音。我们没有一丝一毫依赖戏剧和电影的视觉元素。要做一部实打实的音乐剧，戏剧性结构可是关键。在我的工作领域里，节奏、乐队织体、拍号以及旋律，都要能让听众把留声机开着一直放下去。尤其紧要的是如何让素材重现以及以一定的节奏来营造戏剧性效果。对话在一张唱片里没有什么作用，所以音乐和歌词必须要携带所有信息。

我们在赫里福德郡确实做了一个重要决定，这一决定为之后构建音乐剧结构框架迈出了重要的第一步——就是把已有的《万世巨星》这首单曲放在哪个位置。有一个被我们推翻了的思路，是把它作为专辑的序曲。我提议，如果我们的作品真有一天上了舞台，这首歌可以贯穿于从耶稣在彼拉特前受审，到他来到上十字架的受难处骷髅地之间的全过程。这样犹大就能以说书人的角色，沿着苦路的进程来发表评论。这怎么看都完全契合蒂姆在临近剧终耶稣最终献身之前，提出的那些诘问。

这一决定意味着《万世巨星》的大和弦段落，应该成为耶稣受审的高潮部分。我有个直觉：不管我为受审这一段写的曲子是什么类型，都应当是精简凝练，并可以拿来做序曲的。而且我觉得序曲必须要在两分钟的时间里，表现出我在合成器、管弦乐、摇滚组合和合唱等各
方面强大且丰富的音乐实力。现在的序曲就是一丝不差地按这个顺序 120
来的，也的确是受审段落的改编版，再配上合唱团在歌剧段落结束时，发出的诘问这一段音乐动机，作为犹大用来阐述自己立场的《他们心

中的天堂》这首歌的前奏。蒂姆的歌词一语中的："我已经明白了/［……］拨开围绕他的谜团/就能看到等待我们的结局/耶稣啊，你竟然也同意/他们对你的传说/你真的会同意/什么上帝的叙述。"然后他再哀求这位他敬仰甚至爱戴的人，不要让他的追随者的狂热失去控制，引来罗马占领当局的彻底镇压。

实际上我们是在创作一部音乐广播剧。这个思路最终给我们带来了极大的好处。听众们对我们的唱片越来越熟悉，以至于之后没有哪个导演或制作人可以添加任何音乐片段，来改变剧中的场景或篡改戏剧结构。音乐就这样不容改变了。有个很著名的故事，是在《猫》这部戏上跟我合作的特雷弗·努恩，在格兰德堡歌剧院执导莫扎特的《伊多梅纽》时发生的事情。一次彩排时，他问指挥西蒙·拉特能不能重复演奏一段音乐，好给某个复杂的换景过渡一下。拉特回敬他说："这是莫扎特，不是安德鲁·洛伊德·韦伯。"多亏这张唱片已经发行，所以就算是特雷弗也无法要求《耶稣基督万世巨星》做类似的改动了。可其实回头再想想，我觉得这也难讲。

新的一年来临，年轻的美国大兵仍在越南不断送命。而在英国国内，即便在本岛的我们还未知未觉，但北爱尔兰的问题还在不断恶化中，同时一场表现极其分化的大选正在逼近。不过在那个冬天也没有表露多少此类迹象。布莱恩·布罗利想要在1970年秋天发行双唱片专辑。我们给自己设定了个目标，就是在复活节前完成所有的创作，我个人的目标是到5月份完成配器。可实际上我们这两项工作提前很多就完成了。因为，照佩勒姆·格伦维尔·伍德豪斯的说法，智者再千虑，难免有一失。我深深地、激情洋溢地、神魂颠倒地，坠入了爱河。

11 爱能改变一切，只不过……

我第一次见到莎拉·赫吉尔，是在一次由我朋友莎莉组织的，在牛津大学基督堂学院为洛蒂·格雷庆祝生日的聚会上。我还记得那天的日期，1970 年 1 月 21 日。莎拉当时还只是个 16 岁的在校小女生，可也不难理解她父母会允许她来这个聚会玩。她家跟莎莉和洛蒂家，都有些相同的风格。

莎拉的父亲托尼因在“二战”期间，忽悠一名德军司令投降并完整无损地交出了一座法国村庄而以个人名义荣获法国英勇十字勋章。他曾在詹姆斯·邦德系列作品的作者伊恩·弗莱明组建的第 30 突击队服役。托尼对弗莱明并不很待见，他跟我说他其实在白厅①待的时间更长，却没怎么跟自己的队伍一起在前线。更要命的是，弗莱明只要到了部队里，就喜欢把大家最好的白兰地和香烟扫荡干净。尽管如此，托尼在《皇家赌场》中还是大大地出了点名，成了詹姆斯·邦德都景仰的榜样之一。托尼的日常工作是制糖企业泰莱公司的化学研究员，专门负责在牙买加的种植园。可是在他被任命为“联合国粮食和农业组织（FAO）”的主管时，他的一位亲密好友跟我说，看事情永远不要只看表面。只是直到今天，莎拉和我都不知道那句话到底是什么意思。他跟聚会主办者的父母之间的关系来历，也不得而知。

---

① 英国政府在伦敦的所在地。

122 当然，在他那笑靥如花的女儿自荐来给我做秘书时，我对此还一无所知。爱上莎拉没花费我多少时间。我请她到米其林大楼对面的小馆子吃晚饭，那家小馆子被如今的伦敦地产经纪人们叫作“波琅璞敦路口”，听起来有点娘娘腔。我记得她点了些简单且小到不可理喻的东西。因为她不知道这顿饭是不是应该各付各的账。这让我很动心，我必须再请她出来一次。

到 1 月底，我已经完成了我们这部“歌剧”的所有主要旋律，蒂姆的歌词出产真是急速迅猛，跟我爱上莎拉的速度有得一拼，这时我的新公寓就派上了大用场。这儿离莎拉的学校才几百米之遥。因为要去学校复习，准备暑假前的期末考试，她便有了很多自由支配的时间。于是大部分情况下，她只到学校按时签个到，就立刻掉头跑来我这儿。没多久我就给了她公寓的备用钥匙。在 21 岁这当口，早上有个漂亮女生来叫你起床，可不算什么坏事情。到了 3 月，该去见她家长了。多亏了薇姨教过我各种礼仪，我跟家里长辈相处得都挺好，托尼·赫吉尔和范妮·赫吉尔也不例外。

我在他们位于肯辛顿大街附近的公寓吃了晚饭。我对建筑的热爱很快就引发了关于他们在郊外的住所的亲切交流，话题又顺势转移到当地的教堂上，这样就躲开了他们想要讨论我的头发长度的企图。我被邀请去过一个周末，所以提醒自己得预先了解一下他们家郊外别墅所在的威尔特郡北部地区。假以时日，我发现去见未来老丈人和丈母娘的时候，如果你表现得比他们自己更了解他们生活的地方，婚事肯定就一帆风顺了。

爱或许能改变一切，不过对我来说，倒是让我的创作更突飞猛进了。到 2 月中旬，《耶稣基督万世巨星》专辑的架构已经足够完善，我都可以将曲子分配到唱片的每一面上了。第一面的初稿日期写的是 2

月 21 日，而第四面的最终稿在 3 月 4 日就完成了。比较特别的是，不规则的拍号对于《耶稣基督万世巨星》的架构是相当关键的一部分。它们给音乐、歌词和故事叙述提供了一股强劲的推动力。在 1969 年 12 月的一条笔记里，提到了抹大拉的第一首歌必须是四五拍的，两个月 123
以后在由此创作出来的《一切都没问题》这首歌的四五拍拍号上方，就画着一个大大的惊叹号。在我关于第二面的笔记上，《圣殿景象》这首曲子的四七拍号上，也有两个大大的惊叹号。最长的一段笔记，是提醒我自己是在创作一部从头至尾“立场鲜明”的广播音乐剧，还有关于运用明暗对照手法的一大堆提醒。

创作过程也许算得上是一路小跑着前进，但要找到我们可用的歌手，就没那么一帆风顺了。有了发唱片的保障，莫瑞即刻就位，因此犹大这个关键角色有人了。我们很想吸引知名人物来演耶稣，蒂姆去找了科林·布伦斯通，僵尸合唱团的主唱。他们的热门曲目就是《她不在那儿》，由僵尸合唱团的成员之一罗德·阿金特创作，他可是一个优秀的乐手，在十年以后，我和他一起合作了很多次。我心里有一点挑剔科林的嗓音不够摇滚，不过僵尸合唱团的唱片公司，哥伦比亚广播公司彻底解决了我的顾虑，他们一口回绝了让他为我们录歌的可能性。

好运不期而至。数月之前我曾受邀去皇家阿尔伯特音乐厅欣赏由乔恩·洛德创作的《摇滚乐队与管弦乐队协奏曲》的首演，由洛德的深紫乐队与伦敦交响乐团[1]演奏，后者的指挥是我爸爸的朋友，一位作曲家同行，还是个鸡尾酒爱好者，马尔科姆·阿诺德。我在那儿认识了“深紫”的经纪人托尼·爱德华兹，是个和塞弗顿一样涉足演出行业的精明的生意人。我觉得音乐有点平淡，就唠叨了半天诸如把摇滚

① 根据历史记载，应该是“皇家爱乐乐团”。

乐队和管弦乐队糅合到一起有多大胆这样的话，结果我发现其实“深紫”正在为自己周密部署一条明智的职业发展方向，他们转去玩重金属了。于是我提了些《耶稣基督万世巨星》的事，托尼·爱德华兹听了饶有兴致。

接着，时隔数月之后，我们接到电话说深紫乐队有了新主唱，问蒂姆和我是否愿意去托尼那座位于巴恩斯的泰晤士河畔的漂亮房子，听一下他的几个录音带粗样。他名叫伊恩·吉兰。就在听到伊恩·吉
124 兰那声充满原始力量的嘶喊的那一刹那，我找到了我的耶稣，他血气方刚，活力十足，才不是那种身披白浴袍、怀抱小羊羔的货色。那晚我一回到自己的公寓，就把耶稣将放债人驱逐出圣殿那段重新创作了一下。

《耶稣基督万世巨星》的工作到此暂告一段落，不光是因为莎拉。我突然收到一份写电影配乐的邀约。电影名叫《干探》，导演是当时初出茅庐，后来两次入围奥斯卡奖的斯蒂芬·弗雷斯，由阿尔伯特·芬尼主演，大家管他叫“阿尔比”，他和演员迈克尔·梅德温成立了一家小型独立电影公司，名叫“丰碑企业”。迈克尔是一个穿细条纹西装的文质彬彬的小伙子，常在英国的 B 类电影中出演上流社会衣冠楚楚、游手好闲的公子哥，他对《万世巨星》单曲一度引发的微小波澜颇有印象，而且还曾听到我在某个电台节目里提起过音乐剧电影。《干探》的情节说的是阿尔比出演的一个以宾果游戏读数人为职业的小人物，终日幻想成为一名风度翩翩、威风凛凛的私家侦探的故事。斯蒂芬，跟老于世故的迈克尔·梅德温不一样，对新就任的保守党政府极不满意，所以他想要一段麦克斯·斯坦纳风格的音乐，类似向鲍嘉和白考尔夫妇致敬的意思，再配上英国劳动阶层熟悉的外景，来让观众们会心一笑。他还希望音乐带点摇滚风格。我觉得我的确是他们要找的人，反正最差的情况不过是被取笑一番而已。

一台被叫作声画编辑机的大家伙，顺着我地下公寓的楼梯被推了进来。这个老古董在当时可是电影编辑的标准设备，只是几乎在拍《干探》的同时，它也开始退出历史舞台了。操作方法，就是在胶片上你要剪开的地方做上标记。跟模拟信号制式磁带一样，最近这种类型的设备又有些许潮流回归的趋势。斯蒂芬会让人放一段画面，我就在钢琴上即兴弹奏，直到他感觉听到的和影片的画面相得益彰为止，然后我再编曲。我自己有套舞会风格作曲的小锦囊，可我还是特地创作了一段电影风格的曲子，我自己很喜欢。二十年后我完全重写了这段 125
旋律，改为八五拍，作为《日落大道》的主题歌。我敢肯定这是唯一一首用了这个拍子的音乐剧主题歌。录制过程毫无障碍，《干探》团队看来满意得很，我就又回到了《耶稣基督万世巨星》的工作上。之后数月都再未听到有关这部电影的任何消息。

手里有了莫瑞和伊恩两人分别饰演犹大和耶稣，我就开始加强我们的乐队实力了。乔·库克音乐会开多了，要休息一阵儿，因此我逮住了油脂乐队的艾伦·斯班纳和布鲁斯·罗兰德，分别担任贝斯手和鼓手。蒂姆和我抱着期望天上掉馅饼的心态去找了艾瑞克·克莱普顿的经纪人罗伯特·史迪格伍德，想让他的客户来担任主音吉他，可在罗伯特·史迪格伍德位于梅费尔区的宽敞的办公室会见后，我们被礼送出门。于是我们去找了油脂乐队的另一名成员亨利·麦克勒，他之前是保罗·麦卡特尼的羽翼合唱团乐队的第一吉他手。克里斯·莫瑟——我们单曲里的奶酪汉堡乐队的萨克斯手也来报到了，还一起捎来了吉他手尼尔·赫巴德。

可是找键盘手就有点让人头大了。我想找个摇滚和古典两边跨界的，既要弹出摇滚的感觉，有需要时也能按照已有的音乐设定来演奏，也就是说，能读谱。在当时云山雾罩的现场摇滚演出领域，正搞得风生水起的是一支前卫风格的三人组合，叫“夸特马斯”。我已经不记得是谁第一个放了他们那段以电子管风琴为主的演奏录音，不过非常感谢他们介绍我认识了彼得·罗宾逊。彼得满足所有的条件，他不仅是位杰出的摇滚乐手，他具有的音乐知识还涵盖了从“齐柏林飞艇”乐队到勋伯格①在内的所有方面，他还介绍我认识了迈尔斯·戴维斯。这样一来，不仅我的乐队已万事俱备，就连“夸特马斯”乐队的歌手约翰·古斯塔夫森都来出演我们的“奋锐党的西蒙”。我们差不多准备停当，可以去录音棚了。

6月初，一位叫克里斯托弗·亨廷顿的神父全程出资，邀请我们作
126 为嘉宾参加《约瑟夫和神奇彩衣》的美国首演。莱斯 & 洛伊德·韦伯的史诗级作品，在美国的第一场公演，是在纽约皇后区道格拉斯顿的圣母童贞大教堂学院拉开的帷幕，克里斯托弗·亨廷顿神父是那里当家的。我们立刻答应了，我俩谁都没去过美国呢。要是早知我们会住在曼哈顿中心区的哈佛俱乐部，我一定会把自己的齐肩长发收拾一下，就不会在这座常春藤名校的根据地里，被路人翻白眼了。

实际上，我更清楚地记得我看的第一场百老汇演出，而不是这场《约瑟夫和神奇彩衣》，后者演得还不错，可是“猫王”这一段连蒂姆的水平都达不到。我看的那场百老汇演出是斯蒂芬·桑德海姆的《伙伴们》。我早就提议蒂姆也去看，因为我注意到海报上有哈罗德·普林斯的名字。那是个下午场，整个下午的天气和剧场里的空气都闷热得让人窒息。不知怎么的，我觉得我要看的第一场百老汇演出，应该场面够大、够气派，怎么也得有《歌舞厅》那样的舞台呈现水准。不过显然，我看的这部戏颇具开创性，而且跟我期望的彻底相反。我对此毫无准备，而且音乐风格上来说，跟我当时脑子里琢磨的那些毫无共

① 阿诺德·勋伯格（1874—1951），奥地利籍作曲家，“无调性”流派代表人物。

同性可言。蒂姆对歌词很着迷，可我当时是个正热恋着一个 16 岁少女的 22 岁的小伙子，对中年危机根本没什么感受。相比这部戏，我那撒满了玫瑰花瓣的心情，显然更接近同一位创作者的那部《欢乐岁月》的最后一个场景。

回到伦敦，莎拉问我一切进展如何，我告诉了她克里斯托弗·亨廷顿神父和哈佛俱乐部的事情。她跟我说要是早点告诉她是谁邀请我们的就好了，克里斯托弗·亨廷顿神父是她母亲在常春藤联盟的美国亲戚。

跟乐队一起工作的第一天到来了，结果我发现只有我一个人才明白该怎么把音乐整合起来。除了几首按套路编排的歌曲以外，我们录制的大部分曲目，对摇滚乐手来说都会有点怪异，因为看起来都是七零八落、相互孤立的片段。我需要那种通过多次排练完整的作品才会 127
具有的感觉和节奏，所以大部分日子里我都会让他们把计划当天录制的音乐，先一起操练上半小时，然后我会给艾伦·奥德菲点头示意，我们便开始趁乐队还在状态的时候录制这个小片段。《有些什么新鲜事》这首歌就是这样紧跟着圣殿里的放债人的段落被带出来的。乐队花了一点时间，一遍又一遍地演奏这段节奏，才把四七拍掌握自如。也就在那天，我们录到了伊恩那句惊天怒吼：“我的圣殿应是祈祷之地!”

大部分主要曲目的首次演绎效果都让我很满意，除了这首《我不知该如何爱他》。录这首歌真是典型地应验了俗话说的“好运第三次才降临”。我们原指望安娜贝尔·莱文顿来演绎抹大拉。我还在牛津的时候，安娜贝尔在校内可是一个颇有名气的严肃戏剧演员。她作为歌手的名气也不低，还出演了伦敦版的《长发》。当时的确有真实存在的压力，逼着蒂姆和我拿出一首可以发行独立单曲唱片的歌，而且就应该是抹大拉的这首歌。当然，我那时用力过猛，以至于我的编曲完全没有其他几部作品带有的那种自然流露的感觉。安娜贝尔的演唱和乐队的演奏都没什么问题，只是听起来很保守。第二遍试录依然没有改善。

我们开始找人演本丢·彼拉特的同时，抹大拉的事暂且搁置。我急切地想要录制受审这一段。我们力图推出一部歌剧风格的作品，这里就是最雄心勃勃的尝试，所以我觉得看看它是否达到预期，是头等大事。塞弗顿给我们雇来的常务经理唐·诺曼，同时也在代理一个爵士歌手——我记不起名字了——正在切尔西的雉翎阁俱乐部演出。唐推荐他来演我们的彼拉特。蒂姆持保留意见，我至少还独自去看了看他。他的演唱表现还不错，可惜吐字方式略差。我们要找的是一个能唱的演员，而不是一个在引导下也只能大概比画着演一演的歌手。我
128 正打算寒暄几句就走，一位模样非常年轻的夏威夷长发美女扛了把木吉他走上场来。她一开口，我就感受到了一阵颤栗。伊冯·埃利曼的声音诡异、青春、性感而极其独特。我以前所未有的速度找到了一个电话亭，给莱斯打了电话，叫他马上赶来雉翎阁俱乐部。我们找到我们的抹大拉了。

又一个角色搞定了，就剩本丢·彼拉特了。我总忘不了“广播音乐剧”这个概念。唱彼拉特的这个人，听起来一定要和其他角色截然不同。那么巴里·丹依，这位在《歌舞厅》里演俱乐部主持人并给我留下了深刻印象的演员，会愿意考虑加入我们吗？我通过他的经纪人联系上了他，巴里说他愿意见见我，可把我高兴坏了。几杯咖啡下肚，我慢慢了解到巴里来自美国，是个彻头彻尾的音乐剧狂热分子，和芭芭拉·史翠珊一直藕断丝连，而当年也正是他帮助她出道的。我俩当即敲定并立刻开始试唱彼拉特的素材。我一听就知道他那独具一格的音色正是我们需要的，而且，不仅如此，巴里的基本功完全可以应付演唱的实战需要，听听他是怎样表达彼拉特对耶稣发出的最后那句歇斯底里的吼叫“想死我就成全你，走火入魔的蠢材！”的吧。

巴里和伊冯，最终成为这个唱片团队成员里仅有的两位后来登上百老汇舞台和 1972 年的电影大银幕的艺人。蒂姆推荐了他的朋友，近期刚接替保罗·琼斯成为曼弗雷德·曼恩乐队主唱的麦克·德阿波，来演希律王这个出彩的小角色。再拉上些朋友，和美国音乐集团唱片公司很抠门地雇来的几个积极分子来充任其他不起眼的角色，我们的选角工作结束了。

受审这场是第一个录完的。跟往常一样，我们先一段段把乐队演奏录下来，又经过编辑，整合到一起，以便巴里能随着伴奏正常地演唱。听到一个如假包换的演员在如假包换的戏剧场景里的表现，极大地鼓舞了整个团队的士气，而且第一次让大家觉得，我好像是挺明白该怎么从音乐角度来把这些段落凑在一起的。

《我不知该如何爱他》又是另一种情形了。为了让编曲听上去有点意思，我想破了脑袋。其困难程度堪比为了给大猩猩金刚穿比基尼而 129
给他涂蜡除毛。一天晚上，我正好在艾伦·道奇特那里。背景音乐正在播放一张超级无聊的早期教会音乐的密纹唱片，带着一种早期“小型”管风琴那种相当独特的长笛般的气流声。我突然来了灵感，为什么不让彼得·罗宾逊进入巴赫模式，用这个音色来作为主打乐器呢？艾伦，不用多问，自然知道上哪里可以租到这样一个设备。

伊冯配上她的木吉他，听起来已经很棒了，那么配上带气流声的小管风琴，是不是可行呢？此外是不是因为鼓的段落编排太保守，把前两个版本给搞砸了呢？布鲁斯·罗兰德觉得打击乐的确是关键。于是我们预约了下午场的录音，让布鲁斯得以利用午餐时间，把在奥林匹克 2 号录音棚里能找到的所有筒鼓都摆放好。录音棚里忽然闯进了四个壮汉，嚷嚷着要弄死那个决定租这台古老的管风琴的家伙，因为没有人事先告诉他们这台琴是要走楼梯搬上楼的。我把自己的责任撇得一干二净，都推到了艾伦·道奇特头上。尽管布鲁斯在他的手鼓堆里钻来钻去，就像一个喝醉了的宝嘉康蒂①，但伊冯的精彩演唱丝毫不受干扰。《我不知该如何爱他》终于落袋为安。

总而言之，两天后，我可是兴高采烈地登上了去布莱顿的火车的。我收到罗婷女校校长的邀请，去担任他们夏季期末音乐比赛的评委。罗婷女校是英国上流社会最受追捧的寄宿制女校之一，校训是“尊贤育才”。学校坐落于英国南海岸的一座峭壁之上，傲视英吉利海峡。当时传言，在那里的小姑娘们，由于被强制与异性隔离，所以任何年轻小伙子，只要能大摇大摆地通过该校泛着神光的门房，就一定能让她们心动接纳。显然我这一个下午就要身处极乐世界了。

130 而尤其让我称心的是，莱斯对这事儿很火大。他嘟囔说，学校应该邀请《约瑟夫和神奇彩衣》的两位主创人员共同出席。我指出那是场音乐比赛，歌词自然不在考虑之列。那时候从伦敦到南部海岸，有种全部是漂亮的一等车厢的铂尔曼专列可以坐。每张车票都包含了无限量的饮食。既然罗婷女校出钱，我自然特别指定要坐这趟车。我们刚开出维多利亚车站，一杯含羞草汁就递了上来，当我们驶入沐浴在壮观绚丽的遍野阳光下的苏塞克斯丘陵地带时，我的心里充满了身在天堂的感觉。实际上，我当时都不觉得等到了目的地，还能有什么更让我享受的事情了。

貌似那个被派来布莱顿火车站的可爱的女班长，对我万分好奇地看了一会儿，不过我也不想多追究什么，毕竟这个小可怜在苏塞克斯的郊区被关得太久了，所以看到一个引领时代又有教养的22岁男作曲家，总是会心慌意乱的，尤其是我还顶着那样一头长发。而学校大楼

① 十七世纪嫁给了英国探险者的北美印第安酋长女儿。

那可能令人裹足不前的新詹姆斯风格的外立面，也没有对我造成什么困扰。像我这样一个维多利亚风格的铁杆粉丝，才不会被一座杵在俯瞰英吉利海峡的悬崖上的哈利·波特风格的建筑给唬住呢，哪怕其设计初衷就是为了入住者得以在1月份的狂风之夜，磨炼大不列颠特有的刚毅精神。老实说，在休息室喝茶时，朝着我身上的“德博拉和克莱尔”牌花衬衫瞥过来的几眼，也没让我觉得有什么地方不对劲。直到进午餐的时候，一切才水落石出，而且老天作证，这块石头分量不轻。《约瑟夫和神奇彩衣》的出版商是诺维洛，他们也出版我爸爸的作品。所以女校长就以为《约瑟夫和神奇彩衣》是我爸爸创作的。

我不清楚您是否熟悉《正是，吉福斯》这部小说里，古西·芬克-诺特被逼着给斯诺兹伯雷小镇女校的学生颁发奖状的情景。要是您不熟悉，您就必须相信我当时的确预感到生活中的真实事件和虚构的小说情节，即将以一种极其不厚道的方式交织在一起。除了有一次我正要打开一瓶上好的红酒跟未来的岳父母套近乎时，瓶起子却突然坏掉的令人抓狂的经历之外，我还从没这么惊慌失措过。我问能不能让我给我爸打个电话。还好我爸正在伦敦音乐学院喝他的餐前酒，当我把 131
即将开始的比赛分类念给他听的时候，他立刻意识到我的麻烦着实不小了。我特别担心的是我对木管乐器一无所知。

“遇到吹单簧管的就提醒她们注意唇法，嘴唇、舌头和牙齿的位置。”他给我建议道，“遇到吹长笛的就提滚舌音技法。要是拿不准的话，就把一等奖发给年纪最小的。”

我对爸爸的回忆总是充满爱戴，我希望这本书也体现了这一点。可要是您发现自己在给几百个十几岁的小姑娘的音乐比赛打分，记住我的忠告，别提什么唇法和嘴唇、舌头、牙齿的位置，永远也不要暗示什么滚舌音技法。这么说吧，到如今我还会偶遇一些不认识的女人，带着嘲讽的微笑，跟我讲她们二十世纪六十年代末期在罗婷女校度过的那段开心时光。

《耶稣基督万世巨星》专辑最后录制的几段里，有一首是《希律王之歌》。对“为什么要有首搞笑歌曲”这一疑问的简单回答，就是“觉得应该有一首啊”。我浑身的直觉都告诉我，在经历了《客西马尼》这首耶稣的五分钟长的完全高强度状态的音乐后，而且还是在包括犹大之死、耶稣受审和令人哀痛的上十字架的最后一段场景之前，我们非常需要有段东西，来把音乐的情绪减弱放缓。一首在风格上完全不一样的歌曲，正是这张唱片必不可缺的一部分。听众们可以自己想象他们心目中的希律王，以及他那五彩斑斓的宫殿的景象。伊恩·吉兰那首超凡脱俗的《客西马尼》也是最后一批录完的，还有莫瑞那首刻画深入的犹大之死的演绎。录制那首歌的那晚，以及在录完后他是如何筋疲力尽的景象，我至今还历历在目。这留在我脑海里的精彩记忆，都是在小岛唱片公司录音棚里发生的。我们在奥林匹克 2 号录音棚预定的时间都用完了，而只有小岛唱片公司的录音棚里有同样规格参数的录音台，所以我们就只能挪去了那儿。

132 排在最后的是管弦乐队和合唱团，都已经在奥利匹克录音棚配到原带上了。混音的过程极其缓慢，电脑存储在当时还只是个未来幻想，所以艾伦·奥德菲不得不记住一大堆复杂的平衡调节操作，比如序曲这一段就是一个典型案例，短短两分钟里就有合成器、重摇滚乐队、室内乐段落、全乐队段落以及古典合唱团各个成分。有时候我们更愿意保留一段不那么完美的混音，就是因为音效听起来还挺不错的。在序曲里，《万世巨星》的主题旋律以大型管弦乐形式出现前两个小节的地方，要是您听得够仔细，就能听到艾伦·道奇特数着“一、二、三、四”进拍子的声音。我们忘记把他的音轨给关掉了。

有一段素材被砍掉了。马太在他的福音书中非常简洁地总结了这段情节："他看见路边有一棵无花果树，就上前去，可是树上除了叶子，什么也找不到。于是他对那棵树说：'你永远不会再结果子了！'那棵无花果树立刻就枯萎了。"蒂姆把耶稣的诅咒改写出自己的一版，用了对偶句："我咒你枝叶枯黄/被人们砍个精光。"结果这一段跟这棵无花果树一样，得了同一个下场。

布莱恩·布罗利在伦敦中心区的艾德维申录音棚，给美国音乐集团唱片英国公司/环球公司的大佬们，安排了一场试听会。有十个左右西装革履的高管出席了，其中几位苦着脸问这张专辑有多长，播放过程中可不可以休息一下，好让大家上厕所（正好刚过午餐时间）。大卫·兰德把他的朋友西里尔·西蒙斯，也就是我们的发行商兼美国音乐集团唱片公司（利兹）的老板给拖了过来，不停唠叨着这部作品会在大理石拱门犹太会堂里被如何评判，这段话我们当时都能背出来了。播放结束后，大家许久不作声。还是西里尔打破了沉默。他先看看大卫·兰德，然后转向那些大佬们，低沉着声音说道："露比·莫瑞可没法唱这些歌了。"*

这是给《耶稣基督万世巨星》这张专辑定下的第一个罪名。 133

不过，布莱恩自己却洋洋得意。麦克·林德也是热情洋溢，就是他提议我们在"耶稣基督"这个名字后，再加上"万世巨星"的。大家均表赞同，怎么居然没想到呢。很快，我们就知道这家美国唱片公司就算没兴奋到了九重天，至少也已经到了八重半了。我们的双唱片专辑定于 10 月 16 日在英国发行，一周后就在美国发行了。现在是 7 月初，到了该去薇姨那里的时候了，可这次有所不同：她的外甥不止对音乐剧痴迷，更为了心中之爱而痴狂。

---

* 露比·莫瑞是爱尔兰情歌手，二十世纪五十年代在英国很红，他的热门歌曲最后上英国排行榜是在 1959 年——恍如隔世了。

录制工作快结束的最后几周，我亲爱的莎拉被分配到法国一户人家那里从事假日工作，结果被派到了西南地区深处的小镇阿尔比。我非常想她，同时也略微有点羡慕，因为我一直都想去看看阿尔比那座用粉色砖砌的大教堂，可惜一直没能如愿。尽管她父母有点不太放心，我们还是计划她在结束工作后去拉莫托拉村和我会面。我猜他们大概权衡之下觉得，如果不答应的话，她会整日悲伤忧郁地在家中徘徊，足以让奥菲莉亚相形之下，倒更像是让人笑痛肚子的喜剧表演了。这就给一向无拘无束的薇姨出了一道微妙的小难题：莎拉当时只有十七岁，而且他们只有一间客卧。

解决办法其实很简单：我被赶出了房子。尼姆一家不在，我就被赶去隔壁他们那套别墅里的女佣房间里住了。这位女佣，如果真有其人的话，她的血必定难以下咽，否则她不可能在那样厉害的蚊子大军进攻中存活下来。乔治大夫看到我被咬成那样，还以为我发水痘了。很快我就得以住回自己原来的那间卧室，除了浑身奇痒之外，一切欢愉依旧。莎拉和我相处得很好，完全陷入初恋的深深爱河之中，沉浸在这位于海边的“海角”餐厅的月光晚餐，和在薇姨的钢琴上写就的
134 恋歌里。唯一的缺憾是我带来打算给薇姨听的《耶稣基督万世巨星》的测试唱片，在到尼斯的飞机上，被我行李箱里漏出来的须后水给严重泡坏了。唯一还能放得出来的一段就是《希律王之歌》，结果接下来好几个月里，薇姨都在努力对着一部讲述耶稣故事，却彻底用英国综艺秀音乐风格创作的歌剧培养感情。

这番田园美梦被莎拉母亲突如其来的一封电报打破了，电报上叫她即刻回家。她姐姐奥丽维亚在纽约遭遇恶性抢劫事件，已搭飞机回到了英国。莎拉的母亲想要她回家陪她。莎拉一点都不知道自己回家究竟能有什么用。那时正是暑期最热闹的一个周末，不仅所有航班爆满，意大利和法国昔日边境上的车龙也长到吓人。可是去尼斯机场只

能开车，而司机就只有上了年纪的乔治。莎拉借机多留了两天，不过回到家时自然因为没能凭空变出一张飞机票而被教训了一顿。奥丽维亚其实一切都还好，只是头上被重重地敲了一下。她需要的是绝对静养，而不是一个一旁打搅她的小妹妹。我又继续逗留了一星期，却总觉得怅然若失、郁郁寡欢，甚至写起了失恋的挽歌。

我一回到国内，就收到紧急通知，让我打电话给大卫·兰德。西里尔·西蒙斯刚发现我在《万世巨星》歌曲发行的合同里写上了“大权利除外”。大卫想知道我是什么意思。我复述了鲍勃·金斯顿跟我说的话，就是说那是指制作戏剧和电影版本的权利，保留这部分权利至关重要。我的感觉是，大卫很怀疑一张没有一首歌可以让露比·莫瑞唱的专辑，能在舞台或者银幕上引起多大反响？不过他说他会跟我一块儿去，一起跟西里尔讨价还价。于是在公园巷走到底的利兹音乐总裁办公室安排了一次会谈。会谈前一夜我没怎么睡着。出了双唱片专辑之后，《耶稣基督万世巨星》的未来命运就全在这场会面的结果上 135
了。大卫是否真的明白这有多么重要？

大权利会谈进展大致如下。我为那些俏皮话万分抱歉，就算在1970年，这些俏皮话也有点过时了。

兰德：早啊，西里尔。

西蒙斯：早，兰德。速战速决。我中午前得拿出几首可以给露比录专辑的歌来。

兰德：这小伙子想要大权利呢。你知道我们是怎么看出来耶稣是个犹太人的吗？

西蒙斯：你说我们是怎么看出来耶稣是犹太人的，兰德？

兰德：他都30岁了还跟爹妈一起住，给他爹打工，他妈把他当上帝。这是部歌剧啊，西里尔，我要求把乐谱也捆绑销售。

西蒙斯：我倒是想把你也捆绑销售呢，兰德。这些大权利是什么玩意儿？

兰德：我不知道啊，西里尔。你是发行商，你应该明白这是什么。

西蒙斯：我要给露比找到十首歌录唱片，可你瞧瞧，这小伙子的歌一首都不行。

兰德：那就把大权利给他吧，西里尔。

西蒙斯：我都不知道这是什么玩意儿叫我怎么给呢？

兰德：可以问这小伙子啊。

西蒙斯：你问他。你是他们的经纪人。

兰德：你问吧。

西蒙斯：什么是大权利？简单明了地说。

我：呃……就是说要是你们到戏剧……

西蒙斯：听过那个犹太人老妈跟校园话剧的笑话吗？

兰德：听过，西里尔，可你还是会说给我听的。

西蒙斯：小男生告诉妈妈说他被安排演犹太人老公了，他妈妈说，小心肝，你去告诉你们老师说想换个有台词的角色。我最后一次问你，兰德，这些权利是什么玩意儿？

136 兰德：都跟你说我不知道了，它们跟演出有关，这小伙子要这些权利，就这样……

西蒙斯：（打断道）我说，兰德，谁会愿意听一场音乐闹哄哄的戏，还心甘情愿掏钱包，除非他们像那部闹哄哄的美国嬉皮士秀那样把衣服都脱了……

兰德：（打断道）这不是一部吵吵闹闹的嬉皮士秀，这是一部吵吵闹闹的讲耶稣的秀，而且这小伙子想要……

西蒙斯：（打断道）我知道这小伙子想要什么，可是你不知道这小伙子想要什么，所以要是你没法跟我说清楚他要的是什么，我怎么知道这小伙子要的到底是什么，所以……

兰德：（打断道）要是他这么想要，为什么不就给他想要的？这样我们就可以……

西蒙斯：（火气上来了）好啦，这小伙子可以保留这些权利，不过得关照他要创作一些柔和的曲子才能让露比来……［等等］

我就这样拿回了《耶稣基督万世巨星》全部的戏剧和电影版的权利。直到今天我都纳闷大卫·兰德是真的一点都不知道这是什么，还是彻底装傻而已。我感觉是后者。

12 《耶稣基督万世巨星》遭遇罗伯特·史迪格伍德机构

137 我是在专辑发行前三天，才第一次得知塞弗顿·迈尔斯身患重病的。消息传来颇令人震惊，可现在回头看看，显然早就有些不太对劲的表现了。我一直要求跟他会面，好跟他解释一下鲍勃·金斯顿告诉我的那些戏剧和音乐在发行上的讲究，可是会面一直被取消。有一天下午，我在他办公室里干坐着等他出现，看到他桌上有封尚未签名的信。抬头便是“安德鲁·洛伊德·韦伯/蒂姆·莱斯/新历程戏剧管理有限公司（他那家投资公司的名字）”，是写给他的银行经理的回信，说如果《耶稣基督万世巨星》不成功，他会终止我们的合同，跟蒂姆和我清账。我当时琢磨着要不要告诉蒂姆，后来决定还是不说了。所以实际上一切希望都在这套专辑上，可第一波迹象并不怎么鼓舞人心。

布莱恩·布罗利在专辑唱片套上下足了工夫。他定做了一种唱片套，打开就是一颗星星，还能看到一大堆小朋友们画的难看得要死的耶稣。可惜星星的边是用硬纸板薄片做的，很容易割破手指。也许真的有人觉得一套叫《耶稣基督万世巨星》的唱片上带点血迹这种营销策略稍微过了头吧，这种唱片套很快就被撤下来，改用传统的那类了。在发行前，我们自己先寄了一套给德瑞克·朱韦尔，那位写《约瑟夫和神奇彩衣》评论文章，为我们打开了事业发展大门的《星期天泰晤士报》的乐评人。不知道是不是他的手指也被划破了，反正到了接下

来那个星期天，他声称《耶稣基督万世巨星》的日子不会好过，因为
它会激怒那些不满意用摇滚风格演绎耶稣的人，还有那些觉得这个题 138
材一点都不酷的摇滚歌迷，而被“两面围攻”。

实际上，它遭遇的是极度的英国式冷漠，甚至可以说是傲慢。的确出现过一些不错的评论，可没有什么大咖出声，以至于我都怀疑还没有一个摇滚乐大评论家，把整张专辑认真听完了。我还没来得及为这事儿烦心，就接到通知说要飞去美国待两周。美国音乐集团唱片公司已决定在纽约、洛杉矶和多伦多召开发布会。场地都是些“低调”的教堂，所以我便悲观地认为美国的反响也一样“低调”。大卫·兰德说至少美国公司在走这么个过场，我们也该堆起笑脸以最佳状态亮相。两张环球航空的头等舱机票被寄到了办公室，可我们改乘了印度航空，因为我觉得他们的机上餐饮可能更好玩儿。我边吃印式洋葱炸菜饼，边盘算着新历程戏剧管理有限公司有多大可能会在圣诞节前把我们炒了。

加长版豪华轿车的尺寸，暗示美国音乐集团唱片公司可能已经嗅到什么气息。两位唱片公司的高管以及一位活泼的宣传专员巴里·凯特森来接我们。正是在这部加长怪兽的后座上，我们首次看到了美国版专辑的包装：一个普通的棕色唱片盒子，上面装饰着一个简单镶嵌在内的徽标，是一对相互对视的金色天使，组成一个类似手镯的图案。里面有一本很精致的长方形小册子，列出了演员名单和歌词。我有点不太开心。这跟英国老家那版割手指头的设计完全没有共同点可言嘛。我其实完全没意识到，那两个天使会成就音乐剧史上的第一个最负盛名的商标。紧接着我们就被引入了德瑞克酒店的套房，这座酒店现在已经被拆了。可能当时在曼哈顿它已经是明日黄花，可我的确还没住过这样的酒店。

那两位唱片公司高管，原来分别是迪克·布罗德里克，美国音乐集团唱片公司纽约分公司的老大，和一位专门派来照顾我们的名叫埃
139 利斯·纳索尔的家伙，他曾为《纽约时报》写房地产专栏，所以跟他们那位令人畏惧的剧评栏目作家，名叫克莱夫·巴恩斯的英国佬算是有那么一丝交情吧。布罗德里克先生后来利用《耶稣基督万世巨星》这个传奇捞到了点好处——出了本书，书中声称我是个酒鬼。这真的不能怪他。我们一到酒店就被告知想吃什么就叫客房送餐服务好了。我的眼珠子就立马跟德瑞克酒店的酒单对上了。您说说看，一个年轻小伙子，如果看到客房酒单上列着的，都是他所见过的最好的1945年份的勃艮第红酒，而且还是别人买单，他该怎么做？可结果是大部分的酒都难以下咽，因为德瑞克酒店没有把这些酒好好窖藏，于是它们的命运归宿就是进了下水道。可布罗德里克先生的公司支付账单的时候，是看不到这一点的。

那位宣传专员巴里·凯特森说他第二天一早会给我们做简报，不过这当口儿我们也应该先读一读一个装满了媒体早期评论的文件夹。这些评论令人震惊。《时代》杂志对音乐部分的极度褒奖完全让我目瞪口呆。我立刻给莎拉打了电话，她母亲还挺不乐意的，因为我忘了英国老家正是凌晨一点。

接下来的几天过得迷迷糊糊。纽约举办现场播放的教堂也许是比较低调的地方，可之后的问答环节表明了这一群评论家和专题写手绝不是些二流角色。我被吓懵了，于是基本上是蒂姆在讲话。蒂姆的最新一任女友，一个温文尔雅，名叫萨拉·本尼特-莱维的女士飞到纽约陪他，触景生情的我只得开始宅在酒店房间里，给莎拉写哀怨情书。接着我们还把就剧本方面提出的问题所作的回答，录了张密纹唱片，这样全美国的音乐电台主持人就可以假装采访我们了，提出诸如“你们觉得耶稣基督就是大家说的那种样子吗？”和“要是耶稣在如今这个

年代再临，他会在自己头发上戴上花朵吗?”这类他们自己编出来的问题。

有一天晚上我收到留言，要我打电话给“托尼”。结果发现是莎拉的父亲正好在纽约，办他自己那些说不清、道不明的事情。不用再给那对小情人当电灯泡可真是让我大大松了口气。我们在酒店餐厅享用
了一顿极其老派风格的晚餐，讨论了纽约的餐馆是怎么把大虾弄得跟 140
橡皮似的，以及雅兴大发的托尼打算把自己“二战”时在葡萄牙的谍报工作经历写成小说这些事儿。结账时我大大方方地签了单，借机讨好未来老丈人总是应该的，反正有美国音乐集团唱片公司买单。

接着我们又跑到洛杉矶重复了一遍这些操作。我一到那儿就爱上了这个花花世界。游人如织的街边餐馆和开满三角花的树，让我想起薇姨和我钟爱的拉莫托拉村。我们在藤街上一座现代风格的多功能教会礼堂里，又搞了一次整张专辑的试听，还接受了《滚石》杂志一位乐评人的独家专访，那个人戴着一副约翰·列侬款老奶奶花镜的夸张版，活像一个中央经纪公司派来的特型演员。一位名叫米莫莎的美艳的女游泳教练盯上了我，说她可以教会我在水底下唱《蝴蝶飞过》①。我叫她证明给我看。结果她着实让“轻轻掠过你身旁，让你心中涟漪荡漾”这句歌词有了新的含义。让身边没有女朋友纠缠的蒂姆开心的是，我们在一栋面朝太平洋的房子里，见到了穿着超短裙、交叉着腿的琳达·朗斯戴特，只是劝说她录制《我不知该如何爱他》这首歌的努力流于徒劳。接下来我们被拉去了多伦多，我们的专辑在那里正当红。美国音乐集团唱片公司最终抛弃了那款漂亮的歌剧唱片盒，代之以毫无新意的对折式唱片套，因为唱片盒的产量实在是跟不上。

在我们回到纽约时，反对意见开始出现了。《纽约》杂志宣称这套

---

①　一首 1966 年的美国流行金曲。

专辑利用了《天空中的精灵》这首歌和“耶稣运动”[1]创造的时代热点来进行市场炒作，实属见利忘义。鉴于在英国都没有像杂志上描述的把这两者联系起来，这篇评论显然相当不公平。当时这么评论的只此一家，却成了将要发生的大事的预兆。

回到英国老家，我们却被重重拽回了现实世界。在内部圈子之外广泛流传的说法是《耶稣基督万世巨星》都快要进古董店了。不过我心里有更要紧的事情要操心，就是莎拉。我们都特别思念对方。尽管
141 和她父亲在纽约共进晚餐后，她父母觉得她的这个滑稽的男友有那么点隐隐约约可见的前途了，他们依然急切地提醒我她还是个女学生。因此他们规定了严格的回家时间，晚上十一点半之前她必须到家，不过她每天早上到学校报到后，就偷偷溜到我的公寓来，算是把这个规定给抵消了一些。11 月底，当他们郑重提出请我去他们的郊外居所过圣诞的时候，我激动万分。

哈林顿大楼里的情况就不怎么好看了。莫莉外婆的健康状况迅速恶化。她的关节炎变得非常严重，可白天大部分时间我爸妈去上班时又没人能照顾她。我给薇姨和乔治打了电话。他们听到我的《耶稣基督万世巨星》的消息很高兴，可我建议送莫莉外婆去看护院时他们显露出令人惊讶的冷漠。我去找我们的家庭医生帮忙。还没等到他来看她，美国音乐集团唱片公司就急着要我们回纽约。外婆坚决不要我留下来操持这件事，我妈妈也坚持表示她会尽力安排。于是和莎拉进行了两个小时泪水涟涟的道别后，我赶回了希思罗机场。

就是在那个时候，大卫·兰德告诉我们，塞弗顿·迈尔斯已到了癌症晚期。他说《耶稣基督万世巨星》的一炮而红意味着新历程戏剧

① 一场二十世纪六十至七十年代在美国西海岸发生的嬉皮士基督教运动。

管理有限公司有了真正的价值，所以迈尔斯家得卖了公司以确认遗产税。这可给我了当头一棒。我一直期盼着如果我们成功了，可以把经纪合同作废，跟塞弗顿做业务合伙人。他和我谈得一直很投机，正如我非常喜欢大卫·兰德这人一样，我也看得到和塞弗顿合作的未来可能性。正当蒂姆和我需要在他的带领下，来穿越一夜成名的雷区时，我们失去了这位引路人。

这片雷区，是以一间酒店套间的形式现身的，套间里简直就像是女王陛下驾临前夜的切尔西花展一样。插在大束剑兰上的，是来自戏剧制作人们的"若得一见，将荣幸之至"的贺卡，和在海伦·海耶斯剧院举行的《花粉热》首演请帖，还巧妙地配上了花香浓郁的百合花，怒放的花蕊蹭得我有两根手指黄了两个星期。然而最让人热泪盈眶的 142
是罗伯特·史迪格伍德派来接我们的豪华轿车，车子的长度看起来就像是在汽车牢房里上过肢刑架[①]一样。大卫·兰德已经特地关照过，要是这位澳大利亚籍流行音乐大腕召见我们的话，我们必须正襟危坐，而且做好谈话笔记。就这样，在11月初某个工作日的晚上，我们跟那位曾拒绝让艾瑞克·克莱普顿与我们合作的人见了面。那晚我们并不知道，在之后几年里，他将会成为影响我们人生的关键人物。

罗伯特·史迪格伍德在东78街租了一栋巨大的排屋，你绝对想不到这样的房子也是可以出租的。罗伯特还从英格兰"进口"了一个管家（几年后听说他裹挟了所有的银器潜逃了），一直大宴宾客，搞得貌似没有他，整个曼哈顿的社交圈就会荡然无存了一样。唐·倍里侬香槟酒如河水般流淌泛滥，尽管他自己只喝无计其数的朗姆酒和可口可乐，而且貌似喝了一点都没事。我说要喝白葡萄酒，结果当然送来了罗曼尼·康帝酒庄出的蒙哈榭。不过让蒂姆产生好感的是罗伯特此地

① 欧洲古代刑具，通过强力拉扯犯人四肢来折磨犯人。

的住客，不是别人，正是彼得·布朗，富有传奇色彩的第五位披头士乐队成员。这还是蒂姆后来在豪华轿车里告诉我的，因为我那个时候根本不知道他是何方神圣。彼得是披头士乐队的亲密好友，跟他们的经纪人布莱恩·爱泼斯坦的友谊更亲密，早在利物浦时代就开始了。

若干年后我才了解到了他是怎么加入罗伯特·史迪格伍德的天地的。罗伯特是个闯进英国演艺行业的澳大利亚人，1960 年开始担任约翰·莱顿的经纪人。他在很多方面都引领潮流。他通过伦敦的同性恋圈子结识了百代唱片的总裁约瑟夫·洛克伍德爵士，施展魅力使他同意以前所未有的租用原声母带的方式发行了约翰·莱顿的单曲。也就是说，罗伯特录制原声母带，然后租给百代唱片一段时间，之后他们再归还给他。唱片行业从未有过这种做法，一向都是唱片公司录制并
143 拥有所有资料。可惜罗伯特不久就因为制作打包成套的流行音乐会而破产了。他之后又破产过两次。最后一次破产，是为了捧一个来自考文垂的年轻送奶工，名字叫西蒙·斯科特。他给全英国每一个重要的音乐节目主持人，突击发了一批他的这位娃娃脸新宠的真人尺寸半身像，来推他的单曲《一起舞动，宝贝》上榜。遗憾的是这首歌就是推不起来。结果罗伯特只能寄居在泰伦斯·斯坦普的那位以英俊闻名天下的弟弟，也是“谁人”乐队和吉米·亨德里克斯的经纪人克里斯名下的一间公寓里。

有一天晚上彼得·布朗去克里斯家做客。布莱恩·爱泼斯坦正好顺路搭车过来，立刻对罗伯特有了好感。之后没多久，爱泼斯坦就请这位金发澳大利亚人加入了北区音乐小店集团的业务管理部门，他用这家公司来经营披头士乐队以及其他利物浦地区的大型乐队。罗伯特很快就在北区音乐小店集团签下艾瑞克·克莱普顿以及“奶油”乐队这些项目里发挥了关键作用。罗伯特和一个名叫大卫·肖的金融城神童很亲密，他可是臭名昭著的“虚抛债券”避税计划的先行者之一，

结果三年后，我编造出一支虚构的乐队，名字就叫“大卫和债券虚抛人”，还被他记恨了。

某个周末，布莱恩、罗伯特和大卫这三位一体组突然一起偷偷去了趟巴黎。布莱恩回来就说要把他和罗伯特的业务合并了，由大卫·肖操作新公司上市，这把披头士和北区音乐小店集团的所有人都吓坏了。后续反响之大以至于这事儿也没办成。可自那以后，披头士和爱泼斯坦原先打理的艺人们，对罗伯特的不满成倍增长。于是当布莱恩于 1967 年 8 月去世，罗伯特显而易见要接掌这一帝国时，披头士和希拉·布莱克都坚决不答应。罗伯特就此从北区音乐小店集团出走，带走了自己的主要艺人如克莱普顿和“奶油”乐队，以及新签的三兄弟乐队：巴里、莫瑞斯和罗宾·吉博，他们自称为“比吉斯”。罗伯特把披头士对他的抵制都怪在了彼得·布朗的头上，可其实彼得也无能为力。

披头士四位明星对罗伯特·史迪格伍德的不信任，并未因他成功 144
推出了吉博兄弟组合①而有所改善，后者又碰巧在披头士阵营有些内部风波发生的当口，写出了几首好歌。有人甚至传言说吉博兄弟当年是抽签来决定到底是跟罗伯特还是布莱恩签合同，来加入北区音乐小店集团旗下的。传谣污蔑者很快就傻眼了。很短的时间内，罗伯特便带领“比吉斯”在国际范围大获成功。更进一步的是，罗伯特就此拥有了自己的一班当红艺人。于是他赌了一把大的。这个彻头彻尾的投机分子，把没能和布莱恩·爱泼斯坦完成的计划，继续和大卫·肖合作下去了。他想把罗伯特·史迪格伍德机构在伦敦证券交易所上市。肖是个精明人，他把几家别的媒体公司捆绑在罗伯特·史迪格伍德机构名下，这样在金融城这里，它就是一家有多样化经营的合格组织了。

---

① 指“比吉斯”三人兄弟乐队。

罗伯特·史迪格伍德机构（简称RSO）于1969年在伦敦证券交易所首次上市，成就了史上最悲催的上市发行案例之一，不过这下子罗伯特手里好歹有了有价股票。

正是这些股份对身陷重病晚期的塞弗顿·迈尔斯身边的团队产生了巨大的吸引力。以至于罗伯特只需要向塞弗顿·迈尔斯和大卫·兰德支付罗伯特·史迪格伍德机构的股份，就可以收购这家享有蒂姆和我的收入的25%的公司。更进一步的是，通过收购我们的经纪合同，罗伯特·史迪格伍德便有权将我们的作品纳入他名下的制作公司了。在塞弗顿公司的顾问看来，他们现在拥有了股份就可以确定遗产税额了，而且这股价还被人为做低了。所以不用说，我们还被蒙在鼓里便换了个新的经纪人，以及一个制作人。新历程戏剧管理有限公司就这样被卖给了罗伯特·史迪格伍德机构。

罗伯特向来很精明。我们还没来得及找第三方请教，他就先给了
145 我们每人15 000英镑（相当于今天的238 500英镑）的现金预付款。我们这辈子都没见过那么多钱，自然随着钱进了银行账户就默认了这场收购。大卫·兰德通过他在沃多街的办公室运营的一家名为“万世巨星资产”的新公司，得以继续担任我们的日常经纪人，这样可以貌似独立于坐落在梅费尔的罗伯特·史迪格伍德机构的总部。可事实是，我们在唱片发布后没几个星期，就被一家以演艺界头号赌棍命名的上市公司给吞并了。

等我回到伦敦时，一些不好的迹象开始出现了。在我的公寓里有一封电报等着我。这封电报之前被送到我爸妈的住址了，可他们没意识到它有多重要。内容如下：

> 我是《西区故事》《屋顶上的小提琴手》以及《歌舞厅》的制作人，希望获得授权制作和导演《耶稣基督万世巨星》。请尽快与

我联络。哈罗德·普林斯。

一点不夸张地，我把头埋到了双手之中，和罗伯特·史迪格伍德的交易已经板上钉钉。而且，当我问大卫·兰德是否还来得及把这位百老汇顶级制作人和导演加入协议时，他根本就不知道哈罗德是何方神圣。我至今依然忍不住会想，要是我早点收到那封电报，然后哈罗德·普林斯执导了《耶稣基督万世巨星》，那我的职业生涯又会是如何一番景象。

有些日期、电话号码，以及某些类似的信息会铭刻在脑海里，而其他的就如过眼云烟，是不是件很奇怪的事情？不管有多久没有一起共事了，我都能即刻记起唐·布莱克家的电话号码，可如果问我自己私人办公室的电话号码，我就只能干瞪眼了。剧目首演也是一样。我能记得《猫》的伦敦首演日期，可不记得《剧院魅影》的了。我能记得《剧院魅影》的纽约首演日期，可《猫》的同样的信息对我来说，就像得了早期阿尔兹海默症一样。1970 年我只记得两个日子。1 月 21 日，我认识莎拉那天，和 11 月 22 日。那天是我第一次跟彼得·布朗 146
正式见面。他当时早就不是第五位披头士成员了。他是罗伯特·史迪格伍德机构美国区总裁。

蒂姆和我一起从洛杉矶飞回英国，这次还有大卫·兰德同行。我们仨和罗伯特在洛杉矶这座造梦工厂讨论了可能拍摄的《耶稣基督万世巨星》电影版。诺曼·杰威森，《月黑风高杀人夜》和《龙凤斗智》的导演，来找美国音乐集团唱片公司/环球公司，说想要拍摄一部电影，于是我们一起见了环球影视的头，纳德·塔恩，他刚刚得到法务部门的通知，说他无法自动获得任何电影版的授权。这都要归功于几周前西里尔·西蒙斯和大卫开的那次会。不过这倒没有阻碍他认定这部电影非得由环球影视公司来拍摄。

我挺喜欢纳德的。他和诺曼同意只要拍电影版，就一定会根据唱片来制作，不会添加对话篡改它。更进一步的是，诺曼·杰威森正在执导《屋顶上的小提琴手》。他之所以获得业界认可，不仅是因为他能把一部音乐剧从舞台搬上大银幕，更是因为那是一个犹太人的题材。看来他就是完美的人选，而会谈也保持了好莱坞会谈一贯拥有的积极乐观的局面。通常99%的情况，是在散会时，你满耳朵都是别人称赞你是如何地天降奇才，然后就再也见不到在场的任何一位了，不过这次会谈是个例外。

大卫、蒂姆和我搭乘星期天一早的飞机从洛杉矶机场起飞，傍晚时分降落在肯尼迪机场，罗伯特·史迪格伍德新任命的美国分区老板来迎接我们。彼得无可挑剔的待人接物是深深刻在他基因里的，所以不亲自到机场迎接罗伯特·史迪格伍德机构派来的天才小子们在他看来是不可想象的，哪怕这意味着要占用掉整个星期天晚上。彼得风度翩翩、笑容可掬，很自然地说要请我们吃晚饭，不过当蒂姆和大卫说他们累坏了，要直接去酒店的时候，他也没能掩饰住地松了一口气。可是，我，生物钟还顽固地遵守着太平洋时间①。我坚持让自己避开了
147 美国航空上那糟糕的餐饮，所以特别想去找个有腔调的好酒馆。当我兴致盎然地说我肯定是要去吃晚饭的时候，彼得的脸明显地拉长了两厘米。

过了四个钟头，喝到第三瓶酒时，彼得告诉我，让他窝心的是，纽约有档次的餐馆星期天晚上都不营业，半个世纪后的今天又有谁会相信这个说法。我都不记得去的是哪家餐厅了，反正彼得也不记得了。可正是那一夜，我遇到了我最长久、最忠实和最亲密的朋友。彼得和

① 美国全国分不同时区，洛杉矶地区是“太平洋时间”，比大西洋沿岸的纽约晚三个小时。

我如此惺惺相惜，以至于到了星期一的凌晨2点我们还在聊着。我了解到他父母来自威洛尔，就在梅西河比较漂亮的那一侧，跟利物浦隔河对望。他在布莱恩·爱泼斯坦的家族唱片店工作过，所以一开始就认识披头士和希拉·布莱克。尽管如此，他没有丝毫利物浦口音，不过毕竟爱泼斯坦说起话来，也跟女王一样优雅。

彼得是爱泼斯坦最亲密的知己好友，所以爱泼斯坦的英年早逝让他深受打击，哪怕他心中早有准备。我们之前生活的世界完全不同，并无共同的朋友，可我们都在对方身上看到了一种用语言，或者说的深一些，用音乐描述的东西。接下来的岁月里我们都经历了剧烈的起伏动荡，可我们的友谊从未被撼动。数年后，希拉·布莱克和我狠狠地捉弄了一下彼得。他当时已是纽约出版发行领域叱咤风云的老前辈了，其客户从南希·里根，再通过英国广播公司延伸到了卡塔尔政府，他的口音也逐步成长到切换自如。希拉和我捏造了个英国广播公司的广播节目叫《他们曾这样讲话》，跟彼得说制作人们拿到了一些他二十世纪五十年代后期的录音带，把他排在玛格丽特·撒切尔之后，作为第二期话题推出。这下他可如坐针毡了，立刻打电话给英国广播公司总监央求他毙掉这档节目。希拉还私下告诉我，当年他在店里整理唱片的时候，由于对香肠的嗜好而得到个外号叫“佩奇·班戈尔”①。

回到英国，我向莎拉求了婚，这真是个傻里傻气的过场。我们其 148
实早就想好等她一成年就完婚了。我手头有足够的现金可以买一辆小巧的宝马2002，便把我的老“迷你”汽车送给了莎拉，作为非正式的订婚礼物，她马上就开着它在伯爵宫路追尾了一辆大卡车。更严重的是外婆的状况。显然把她留在哈林顿大楼照顾会很麻烦，可我爸妈依

① 意指小猪香肠。

然想将她留在家里。他们说他们会留心照顾她的，只是可怜的外婆几乎都下不了床了。比较麻烦的是，虽然他们什么都没说，可我能感觉到他们不满我多管闲事。

我决定亲自去跟薇姨和乔治谈这个事情。不靠谱的意大利邮政系统给我提供了一个借口，可以带上一箱子他们想要作为圣诞礼物的《耶稣基督万世巨星》唱片，直接飞去了拉莫托拉。结果他们对外婆的事情表现得更加冷淡。薇姨前所未有地反常，她全神贯注于一道自编的名叫“波维尔比目鱼”的俄罗斯菜谱，可实际上她更像是以此来转移话题。他们亲切地问起莎拉，在听到我说只要她一到法定年龄我们就结婚时，眉毛貌似也就抬高了一两厘米而已。

12 月中旬，大卫、蒂姆和我去罗伯特位于史丹摩的一处寓所开了一场大型会议。十八世纪时，这个村子引以为豪的是拥有钱多斯公爵的那幢郊外别墅。现在那里已被纳入伦敦西北郊区了。罗伯特的宅子是座挺有意思的十六世纪露明木架的大房子，据他说就是从伍斯特郡原封不动运过来的。这座房子周围有一片宽广而错落有致的花园，里面摆满了表明这位摇滚大亨身价的设施——一座游泳池、一座网球场以及一辆恶作剧般地装饰成“摇滚恶人堂”的吉卜赛大篷车。看得我完全目瞪口呆。实际上在罗伯特·史迪格伍德这一处住所里开的那些早期会议，都让我觉得挺尴尬的。蒂姆沉醉于这个新的环境，大卫·兰德则一瓶接一瓶地灌着那些俊美的男仆们奉上的昂贵名酒，喝醉了就充当宫廷小丑的角色。这简直像从《甜蜜的生活》[①] 里截取的一个场
149 景，而现实似乎已是九霄云外的事了，这让我产生了很严重的忧虑。罗伯特宣布他将《耶稣基督万世巨星》的百老汇版制作安排在了第二年秋天。

① 意大利著名电影导演费里尼的一部描述当时罗马纸醉金迷的生活的作品。

蒂姆和大卫很快就开始着手准备署名的安排了。蒂姆担心因为他的名字比我的短，在海报上占的地方也会比我少。大卫的解决方案很简单。我俩的名字被分开印在同样尺寸的文本框里——“就像伦敦帕拉迪厄姆剧院举行的才艺秀那样，西里尔·奥纳多管弦乐队都挤成了一堆，可雅娜的名字看上去就特别大”。蒂姆对节目单设计的执念一直让我头疼。所有的演出他都坚持把他自己的名字放在前面。我是真无所谓。我只是觉得“洛伊德·韦伯和莱斯”比反过来念更好听，正如“罗杰斯（作曲）和汉默斯坦（作词）”，还有“吉尔伯特（作词）和沙利文（作曲）”“勒纳（作词）和洛维（作曲）”念起来都比反过来要好听得多。他还不只是跟我这样，和艾尔顿也写成了“莱斯和约翰”，虽然我也没法硬说“约翰和莱斯”听起来更好。

而更重要的是要讨论出这部戏的主创班底。显然在一顿醉醺醺的圣诞节前午餐上提起此事是不合时宜的，更别说还要空降哈罗德·普林斯这个名字了。在坐着罗伯特那辆漂亮的白色古董劳斯莱斯汽车回公寓的途中，我很怀疑还有没有合适的时机来提哈罗德，更不要说认真严肃地讨论一下创作事宜了。

我问我爸妈是否有特别想要的圣诞礼物，结果什么也没有，于是我给他们买了台冰箱。哈林顿大楼里那台老古董冰箱几十年前就该被判为有损健康的了。尽了我身为子女的义务后，圣诞夜我就开上自己的宝马小跑车载着莎拉去她父母在格洛斯特郡的家了，就在靠近赛伦塞斯特的阿什顿·凯尼斯村。赫吉尔家的人都来了。齐聚一堂的有托尼的弟弟迈克尔，韦特吉夫特男校的数学老师兼校长，莎拉的两个姐姐奥丽维亚和维多利亚，奥丽维亚自纽约的遭遇后还比较虚弱，还有她弟弟查尔斯和她外婆伊莫金，拉特兰郡郡长的遗孀。伊莫金·戈 150
尔·布朗尼简直就是《唐顿庄园》里出来的人物。莎拉和我有次带她去切尔西的一家餐馆，她隔着一大杯雪莉酒扫了一眼菜单，吹毛求疵地说道："看看有没有热布丁，就知道一家餐馆的档次。"那家没有。

圣诞日就在教堂、礼物，又是教堂，加上一场奇怪的家庭麻将的忙活中过完了，麻将这种赌博游戏在香港街头随处可见。我估计他家人总算搞清楚我在政治上是中间偏左的保守派时，松了一口气。她家的美国亲戚也注意到了《耶稣基督万世巨星》的成功。毕竟，亨廷顿神父是纽约版《约瑟夫和神奇彩衣》的幕后主力，而且作为在美国出品洛伊德·韦伯 & 莱斯——抱歉啊，是莱斯 & 洛伊德·韦伯——演出作品的第一人，他无疑遥遥甩开整个百老汇几条街。到圣诞节第二天，就该提一提那件全家都已经知道注定要发生的事——我们的婚期。莎拉和我都急切想要尽早成婚。莎拉的双亲在她必须完成学业这件事上态度坚决，他们认为这样她至少有个学历，然后我们的婚礼可以想怎么办就怎么办。我们将婚期定在 7 月 24 日，到那时莎拉就满十八岁还多六周了。

第二天，托尼想要开诚布公地谈谈我经济方面的前景，这也合情合理。当时没什么能够确保《耶稣基督万世巨星》和我不会只是昙花一现。可显然我们的专辑正走向全球而只有不列颠没跟上时代。托尼想要我见一个名叫约翰·凯林顿的投资顾问，新年过后再来做一个独立评估，看一下情况。

蒂姆和我从未接受过任何税务方面的指导。蒂姆乐呵呵地坚持说真要有什么税务问题他会很高兴的，因为那说明他有钱了。税务算不上是个让我觉得有吸引力的话题，可我很快发现没有什么比所得税率
151 从 83%上升到 98%更能让我集中注意力的了。我是通过约翰·凯林顿认识的约翰·艾弗瑞·琼斯，后者可能是他那一代人里最精明的税务专家了。约翰给我们的《耶稣基督万世巨星》相关活动安排了一个稳定的立足点，不过在此之前，我被一个声称不会出问题的林业节税骗

局给坑了。我被人牵着鼻子去买了在威尔士的一片山林，还跟当地生态对着干，坚持要种植硬木林而不是小杉树。不管您的税务问题多严重，千万不要涉足林业。我那片林子里出现了一个沉降坑，程度达到国家监管级别，以至于要把一大片树林都隔离起来。不久后，诸位读下去便会知道，这片林子还被烧光了。

1970 年是房地产泡沫的开端，像顾资这样的银行都迫不及待要大发贷款来推波助澜。我从小就特别想住到郊野地区去。现在有了罗伯特的预付款，意味着我有足够的钱可以支付一套不太大的房子的预付款了，于是莎拉和我开始四处看房子。哥特风格的爱好者肯定能理解我们为何最终选定了一栋位于威尔特郡和多塞特郡交界处的农舍。那里离那位在印度发财致富但性向可疑的威廉·贝克福德在郊野荒原里建起来的放山庄园不远，这座极度浪漫的哥特风格的突兀的庄园，至今依然在这偏远之地大放异彩。可惜它那久负盛名的六十米高的八角塔楼已经倒塌，这座让迪士尼乐园都相形见绌的大宅子已经只剩下回忆了。年龄加起来只有 39 岁的莎拉和我，建起了我们的第一个家。

1 月中旬，就在《耶稣基督万世巨星》进入美国排行榜前 10 名的前几天，外婆被送进了医院。我告诉她这个消息时，她回答道，“太棒了亲爱的，可你现在的收入够你吃饱饭吗?”医院说不清她到底哪里有问题，可是关节炎让她大伤元气，去养老院看来是不可避免的了。我爸妈坚持由他们和薇姨、乔治一起想办法解决，我妈妈还说我应该集中精力在自己的事业上，因为这样的时机可能稍纵即逝。公平地说， 152
我妈至死都坚信人有一项近乎神圣的义务，那就是要耗尽自己所具备的一切天赋，这比什么都重要。

2 月时，哥伦比亚影业的一通电话让我的注意力从外婆身上移开了。他们的《干探》遇到了点麻烦，可他们很喜欢里面的音乐，想问我愿不愿意再写几首。我和大卫·兰德商量。我们都已经把《干探》忘得一干二净了，而且为什么这部电影还没发行。我们后来发现哥伦比亚是看好阿尔伯特·芬尼才投资了这部片子，可他们后来觉得拍得挺乱的，所以正重新剪辑，因此他们需要我拿出更多的作品。显然，随着《耶稣基督万世巨星》在美国日益耀眼，大卫明明可以漫天开价，不过他建议我们不要这样。我将有机会和顶级的电影剪辑师共事。我对电影一无所知，而这正是个拿高薪当学徒的好机会。如果环球影视将《耶稣基督万世巨星》拍成电影，那么我的履历上有哥伦比亚影业的资历，将有利于大卫跟他们讨价还价。

我虽然答应了，可没有获得迈克尔·梅德温和斯蒂芬·弗雷斯的许可，还是有点担心的。在《耶稣基督万世巨星》还没发行时，他们就大胆起用了我，而且这部电影是他们的，不是我的。不过他们对此并无异议。斯蒂芬和我甚至还探讨了由吉恩·文森特来唱摇滚歌曲的可能性，当然这只是白日梦一场而已。于是我就此走进了一堂我职业生涯中最辉煌的速成大师班——更美的是我还有钱赚！剪辑师查尔斯·里斯是个什么都见识过的老手。他基本上当着我的面把整部电影完全打散重拼了一遍，甚至当我的音乐在这里或那里要求多加几秒钟的时候，他还修改了长度。耐人寻味的是，早就看过原先剪辑版的《星期天泰晤士报》评论员迪丽斯·鲍威尔，依然将这部片子当作一个技术超群的剪辑师的成果范例来进行宣扬。

《干探》依然算是一部邪典电影，在英国老家，它的音乐得到的评价要好过《耶稣基督万世巨星》。

13 耶稣降临百老汇

1971年发生了很多大事。我结婚了；《耶稣基督万世巨星》在百老汇开演；我见到了我的偶像理查德·罗杰斯；我爸爸对蒂姆·莱斯做了个出奇准确的预言；罗伯特·史迪格伍德启动了三个大型的《耶稣基督万世巨星》体育馆版巡演；还有蒂姆和我被清水乐团的约翰·弗格蒂狠狠地挖苦了一番。这件事发生的时候，《耶稣基督万世巨星》刚在美国榜上夺冠，在推广宣传期间的一次航班上，我们正好坐在一排三个连着的座位上——我、蒂姆和坐在顶头的传奇人物弗格蒂先生，他在最后一分钟才登机，颇有摇滚明星派头。自然是蒂姆先挑起了话头。

“我们可是你们的忠实粉丝。”莱斯巴结地说道。

我讨好地点着头。

“我们就喜欢清水乐团这样纯正的三吉他乐队。”

听了这句，弗格蒂一脸哭相。

“老弟，”他慢条斯理地说，“我们是双吉他乐队。”

在见到理查德·罗杰斯的时候，我还在舔着“双吉他挖苦”的伤口。我应邀到他位于曼哈顿的皮埃尔旅馆的公寓。记忆里房间比较暗，而且堆满了印象派的画作。他的太太多萝西亲切地迎接了我，把我带到一间可以俯视中央公园的会客厅。这位伟大的人物正坐在一把看起来相当不舒服的扶手沙发里。事后来说，我有点希望他前一晚没有送

我票，让我去看他最新的百老汇音乐剧作品《成双作对》。这部讲挪亚
154 方舟的戏，是丹尼·凯耶主演的，他因为演这部戏时摔断了腿，然后坐着轮椅回来继续演出而闹得满城风雨。幸好我看这部戏时这个搞笑故事还没发生。不过这依然是一部陈旧得老掉牙的戏，只有那么一点蛛丝马迹能听出来为这部戏作曲的，就是音乐剧历史上几部最伟大的剧目背后的那位旋律天才。

我当时一肚子的问题。他刚开始和洛伦兹·哈特合作时，真的是他先写旋律，歌词再照着旋律填进去的吗？跟奥斯卡·汉默斯坦合作的时候是不是又反过来了，还是说词曲创作各有先后？为什么他在两个组合里的旋律风格差别如此之大？《在一个醉人的夜晚》听起来完全不像是一个写出《另类女郎》的作曲家的作品。不过，罗杰斯早就有自己的安排。

他想知道我是不是觉得音乐剧的未来发展趋势是“一唱到底”的风格，是不是“剧情”音乐剧——既有歌曲也有对白的戏——的日子到头了？我回答说，“一唱到底”的音乐剧实际上就是让作曲家来给这部戏掌舵，可我觉得这应该是一个“随行就市”的事情。用如今的作品打比方，就相当于在说《汉密尔顿》之后的每一部音乐剧都只能用嘻哈音乐来创作了。

然后迪克·罗杰斯——他坚持要我叫他迪克[①]——给了我三点非常珍贵的见解。第一点给我的震撼就像敲响了一面巨大的晚餐锣[②]：人类的耳朵无法在一次聆听过程中清晰接收两个或者三个以上的旋律。所以，这是不是我们在推出《耶稣基督万世巨星》的舞台演出前先发行唱片的原因呢？我解释道，是因为当时没人有兴趣来制作这部戏，所以我们只有通过发唱片的方式让我们的成果被人们听到。他说我们的

① “迪克”是“理查德”的昵称。

② 英国贵族城堡里以敲锣的方式宣布晚餐开始。

做法相当明智，他反复提到没有人，哪怕他自己，能在一次聆听过程中清晰地接收一大堆旋律，因此乐评人总会对一部精彩的音乐作品，要么觉得曲调乏善可陈，要么觉得没有前一部那么好。他以《国王与我》为例，说直到这部戏拍成了电影，其音乐成就才被认可。我感到有点惊讶，这部戏的音乐可谓是经典的旋律盛宴，更为独特的是所有的主要旋律音程跨度都不超过一个八度，因为电影女主演格特鲁德·劳伦斯的音域非常窄。

第二点，很多旋律创作之初和其最终出现的剧目并不一致。《开始 155
了解》，这首在《国王与我》里安娜唱给孩子们的歌，最早是给《南太平洋》创作的，歌名叫《突如其来的幸运》。他把这首歌作为“错误的旋律出现在错误的场合”的例子。在《南太平洋》里，这首歌本来要由第二男主凯博中尉歌唱他新结识的爱人，汤加姑娘丽雅特的。可是当旋律配上了像“突如其来的幸运/突如其来我的臂弯如此幸运”这样的歌词，就显得太油头滑脑了，所以这首歌就被那首经典的《比春色更年轻》替换掉了。不过，在《国王与我》那个比较随意的场景里，它就显得很完美了。

第三点，他抱怨乐评人很害怕情绪化的表达，也没有受过阅读乐谱的训练。我又有什么资格来对这位无疑是二十世纪最伟大的旋律大师发表的观点，表示不同意呢？

回到英国，我得知外婆被送到了萨里的一家养老院。这消息让我心里极度不安。为什么不把她送到伦敦的养老院呢？妈妈说那里是薇姨和乔治推荐的地方。有人去看过她吗？我问。他们回答说也就是几天前才送去的，而且那个养老院是个颇受认可的顶级养老机构。莎拉和我立刻开车前往那里，然后我最担心的事情被证实了。我们发现外婆被安置在一栋翻修过的维多利亚时代的宅子的一间冰冷的卧室里，还是在二楼，这栋楼就像是狄更斯的《荒凉山庄》里的现场一样。她躺在床上，面容憔悴，浑身发抖，哭哭啼啼。关节炎的剧痛已经让她近乎瘫痪，可最让人心碎的是她一直在乞求吃点东西。我找不到任何一个至少能大概说得清这到底是怎么回事的看护人员，于是我开车到村子里的店铺，买了一些面包、火腿和奶酪等基本食物，她狼吞虎咽地一扫而光，莎拉和我只能盯着窗外那条破破烂烂的主路，强忍住泪水。

怎么会，又为什么会出这种事？我都不想跟这里管事的多费什么口舌了，只想把她尽快带走。我找到一个电话亭，打给了我的家庭医
156 生，布莱恩·皮格特——我圣诞节前曾打电话跟他问过外婆的情况。布莱恩过去是我姨夫的初级合伙人，姨夫退休去了意大利后，他接手了诊所。他听到消息并不意外。我告诉他，我们必须马上找一个伦敦的养老院，费用我来出。他说他知道有个合适的地方——实际上他最开始就提议过那里。我告诉外婆我会尽快把她搬去伦敦。她用足了力气握住我的手。我永远无法忘记那因为关节炎而肿胀得可怕的手指，以及当我告诉她一把事情安排好，就会带她离开这个可怕的地方时，她流下的感激的泪水。

布莱恩·皮格特行动迅速。当我赶到家时，他已经安排了一辆救护车去把她接出来，然后送去皮姆利克的一家私人养老院，紧挨着西敏寺。他提醒我，他已经跟薇姨和乔治说了这件事，所以现在他们对我很生气。当晚我跟莎拉也商量了一下，我们谁也想不通为什么把外婆搬回伦敦会闹成这样。第二天外婆就搬到了在圣乔治广场上的一座经营完善的养老院，跟一位曾经在西敏公学教过我的老师的住处，只隔了两个门牌号码。

她在那里也没能待多久。我亲爱的外婆几天后就离世了。

我没法参加她的追悼会。《耶稣基督万世巨星》又在召唤我了，这次是在欧洲某处。我本可以取消行程，可是外婆如果在世，断然不会

让我这么做的。薇姨和乔治没有飞回来，只送了花篮。到底是什么原因使得大家对这位曾容纳我们整个家庭，奉献了如此多的女人，表现得这般怪异？我当时没能把一些线索联系在一起，不过当我犹犹豫豫地打算开始写这本书的时候，一切水落石出了。外婆曾经给乔治当过秘书，大概一年以后，乔治见到了她当演员的二十岁的女儿薇奥拉。莫莉外婆当时是一个漂亮迷人的离婚妇女，而乔治在她加入工作后不久就跟发妻离了婚。

乔治跟我外婆有过私情，然后又娶了她的女儿。 157

年初的时候，我们被叫到罗伯特在史丹摩的住处吃午饭，讨论百老汇的导演问题。一开始事情看起来挺顺利的。罗伯特买了几辆卡丁车，他喜欢死了，所以蒂姆和我也乐得在他这座价格不菲的院子里开着玩儿。不幸的是，在一次看起来挺顺利的超车过程中，我拐弯拐得有点急了，结果冲进了一丛杜鹃花里。接着发生了一个感人的场景，莱斯——大概出于担心《耶稣基督万世巨星》将会是我们的最后一次合作——跳下了他的车，信步走来，想看看他的搭档是不是还好。他没意识到他的卡丁车还发动着。从我在花丛居高临下的位置，能看到一场事故正在酝酿之中。那辆卡丁车正在慢慢地开往罗伯特新建的游泳池。顾不上受伤的伙伴了，蒂姆颇具男子气地追着不断加速的车子飞跑。每次他试图去拉住车子，车子就会向前蹿一下。

我不太清楚那辆卡丁车在游泳池里的表现，是不是这一类交通工具比较典型的那种，反正它确实很优雅地开到了游泳池当中，几乎可以说是从水面划过的，让人觉得它能毫无困难地一直开到对岸。就在这当口，它沉下去了。

二十世纪五十年代，诺埃尔・科沃德曾被问到演员爱德华・伍德沃德在《人鬼之争》的首演之夜表现得怎么样。

“爱德华·伍德沃德，”他回答说，“这名字听起来就像在浴缸里放了个屁。”

直到完全沉没前，那辆卡丁车的首次两栖历险还是无声的，很有型。可接着它就用一种刺耳的，像一把发了疯的茶壶发出的高音刺破了空气，然后一头扎向池底，带着一串持续了整整 20 秒的“爱德华·伍德沃德”那样的声音。不知道从哪里蹿出来三个穿着白色紧身裤的小伙子，尖叫着“我的天!”冲向泳池边，却只能看着一层难看的暗褐
158 色的浮油，跟池水精确调节过的酸碱度较上了劲儿。

罗伯特还是表现得很客气的，假模假式地更关注我身上的小口子，不过当午餐开始时，我还是隐隐觉得这时候不该提起哈罗德·普林斯的事儿。吃第一道菜的时候我打起了嗝。从我坐在餐厅的位置，能看到人们一次次徒劳地尝试着把蒂姆的卡丁车捞出当时已经是黑漆漆一片的水面。这档插播节目自然干扰了谈话的进行。谢天谢地的是在上主菜时，那些紧身裤救生员们终于明白他们的任务没有希望了。罗伯特宣称现在该把剧场导演的问题认真对待了，而且我们要“突破思维定式”。听到这些话，我明白我曾打算让哈罗德·普林斯掺和进来的任何希望都破灭了。

有两个戏剧导演被提出来供我们考虑。我只是不记得谁提议了第一位，弗兰克·科萨罗。弗兰克是个货真价实的、业界领先的歌剧导演——听起来不像是罗伯特·史迪格伍德会主动提出来的人选。他当时刚刚导演了一部雅纳切克的《马克普洛斯档案》，广受议论，他也是纽约城市歌剧院经常登台的演员。后来我们相遇时，我立刻就对他有了好感。他的构思是舞台上要堆满电视机屏幕组成的长条，好像耶稣的故事是重大新闻一样。这的确超前得很。我倒是对如何实现颇为担心：那时候的电视荧幕很小，而投影技术也还在襁褓之中，可是他对音乐的了解，以及他认为舞台表演应该接纳媒体技术，绝对是独创的

且令人耳目一新的。

唯一的另一位人选，至少是让我们选的那位，就是汤姆·奥霍甘，因为刚刚导演了《长发》而成了当时的热门人选。罗伯特·史迪格伍德是在他制作伦敦版时遇到他的。我们的会面并不顺利。他满嘴唾沫星子，大扯那些我闻所未闻的时髦狗屁，让我强烈地感到他只是在走过场而已，对我们的作品并无真正的兴趣。所以我力推科萨罗，大家也都没意见。我从未想过问一声为什么只有这两个人选可供考虑，有 159
可能是因为当时有一件相当不寻常的事情把我们都拖住了。这件事导致罗伯特·史迪格伍德在法律上开创了历史先河，并且确立了新的判例，不仅对蒂姆和我，而是对如今音乐剧行业的从业者，都具有极其重要的意义。下面是事情经过。

1971年初，《耶稣基督万世巨星》的音乐会演出如雨后春笋般在美国出现，都是由一些希望从我们唱片的飞速成功中赚快钱的投机制作人搞的。之前从没有一部“一唱到底”的戏剧风格的作品可以制作成音乐会，因此也就没有任何法律上的先例，可以用来阻止任何人只要找几个老乐手和歌手，租上一间大音乐厅，就能跟观众收取任何他们可以开出来的票价。与此同时一分钱也不用付给我们，更别说保障演出水准了。他们只消说自己是推出了一张唱片里的歌曲的音乐会，这些出品人只需要为这些歌曲支付最基本标准的演出授权费，而不需要支付票房的版税分成，就能假装他们的音乐会是获得有效授权的。

罗伯特·史迪格伍德出手了。彼得·布朗提议他雇用音乐行业的专业律师李·伊斯特曼，对每一个他发现的正在推出被他称为“未授权”演出的制作人，去申请法院禁令。我后来认识了伊斯特曼的儿子约翰，他姐姐琳达当时正要跟保罗·麦卡特尼结婚。再加上一位成功率极高的律师罗伯特·奥斯特伯格，伊斯特曼父子帮罗伯特·史迪格伍德搞定了针对绝大部分此类演出的禁令。这个传奇故事的结局，就是美国第二巡回上诉法院裁定我们胜诉，约翰·伊斯特曼称之为“至关重要的判决”。这个判决首次定义了“大权利演出”，明确指出以音乐会形式上演一部完整的戏剧风格的作品，即使没有舞台表演，也需要获得大权利授权。就罗伯特·史迪格伍德与伊斯特曼和奥斯特伯格在这个判决上做出的贡献来说，如今的作曲家、编剧和制作人再怎么感谢他们也不为过。

160 申请到禁令是一回事，执行禁令又是另一回事了。我记得一个法官曾经告诉我们，《耶稣基督万世巨星》已经如此风靡，以至于永远不可能制止每一台“未授权”的演出。唯一可以打败这些盗版制作人的方法，就是以最快速度上演我们自己的版本。

罗伯特担任流行歌曲出品人的经验帮了我们大忙。二十世纪七十年代的戏剧制作人里，没有一个人的成就可以与他相提并论。首先他意识到他不可能单枪匹马搞定美国，于是他拉上环球音乐作为合伙人，这个做法的一个副产品，就是我们的美国唱片版税翻了倍，和英国的版税相当了。他又雇了威廉·莫里斯经纪公司，由他们的头号经纪人斯蒂夫·勒伯来安排巡演。接着他又拉上了我。之前从未有过带着全编制交响乐队的摇滚巡演音乐会，而罗伯特明白我才是让这些音乐会表现出色的关键人物。我当时担心的是，这些工作安排会跟我即将举行的婚礼有冲突，可是他使出了他的无穷魅力，让我相信一切都会安排妥当的。

罗伯特定于 7 月 12 日，在匹兹堡的市民体育馆开始巡演，这样我就足够有时间赶回家，在 24 日举行婚礼，结果是我当上了到那时为止最大规模的巨型摇滚巡演团队的音乐领班。演员阵容至关重要。我们必须有几个唱片上出现过的名字，来证实我们是正宗的，和盗版的不一样。伊冯·埃利曼自然是入选的，巴里·丹侬也加入了，条件是他将来可以直接入选百老汇版演出。可我们没办法拉上原版的犹大和耶稣。莫瑞·黑德正在力攻他的电影生涯，伊恩·吉兰则已经全身心投入了深紫乐队。经过速战速决的选角后，两位最获认可的新人出现了：非裔美国人卡尔·安德森出演犹大，得克萨斯来的摇滚歌手杰夫·芬霍特出演耶稣基督。

接下来最大的问题就是音效。那个时代，现场调音师这个岗位根本就没人听说过。摇滚乐队都是在台上自己搞定的，按照自己的需要来配置平衡，就这么简单。要给每一个靠近话筒的演员单独调音这个 161
概念当时闻所未闻，更别说还有一支有六十件乐器的伴奏乐队以及一个全声部合唱团呢。理想化的情况下，这个人还得能看懂乐谱！最后大家都明白这个要求太高了，结果只能找了一个伙计，给他一本剧本，然后让我冲着他大喊大叫地把切换点告诉他。

我至今仍然对观众们听到的是什么样的音效心有余悸。乐队的收声是通过在乐手头上吊装的几个话筒实现的，尽管我们试验过加装屏风来隔离摇滚乐手的话筒，可实际上乐队的话筒依然能收入所有声音。尽管如此，摇滚乐队、六十件乐器的伴奏乐队、独唱歌手、合唱团以及我们三位“灵歌”女郎的表现依然令人叹为观止。

尽快把音乐会启动并推出的需要，意味着排练时间的缩短。我专注于排练，直到匹兹堡首演前一次紧张的晚餐上，我才想起问罗伯特—声蒂姆什么时候来。显然他当时不敢坐飞机，更愿意乘坐跨洋邮轮远行。这样他就赶不上头几场演出了。我还记得我多希望他能看到体育馆外的激动人心的场面：票贩子们手忙脚乱地卖着高价票，有超过一万名观众争相涌入，第一次聆听我们的现场摇滚歌剧演出。斯多克·伊迪丝宅院旅馆的那些日子已经离我们远去。我坐在罗伯特身旁，紧挨着简陋的调音台，看着观众们像朝圣般鱼贯而入这座庞大的体育馆。即使是舞台背面的座位也都售罄了。当演出开始时，没有出现摇滚音乐会常见的欢呼。整个观众席就像被静音了一样，即使在伊冯演绎了一曲光芒耀眼的《我不知该如何爱他》之后也是一样。我稍微有点慌神了，罗伯特告诉我别担心，等着《希律王之歌》结束再说。杰夫的《客西马尼》起头略有迟疑，不过高音段落表现精彩。可是观众还是很平静。接着就到了《希律王之歌》。罗伯特说的有道理。观众们反响强烈，就像一个高压锅的盖子突然被打开了一样。第一场现场演出胜利收场。

可为什么那么长时间里，观众们表现得像是在参加一场降神会呢？
162 答案并不复杂。因为《耶稣基督万世巨星》是为了录唱片创作的，所以没有一首歌有鼓励大家鼓掌的戏剧结构点。我们本来的目标就是尽快把故事从 A 段落切入 B 段落，而唯一一首带着某种明显结尾的，就是《希律王之歌》。现在的版本里有几首歌有了结尾部分，剧场里的观众只有看到邻座的也乐在其中才会放心鼓掌。不过我如今相信，以带着适度表演的音乐会方式来演绎《耶稣基督万世巨星》，才最接近完美。匹兹堡首演至今依然是我职业生涯中最珍贵的时刻之一。

第二天一早罗伯特就开始发飙了。尽管我们的“官方”演唱会巡演消息已经发布，盗版音乐会还是四处泛滥。这下我看到了他身为演艺商人急于把握时机的一面。我们已经有了音乐会的基本样式，所以很快不只有一版，而是还会有另外两版体育馆巡演同时进行。匹兹堡的原版演出将会横扫东海岸城市，而新的同样配置的演出就走西海岸路线。最终两版巡演将会在美国中部地区会师，接着交换场地继续演出。而第二个新版巡演则会去那些位于略小规模城市的略小规模的场馆。

这就是他的胆识过人之处了，等到了秋天，全美国会有三个体育馆巡演交叉进行。当我准备打道回府去准备婚礼的时候，罗伯特拉住了我，说他需要我再多坚持一场演出。演出前我们又聊起了百老汇的事儿，讨论了一下在巡演时尝试一些有可能的素材。我问起弗兰克·

科萨罗有没有跟制作规划团队敲定什么。两个年轻小伙子，彼得·纽菲尔德和泰勒·盖切尔，被请来担任百老汇版的“预算控制制作人”，意即这两位将会监管从跟演员签约，到以合理的价格制作布景这类鸡毛蒜皮的事儿。可是这两位的回答总是令人吃惊地含含糊糊。泰勒·盖切尔后来成为我在百老汇地盘上最亲密的朋友之一，可是那时候他
跟我不熟，所以不敢跟我明说到底进展如何，不过反正当时我的心思 163
也在婚礼和尽快回家这些事情上。

那晚泰勒和我正在体育馆主入口外迎着人潮，我听到一个熟悉的声音。

“节目册，节目册！就卖一美元！”这个声音叫嚷着。“节目册，漂亮的纪念节目册，便宜……”当发出这个声音的人看到我之后，便磕磕巴巴地停了下来。

就在那儿，穿着一件后背印着“官方”字样的白色外套的，不是别人，正是大卫·兰德。一看到泰勒也在，他就鬼鬼祟祟地把我拉到一边。

“你得给我保密啊。”他轻声说，“咱们可以分节目册的钱，你跟我，纯现金，不会有人怀疑的。”

“那蒂姆呢？”我嘟囔着。

“他又不在，只有你和我知道。我说，安德鲁，这事儿咱俩都有得赚。”

我再一次问他蒂姆知道不知道。

大卫看起来很不开心。“我有一次只顺走了几块三便士①硬币，就被我老爸一顿胖揍。”

“那他做得挺对。”我回答说。

“可你听好了，老弟，我老爸揍我不是因为我偷了三便士硬币，他揍我是因为我偷的硬币，是他的。”

---

① 英国旧币值是十二进制，所以硬币有三便士面值的。

14 一桩颇具“爱德华·伍德沃德”特色的烂事

164 婚礼那天一早还有点凉，不过后来就是大晴天了。《耶稣基督万世巨星》已经荣登美国销量第一专辑宝座的消息，还没有传到阿什顿·凯尼斯这个小村子来。

教堂外有一些好奇的当地小孩子骑在墙头上，就算是代表当地围观群众了。一个来自当地报纸的摄影师，就算是媒体代表了。过道这边，是我妈妈和爸爸、朱利安、大卫·哈林顿和几位学校里的朋友，还有蒂姆·莱斯、罗伯特·史迪格伍德、彼得·布朗和很有可能是第一次在英格兰乡村教堂亮相的大卫·兰德以及他的妻子萨拉。莎莉和洛蒂毫无疑问应该算莎拉的家人，可还是排在了我家这边，好让两边队形对称一些。莎拉家的阵容大多了，因为各种表亲全体出动了，大部分都是莎拉母亲那边姓戈尔·布朗尼的亲戚。满打满算到场的有大概 100 人。艾伦·道奇特被叫来担任音乐指挥，现场还有一支专业的合唱团，所以音乐水准很是像模像样。

除了我自己创作的一首圣歌以外，蒂姆和我有一阵子一直在琢磨，是不是要在如今的第一幕的位置上，给耶稣安排一首独唱的大歌。于是我们就在耶稣凯旋般地进入了耶路撒冷后，给他写了首新歌。歌名叫《嗨，天父》，歌词主要是主祷文，只是为了婚礼，写了句“主祷文，由蒂姆主笔”，所以有些人看了莫名其妙。音乐风格大体上是一首

摇滚版福音歌。我现在也记不清为什么我会觉得我们的婚礼是尝试这 165
首歌的恰当场合，还有为什么我会如此傻里傻气地觉得，一支一本正经的教会合唱团能够在排练不足的前提下，搞定这首歌的首次亮相。婚礼嘉宾的反应，或者更确切地说是毫无反应，注定了《嗨，天父》这首歌不会上榜了。

婚礼的主角是莎拉。她浑身散发出耀眼的喜悦光芒。婚礼简朴优雅。餐会是在她父母的花园里举办的，彼得·布朗抱怨只有三明治可以吃。除了我成功地用香槟把莎拉的婚纱弄得湿透以外，这一天过得很开心。大家都发现了我俩相爱到了怎样痴狂的地步，所以当我开车带着已经换上超短裤的莎拉离开时，大家齐声欢呼。我们计划好了去维也纳的萨赫酒店度蜜月，然后再去萨尔茨堡音乐节，不过我们的第一站是巴斯，要在全英国当时的顶级餐厅——墙洞饭馆①进晚餐。

当我们沿着老 A4 公路开到半途，我才注意到莎拉在哭。我把车停在路边，抱紧了她。我的所作所为让我自己都感到震惊。我把一个刚满十八岁的，告别学生岁月的姑娘直接飞速带离了她的家庭，开始一段全新的人生，又碰巧要担当首位有作品在百老汇首演的英国作曲家的妻子这个角色。首演至今也就几个星期而已，而莎拉这辈子还没去过美国。我当时能想到要跟她说的，就是我有多爱她。这是我人生中头一次，觉得要对一件我无法控制结局的事情担负起责任。

维也纳可能的确是一场建筑盛宴，不过在那个 8 月里却是炎热不堪，到处是灰，让人心痛的浮华。奥地利就是有一股子无可救药的守旧气息。萨赫酒店的餐厅没有空调，令人窒息的闷热，可是你还是要穿上西装、打好领带，哪怕室内气温高达 32 摄氏度以上，以至于享有

---

① “墙洞”英语是 the Hole in the Wall，字面意思是指“本地的小饭馆”。

166 盛名的萨赫巧克力蛋糕都化成了一摊烂泥，颜色看上去就像那次卡丁车闹剧之后，罗伯特·史迪格伍德的游泳池里的水一样。二十世纪七十年代的维也纳餐饮也是烤猪排接着烤猪排，所以很快我们就吃腻了。

我们接下来直奔萨尔茨堡，要去赶一场雅纳切克的《格拉高里弥撒》①的精彩演出。我很喜欢雅纳切克。很快我们就明白为什么我们能买到这场音乐会的票了，因为没多少人喜欢这个。我的思绪飘到了弗兰克·科萨罗以及他的那版雅纳切克的《马克普洛斯档案》那里。为什么我还没听到任何百老汇版选拔演员的消息呢？不过虽然我不能替莎拉发表意见，但我自己很快就沉浸在了一片“斯拉夫文化”（要是可以这么归纳的话）的汪洋大海里。由于所有知名大师的音乐会全部售罄，以及过分美化了的萨尔茨堡游客如织，我们掉头去往拉莫托拉。

薇姨和乔治没能来参加婚礼。薇姨的腿伤，照她的说法，“不给力”，还在闹腾，所以他们很高兴能见到我们，兴高采烈地带着我们四处游逛。他们在里维埃拉的朋友们对《耶稣基督万世巨星》的消息，倒是比英国那里的更为了解。罗尼和蓓瑞尔·尼姆举办了一场小型聚会，大家都被莎拉的直率天真迷倒了，以至于我们都在想为什么当初不直接来意大利呢？我们邀请薇姨和乔治到萨莫里兹，我们那栋在威尔特郡的农舍来过圣诞，然后就兴高采烈地回家了。

莎拉对一切已经很适应了，乔治给莎拉做了个检查，确认这并不是吃药吃出来的结果。我则对即将到来的百老汇首演越来越感到兴奋。我将要跟一位令人振奋的且有着歌剧传承的导演合作共事了。我才二十三岁，而我的梦想即将成真。

我们回到家的时候，一切都看似平安无事。大卫·兰德跑到他在

① 格拉高里文是斯拉夫人早期的语言文字。

布莱顿附近的罗廷迪安的海边度假屋去休假了，那地方因为是伟大的拉斐尔前派画家爱德华·伯恩-琼斯爵士的家乡而出名，不过对我来说，就有点离罗婷女校太近了。蒂姆刚刚在诺丁山那里买了一栋联排 167
屋，带一个装饰着很漂亮的熟铁栏杆的阳台，房子坐落在一条叫诺森伯兰台地的颇有发展前景的街上，蒂姆和他当时新交上的女朋友普鲁登斯·德·凯瑟布鲁特已经搬进去了。莎拉和我对他会怎样布置这套别墅颇有兴趣，所以我们有一天下午突然跑过去，想要打探一番。普鲁登斯很主动地跟我的小新娘交上了朋友，我们相处得挺愉快。普鲁登斯和蒂姆分手后，又以大卫·海明斯的另一半的身份，在他主演那部命运不佳的音乐剧《通天管家》的时候，重新出现在我们的生活里。

快速地巡视了一遍莱斯的新地盘后，我们四个人一起去他那间时髦的厨房喝茶。就是在那里，蒂姆扔下了那枚“炸弹之母”。他这么做的时候几乎是不动声色的。“弗兰克·科萨罗被汤姆·奥霍甘换掉了……”“应该已经有人跟你说过了咯?”他又添了这一句话。我无语了。我的确说过他不喜欢这样的安排的，可是我现在有时候也会怀疑他是不是就喜欢看到我不爽，反正他当时并不显得忧心忡忡。

我回到家里给罗伯特·史迪格伍德打了三次电话。每一次我都被告知他正忙着，晚点会给我回电话的。最后我干脆打给正在休假的大卫·兰德。要说他闪烁其词还算是客气的。很显然，因为弗兰克·科萨罗出了车祸，无法行动，所以不得不退出。我又打给在纽约的泰勒·盖切尔，听到的也是这个说法。汤姆·奥霍甘现在毫无疑问是掌舵人了。罗宾·瓦格纳将担任舞美设计，朱尔斯·费舍尔负责给全剧设计灯光。这可是一个——泰勒特别指出——优秀的 A 咖团队。

有些地方不对劲。当时已经是 9 月初了，我们的戏 10 月底就要开始预演，这么短的时间里不可能彻底重新设计布景再做出来。之前跟汤姆·奥霍甘的交谈也没让我觉得他有所领悟，而且还能皈依极简主义。再说我们的百老汇场馆是马克·赫林格剧院，是最大的剧院之一，拥有全曼哈顿最优秀的舞台，当年《窈窕淑女》就在这里演过。这些动作几个月之前肯定都已经启动了，而我却一直被蒙在鼓里。

168 我跟莎拉彻底地谈了次心，我们觉得我当时唯一的选择，就是尽量把后续做到最好，而且要尽快赶到纽约，尽我所能把音乐搞得漂亮。还是有一条消息让我感到挺有希望的：本·沃伦被选为犹大了。我对本有一点了解。我很喜欢他在电影版《生命的节奏》里的表演，而他在伦敦帕拉迪厄姆剧院里上演的《金童》中，担任小萨米·戴维斯的替补时，也深受好评。

我在纽约遇到的第一位“创作团队成员”，是新招来的音乐总监，叫马克·普雷赛尔。考虑到马上会被累垮这点，他还算是个很不错的家伙。很快，再显而易见不过的事实就是，没有哪个正宗的摇滚乐手愿意每周在百老汇参加八场演出。可这跟奥霍甘最新的百老汇作品《兰尼》给我带来的噩梦相比，就不算什么了。那是部话剧，一部极其单薄的戏，讲述了喜剧演员兰尼·布鲁斯的一生。要是你不知道“寒酸的小家子气的烂戏”是什么样子，这部戏就是。看到莫名其妙便裸体出现的先知们和十指如钩的麻风病人已经够让人毛骨悚然了，更别提台上那由《耶稣基督万世巨星》新招来的舞美设计师设计的，更是被我们的新招来的灯光设计师，同时是《兰尼》的联合制作人设计的灯光照亮的，奇丑无比的布景了。

当我跟罗伯特以及他那一帮人说，观看《兰尼》是我有生以来在剧院里待过的最难受的一晚时，被告知把嘴封上。从彼得·布朗仅有的头部动作，我能看得出一种心照不宣的赞同，可他还是什么都没说，毕竟他也没有什么办法了。彼得对莎拉照顾有加，他明白她被拖入了一个跟她熟悉的上流社会的伦敦西区女子学校相隔十万八千里的世界。

彼得在中央公园西路租了一套漂亮的公寓，至今还住在那里。那时候，罗伯特·史迪格伍德的办公室占据了其中一角，不过很快这套公寓就变成了我们俩远离故乡的家，尤其是逐渐思乡心切的莎拉，那里成为她逃离华尔道夫酒店小套间的避难所。罗伯特自己占了酒店庞大的顶楼套房，然后把我们塞进那间小套间里。与此同时，蒂姆什么时候抵 169
达仍然杳无音信。

看着我为了《兰尼》火冒三丈而且总是喋喋不休，彼得觉得带我和莎拉跑出纽约散散心应该是个好主意。我们去了趟长岛，在那里我看到了一件我以为以后再也不会见到的事情，尽管几年后我在日本又遇见了。在一家相当漂亮的餐厅的吧台后，有一瓶倒过来摆着的 1961 年产的拉菲红酒，是按分量卖的。酒瓶标签被用蒸汽熏下来后，再贴回了倒放着的瓶身上。售价是 40 美元一杯。就因为这件事，加上《兰尼》这部戏，让我在一生中唯一一次认真考虑，是不是要去看看心理医生了。

第二周的星期一，排练开始了。从一开头就很明显，奥霍甘对《耶稣基督万世巨星》的设想，就是凯撒皇宫酒店[①]的风格和特色。不过演员还是挺棒的。杰夫·芬霍特从巡演时便开始演耶稣了，巴里和伊冯也继续出演他们的彼拉特和抹大拉，本·沃伦被证明是我曾共事过的最杰出的表演者之一，就算是他演的犹大显得有点太精致、太专业了，那也不是他的错。我挺遗憾之后没有机会跟他再度合作。

第一天排练当晚，我处理了一个棘手的难题。彼得·布朗接到了顶级经纪人诺曼·怀斯打来的电话，问我们是不是愿意在最后一分钟面试一个他刚签下来的新人女歌手？显然这姑娘在某个同性恋公共浴室里献唱，他听了以后，觉得她应该能够塑造一个绝妙的抹大拉。伊

① 拉斯维加斯的一家赌场酒店，以古罗马凯撒皇宫为主题特色。

冯·埃利曼显然早就已经进组了，不过我还是答应考虑这个提议，听一下她的表现。要是说有哪次差点推翻既定演员阵容的面试的话，就是这次了。贝蒂·米德勒演绎的《我不知该如何爱他》简直让人惊艳。蒂姆那些精彩叙事的歌词，经她演绎出来令人动容。我打电话给罗伯
170 特，跟他说我见证了一次举世无双的表演。不过，明摆着的是，已经答应伊冯的安排不可能就此作废。如今我只能安慰自己，如果贝蒂当时以这部即将在百老汇大放异彩的作品作为自己的百老汇首秀，那也真是大材小用了。

排练跌跌撞撞继续进行。不过有一个加分的地方：大家都同意我们必须给抹大拉找一首新歌。原版唱片里，她在下半部分就彻底消失了。于是蒂姆和我给抹大拉和彼得写了首二重唱，紧接着后者否认自己曾见过耶稣这段情节，叫《可否从头再来?》。这首歌得以问世，令人万分愉快。

可是我完全不记得奥霍甘有没有给演员们讲过哪怕一次剧本，他只关心舞台效果。不说排练厅里的事儿了，音乐部门这边也是一团糟。百老汇的“摇滚”乐手们演奏起来都十分精准到位，可问题是：他们对这些音乐没有感觉。摇滚真的不讲究完美无瑕。

音响也是一个大问题。我们现在司空见惯的剧院音效设计在当时根本不存在。直到二十世纪七十年代，剧场收声还是通过一排指向舞台后方的地麦实现的，由一个助理电工，在离得最近的一个角落里操作。罗伯特决定找一个音效设计师，这个工作岗位在当时的戏剧领域闻所未闻。汤姆·奥霍甘推荐了艾伯·雅各布，曾经在他的《长发》的西海岸版本里工作过。艾伯要求在观众厅里搭建一个混音工作台，让剧院老板听了差点中风。且不说《耶稣基督万世巨星》有没有亵渎神灵，这样的要求在商业戏剧领域里，可是罪大恶极：会减少座位数

妈妈和爸爸 1942 年婚礼当天留影。至少——跟莫莉外婆不一样的是——妈妈可没在蜜月的第一晚就把戒指扔进马桶。（图片来源：个人收藏）

头一个嫌弃我的，就是这只猴子咪咪，旁边是讨人喜欢的薇姨。（图片来源：个人收藏）

不摇不摆就不好玩了。爸爸跟我（1950 年）。（图片来源：个人收藏）

就是这把破小提琴（1952 年）。一张至今让我看了要吐的照片，发表在《养育天地》上。（图片来源：个人收藏）

妈妈给我上的钢琴课让我比别人领先了一步——所以才能把曲子写得人模狗样。（图片来源：个人收藏）

“变奏曲”：朱利安和我长大前后的模样。（图片来源：个人收藏）

我的玩具剧院，“哈林顿宫剧院”，完好无损地保留了许多年，可惜在 1974 年我搬家的时候不幸遗失。如今我只剩下几张我自己当年拍摄的照片了。（图片来源：个人收藏）

在我最后一次带它出门之前的珀修斯。(图片来源：个人收藏)

爸爸跟我一样钟爱珀修斯。(图片来源：个人收藏)

这是我十三岁时拍的照片，上面两张是诺丁山的街景，下面的一张照片是卡姆登区贝德福德剧院破败的内部景象。我记得是在拍有小男孩的那张照片时，发现自己还挺能跑的。（图片来源：个人收藏）

在诺福克郊外跟约翰·里尔合影。（图片来源：个人收藏）

我跟蒂莫西·迈尔斯·宾顿·莱斯的合影。外婆看到他的时候貌似膝盖都有点莫名其妙地发软了。

莎拉和我婚礼当天，1971 年 8 月。(图片来源：汤姆 · 赫斯勒)

与我相伴已达四十五年(译者注：到 2018 年)还依然牵手的伴侣：这座建筑风格大杂烩，就是我家，塞德蒙顿庄园。跟莎拉一起在我们那座“十九世纪风格，外貌普普通通的地区教堂”前。(图片来源：罗伊 · 琼斯 /Aerna Pal 图片社)

跟唐·布莱克和玛蒂·韦布合影，请留意我身上这件相当重要的“德博拉和克莱尔”牌花衬衫。

《耶稣基督万世巨星》的全体演员。这部戏如一场风暴席卷伦敦，成为当时西区连续演出时间最长的音乐剧。

保罗·尼古拉斯入选出演耶稣引来一些人侧目，在英国的恶搞型讽刺杂志《私家侦探》上则引发了更大的喧嚣。可是保罗的模样和声音的确挺不错。（图片来源：约翰·海恩斯 /Lebrecht Music & Arts 图片库）

跟蒂姆、珍妮还有莎拉在比亚里茨的合影。这大概是在莱斯 & 洛伊德·韦伯友情的黄金期。瞧瞧我们，两对年轻、幸福的小夫妻欢聚在一起，正在一个让我们心动不已的创作项目过程之中，踌躇满志。（图片来源：个人收藏）

“要是你们认可，小伙子，那我也认可。”就是哈罗德·普林斯对伊莲·佩吉的评价。跟哈罗德和伊莲在排练《艾薇塔》时的合影。（图片来源：摄影师佐伊·多米尼克）

“‘热门八卦’里有个姑娘注定改变你的人生。”阿琳·菲利普斯这么跟我说，“她的嗓子就像是天仙下凡。她叫莎拉·布莱曼。”（图片来源：个人收藏）

莎拉·布莱曼在《风流寡妇》里出演瓦伦仙妮。

“紧张且紧绷”，吉莉安如是评价这张《猫》的排练抓拍照。

妈妈跟自己的真爱，两只俄罗斯蓝猫，迪米特里和谢尔盖在一起（当然一只姓肖斯塔科维奇，另一只姓普罗科菲耶夫咯）。（图片来源：个人收藏）

取悦瓦莱丽。从我们的第一次握手就可以感觉到，她对 T.S. 艾略特的一切都紧紧掌控。（图片来源：PA Images 图片社）

朱迪·丹奇脚踝受伤后住院时。要是她后来唱了《回忆》，我可以肯定那一定是一场令人动容的表演——可惜也只能想想了。（图片来源：PA Images 图片社）

莎拉·布莱曼　　　　肯·维尔斯　　　　菲诺拉·休斯

三只酷猫咪

量。最终一个混音工作台被安排在了夹层看台的最后方。工会的规矩，则意味着必须由剧院的电工来操作这个台子，可派给我们的这个嚼着口香糖、老拿着炸面圈的家伙，看起来不像是会把我们的音乐效果当作什么头等大事对待的人。

更要命的是艾伯从来没有应付过这样布置的乐队。乐池加了盖子，
变成了一个独立于剧院的录音棚。这样的话，演奏的声音就可以完全 171
靠混音台来调整了，想想我们操作员的形象，就知道这有多大风险了。而问题是所有的声音听起来都像被包在了棉花堆里，铜管的声音听起来就像是一串"爱德华·伍德沃德"冒出来一样。在艾伯苦战音效的同时，一套无比精致的布景开始安装了。镇台之宝是一台硕大的舞台升降梯，可以把耶稣升到半空中，同时会有一件巨大的、金光闪闪的斗篷从他的下方缓缓展现。这个场景绝对壮观，可是跟我的音乐如此不相容，以至于我至今想起这件事依然摇头叹气。不幸的是，这样一个效果需要好几天来"技术合成"——即调整准确。于是音响部门和奥霍甘以及他那庞大的特效团队，为了剧院工作时间打了个不可开交。最终导致戏剧界的幸灾乐祸者们最乐意看到的自毁之举：取消了几场预演。

更糟的还在后头。艾伯打算试验一下在1971年尚处于襁褓中的婴儿般水平的无线麦。这要是彼拉特刚冲着耶稣叫骂道"想死我就成全你，走火入魔的蠢材"，音响里接着就噼里啪啦地冒出一句"荷马，去趟第45街和第8大道路口收个快递"，那就可乐了。①于是无线麦还是被放弃了，改回老办法的手持麦，而后者的连接线缆可是把整个舞台搞成了一个三维缠绕结构的塔兰图拉蜘蛛网。不记得是谁出了个招，把这些线缆伪装成了草绳。

---

① 当时纽约的快递公司使用无线对讲跟快递员联系，容易串进剧院的无线麦系统。

那些爱嚼舌头的同行，把这场被推迟了的首场预演形容为“如何不费眨眼之功就弄死一部关于耶稣基督的音乐剧”①。在某个下午场，我跟发行人巴里·凯特森坐在一起。幕间休息时，一个女孩跑过来笑着跟他说：“巴里，巴里，这部戏是不是你看过的最差的一部!”巴里没有办法，只能说：“这位是安德鲁·洛伊德·韦伯，本剧作曲。”坎特伯雷大主教②在他正式访问纽约期间，也来看了这部戏。莎拉和我被引见给了迈克尔·拉姆齐，第100任圣公会大主教，他就坐在剧院大堂
172 里，极度不满意的样子。我们被媒体包围着，所以他也尽可能地表现优雅。我则因为既要配合做台面功夫，又急切地想要向他道歉而不知所措。

我还是觉得奥霍甘的开场做得十分漂亮。观众入场坐定后，看到的只是一面巨大的墙。序曲中，演员们翻越墙头的同时，这堵墙慢慢向后叠起来，形成舞台地面。这个效果非常精彩——简洁，高度戏剧化，而且效果鲜明。接下来的表演就不值一提了，而且蒂姆当时也不在纽约给我提供任何精神上的支持。莎拉还记得我当时如何哀求他飞过来的情景，她的说法是他被吓得不敢来纽约了。反正不是这个原因，就是他对当时正在发生的一切漠不关心。他已经决定带着女朋友普鲁登斯，用他喜欢的交通方式——坐法兰西号邮轮来纽约，于首演前四天到港，根本就帮不上什么忙。

当时唯一我能尽力去做的，就是把音乐打磨漂亮，可是无休止的技术合成，搞得连这个要求也无法满足。我不停地去力争获得在剧院里排练的档期，结果落了一个坏脾气臭小子的名声，而且还很及时地传到了莱斯的耳朵里。据说德奥利·卡特对吉尔伯特和沙利文，就是通过“分而治之”的手段进行控制的。显然那个时候我们俩也是被这

---

① 这里是借用了百老汇音乐剧《如何不费吹灰之力就在公司里一步登天》的名字进行的嘲讽。

② 英国国教圣公会的最高一级教职。

么玩的。最终还剩三场预演的时候，蒂姆现身了，而他带来的贡献，只是宣称他也不确定自己是不是喜欢奥霍甘那些已经落实的和还未落实的安排。

首演就快到了。大卫·兰德包了一架飞机，拉了两百多个亲戚和跟屁虫来，他答应了要让他们度过一生难忘的一晚。而罗伯特的表现，则不管从哪个角度来看，都貌似他觉得演后庆功聚会才是大家真正关心的焦点。票房预售业绩喜人。难道没有人想过，要是观众不喜欢舞台上的表演，《耶稣基督万世巨星》就只能靠预售收入坐吃山空、关门大吉了？我爸妈也来纽约了，这让我很高兴。爸爸察觉到我的不安预感了，不过他说要是音乐表现不错的话，正派的乐评人还是能坚持看完整场戏的。

实际上，首演当晚的音乐表演不算很差，演员们则表现非凡。坐在我前面的一对老年夫妻在《一切都没问题》这首歌结束后，互相侧 173
过头，轻声地说这首歌还挺好听的。乐队的声音不像以前那么闷了，乐池盖子上挖开了一个大洞。最后照常是 OSO（礼节性起立鼓掌），接着就是罗伯特摆在绿苑酒廊的，让他得以自我炫耀的那场聚会。为了凑热闹来参加聚会的人让场面热闹到正正好好，不过那些出席的大佬们也都能明白，有些话还是不说为妙。莎拉和我很早就离场了。

回到酒店里，我们两个人都哭了起来。尽管还很年轻，在过去的几个星期里，莎拉一直是我的坚实依靠，她也见证了我如何绝望地试图召唤蒂姆和大卫·兰德来纽约，给我提供支持。不过她对我的内心了如指掌，我所有的希望，我长久以来的梦想，都已破碎，千疮百孔，四散分离。才二十三岁的我是不是就此告别了百老汇生涯？第二天一早，爸爸对我说等我回到英国，他想跟我认真谈谈。

15 冷不丁来了个男仆

174 晨报类媒体的反响不算很差。《纽约每日新闻》上道格拉斯·瓦特的评论洋溢着赞美之词，读起来就像一个老爷爷拼了命想要显得时髦一样。“令人震惊，充满生气，诚意虔敬”，用词如此招摇，仿佛他料定自己的名字会出现在时代广场周围的某块广告牌上。①《纽约时报》的克莱夫·巴恩斯没说什么好话，只是略微表扬了一下，说《耶稣基督万世巨星》是自《雾都孤儿》以来最棒的一部英国音乐剧了，成就堪比巴西在沙滩排球比赛里击败了列支敦士登。他还提到制作风格让他联想到了帝国大厦。不过真正难听的话都在其他媒体上呢。我爸爸希望评论家们闭起眼睛不看演出光欣赏音乐，只是一个美好的愿望而已。那天上午晚些时候，我违心地接受了《纽约时报》的采访。任何表达我真实想法的企图，都被那些警告我不能表现负面态度的严格指令消灭了。我只能护着那些没法护的短，口水四溅地说着前后不搭的鬼话。

公平来说，罗伯特还是明白他搞砸了的。可他后来的做法教会了我一课，变成了我的从业信条。《耶稣基督万世巨星》以最快的速度在全世界落地开花。如今戏剧界里都说《猫》是第一部在全球范围上演的音乐剧。用薇姨的话说，这就是编瞎话编得跟真的似的。罗伯特·

---

① 这里是指演出公司会把媒体评论节选加上作者名字放在宣传海报上。

史迪格伍德可是第一个开天辟地去啃这根硬骨头的人。他立刻开始了一场大师级的公关活动，在全世界面前把百老汇首演包装成一场全面胜利。而在英国的新闻通讯社里搞一些“爱国”宣传，就意味着那些差评甚至都不曾被提到。接下来他立刻跟各个主要区域的大牌戏剧制 175
作人搭上了关系。到圣诞节的时候，罗伯特已经开始和澳大利亚的哈里·米勒、日本的浅利庆太开始了合作制作，也安排了瑞典、德国和法国各地制作的首演，还有一个伦敦版的首演定在了 1972 年夏天。他还宣布将在洛杉矶的环球圆形露天剧场上演西海岸制作。跟如今的世界级热门剧目的不同之处在于，我们的百老汇制作没有形成一个全球可以复制的模板。每一个国家的创作团队都会不一样，不过快速上演的前提倒是一模一样的。

罗伯特还耍了一个小花招。既然宣布洛杉矶版制作将在一座露天剧院上演，就等于奥霍甘不得不重新构思创作，由此导致洛杉矶版的制作远远好过百老汇版。那部硕大的升降梯被保留下来，可是这次耶稣的斗篷是破布做的了。在美丽夜色的映衬下，大家对露天演出的各种问题总是抱着原谅的态度——不过耶稣的身形映衬着好莱坞夜空中闪烁的群星，总算是既达到了舞台效果，又十分令人感动。这部戏成了这纸醉金迷之地的必看剧目。格鲁乔·马克斯有一次因为在去看演出的路上要顺道接一个年轻女招待，进场时迟到了。他大着嗓门问前排的一位女士：“犹太人来看这部戏不会出事吧？”①

有鉴于此，罗伯特允许各地都可以由自己的创意团队来自行制作的安排，是十分明智的。要是任何一版一炮打响，就可以拿来当作一个确定的标准制作版本去推广了。可实际上这种事儿从未发生。纽约版制作演了 711 场，还不算差劲，可是在一个对《耶稣基督万世巨星》

---

①　因为《圣经》记载耶稣是被犹太人祭司们出卖给罗马总督的。

如此明确表示欢迎的国度里，首演版的表现如此也太难堪了。

莎拉和我对能回到英国真是喜出望外，可回来后又觉得颇令人无语。罗伯特的花招要得如此成功，以至于大家会觉得我们的戏和《俄克拉荷马!》一样杰出辉煌。消沉了一年的专辑唱片，突然就成了全英国的热门话题，晚宴邀请也铺天盖地地飞来，有些人我大概只是见过
176 一面而已。其中有一封是来自伦敦周末电视台的。他们在拍摄了列奥纳德·伯恩斯坦的独幕歌剧《大溪地风暴》后，为他举办了一次庆祝晚宴。我被安排坐在伯恩斯坦身旁，对面是爱德华·希思首相。话题转到了普罗科菲耶夫身上，伯恩斯坦称他“只不过赶时髦而已”，这句话让我怒火中烧，觉得他应该先说说他最新创作的，和百老汇版《耶稣基督万世巨星》收到相同评价的那部音乐剧《弥撒》。当时把我给气的，差不多有三天时间，都忘了《西区故事》是我最喜欢的音乐剧之一了。

另一次值得纪念的用餐，就是跟爸爸那次了。因为莎拉和我想留在郊外，而他想在伦敦音乐学院跟我会面，所以我和他的午餐之约一直在延期。爸爸对他在学校做出的成绩十分骄傲。我们一起参观了整栋楼，陪同的还有他的教务主任约翰·伯恩，后者曾在西敏公学给我上过课，然后我介绍他给我爸妈认识的。约翰的音乐喜好跟我爸爸很相似，我就觉得他跟爸爸应该能合得来。很高兴能看到他们俩合力把伦敦音乐学院打造成音乐教学领域里的一支颇有实力的队伍，而爸爸对他的学生们的了解程度之深，也给我留下很深的印象。

爸爸请约翰跟我一起，在他那间可以俯瞰伦敦帕拉迪厄姆剧院后台门的办公室进午餐，其实就是吃三明治而已（约翰和爸爸还喝了点鸡尾酒）。爸爸说起了哈林顿大楼里的八卦，他跟约翰·伯恩讲了蒂姆是怎么和外婆还有约翰·里尔共住一套公寓的，他又是如何看蒂姆跟

我一起创作《约瑟夫和神奇彩衣》的。他大笑着说，朱利安就读的学校里的一位老师后来给我当了音乐总监，而西敏公学的一位老师则当上了他的得力助手。接着他问我在纽约到底发生了什么事，以及我跟蒂姆的关系怎么样了。我差不多把一切都跟他说了，比如我多希望蒂姆能在纽约给我提供更有力的支持，他又是个多棒的词作者，还有我的梦想是我们能像罗杰斯和汉默斯坦，或者吉尔伯特和沙利文那样，成为一对长期合作的搭档。

谈话停了下来。我看到爸爸和约翰·伯恩对视了一下。然后他直
截了当地跟我说：“你跟蒂姆不会成为长期合作搭档的。”我被吓得够 177
呛。我问是不是我的完美主义者的脾气把蒂姆给惹恼了。爸爸并没有
正面回答，他只是说道：“蒂姆将来会颇有成就的，不过只是在那些对
他来说可以轻松搞定的领域而言。”

差不多在这个时候，大卫·兰德收到弗兰克·邓洛普和新维克剧院想要在 1972 年爱丁堡艺术节演出《约瑟夫和神奇彩衣》的申请。1971 年里，大家发了疯地翻找蒂姆跟我在《耶稣基督万世巨星》之前有没有创作过什么别的作品。我们在美国发行的《约瑟夫和神奇彩衣》原版唱片，就在包装上隐约表明这是一部后续作品。大卫的思路是，要是谁自以为有办法把《约瑟夫和神奇彩衣》搬上舞台，那就祝他们好运了。邓洛普提议《约瑟夫和神奇彩衣》可以作为一场晚间演出的第二部分登台，先演出的那部分是一部取材于《旧约圣经》的中世纪悬疑话剧。“《约瑟夫和神奇彩衣》一定能跟伦敦帕拉迪厄姆剧院那些顶级演出比肩。”大卫曾自鸣得意地说。二十年后，该剧的完整版的确登上了那里的舞台，而且是帕拉迪厄姆历史上最成功的演出。

从财务状况上讲，该年年底一切都令人乐观，这主要归功于那三轮美国演唱会巡演。我出钱让薇姨和乔治从拉莫托拉飞回英国，跟我

们一起度过在萨莫里兹的第一个圣诞。我们决定把格莱德豪花园的公寓卖掉，学蒂姆的样子，在伦敦买一栋联排屋。就伦敦中区的房价来说，那是一段很不寻常的时期，有时候没有任何理由，房价就会隔夜翻倍。有一天我在维多利亚和阿尔伯特博物馆附近闲逛时，路过一家房地产中介，在橱窗里看到一栋五层楼的联排屋，就在骑士桥的布朗普顿广场靠里的一头。挂牌 7 万英镑，可真是相当被低估了（相当于如今的 91 万英镑），担心它一眨眼就会翻到 14 万英镑，我立刻打电话叫莎拉过来。我们去看了房子，当场就敲定了这个价格。因为能提供按揭，顾资银行高兴得连笑都顾不上了。这是我迄今为止最划算的一笔不动产交易。两年后，我以两倍还要多的价格把它卖掉了，这笔钱到了 1974 年股灾就救了我们的命。

178　我们在年初就收了房子，然后办了场没有家具、可以随便扔食物的暖房聚会，当时已经担任《耶稣基督万世巨星》电影版导演的诺曼·杰威森的加入，使这场聚会更加生气勃勃。蒂姆是最先被邀请来创作电影剧本的。可惜他的构思需要的配套布景足以让《宾虚传》的预算都成了小儿科，①于是蒂姆被梅尔文·布莱格换下了场。当时有人对此觉得很奇怪，因为梅尔文出名只是因为他写了几本描写英格兰北部郊野的小说而已。我跟梅尔文见了面，很喜欢他，我俩一直以来的友谊就是从那时开始的。不过我那时的当务之急是继续向前，创作点新的东西出来——最好是风格轻松一些的。

我，跟蒂姆一样，是佩勒姆·格伦维尔·伍德豪斯的《通天管家》系列故事的狂热粉丝，所以当我们俩一致热情洋溢地决定写一部关于吉夫斯②的音乐剧时，我真是高兴坏了。我们选定了《伍斯特家的行为准则》作为我们的主要素材来源，蒂姆非常喜欢那个《冷不丁来了个

① 《宾虚传》是 1959 年发行的史诗片，预算 1 520 万美元。

② 《通天管家》里的主人公。

男仆》的标题。大卫·兰德负责去搞定授权。不过在新年开始之际，《通天管家》必须让步于布置家居和开始购买拉斐尔前派画作这两件事。莎拉和我花了大把时间来改善萨莫里兹的情况，同时蒂姆则满世界跑，去了解很多事情的进展，尤其是罗伯特的《耶稣基督万世巨星》的演出情况。

其实我脑子里还有一个挺傻里傻气的设想。我提出要给资深喜剧演员弗兰奇·郝沃德录一版普罗科菲耶夫的《彼得与狼》的解说词。弗兰奇那种充满暗讽的幽默感，在当时的搞笑剧如《庞贝众生相》里颇受欢迎。他就是罗伯特代理的艺人，后者对这个设想也很喜欢。

罗伯特当时不在伦敦，所以某个下午，弗兰奇和我征用了他在布鲁克街的办公室。我们正坐着聊天，弗兰奇突然冲向我，在我脖子上狠狠地咬了一口，说“把这个带回去给你的小新娘看看”。我当时完全被吓呆了，不知道该怎么办。弗兰奇可是个国宝级的人物，我无论说什么，肯定不可避免地会给《耶稣基督万世巨星》在英国剧院的亮相带来麻烦。更糟糕的是我也不知道该怎么跟莎拉解释，所以我就什么都没提，她也一样。我们就像什么事情都没发生一样，继续录音制作。

紧接着的一件大事，就是伦敦的首演了。我就像一张被卡住了的 179
黑胶唱片，反复念叨着纽约那些烂事儿可别在这里重演。蒂姆发回来的报告对澳大利亚版制作欣赏有加。我一直没能目睹这版，不过最近发现的一版被该剧已故主演乔恩·英格利什收藏的盗摄视频，让我觉得当初真应该去看看。这真是极不寻常的一版，有些方面比我们的原版更摇滚、更真实。这一版获得了巨大的成功，以至于让《耶稣基督万世巨星》对澳大利亚具有了特殊意义。这版还让其导演吉姆·沙尔曼成为将该剧带回英国的掌舵人。首演确定在 8 月，就在皇宫剧院，那里之前是伦敦驻场版《音乐之声》的演出场馆，之后却创下了上演音乐剧失败作品的数量纪录，声名狼藉。*

我发现我跟吉姆·沙尔曼有太多共同语言了。他对歌剧有深刻的了解，曾在21岁时导演过一版风月版的《唐·乔瓦尼》。他的父亲曾负责管理一台拳击比赛场上的助兴演出，走遍了澳大利亚的拳击场，所以吉姆很懂得按照时间节奏来推动故事。《耶稣基督万世巨星》后，他去执导了《洛基恐怖秀》，就是因为在他短暂出演我们伦敦版的希律王期间，遇到了那部戏的作者理查德·奥布莱恩。

这次的音乐总监是相当风趣的安东尼·鲍勒斯。安东尼是个身材矮小、极度女性化的同性恋，声音比较尖，说起话来可以相当地毒舌。他损人的程度在西区已经成为传奇，就像音乐厅里那位言语毒辣的托马斯·比彻姆爵士一样。某次面试时，一个身材魁梧的男中音说他自己很适合彼拉特这个角色。

“那您打算唱哪首歌？”安东尼尖着嗓子问道。

“我想演唱一首我自己改写的《不会成真的梦》。”男中音嗡嗡地回答。

“上帝饶命……不过真想唱就开始吧。”安东尼嘟囔着说。男中音开始吟唱了起来，刚唱了没多久。

180 “停一下！”安东尼粗着嗓门叫道。

“好的，鲍勒斯先生。”

“您唱的《不会成真的梦》是四四拍的？”

“没错，鲍勒斯先生。”男中音辩解道，“这正是我特别重新编排的一个方面。”

安东尼一下子直起了他一米五的身躯。“《不会成真的梦》是按照四三拍写的！”他吼道，“您唱的《不会成真的梦》是四四拍，这让我

---

* 《求雨奇缘》《沙漠之歌》《双城记》《蓓尔·斯塔尔》《吹笛人菲尔》，以及让人始料未及的《歌舞厅》。

们白白多受了三分之一的煎熬。”

演员阵容还是很好玩的。戴娜·吉莱斯皮出演的抹大拉，理所当然地满足了鲁本斯画作人物形象爱好者的要求。①她先前出演的电影，比如《风车磨坊女郎秘史》和《她的复仇》，表明她能够和这个角色产生共情。不过真正证明她够格出演的，还是她那副曾在数张大卫·鲍伊早期录音中出现过的，颇令人赞叹的布鲁斯风情的歌喉。被沙尔曼选中演犹大的斯蒂芬·泰特又高又瘦，他可是受过古典戏剧训练的演员。即便如此，当他和我们《耶稣基督万世巨星》的灵歌女郎们——其中一位名字叫伊莲·佩吉——摇滚登场时，我丝毫没有想到有朝一日，他会以首演阵容出演风烛残年的剧院猫格斯。

另一位后来也出演《猫》的就是保罗·尼古拉斯。他入选出演耶稣可是引来了一群人的侧目，在英国的讽刺杂志《私家侦探》上则引发了更大的喧嚣。保罗是英国最杰出的演出行业律师之一，已故的奥斯卡·比尤斯林克的儿子。他很年轻的时候就在给那位名如其人的“狂吼侯爵萨奇”伴奏的乐队里开始了职业生涯。到了二十世纪六十年代中期，他已经加入史迪格伍德机构旗下，跟罗伯特的厂牌签了合同。他用奥斯卡这个假名出了几首榜上留过名的单曲，其中第三首名为《我们翻过墙头》，就是由年轻的大卫·鲍伊制作的，后者的讣告里漏提了这一点。保罗接着又光着膀子主演了罗伯特的伦敦版《长发》。鉴于他跟罗伯特的亲密关系，意味着他入选出演耶稣这件事，对伦敦戏剧界帮派来说太不符合江湖规矩，而且他的俊俏容貌也煽起了一片妒火。其他人总说保罗进组，是角色分配不当，这点我不同意。保罗的 181
模样和声音都挺不错的，哪怕他的外表比起那位木匠国王②要更像一个

---

① 这里指该女演员符合鲁斯本画作里女性形象肥硕丰满的特征。

② 此处指耶稣，《圣经》里说耶稣本业是木匠。

摇滚午后场音乐会偶像①。

伦敦的排练过程具有很多百老汇版那时缺乏的快乐气氛，不过蒂姆越来越心烦气躁了。我还保留了一张他给我的，日期为 7 月 5 日的字条，内容如下：

> 亲爱的韦伯［看起来他的打字机可能打不出大写字母吧。②］
>
> 供记录在案，这些是所有我已经发给诺曼·杰威森办公室的为电影版新添加的歌词。我已经受够了给《耶稣基督万世巨星》额外写什么歌词了，可是吉姆·沙尔曼还想给《和撒那》再加一段，这真的是最后一根稻草了。可滑稽的是大家总是对新的歌词不满意，因为他们已经习惯老版的了。就像艾弗利兄弟重写了《只有在我的梦中》那样，你该明白我的意思。把这张卡片保留好，然后在 1996 年你的传记里把它收录进去。必须把《冷不丁来了个男仆》尽快启动，不然再来跟我要一段《耶稣基督万世巨星》的歌词我可真的就疯掉了。
>
> 啊啊啊啊啊啊啊啊啊啊啊啊
>
> （签名：蒂姆·莱斯）
>
> 抄送：教皇，阿尔夫·拉姆齐爵士

罗伯特·史迪格伍德把首演炒作到了无法再夸张的地步。尽管当时已经是 8 月休假季，该场首演票还是大家记忆中西区最抢手的票，所有可能搞到票的人都被发动起来了。罗伯特在预演期间，发现有一群修女会定时出现在剧院之外抗议示威。他指示我们的宣传专员安东

---

① 此处指“猫王”艾尔维斯·普莱斯利。

② 原书此处是指作者的姓氏首字母没有打成大写字母，而且之后整段英文原文都是没有大写字母的。

尼·派-杰瑞负责承担她们的餐食和住宿，以确保她们在首演之夜也能按时出现。

毫无例外，首演之夜总是让人备感煎熬。在那些为了这部戏不得不留在伦敦而无法去爱丁堡艺术节的，迂腐的伦敦城戏剧评论卫道士面前，《耶稣基督万世巨星》肯定没有胜算。快到幕间休息的时候，我
不经意间把其中一位变成了我的粉丝。当时我起身去扶一位老太太，182
结果发现对方是极负盛名的女演员西碧尔·索恩迪克。可我不知道的是这一幕被同样极负盛名的《星期天泰晤士报》的剧评人哈罗德·霍伯森看到了。从此他对我的音乐创作便是一路称赞到底了，哪怕是那部倒霉的《通天管家》。《观察家报》的电影评论人佩妮洛普·吉利亚特曾说过一句很出名的话："英国每个星期天最具特色的声音，就是哈罗德·霍伯森那找错了对象的聒噪。"

第二幕中蒂姆和我都紧张到坐不住了，于是我们站在观众席末排背后。一切都很顺利，直到殉难那一场戏。耶稣和十字架应该是从舞台正中间的地面下升起。首演那晚出的状况是它们没能升起来——电动升降机坏了。安东尼·鲍勒斯朝着穆格合成器的演奏员拼了命地打手势，让他弹奏一些令人眩晕的无调性即兴伴奏来填这个空当，以至于蒂姆和我都在琢磨要不要从过道冲下去，把这场噩梦给终结了。最终保罗和十字架被人工用滑轮给吊了起来，演出继续，接着就是OSO* 和光芒盖过百老汇那版的评论。

吉姆·沙尔曼把摇滚乐队摆在了舞台上，所以这部戏看起来更像是那种体育馆巡演版本，而不是传统的音乐剧。当导演越能接受《耶稣基督万世巨星》的摇滚专辑的本质时，这部戏就越可能表现出最佳状态。我最喜欢的一篇评论，是登在一本古典音乐杂志上的。这位乐

---

* 再解释一遍，OSO=礼节性起立鼓掌。

评人在把我的音乐批驳一通，说旋律之类的都显得老套之后，又说很遗憾没能听到更多像那段“为穆格合成器谱写的燃烧着炽热张力的音乐创新”的部分，就是这段把基督在十字架上殉难的场景，变得“油然动人”。

演后聚会是在罗伯特在斯坦莫的宅子举办的，超级有意思。其间一个让大家忍俊不禁的谣言传开了，说在楼上罗伯特的卫生间里，正上演一场不容错过的偷窥秀。显然是某位宾客跑去释放一下的时候，
183 发现本剧的词作者和抹大拉两位在地上缠绵，让人大饱眼福。罗伯特的助理，后来曾跟伊冯·埃利曼做过一阵子夫妻的比尔·奥克斯，告诉笑得乐不可支的莎拉，说他和蒂姆约定要在 1972 年底前，把每一位“抹大拉”和“炉边女仆”都弄到手。

《耶稣基督万世巨星》风靡伦敦。整个夏天，演出后的后台成了热门地点。一晚接着一晚，那里都是鲍伊帮的聚集地，理查德·奥布莱恩也是在那里构思出了《洛基恐怖秀》。戈尔·维达尔则为了追求被罗伯特选中出演希律王的美国演员——保罗·贾巴拉而天天光顾。

伦敦版《耶稣基督万世巨星》持续演了 8 年多，共计 3 358 场，是当时西区演出时间最长的剧目。我职业生涯中最自豪的时刻之一，就是我偶像中的一位，迪米特里·肖斯塔科维奇，在 1975 年观看了这版演出后，说他真希望自己能创作出这样的音乐，还表示他非常喜欢用摇滚乐队衬托木管和铜管的演奏的安排。

这次的伦敦剧评也许还算不错，可是跟我们接下来收到的那批相比，就根本不算什么了。伦敦的热闹喧嚣意味着我们都忘记了大卫·兰德吹嘘的“顶级演出”，就是在爱丁堡演的那部《约瑟夫和神奇彩衣》。我们谁也没有出席这部戏的首演。作为一部尴尬地命名为《圣经一号》的演出的一部分，大家一致同意《约瑟夫和神奇彩衣》比《耶

稣基督万世巨星》要优秀得多，而且可能是有史以来全英国最棒的一部音乐剧。而且有意思的是，当时《约瑟夫和神奇彩衣》全剧时长只有 35 分钟。

弗兰克·邓洛普设计的《圣经一号》是一个圆形场地，几乎四面围拢的脚手架搭建的座席，围绕着中间一块刷成黄色的场地，就代表沙漠了。上半场，或者严格来说是“前三分之二场”，是由一组根据旧约创作的，带有哀歌的中世纪悬疑剧组成的。巡回游走的演员描绘出了中世纪古英格兰的集市广场。在看完一幕这样的古代化石之后，估计你会说任何别的演出都是令人感恩的解脱了，不过《约瑟夫和神奇 184
彩衣》还真是让人耳目一新。弗兰克·邓洛普创造出了一个文质彬彬的说书人角色，由彼得·里弗斯出演。与此同时，盖瑞·邦德，一位已经在西区颇有名气的小帅哥，出演约瑟夫。他贴身穿了一条兜裆布，没穿着那件彩衣时，看起来就像戴着尿不湿。弗兰克·邓洛普把部分歌词里的第三人称改成了第一人称，让约瑟夫可以多唱几首歌。就这样，弗兰克给现如今上演的《约瑟夫和神奇彩衣》的完整版的出现开了扇门。更要紧的是，法老/艾尔维斯是由高登·沃勒扮演的，就是西敏公学自产的二十世纪六十年代排行榜冠军组合“彼得和高登”里的那个高登。《约瑟夫和神奇彩衣》成了 1972 年爱丁堡艺术节里无可比拟的热门作品。

把《圣经一号》给搬到伦敦来的计划马上就启动了。因为演出必须在一个圆形场地进行，所以传统剧院没法演。后来在白垩农场那边的圆厅剧场落了户，那是一个由废弃的火车头车库改建而成的奇特的戏剧场馆。又一次，《约瑟夫和神奇彩衣》大获成功。在伦敦演出的时候，“前三分之二场”的中世纪故事已经被缩成了“二分之一场”，而且罗伯特认为这一售而空的大好形势，意味着第二年要在一座西区的剧院里，推出一台新的制作。上半场将会被删掉，让位给一部由蒂姆和我创作的前篇。至少，当时的安排是这样的。

西区版的《约瑟夫和神奇彩衣》看起来还有些时日，所以蒂姆、大卫和我就开始关心起曾进展得如火如荼，而且当时已经在以色列开始摄制主要场景的《耶稣基督万世巨星》电影版来了。该去检阅一下了。莎拉觉得她已经听腻了《耶稣基督万世巨星》，所以只有大卫、蒂姆和我坐上一架以色列航空公司的波音 747 出发了。《耶稣基督万世巨星》的老将巴里·丹依和伊冯·埃利曼又一次出演彼拉特和抹大拉，诺曼还把体育馆巡演版的卡尔·安德森叫来演犹大。卡尔由于在百老汇版里被本·沃伦取而代之所生的那股怨气，早就化为感恩了。特德·尼利——杰夫·芬霍特在百老汇的替补——出演电影版的耶稣，
185 因为杰夫有一次在马克·赫林格剧院后台跟达利夫妇见面之后，就跟萨尔瓦多·达利的老婆同居去了。

因为我们实际上是被禁止参与电影拍摄的，所以只打算跑去片场做个礼节性亮相，跟诺曼和演员们打个招呼，随便祝福他们两句，然后就由环球影视花钱观光旅游。可是从一开头就诸事不顺。机场的安全检查无休无止，于是我们很晚才能去片场跟大家见面。我们索性把行李留在酒店大堂，立刻坐上一辆环球影视提供的加长型豪华轿车奔向沙漠。司机是一个在“六日战争”里受伤、有点瘸的以色列人，所以当大卫不停地教育他“我要是你就不会为了这个地方去打什么仗”的时候，他自然是面无喜色。

当我们离片场很近的时候，情况更糟了。路边有个贝督因人在一只死骆驼旁拼命挥手。大卫叫司机把车停下，按下电动车窗，喊道，“怎么了小鬼，华尔街崩盘穿底了？”又让我们的司机不爽了一把。很快便轮到诺曼·杰威森了。我们一到片场就去了一个矮棚子，闷热的室内还装了一根巨大的灯架。伊冯·埃利曼在里面盘腿坐着，看起来

就像被微波炉烤过了一样，而诺曼正在一台巨大的摄像机背后的沙地上缓慢爬行。

可能这时候正好是一个镜头开拍，时机不佳，也可能大卫就不应该去戳诺曼的肩膀，把他吓得跳了起来。反正，大卫拿来当开场白的笑话——“罗伯特·史迪格伍德让我给你带个口信，他叫你别怨天尤人了，赶紧把电影拍完”——显然没有起到效果。实际上诺曼被气得相当够呛。

接下来的几天过得挺搞笑的。当我们去参观哭墙的时候，我请那可怜的司机讲一下它的历史，这让大卫对我很不满意。几个小时后我们终于得以坐下来吃午饭了。大卫伸出一根手指头指着我说：“不要，安德鲁，不要跟一个犹太人问什么宗教问题。”

现在回首，我肯定这是他用来掩盖一个事实的手法，那就是他实 186
际上受到这个精神故乡的影响，远比他自己愿意承认的多。有一天傍晚，在特拉维夫，我们跑去海边散步。他出人意料地少言寡语，然后我们就犹太教和基督教信仰之间的异同，展开了一场漫长的探讨。我们都认可两者共同具有的独特之处有两点，那就是宽恕的品格和救赎的力量。

多年后，在这个心地善良的人的葬礼上，当雨雪飘落在威尔斯登公墓之际，那个特别的傍晚就出现在了我的脑海里。

16 塞 德

187 仁慈的读者，我要恳请你们的谅解了，因为我即将在这本按年份叙述的书里，犯下一桩滔天罪行。我会暂停唾沫四溅地谈论音乐剧，严重地跑一下题——也就跑开几个月哦——来写一下莎拉跟我是怎么与塞德蒙顿庄园，这个与我相伴最长——已达四十五年[1]——而且还依然牵手的伴侣，这座被我当作家园的建筑风格大杂烩结缘的。

莎拉总是说，自从我在萨莫里兹的农舍第一次尝到居住在郊外的新鲜后，我对建筑的热爱就不可避免地占了上风，所以没多久我便打定主意要把我们的家安置在一套稍微大一点的宅子里，就像查茨沃斯庄园这样的。我们的农舍周围有不少精制的乡间大宅，于是很快，我看着它们的目光就从欣赏转向了垂涎。也是在 1972 年，我开始认真地寻找一处具有建筑学意义的待售宅子。我当时差一点就买下一栋漂亮的宅子，就在索尔兹伯里南部，名字叫黑尔公园，是十八世纪最优秀的建筑师之一托马斯·阿彻设计的。莎拉和我反复去看了好几次，以至于她妈妈范妮都开始具体落实要把哪处改成洗衣房了。不过它附近有一排高压输电塔，让我感到不太爽。

就在我打算把当农村地主的任务束之高阁时，我在《泰晤士报》上看到一则小广告，出售一栋大宅子外加约 8 公顷的园子，就在伦敦以西约 90 公里的汉普郡北部。莎拉跟我对那个地方依稀有印象。在我

---

① 到 2018 年。

们从伦敦到萨莫里兹的行车途中，那是第一处尚未受到侵扰的郊野之地。我有点心痒了。

我们第一次去塞德蒙顿的情景还历历在目。莎拉开车，我看地图指 188
路。沿途景色并没有立刻让我们感到飘飘然。当时最快的一条路线，会经过奥尔德马斯顿的核武器工厂。不过一开过金斯克利尔村，风景就立刻让人惊叹不已了。我们的左侧是因为理查德·亚当斯那部关于兔子的小说而名扬四海的沃特希普荒原，正前方则是烽火山和海克利尔城堡，后者过了几十年因朱利安·菲罗斯的电视剧《唐顿庄园》而蜚声海外。

这个景致实在是太壮观了，以至于我的支票本都自动从我的口袋里爬了出来。当然，这套房子还是有很多问题的，只不过有一点十分对我口味。有一个德国籍犹太人，尼古拉斯·佩夫斯纳博士，曾在他那本具有深远影响的《英格兰艺术的英格兰气质》中，叙述过英格兰视觉艺术之所以会如此特色鲜明的原因。塞德蒙顿就是这样一栋除了英格兰之外，别处不可能出现的房子。我跟佩夫斯纳很熟，他有一次把塞德蒙顿描述成那种让人有欲望去拯救并且热爱终身的英格兰建筑风格大荟萃。* 我们

---

* 最早叫“山边庄园”的塞德蒙顿，始建于“诺曼征服”之后，在《末日审判书》里被登记为罗姆齐修道院的“田庄”，意即用来收地租的房子。1536 年，当亨利八世搞定了教会之后，田庄和田地都被赐给了国王的一位亲信，威廉姆·金斯米尔爵士。他在这里建起了一栋房子，相当大一部分留存至今。十九世纪早期，一位到处留名的，完全听从顾客要求来设计的建筑师托马斯·霍普，对它进行了大规模改造，这里搞一点仿都铎时代的，那里来一点仿乔治时代的。塞德蒙顿在金斯米尔家族里默默无闻，虽排不上一线大宅，倒也不算很差，直到第二次世界大战来临。那个时候，所有尺寸够大的郊野宅院都被征用，并交给军方——美国空军英格兰南部战区的基地就在附近的格林汉姆公地，几百名美国空军曾在这里驻扎过，而在 1944 年，这里因为一起秘而不宣的丑闻蒙上了阴影：一群不是喝醉了就是磕了药，或者两者兼有的空军军官从金斯克利尔那边过来，朝着酒吧里的当地人开枪。而官方对由此激发反美情绪的担心如此之甚，以至于把“金斯克利尔大屠杀”保密了四十年之久。我也是直到军情五处提醒我新闻禁令即将被解除，媒体也许会鼓捣出一些跟我的房子有关的新闻来的时候，才知道整个事件，媒体也真的这么干了。金斯米尔家族用他们拿到的战损赔款把这栋房子很大一部分给拆了，再把剩下的部分改成现代风格，不过 1971 年比尔·金斯米尔上校去世后，就没有直系继承人了。这栋房子、大部分外租出去的农场和一份数额巨大的遗产税，依据联姻关系转到了他的外甥手里。为了继承这笔遗产，这位外甥还改姓了金斯米尔。他打算把这栋房子卖掉，然后利用剩下的不动产玩点花样。

189 把伦敦的房子卖了，到了 11 月，得力于顾资银行的新的按揭，买下了大家如今称为“塞德”的我自己的家。

大家都觉得我在 1973 年的 11 月去买一栋乡间宅院，真是疯到不要命了。我最亲密的朋友们公开指责我让莎拉背上了一个沉重的包袱。当时政治阴云正在飞速汇集。我买下塞德蒙顿刚过一个月，全英国就被煤矿工人总罢工给停摆了，只能实施强制性“每星期三天错峰工作制”①。1974 年 3 月，希思首相宣布大选，然后他的政府垮台了。就在新一届社会主义政党执掌议会那一天，二十岁的莎拉和我正式拥有了一栋被人抛弃了的有十二间卧室的乡间宅院。同时，新任财政大臣，丹尼士 · 希利，宣称他会“把富人榨干到苦苦求饶”②。

我倒是觉得可以把塞德蒙顿变成一个很独特的场所。这房子肯定不可能改得精致优雅，可要是有办法把整片地重新聚拢起来，这块物业将会十分独特。从这里眺望沃特希普荒原的视野无与伦比，还有一片颇有十八世纪经典风景特色的湖水，只是荒草丛生，无人问津。不过我会想办法把它纳入名下，恢复它的生机。那里还有一座十九世纪风格，外观普普通通的地区教堂，盘踞在大草坪的中央，严重影响了地价。即使周末也没见多少人跑来租下这座教堂，在他们的会客室窗外搞什么乡间婚礼。我觉得有朝一日我可以把这座教堂改建成一个剧场。结果这件事发生得比我预料的更早。

尽管如此，我也差点决定放弃这套房子。促使我愿意赌一把的，是我这一生至今获得的排名第二的忠告，来自比尔 · 沃尔沃斯，一个跟莎拉和我交上了朋友的威尔特郡房地产经纪人。他仔细查看了塞德蒙顿，说这是个宝贝。他还跟卖家聊了聊。比尔的结论是，这个卖家

---

① 因为煤矿总罢工，又遇到中东石油危机，当时英国政府下令商业机构每星期只能开工三天，以节省电力。

② 根据新闻，当时的原话不是“富人”，而是“房地产投机者”。

是个嗜酒如命的人，对这片地产并没有什么深厚感情，所以一旦手头紧了，就会一点一点地卖地。要是我的职业生涯一直向前发展，只要有负担能力，我就有可能具有得天独厚的优先权把这些地一块块地都买下来。如今塞德蒙顿庄园已经占地约 1 800 公顷。这笔交易的一份额 190
外奖励，比尔·沃尔沃斯倒是没能看出来：卖家有一个非常漂亮的女儿，叫露辛达。我有一阵子还开车捎她去上学，如今她已经是我最亲密的朋友之一，就住我们隔壁。

1973 的新年初始，《约瑟夫和神奇彩衣》被确定将在 2 月 17 日登陆西区剧院，演员们则开始排练剧本都没影的第一幕了。莱斯利·托马斯和《孤海浮灯》的惨痛回忆贯穿着整个排练过程，好似那部失败之作的阴魂不肯散去一般。罗伯特想给《约瑟夫和神奇彩衣》加一段前篇带来的问题是，要是这么做真的合适，我们早就去写了。实际上蒂姆和我更热衷于我们的《通天管家》项目，而不愿意去给《约瑟夫和神奇彩衣》写什么热场戏。由于那段悬疑剧水平很差，还没音乐，罗伯特觉得哪怕是一个稍微有点滑稽的剧本，讲一讲旧约里约瑟夫之前“一路走来的故事”，都能给我们这位穿着神奇彩衣的主角带来不仅仅是人物介绍的功效，特别是如果能有几首新歌来点缀一下的话。我不断提醒大家，去西区剧院看戏的观众会带着的预期，肯定和去时髦的圆厅剧场的观众彻底不一样，尤其是海报上还写着我们的名字。最早叫“新剧院”的艾尔贝瑞剧院，曾一度是《雾都孤儿》的驻场剧院，是典型的西区主流剧院。大卫则依然觉得《约瑟夫和神奇彩衣》就是一台综艺秀。“大家去帕拉迪厄姆买票看汤姆·琼斯的时候，谁会关心那些杂耍演员啊。”他火上浇油地嘟囔。

蒂姆捣鼓出了一个剧本，加了一个不出场的上帝的语音表演，可没人喜欢这个本子。于是罗伯特征召了艾伦·辛普森和雷·盖尔顿，这两位也是由他代理的顶级戏剧创作者。艾伦和雷都是著名的《汉考克半小时秀》的编剧，就是我小时候认识的汉考克主持的，他们也是极度成功的电视连续剧《斯特普托父子》的编剧（这部电视剧的美国版叫《桑福德父子》）。他们管自己的剧本叫《雅各布的旅程》。我们加了一些新歌，其中最漂亮的一首是《七年》，还挺有效果，因为我们
191 在其中整合了《约瑟夫和神奇彩衣》的叙事风格。这首歌的旋律后来配上了一段蒂姆创作的，相当有难度的歌词，改名叫《让我醒悟》，让盖瑞·邦德录了张单曲。

《雅各布的旅程》&《约瑟夫和神奇彩衣》这部两剧同台的演出，从一开始就注定要完蛋。简单来说，西区的观众接受不了第一幕只是一段热场演出这样的安排，而弗兰克·邓洛普的编排在一座传统镜框式剧院里，就没什么效果了。不过我个人还是很喜欢盖尔顿 & 辛普森的剧本里的这一段。

> 上帝：雅各布，我决定将尔姓氏从今往后改为“以色列”。
>
> 雅各布：“以色列”？为啥要改？
>
> 上帝：就当小老儿我一时兴起好了。
>
> 雅各布：好吧，可是为啥是“以色列”啊？
>
> 上帝：呃……好吧，那叫“委内瑞拉”怎么样？
>
> 雅各布：听起来不像犹太人啊。
>
> 上帝：嗯，现在是不太像，不过叫着叫着就像了……

到了复活节[①]的时候，我们不得不向现实低头了。《约瑟夫和神奇彩衣》必须扩充为一部完整的晚场剧目。6 月下旬的某个晚上，《雅各

---

① 4 月初。

布的旅程》被砍掉了，本来就该登台的全剧版首次亮相，票房开始回升，只是速度不够起死回生。到 9 月底，《约瑟夫和神奇彩衣》停演了。

这部戏本来也就此到头了。不过很快就有人申请要在如今已经停业了的莱斯特市草市街剧院，制作一版新的演出。由罗宾·米吉里执导的这部戏，找了当地某位名人的儿子，梅纳德·威廉姆斯，来演约瑟夫，立刻在当地一炮打响。紧接着开始了一次极其成功的英国巡演，由比尔·肯怀特导演。1976 年，弗兰克·邓洛普在纽约布鲁克林学院导演了加长版的《约瑟夫和神奇彩衣》。该剧在经历了好几轮外百老汇的演出后，终于在 1981 年，由托尼·坦纳执导，由已故的杰出演员劳 192
里·比奇曼出演说书人，走上了百老汇的舞台。劳里的表演品质如此优异，以至于从那时起，说书人的角色就通常由女演员出演了。

1992 年，我在伦敦帕拉迪厄姆剧院推出了一版新制作，由杰森·多诺文主演，打破了帕拉迪厄姆一直以来的票房纪录。这版制作后来又在百老汇和澳大利亚上演，还在美国巡演了一番，并于 2007 年回到西区。这版新的加长版，自二十世纪七十年代中期就对学校开放授权，自那时起，在以英语为主要语言的世界各处上演。至今[1]已有 2 万多所学校与学院演出过《约瑟夫和神奇彩衣》了。

1974 年 6 月，我们跑到芝加哥去宣传《耶稣基督万世巨星》的电影。我至今也没明白我们是怎么会被忽悠去的。电影我们都看过了，就我来说音乐处理得很糟糕。让我生气的是，为了给诺曼·杰威森钦定的音乐总监安德烈·普列文让位，把我从编曲的岗位上给撤掉了，而令人不平的是他还为此拿了一个奥斯卡奖提名。鉴于电影原声实际

① 2018 年 3 月。

上用了我们的唱片版的原创摇滚伴奏音轨，我强烈地认为大卫和罗伯特本应该为我争取到一个合作编曲的署名的。不过我已经四十五年没有看这部电影了，所以还是不要去计较这些了吧。我还记得我喜欢的是开头那段，一群巡演演员坐着大巴来到沙漠里，准备上演耶稣的故事。蒂姆不开心的是片子里加了一句“冷静点，兄弟”，他抱怨说梅尔文·布莱格凭这句话就当上编剧的话，那他岂不更有资格？还有一些并非由我创作的新塞进去的音乐段落让我很讨厌，应该就是普列文写的。

很快我们就明白为什么这部电影既不在纽约也不在洛杉矶，而是在芝加哥举办首映了。马丁·沙利文牧师的警示成真了。一个名叫“犹太人保卫联盟”的组织投诉这部电影里对大祭司们和犹太群众的处理，是反犹主义的表现，因为这是在暗示是犹太人杀死了基督。百老
193 汇版首演时也有过类似的风波。蒂姆还曾在电视节目上成功地驳倒过一个叫马克·H.坦纳堡的拉比，说剧情中的受害者和施害者事实上都是犹太人，而且他的歌词刻意地不带倾向性。更进一步来说，新约的中心思想是耶稣乃是遵从上帝的意志而赴死的。只是这一次投诉的破坏性更加严重。比较讽刺的是，且不说诺曼·杰威森的上一部电影就是《屋顶上的小提琴手》①，他还为了缓和外界批评，破了自己的规矩，逼着我们给祭司们写了场新戏，试图解决这个问题。现在回过头去看看，我都怀疑那场戏反而是火上浇油。

指责我们有反犹主义思想让我很伤心。塞弗顿·迈尔斯曾跟我多次讨论过《耶稣基督万世巨星》的内容，他的犹太人朋友里没有人觉得有问题，而且我记得塞弗顿还曾跟英国的大拉比乔纳森·萨克斯提起过《耶稣基督万世巨星》，后者多年后还跟我讨论过将基督教和犹太

① 一部根据同名音乐剧改编的讲述犹太人在十九世纪末的东欧遭受迫害的电影。

教信仰中的一些元素组合成某种文本形式，然后让我来谱曲的可能性。我知道萨克斯大拉比很熟悉约瑟夫演唱的《关上每扇门》里的歌词。又一次，蒂姆在每场公开辩论里获胜，可是纳德·塔恩和环球影视公司的高层承受的压力太大了。这部片子在美国实际上没戏了。也许环球影视公司的老板们就像电影《布里奇特爱着伯尼》的制片人一样，受到了来自“犹太人保卫联盟”的威胁。①2001 年，“犹太人保卫联盟”被美国联邦调查局归类为右翼极端主义者组织。

蒂姆和我在那年夏天花了很多时间一起工作。我们开着他那辆新宝马车穿越法国，前往拉莫托拉，去搞定《通天管家》里一些需要慢工出细活的内容。我们跟佩勒姆·格伦维尔·伍德豪斯的老搭档，同为作家的盖伊·波顿进行了大量的沟通，那位伟人②曾这样描述他：“就像咖喱鸡浓汤……懂行的人不会去翻搅。”我还得知伍德豪斯是极其成功的三人组“伍德豪斯、波顿和科恩”里的词作者（科恩负责作曲），而且他以创作了《演艺船》中的“比尔”的歌词享有盛名，那正 194
是我最喜欢的歌曲之一。没人知道伍德豪斯跟盖伊·波顿说了些什么，反正盖伊已经听说了我们要创作《通天管家》的计划，而且尽管已近 90 岁高龄，他依然想要参与其中。我们一起开了好几次会，他还提到要由我们来给一些他未能有机会制作的项目创作歌曲。

罗伯特·史迪格伍德手下负责戏剧事务的人是一个很好玩的铁杆左派分子，叫鲍勃·斯瓦西。不过，他的政治观点并没有妨碍他预见要是自己能通过在西区一些高档餐馆请客吃饭，把《通天管家》这艘船驶向那片资本家聚集的泥沼之中，他就能赚得盆满钵满这个迹象。

---

① 该组织成员曾在 1973 年暴力威胁该片制片人，因为此片主人公是一对分别信仰天主教和犹太教的夫妻。

② 指伍德豪斯。

鲍勃·斯瓦西知道蒂姆很会磨洋工，也许在编剧方面加人手就能把事情推动起来。于是编剧艾伦·埃克伯恩入伙了，他刚刚上演的作品《厨房闹剧》受到剧评人的好评。而且鲍勃觉得，如果《通天管家》这部戏由“莱斯、韦伯和埃克伯恩”三人组合一起创作，肯定会让演员们打破头都想参演。所以他安排了我们仨见面。

我跟艾伦立刻就聊得很投机，尤其是谈到了缅甸猫的时候，而且我觉得我们一起工作应该很合得来。可是蒂姆会允许一位背景如此强大的专业人士，来掺和我俩的“家事”吗？用伍德豪斯的话来说，就像在鸽子群里放进了一只波斯猫。因此在 9 月 20 日，蒂姆退出了《通天管家》这个项目。这件事本身倒没让我感到多难过，就这个他心存疑虑的项目来说，他绝对有权决定退出。不过他退出的方式让我很受伤：我是从他写给盖伊·波顿，同时公开抄送我和大卫的一封信里才得知他的决定的。

不过我的伤心刚开个头就转为了喜悦。蒂姆退出了三人组后，艾伦马上表示他愿意亲自创作歌词。我无比兴奋，我终于有了一个真正戏剧领域的合作者——不光如此，还是个当时英国戏剧界的红人。也正好让蒂姆开开眼。艾伦当时出任斯卡布罗的斯蒂芬·约瑟夫剧院的艺术总监，他的作品总是在那里首演。他当时已经在为 1974 年的演出
195 季创作那部《朋友缺席》，而且还紧密参与了一个把他当时最大规模的作品，一部名为《诺曼的征服》的三部曲，移植到西区剧院的项目之中。所以《通天管家》只能先等一等了。

这里讲一个插曲。11 月的时候，佩勒姆·格伦维尔·伍德豪斯亲自写信给我，自荐来当我的词作者，并提议以现有的盖伊创作的《通天管家》剧本为蓝本，组建“伍德豪斯、波顿和洛伊德·韦伯”三人组。不过那时候艾伦已经深入参与其中了。可是，我的天，我怎么就没能意识到简历上要是写了“洛伊德·韦伯和伍德豪斯”，该有多

帅啊！

等艾伦档期这会儿，多亏薇姨的老朋友，电影导演罗纳德·尼姆，我也没闲着。我当时经常去看薇姨，意大利的天气和她的腿伤一直无法和平相处，所以我帮薇姨和乔治在布莱顿的小巷里买了一套小房子。尽管外婆那事儿的阴影还未散去，但大家也都装聋作哑了，不过当有朋友托他们帮忙搞几张《耶稣基督万世巨星》的票的时候，他们还是挺精神焕发的，毕竟这是当时伦敦最热门的一部戏。

9 月份，罗纳德·尼姆跟薇姨打听怎么联系我。他正在把弗雷德里克·福赛斯的小说《敖德萨档案》拍成电影，问我想不想来配乐。剧情讲述了追踪一个臭名昭著的虐待狂同时也是纳粹战犯的故事，时代背景设定在肯尼迪遇刺后没多久的德国的一个冷冬。这风格我很熟悉，也颇感兴趣。而且《敖德萨档案》还是福赛斯的超级畅销之作《豺狼的日子》的续篇，找了乔恩·沃伊特主演，制作背景相当强势。可是麻烦在于，该片制片人，英国电影界老手约翰·伍尔夫想要的主题歌，必须像是一首能在 1963 年圣诞期间在德国火爆的流行金曲，由当时著名的美国艺人来演唱。我心目中的首选就是艾弗利兄弟二重唱组合。

不幸的是这对兄弟之间的情谊，跟约瑟夫兄弟之间的遥相呼应，
所以塞给我的是一位货真价实的老古董，嗓音醇厚的佩里·科莫，远 196
不是我想要的一个摇滚歌手。其实管他叫“佩里·瞌磨拖死”更合适。他的演唱绝对可以让最严重的长期失眠症患者睡得酣畅。我请蒂姆来写歌词，尽管大部分段落还是要被改成德语。这首歌叫《圣诞之梦》，是我俩创作的“不为人知”的歌曲中我很喜欢的一首。由于对蒂姆的那句歌词“仔细看好，我这就出发，我只需要，一片片雪花”有错误的解读，这首歌在美国被限制播放。这句歌词的本意是说在一个暴力横行的岁月，祈求过上一个明信片上描绘的那种圣诞节，可电台节目

制作人们却读出了另一种意思，就把歌给禁了。这首歌还有一个录音版本，是由莱斯特草市街剧院版的约瑟夫，梅纳德·威廉姆斯唱的，比“瞌磨拖死”版好了不只一点点。可你们懂的，尽管我多次暗示，这版录音也没能编进片子里去。

《敖德萨档案》在 1974 年秋季推出，反响平平，舆论认为导演风格平淡无奇，音乐倒还不错。不过自此以后再也没人请我给电影配乐了！

1974 年 3 月我赴了个约，赴约的后果影响颇大，尽管有关的后续项目并没有完全按照我最初的设想来实施。我很小的时候，对两本图画书视如珍宝，一部叫《山谷沧桑》，讲了一个虚构的小镇子是如何从史前岁月发展到二十世纪的样子；另一本就是《托马斯和朋友》。

托马斯是一部蒸汽铁路小火车头，是一套设定在逐渐消失的英格兰乡村背景下的故事图画书里的主人公，这套书相当于《小火车做到了》的英国版。整套书的宗旨是说一部火车头的奋斗目标，就是要做到时刻都能表现得“真有用”。我想要把那些故事改编成一部动画版电视连续音乐剧。于是我跟这套书的作者，一位退休的神职人员，威尔伯特·奥德瑞牧师见了个面。整个过程很愉快，尽管当我在我空荡荡
197 的乡间宅子里，给他泡上速溶咖啡时，他也许会好奇自己对面这位是不是从普拉斯多三站外* 那地方来的。要是奥德瑞牧师当时就知道他那套好玩的小图画书，会间接给一部规模庞大的穿滑冰鞋表演的音乐剧带来灵感，而且还会成为一家在伦敦交易所上市的公司名字，他会做何感慨呢？

---

* 我一直盼着把这句俏皮话说出来。伦敦土话里形容某人“疯了”就是这么说的。在英国，我们常说某人“疯如吠犬”，而“犬吠”和伦敦东部郊区某地名的写法一样（译者注：英文里“狗叫”是 barking，跟伦敦一处地名“柏京”完全一样），正好离普拉斯多地铁站三站地。

17 失控的重型卡车直冲下坡

每次当我被问起那个老掉牙的话题“一部热门音乐剧背后的秘诀 198
是什么”的时候，我就会引用奥斯卡·汉默斯坦的那句名言：“只有傻瓜才会跟你说理由，聪明人根本就不会回答。”热门的音乐剧都是稀有品种，每一个组成部分，像故事、音乐、歌词、舞美设计、编舞、导演以及选角，至少这七个职能必须要同心协力、水乳交融才行。要解释一部音乐剧为什么会失败反倒容易得多。显然大部分失败之作的问题都是明摆着的。其他一些作品——比如《芝加哥》——第一次推出的时候，并没有好好制作。全靠后来新一代观众的视角，再加上辛普森杀妻案的加持，才使得这么优秀的音乐脱颖而出。

说到《通天管家》，整个团队阵容从履历看，相当强大。25岁的我是最年轻的一个，可是成绩已经不俗。艾伦·埃克伯恩早已凭借着《各怀鬼胎》享誉大西洋两岸，他最新的三部曲《诺曼的征服》确认了他佼佼者的地位。更重要的是，他还带来了另一位大拿，英国籍导演艾瑞克·汤普森，女演员艾玛·汤普森的父亲。艾瑞克的导演成果不仅包括艾伦的那些成功作品，还包括像话剧《我的好肥友》这些，此外他还因为给英国广播公司的电视节目《神奇的旋转木马》配音和撰写剧本而名噪一时。编舞克里斯托弗·布鲁斯被兰伯特芭蕾舞团尊为头牌。舞美设计师沃伊泰克则拥有跟罗曼·波兰斯基在电影项目中合作的背景，在刚刚参与的皇家莎士比亚剧院的《基斯侯爵》中，凭借

着令人目眩的舞台特效，尤其是一条尺寸硕大却会凭空消失的裙子而
199 备受赞誉。罗伯特·史迪格伍德也决定跟迈克尔·怀特联合制作这部戏。

迈克尔·“粉笔头”·怀特最出名的是他曾制作了西区版的《游戏》，也曾联合制作过艾尔贝瑞剧院版的《约瑟夫和神奇彩衣》，尽管我真的不记得他参加过任何一次创作讨论之类的会议。在《通天管家》不怎么顺利的构思创作期间，他在皇廷剧院的楼上小剧场推出了《洛基恐怖秀》，同时还在制作电影版《巨蟒与圣杯》。他深知如何在恰当的时机，让恰当的人聚拢在他身边。可是直到《通天管家》开始试演之前，他连一眼都没来看过。结果问题就来了。《通天管家》没有真正的制作人。罗伯特已经断定电影是他的强项，所以要等到首演之夜才会来看《通天管家》。迈克尔并非“领头”制作人，也更乐意让我们这些戏剧圈的行家自己玩。罗伯特的手下鲍勃对技术细节了如指掌，只是创作方面他没法带头。唯一在音乐剧领域有创作经验的，就是我了。我当时从没有参与过一部原创音乐剧的制作，再说我又算老几，一个比艾瑞克和艾伦年轻十岁的戏剧行业新手，凭什么跟这对硕果累累的搭档切磋交流呢？

对于一部原创音乐剧来说，一个有着创作思维的制作人的重要性，是再怎么强调也不过分的。他们也是稀有品种。当时整个英国，本土自产的音乐剧，用一个毫无经验的锯木工的手指头就能数过来，①更别提能对外输出的了。引进已经试错过的百老汇剧目是常态。的确是有几位从百老汇引进制作本土版的制作人，像罗伯特制作了《长发》。不过引进一部现有的热门作品，实际上就是当个经纪人而已，戏剧行业里的毒舌管他们叫“带孩子的”。这跟在幕后担任指导、从零开始创作

---

①　这里暗示相当少，因为毫无经验的锯木工的手指头极有可能被切掉好些个。

一部热门作品很不一样。如果说有一支由各色背景的人组成的团队，无论成员的个人天赋有多厉害，都依然缺少一个眼光犀利、意志坚定的戏剧制作人来领导的话，《通天管家》的团队就是。

一切开始得非常顺利。10 月初，艾伦和我碰巧都在纽约，我们把 200
几首歌过了一下。不过真正令人难忘的是我们去了趟长岛的雷森堡，好让艾伦见一下“佩勒”，这是伍德豪斯在朋友之间的绰号。我之前已经拜访过一次这位文豪。第一次见他还是在伦敦版《耶稣基督万世巨星》开演后，蒂姆、莎拉还有我来纽约的时候。很奇怪的是，无论莎拉还是我，都对这次造访毫无印象。我应该还弹了些曲子，可蒂姆当时肯定还拿不出一句他敢放心地让伍德豪斯看到的歌词来。蒂姆则记得他不小心打开了照相机后盖，就这样把那次拜访真正发生过的证据给毁得一干二净。不过，对这第二次拜访我记得很清楚。艾伦、莎拉、我跟彼得·布朗一起出发，还带了位长相古怪的摄影师，要去记录这次充满激情的会面。彼得对他称赞有加，说他可不是普通的摄影师，这样的场合就得找他这样的大艺术家来拍照。莎拉首先认出了伍德豪斯家。

正当我离开高速公路主路，转向南安普顿的时候，她先看见了一块巨大的广告牌，提示此地是“百得微落单猫狗之家”。我们在街角转进伍德豪斯家的车道时，一辆皮卡货车正气势汹汹地开动起来，驾驶座上是一位高个子、瘦瘦的老太太，货板上摆着三大盘刚刚烤好的鸡肉。

“你们好，我是埃瑟尔！”这位仪表庄重的老太太在噪音中扯着嗓子喊道，“正要去喂猫，佩勒在客厅了，等会儿见。”这当口车子已经开出去不少了。我们立刻朝着房子冲过去，反正等这辆皮卡再开回来的时候，我们还在车道上绝对不明智。大文豪已经站在门廊上。

“你们好，我是佩勒。”他说，“你们应该是埃克伯恩先生、布朗先生和韦伯夫妇咯。”长相古怪的摄影师消失得无影无踪。

一团飞到半空的尘土还有碎石子的炸裂声，宣告了伍德豪斯太太
201 的回转，于是我们都落坐，开始享用咖啡——应该是，我们全体，除了那个古怪的摄影师。客套几句后，该弹奏一些音乐了。窗边有一台大三角钢琴，当大文豪说杰罗姆·科恩曾经在这台琴上演奏过《演艺船》的歌曲时，我内心激动万分。鉴于无论是我还是艾伦都不擅于唱歌，我们事先就安排好了，我在钢琴上把旋律敲打出来的同时，艾伦就手持剧本，凑在伍德豪斯的耳朵边上，把他创作的歌词轻声念出来。当我们进行到《短暂时刻》这首歌时，看得出来他有点不安了。等我弹完了，他的目光锁定了我，说道，“韦伯先生，我觉得我的角色应该撑不起这么一首情绪饱满的歌曲。”这就是客气地表示我的音乐创作，跟他的故事半毛钱关系都没有了。

当我们进行到《当爱来临》的时候，气氛稍微改善点了。这首歌即使到了后来我们悲惨的首演之夜也是表现不俗的。我们刚一结束，就听见伍德豪斯大声喊道：“埃瑟尔，快来看，有台照相机在灌木丛里晃来晃去。”

艾伦和我转过身去，看到在客厅窗外的矮树丛里，彼得·布朗带来的那个古怪的摄影师，正蹲在那里，一副鬼鬼祟祟的样子。

“我说冒充杜鹃花的这位，赶紧出来现身!”佩勒严厉地说。

等彼得解释清楚这位是他请来的优秀摄影大师，正准备用他独特的艺术眼光把咱们的历史性会面永久记录下来的时候，也到了告辞的时间了。伍德豪斯夫妇被折腾得够可以了。“要是你们在歌词上遇到麻烦了，我很乐意试试看，给那首漂亮的情歌写歌词。”听着这句令我终生难忘的告别辞，我在已经启动的车子上向佩勒和埃瑟尔致谢。多谢莱斯打开了相机后盖，还有彼得那位躲在灌木丛里的摄影师，没有任

何一张拿得出手的照片可以留下来，证明我们真的会过面。

《短暂时刻》的旋律对莎拉和我来说，都带着深厚的个人感情。有时候我会觉得，在我全部的情歌作品里，它可能是我最喜欢的一首。我一直好奇的是，如果配上这位曾经给《比尔》这首歌作词的大师写的词，这首歌会是什么样子。

尽管如此，我们回到英国的时候还是很意气昂扬的。选角看起来 202
挺顺利。大卫·海明斯已经被确认出演波提·伍斯特，手续也都办妥了。奈德·谢林曾管他叫“放荡小天使”，一针见血。大卫是二十世纪六十年代真正的电影明星，因出演安东尼奥尼的《春光乍泄》一夜成名，还娶了女演员盖尔·亨尼卡特。他对这段婚姻有个著名的说法，“就是个穷人版的波顿和泰勒”[1]。不过在《通天管家》成形期间，他正和已经是蒂姆前女友的普鲁登斯·德·凯瑟布鲁特同居。蒂姆则是因为跟西区版《约瑟夫和神奇彩衣》里的一个演员好上了，才把普鲁登斯甩掉了。此事是不是导致蒂姆突然退出《通天管家》的原因之一，我也说不好。不过我可以肯定的是，普鲁登斯在《通天管家》期间一直给予他最大的帮助，所以后来他俩结婚的时候，大家都很高兴。

大卫是“本杰明·布里顿喜欢的小男孩”[2]之一，而且据说布里顿对他曾深度迷恋。因为他是个男童高音，所以在布里顿的《旋转的螺丝》首演版里出演了迈尔斯，而且咏叹调《马洛之歌》就是受他的歌声启发创作出来的。我曾问过大卫，布里顿对他的迷恋是否有越线行为，不过他总是很同情地说布里顿其实一直很小心翼翼地以礼相待。艾瑞克·汤普森招募了有口皆碑的角色演员迈克尔·奥尔德里奇出演吉福斯，获得艾伦·埃克伯恩的极度赞赏。实际上艾瑞克选拔演员时

---

① 指英国电影演员理查德·波顿和美国电影演员伊丽莎白·泰勒。
② 指跟当年布里顿过从甚密的一些年轻男孩。

对角色设定相当看重，哪怕这样的结果可能导致演员只会唱，或者只会其他单项技能。除此之外，讨人喜欢的安东尼·鲍勒斯也加入了，让我们士气高涨。

这场注定要发生的惨剧的第一个征兆，就是剧本。这次倒不是莱斯利·托马斯的阴魂作祟了。这次的剧本体量让《乱世佳人》看起来都只是本小册子，但歌曲只占到了全场演出时间的 20%。我跟鲍勃·斯瓦西嚷嚷着指出这个问题，他只说别担心，艾伦和艾瑞克毕竟是专业高手的黄金组合，并建议艾伦把所有构思都填在第一版初稿里，然后再让两人联手把不需要的部分划走，直到剧本变得薄如刀片，跟布莱恩·布罗利那张《耶稣基督万世巨星》的唱片封套的处理方式如出一辙。我还是很不放心。我当然理解这部戏里会有对白，伍德豪斯的
203 幽默效果主要就是通过字句上的反转体现的，可我一直以来创作的都是音乐驱动类型的剧目。这一次，歌曲看起来就像是附加的了，几乎没有参与剧情表达。不过我一直告诉我自己，艾伦和艾瑞克的辉煌成就，毕竟不是靠撞大运得来的。

大概因为这些因素的影响吧，我的注意力开始分散。我关于《艾薇塔》的第一笔记录日期大约是在 1974 年的年底。尽管蒂姆在那年 4 月开始从《通天管家》抽身，他和我还是约定，如果找到了合适的题材，我俩依然要一起创作。当然我曾经明确指出，必须要等到我第二部即将在西区火爆的作品带来的海量工作都忙完了之后。我们俩是在德鲁利巷皇家剧院观摩了音乐剧《比利》的预演后，达成的合作意向。那部戏由迈克尔·克劳福德主演，电影作曲家约翰·巴里作曲，我们俩共同的朋友唐·布莱克作词。《比利》是根据《瞎话大王比利》改编的，带着很强烈的正统英式音乐剧的元素。我离场时还在哼着主题歌，以及另一首名叫《有些人就是运气佳》的歌。四十多年后的今天我还

能记得这些旋律，很能说明问题了。剧中还有一个很棒的配角，是由《耶稣基督万世巨星》里一个灵歌女郎出演的，她叫伊莲·佩吉。

蒂姆和我决定应该去当时考文特花园排名第一的伊尼格·琼斯餐厅吃顿晚饭，来展开我们极具意义的讨论。菜单刚刚奉上之际，蒂姆跳了起来，说他把大衣忘记在剧院里了。他保证很快回来，都不给我机会开始说“龙蒿调味布雷斯鸡塞鳌虾沫配汝拉产甜黄葡萄酒小洋葱酱”这道菜名。十分钟过去了。然后又过了十分钟。同样看完了戏的食客们同情地看着我，我都可以用“伤自尊”来描述当时的心情了，即使不到那个程度，我也是尴尬地坐立不安。我内心纠结万分。我是该怒火中烧地离席而去，向一个擦身而过的招待嘟囔着抱怨，说本来
可以解救英国音乐剧于水火之中的黄金组合就此永劫不复了呢，还是 204
就在这份伦敦城最优雅的晚餐菜单上点个菜然后正襟危坐呢？我选了后一个。

当我开始享受第一道主菜的时候，莱斯回来了。要是编不出一个《瞎话大王比利》那样水平的故事来，我才不会让他轻松过关呢。

“韦伯老弟，”他的声音带着一点安抚的语气，“我跑到前厅去拿大衣，结果那儿的伙计还真记得我入场的时候是穿着大衣的，发现我忘记拿走了，就把大衣给了后台门那里的门卫。”

“所以？”我回答道。

“就在门卫把大衣拿给我的时候，我碰到了唐·布莱克。”

我说我希望蒂姆评价这部戏时能客气点。

“哦，当然咯。”蒂姆说，“所以就乱套了，唐不停地问我对几场戏怎么评价，说着说着就开起了一场制作会议。”

“还有谁在场？”我问。

“就是约翰·巴里、迈克尔·克劳福德，还有导演（帕特里克·嘉兰）。每当我跟他们说你还在一家餐厅里等着我，他们就问我另一场

戏，甚至他们还想让我把你也叫过去呢。你瞧……”蒂姆说这些话之前，经过深思熟虑点了份生牛肉糕，因为这道菜不用下锅。“这故事要写成一部音乐剧就太棒了。某人回到剧院去拿忘在那儿的大衣，在后台遇到了演员和创作团队，结果是把剧情修改了，重新写歌，带头重新制作，接着还赢了托尼大奖。”我如今还时不时会陷入对这样一部音乐剧的迷思之中，这部音乐剧讲的是：某一部戏的剧情，从讲述年轻时代的佛罗伦斯·南丁格尔，到最后改成了由唐纳德·特朗普穿着金正恩的功夫斗篷，去出演那个脑子进了水的研究火箭的比格里教授。

蒂姆也记得在他退出《通天管家》之前，我们就曾讨论过创作一部关于艾娃·贝隆的音乐剧。我不认为我们那晚在伊尼格·琼斯餐厅里讨论过这个构思，不过我记得蒂姆跟我说的是，在那之后不久，他在听英国广播公司第四套电台一档描述二十世纪五十年代大众偶像的系列节目，在播完詹姆斯·迪安那一集后，预告下期话题是艾娃·贝隆。一个阿根廷独裁者的妻子，怎么会被拿来给介绍詹姆斯·迪安这
205 种流行偶像的系列节目撑场子的？我对艾娃·贝隆的模糊记忆只是在某张邮票上印着的容貌。不过到了 1974 年圣诞节的时候，我就明白蒂姆被艾娃·贝隆的传奇故事给迷倒了。他很热心地推荐我看一部阿根廷导演卡洛斯·帕西尼·汉森制作的讲述她的纪录片，名字叫《心中的皇后》。艾娃·贝隆获得这个称号，比戴安娜王妃早了四十年。* 所以我必须尽快熟悉起艾娃·贝隆的故事来。

1975 年到来了，排练也在当时已经严重萧条的克勒肯维尔地区的一座教会大厅里开始。我参加了开工那天的相识破冰环节，异常渴望能看到一版苗条一些的剧本，可是我以及一众小心翼翼的演员们拿到

---

* “我希望能成为人民心中的皇后。”1995 年 11 月，在一次英国广播公司电视台的《广角镜》节目采访中，她这么说道。

的剧本，其厚度堪比《欧洲人权公约》[1]。同样令人感觉无可救药的是每天中午就会出现在艾瑞克·汤普森的工作台上的一升装超市廉价葡萄酒。从第一天起，就看得出艾瑞克有酗酒的问题。助理舞台监督休·伍德里奇（他后来的职业道路非常成功，尤其是在戏剧音乐会导演这个岗位上）每天中午12点，就在导演工作台上搁上一瓶一升装的“燕子”牌葡萄酒，艾瑞克毫不避讳地大口咕咚咕咚地灌下肚子去，下午晚些时候再如此来一次。结果就是演员们都看不起他。与此同时，另一个房间里，在完全没有明确舞蹈表演该如何结合叙事的指导的情况下，舞蹈排练也在进行中。而安东尼·鲍勒斯跟我则在别的房间里，反复排练那些最终只会出现在第二幕开场曲里的密集和声段落。一看就知道根本没有一个制作人在掌控全局。

在一部灾难性的音乐剧，奔着首演之夜直冲而去的过程中，总会洋溢着一股“明天会更好”的心态。灾难性的音乐剧就好比一辆没有了司机的重型卡车直冲下山坡，根本不可能踩下刹车扭转局势。所以即使排练厅合成一次都没进行过，我们还是抱着荒唐的乐观态度跑去 206
布里斯托，寄希望于在布景道具、服装造型和观众都凑齐的情况下，《通天管家》就能被理顺。在布里斯托圆顶剧场那段可怕的日子里，一切照旧，总是有无休止的借口浮现，比如剧院太大了（这倒也是实话），等到了一半大小的伦敦女王陛下剧院，一切就会迎刃而解了。可实际上这部戏长得离谱，第一次预演花了将近四个小时，各个部门根本凑不到一起来，舞美设计跟剧本不搭，我的音乐听着也别扭。一整段涉及波提·伍斯特最钟爱的那位吃货姑妈的戏，被完全砍掉了，导致相当优秀的女演员贝蒂·马斯登丢了工作，还减少了两首歌曲。

大卫·海明斯也真的在每次预演后，都把自己泡在了酒店吧台里。

---

① 目前这本公约在网上可购买到的版本有536页。

他不停地点威士忌喝，使尽各种近似魔法的手段，只为了让一些出差在外的商务人士能在凌晨两点还陪着他。当联合制作人迈克尔·怀特终于现身时，伦敦的首演几乎明摆着必须取消了。可他也把希望寄托于“天外救星”，就像吉福斯喜欢说的那样，可以即时现身来解救他和投资人。不过他还是做了点事情：把艾瑞克降为副手，让艾伦坐上了导演席。

《通天管家》于 4 月 22 日在伦敦开演，被剧评迎头痛击。到了第二幕的时候，艾伦和我躲进了法兰西小俱乐部酒吧的一角。这座在圣詹姆斯大街上但是令人遗憾地关门已久的俱乐部，在“二战”期间曾是戴高乐将军的官邸。尽管我们俩都郁郁寡欢，可还是约定有朝一日，要把《通天管家》从头彻底改写。

更倒霉的是，由无人匹敌的哈罗德·普林斯执导制作的斯蒂芬·桑德海姆的《小夜曲》比我们早一个星期开演，于是剧评人乘势把两部戏放在一起做比较。还是有些评论提到歌曲，说还过得去，像《每日邮报》的杰克·汀克就说我的“诱人的旋律显得孤独无助”，这都是剧本的锅。不过令人尊敬的《星期天泰晤士报》的评论家哈罗德·霍
207 伯森，大概是想起了我在《耶稣基督万世巨星》开演场对西碧尔·索恩迪克女士颇具骑士风度的举止，从而宣称《通天管家》距完美杰作仅一步之遥。他连着三个星期都发表了赞美之词，于是《私家侦探》[①]杂志的“名人假言”专栏就专门为他开了个“霍伯森谈《通天管家》”专区。一年后，他又宣称《歌舞线上》几乎可以与《通天管家》比肩。然后没多久他就被退休了。只能说他看走眼的例子太多了。莎拉和我去了趟威尼斯，因为我意识到塞德蒙顿和《通天管家》这两件事情带给她的压力太大了。她体重锐减，头发掉了不少，看起来像是做过化

① 英国的一份以恶搞形式讽刺时事的双周刊。

疗一样。排练期间我留意到她经常表示口渴，等到了威尼斯后，她几乎是一升一升地喝水。等我们回到英国，她就去看了医生，被告知这是典型的精神压力过重，给她开了地西泮片①。

正当我觉得还不至于彻底没戏的时候，一封信飘然而至。萨沃伊酒店抬头的信纸上写着："我刚刚看完了《通天管家》。把谱子都收起来吧。要记得，凡是看不入眼的戏肯定也是听不入耳的。您现在还有其他创作构思吗？哈罗德·普林斯。"这封信对我的意义可谓无以言表。我纠结着该怎么回复，突然本能地想到应该打电话给他。我跟哈罗德当晚在美国酒吧见了面。他令人难以置信地给了我一些鼓励。我向他表达了就《耶稣基督万世巨星》那件事的歉意。他重申舞台设计一定要跟素材搭配。《通天管家》需要的是一些简朴雅致的布景，而现在舞台上的那套既笨重又难看。还是别灰心，继续向前吧。我接下来要创作什么呢？我说我很可能要跟蒂姆一起，开始创作一部关于艾娃·贝隆的音乐剧。哈罗德要我发誓，如果我们俩完工了，一定要先给他看。

① 一种定安片，主要用于抗焦虑、镇静催眠。

18 艾娃和胡安

208 要是您觉得2008年的金融危机形势异常严峻，那请回眸看看三分之一世纪前的景象吧。当时美国的情形令人绝望，道琼斯指数下挫45%——几乎是蒸发掉一半——跟2008年的20%比一下。不过再看英国本土，又是小巫见大巫了。截至1975年1月，英国股市在一年内跌去市值的四分之三。想象一下这要是发生在今天会有多大的冲击。当时的金融权威吉姆·斯莱特在给1975年的英国金融做总结时说："大家真正需要的只有三样东西，煮熟的豆子、克鲁格（金子）以及一杆保卫自己家庭的枪。"《华尔街日报》更不客气，那篇成就名句"英国就是欧洲病夫"的文章，就是以"永别了，大英帝国，谢谢曾一路相伴"为结尾的。

说1974年的英国正处于政治崩溃的边缘，可是一点都不夸张，有些人甚至觉得爆发革命都是有可能的。问题始于1970年，由爱德华·希思率领保守党赢得了大选。被他胜选而打乱阵脚的极端左派，发起了一场颠覆他的政府的运动。1973年，政府和各工会之间的对抗彻底爆发，1973年11月，石油输出国组织宣布油价上涨70%，更恶化了局势。

1974年2月，矿工工会发起了一次全体总罢工，希思便在全英实施"每星期三天错峰工作制"。各处轮流停电，以至于剧院也跟其他行业一样，靠自己安装发电机来熬过这个难关。3月，希思宣布大选，结果形成了一个悬峙议会①。希思辞职后，哈罗德·威尔逊上台，组成了一个工党政府。当年晚些时候再一次举行了选举，威尔逊只获得了微 209
弱的多数席位。接着所有公共事业的工资都上涨了，电力供应得以恢复。可是政府支出上涨了35%，同时通货膨胀率飞升至20%，收入所得税最高档被提高到令人咂舌的98%。1974年6月，法西斯主义组织国民阵线和国际马克思主义者学生组织爆发冲突，导致后者中一人死亡。还有传言说陆军军官们正在组织民兵来阻止共产主义者夺权。

爱尔兰共和军也在坚定的马克思主义者领导下登场了，其标志是1974年，舍莫斯·图米在一次极不寻常的美国电视采访中，亲口承认爱尔兰共和军的策略就是要引诱英国军队进驻北爱尔兰，保护天主教徒不受新教徒的侵扰，这样爱尔兰共和军就可以指着大街上那些英国军队，把他们说成是“镇压部队”了。他声称这样的策略最终可以被用来在美国推翻资本主义制度。接着一系列凶残的炸弹袭击在全英国各地发生。11月末，针对两家伯明翰的酒吧的炸弹袭击夺走了21条生命。在爱尔兰共和军朝几家伦敦的饮食店窗户里扔了几枚装满了生锈的铁钉和钢珠的简易炸弹后，全伦敦城的餐厅窗户都装上了铁栅栏。即使是伯克利广场那家风格独特的地下室俱乐部，安娜贝尔俱乐部，也用沙袋围了个结结实实。

因为这些状况，1975年的我对艾娃·贝隆的故事产生共鸣，就不那么令人惊讶了。支持法西斯主义的贝隆就是通过操纵阿根廷的工会组织，来推翻当时拉丁美洲最自由民主的政府夺得权利的。尽管1976年《艾薇塔》的唱片发行时，蒂姆声称他的故事只是一个无关政治的灰姑娘套路而已，可又有谁会相信他并没有被本国正在发生的事情影响到呢？

---

① 在议会内阁制制度下，“悬峙议会”就是指没有一个党派在选举中获得可以独立执政的多数席位，必须跟其他党派联合执政的一种情形。

《通天管家》首演后的那天，我跟蒂姆进行了一次颇具感情色彩的对话。我直截了当地问，在如今的评论情况下，他是否还愿意在艾
210 娃·贝隆的项目上跟我合作。他则跟我说别犯傻了。大概因为我们是跑到一家酒店里创作出《耶稣基督万世巨星》的关系，反正电话结束前我们决定再如法炮制，试一把自己的运气。我们去了比亚里茨，一个正在衰退中的滨海度假地，位于法国西南角靠近西班牙边境的巴斯克滨海地区。我之前从未去过。此地成名是因为欧仁妮皇后，拿破仑三世的妻子*，在此建造了一座夏宫，当时已经沦为一座每况愈下的大酒店了，不过这也是一个拜访此地的好理由。我们预定了一间套房，租了一台钢琴摆进房间里，然后我们俩都比各自的妻子早过去几天。对，各自的妻子。蒂姆已经是一个已婚男士了。

也许，就像大卫·兰德说的那样，因为《耶稣基督万世巨星》的巡演临近结束，所以抹大拉以及炉边女仆的“供应”也逐渐枯竭了。比尔·奥克斯以迎娶元老级的抹大拉，伊冯·埃利曼的方式，宣告了在这场“新约故事会”①里开展多时的“奥克斯 & 莱斯捕猎行动”的结束。曾有一阵子，在《约瑟夫和神奇彩衣》演出期间，蒂姆的焦点又往回跳了一版，②盯上了舞台上雅各布的妻子之一，不过到 1974 年的时候，他已经结束了那段情事。1974 年初，在蒂姆带上珍妮·莫金托什一同前往阿根廷，进行《艾薇塔》的素材调研时，莎拉和我发现他是不同寻常地认真了。到了夏天，他们俩就成婚了，一个小生命也即将降临人世。

---

* 一个很好玩的八卦问题：拿破仑三世和他的妻子的安葬之地是巴黎圣母院，厄尔巴岛，还是在伦敦的私人喷气机空港法恩伯勒机场隔壁？答案是：法恩伯勒机场隔壁。这对被流放的显贵夫妻跟维多利亚女王关系甚好，由此得以在法恩伯勒建了一座修道院作为他们的身后之所。修道院造得跟法国卢瓦尔河谷地区的风格一模一样。皇后在修道院隔壁建了一座宅子安身，宅子看上去像一栋古怪的瑞士小木屋。

① 指《耶稣基督万世巨星》。

② 指剧目背景从《新约》回到《旧约》。

莎拉和我都很高兴。珍妮是那种貌美娇小的苏格兰地峡地区的少女，活泼、聪明，总让人很开心，总是洋溢着令人振奋的欢乐。他们初相遇时，她正在帝都电台工作，蒂姆当时在那里主持一些音乐节目。不过她对戏剧也颇有了解，因为她曾经给好几部音乐剧担任过制作助
理，包括理查德·基尔主演的《油脂》，这版在新伦敦剧院推出的制作 211
以惨败收场，以至于七年后，当这座剧院被宣布成为《猫》的新窝时，我心里还是很不踏实。蒂姆遇到珍妮的时候，她正和理查德·基尔打得火热，蒂姆采用温文尔雅的方式展开攻势，让珍妮最终离开了基尔。珍妮看起来对蒂姆踌躇满志，而且相当一心一意。在萨沃伊酒店举行的婚宴上，莎拉和我衷心地举杯祝愿这对新婚夫妇的结合，将会让洛伊德·韦伯和莱斯两家长期愉快地相处。我当时觉得，尽管我爸爸有过那样的预言，我们这对老搭档还是重新开张了。

到 1974 年底，蒂姆已经在贝隆这部戏的剧情方面获得了很多成果。他特别高兴的是发现了切·格瓦拉原来是阿根廷人，而且跟艾娃是同时代的人。格瓦拉曾为自己发明的一种杀虫剂申请过专利，在贝隆当政期间被拒绝了。会不会这就是促使他从一个优秀的中产阶层资本家，转而成为一个彻头彻尾的革命者的导火索呢？蒂姆觉得这条思路非常吸引人，同时又有点不失幽默的挑衅意味。而且在故事里引入切以后，蒂姆又能有一个说书人的角色，可以随时跳出剧情了。

《艾薇塔》的故事很简单。艾娃·杜瓦尔特出生在阿根廷大草原地区的一个小镇里，是个私生女，靠着巧舌如簧和出卖色相一路爬到布宜诺斯艾利斯，成为当地深受欢迎的明星演员。经过一番勾心斗角的明争暗抢，她跟一位名叫胡安·贝隆的权力欲极强的上校睡到了一张床上。很快她就成了他美丽动人的妻子，在他的政治活动中扮演了极其重要的角色。她不知疲倦地在底层群众，就是那些穷的买不起像样

的衬衫的贫困阶层里，用“权力属于人民”这套说辞煽动他们支持贝隆。无论什么人、什么事，只要对贝隆实现当选阿根廷总统的目标有所阻碍，都会被他们俩无情地消灭掉。她后来被底层群众尊为“艾薇塔”，戴上了一道圣人的光环，而同时又被阿根廷的保守派斥为无耻的
212 荡妇。她 30 岁刚刚出头，就被诊断出晚期癌症。颇令人玩味的是，她跟耶稣基督一样，33 岁就离开了人世。

在我们的第一次讨论中，我发现了一个严重的问题：这个故事里没有角色可以引起大家的共鸣，而这是一部成功的音乐剧必不可少的前提。不过我能明白为什么蒂姆会如此着迷。我对他设想的开场演出也很喜欢：在布宜诺斯艾利斯的一家电影院里，正在放映由真实的艾娃出演的电影，却被宣布她死讯的消息打断，接着转入她的大型国葬场面，而切从人群中冒了出来，在一片哽咽中发出理性之声。就这样，我们又开始全力投入其中了。

艾娃这么年轻就死了，理所当然敲定了这个故事的悲剧特性。不过，至少对我来说，由于艾娃的形象如此可憎，我不知道如何让观众与她共情。更重要的问题是，我必须让观众与她共情吗？我越思考这个问题，就越确定我要找到一个方法，既能让观众在情绪上超然于她，又能理解她为什么会如此受欢迎。

找到这样一个解决方案，费了我老长的时间，不过灵感降临的那一刻情景至今仍历历在目。那还是在布里斯托制作《通天管家》期间，某一个相当郁闷的日子的下午，我正哼着一段《解不开难题解不开艾薇塔》①的副歌，突然想起 1969 年，我在伦敦“流行话题”夜总会里亲眼所见的，朱迪·嘉兰在最后一轮表演中的某一场的情景。其实说表演状况彻底不在线更确切一些，因为朱迪晚了一个小时才上台，于是

① 这首歌名套用了《音乐之声》里《解不开难题解不开玛利亚》的歌名。

这些边吃晚餐边看演出的观众，被免费畅饮的低质香槟酒一催，说得好听一些，不依不饶了。她最终还是晃晃悠悠地上了台，想用《电车之歌》开场，可是唱得口齿不清，还断断续续的，以至于底下的观众都开始朝舞台上扔硬币了。

接下来的情景令我终生难忘。她向音乐总监做了个手势，他就开始演奏《就在彩虹的尽头》。她这边努力唱着她的招牌曲目，底下的倒彩声和口哨声却越来越响。《就在彩虹的尽头》是她的代表作品，一首只属于朱迪自己的歌，却像战场上盘旋的秃鹰一样，将她渐渐吞噬。213
这就像看着一只脆弱的小麻雀被一只铁拳慢慢揉碎，令人心痛。我一直希望这辈子再也别见到这样的景象了，可是令人悲伤的是，差不多四十年后，在同样结局悲惨，也同样无人可以替代的艾米·怀恩豪斯的音乐会上，这一幕在我眼前再现。要是我能创作出一首像《就在彩虹的尽头》那样成功打造朱迪的歌，来塑造艾娃这个角色，就能在音乐上解锁她的故事的推动力。就在当天下午，我完成了《阿根廷别为我哭泣》的慢探戈旋律段落。

可是光靠一首歌并不解决问题，必须要配上一个戏剧化的语境才行。蒂姆曾建议，将这首歌安排在胡安·贝隆以阿根廷总统的身份，带着成了第一夫人的艾娃，在粉宫，也就是布宜诺斯艾利斯那座粉红色的总统官邸的露台上向群众致辞的场景里。要是我们重新架构一下场景，让她一开始并没有站在他身边，会怎么样？贝隆发表了一通蛊惑民心的演说，反响还不错，可是群众真正想要看到的是艾薇塔，所以他们呼唤着她的名字。然后她在发表自己的演讲前，就像一个真正的明星那样走上露台。这段演讲，就是她的标志，一封写给她的民众的、带着嘲笑口吻的情书。群众对她如醉如痴，接着她又自我吹捧了一番。全剧结尾的时候，这首标志性曲目则演变成她有气无力地向阿根廷全国发表的那次广播讲话，而且就像《就在彩虹的尽头》这首歌对朱迪起到的作用一样，这首歌也反过来吞噬了她。我觉着露台这场戏的情绪，已经强大到第一幕就该在此结束了，尽管最后并不是如此安排的。我很清楚这种架构会操控音乐发挥到极致，不过谱写一首淋漓尽致的曲子就应该有这样的效果，再说我非常看好这首歌。

这些思路都挺不错的，不过蒂姆会觉得怎样呢？当来到夏宫饭店那间装潢得让人腻烦的“美好年代”套房里，坐在那天有点走音的钢琴面前时，我觉得好像在参加面试选拔。透过窗户，我能看到波涛不绝的大西洋海浪冲刷着略带忧伤的灰色海滨大道，看起来跟我的职业前景颇有点类似。不过蒂姆很喜欢我的这首标志性歌曲，我的自信立
214 刻流回心中，马上一切就都跟过去一样了。我们在海岸边找到一家平民光顾的餐厅，里面有一台弹球机，让我们玩得有点上瘾了。当时还能很容易地找到一些简朴的正宗法国菜，今已无处寻觅，因为那些家庭小餐馆都被法国每周 35 小时工作制给冲击掉了。有一次午餐，当我们坐到常坐的那张桌子后，大家不同寻常地安静。菜单上出现了一道新菜，叫“cuisses des fourmis”，这家店的老主顾们已经猜到，只要菜名看着晦涩难懂，我就有可能点这道菜。“cuisses des fourmis”看起来就是这类菜名。结果先是一阵短暂的寂静，可能有一两下吸气声，接着就是一阵哄堂大笑，甚至还有拍手的。“cuisses des fourmis”的意思是，“蚂蚁的大腿”。

之后几天的创作进展很顺利，当我们去机场接我们的妻子的时候，大家都意气昂扬。尽管莎拉脸色看起来很差，但两个女孩一起到场带给我的喜悦还是压过了担忧。莎拉和珍妮对我们的创作也倾入了全部热情，我们四个人一起看风景，不仅畅谈事业，更有对个人未来前景的展望，十分愉快。我们都注意到了莎拉看起来很容易口渴，不过我当时已经有点麻木了。

现在回望，这段时光可能就是蒂姆跟我之间的关系的顶点了。看看我们，两对年轻、幸福的已婚夫妇，在一起参与一项让我们都感到激动万分的、愿意全身心投入的新的创作。莎拉和珍妮聊起了孩子的事情，蒂姆和珍妮的女儿 2 月就出生了。理所当然地，她的名字就叫艾娃。

“爸爸对蒂姆和我的预估错得太离谱了吧?”某天晚上，我跟莎拉躺在床上，喝着剩下的半瓶香槟酒，说笑着。“我们是不是也该生个宝宝了?”

莎拉直接把灯关了。

回到伦敦后，我跟格拉纳达电视台的老板约翰尼·汉普开了个会，谈了一下《托马斯和朋友》的事情。我跟约翰尼是在格拉纳达给短剧版《约瑟夫和神奇彩衣》制作电视专题片时初次相识的，当时穿神奇彩衣的还是盖瑞·邦德呢。约翰尼完全赞同根据这本火车故事书改编 215
的音乐剧动画系列片会有很大的前景的观点，于是我立刻让大卫·兰德去搞授权了。给托马斯这样单纯而又暖人心的题材创作音乐，可以当作创作《艾薇塔》，也就是我们的艾娃·贝隆的故事这样厚重的题材时的一份解药。我回到塞德蒙顿，正因为这次会议而满心欢喜，却发现莎拉的状态十分不对。

她几乎把五脏六腑都吐了出来，虚弱到动弹不得。她身旁摆了一堆空果汁罐。我立马开车送她去伦敦看她的家庭医生，像之前无数次那样。他还是坚持他的观点，觉得她是压力过大，给她开了安定。

回到塞德蒙顿后，我为她的恶化状况倍感自责。我们住在这样大的一栋房子里，却只有一对半退休状态下的夫妇，临时过来帮忙打扫房子和那座茂密得过分的花园。我迎娶了这个十八岁的新娘子后，都是怎么对待她的呀？即使在看到厨房料理台上散落着的书本里，有一本维多利亚和阿尔伯特博物馆当时正在进行的展览，“乡间庄园的败落”的目录，也没能让我的心情有所平复。

第二天莎拉的状况更糟了，她的口渴症状也越发厉害。我打电话给莎拉的医生，要求他再给她做个诊断。她这样子肯定不可能仅仅是由于压力。我再一次开车带她去伦敦，他也再一次说她的症状就是因为极度的压力引起的。他认为她需要把注意力从那栋我强塞给她的大到荒唐的房子上挪开，而且我不应该再让她承受我工作上的压力了。

回到家后，我还是信了他说的那些，于是建议我们去找一个小馆子吃晚饭。莎拉坐到了厨房料理台旁，双手抱着头不停地呜咽着。第二天一早我醒过来，发现莎拉呼吸急促，还间有呻吟，拼命喘气。我冲着那对慌得不知所措的临时工夫妇喊叫着，让他们赶紧给纽伯里当地的医生打电话，同时我抱着还穿着睡衣的莎拉冲下了楼，把她摆在
216 我车子的后座上。我抱着她冲进医院，在众目睽睽之下穿过排队等候的病人，反正当意识到自己正在目睹当地某青年才俊的新闻轶事后，他们对自己的病症也忘得差不多了。当地的全科医师一边叫了辆救护车，一边反复问我她有没有吸食什么毒品。我也一再向他保证无论是莎拉还是我都从未吸食过什么毒品。葡萄酒是喝过——比如我，一辈子大概喝了十几公斤吧——不过毒品从来跟我们无缘。救护车送我们去了瑞丁的拜特尔医院，这段路感觉一直开不到头似的。我坐在后面车厢里，握住莎拉的手，她正在迅速离我而去。我们开上公路，警笛声响起，有一个救护员抓住我的手。

“是你妹妹?”他问。

“不是，我妻子。”我嘟囔道。

他把头转开了，我听见他说，“抱歉，小伙子。”

开到拜特尔医院花了半个小时左右。一支等候在那儿的急救队赶紧把莎拉推进重症监护室。不停有人在问毒品的事情，我也只能反复

解释我们谁都没有接触过那些玩意儿。莎拉躺在手推车上被推了进去，我记得一个女声喊道“我有主意了”，然后一下子就只剩我一个人了。屋子另一头有一个电话亭，就在报摊旁边，还摆着几张塑料椅子。这是一所当时算现代化的医院了。我也只记得这些环境信息了。我翻了翻口袋，因为走得匆忙，我身上没带一分钱，钱包也没在身上。墙上挂钟显示是早上 9 点 20 分，再过十分钟，我新来的私人助理就会到我们的伦敦公寓。我走出门，来到一块算是花园的院子里，在另一头有一座礼拜堂。我没进去——我当时觉得自己的脑子太混乱，没法做祷告。到了 9 点 30 分，我打了个对方付费电话到我公寓，在那之后的几小时里，我会跟电话亭打个火热的。

我新来的私人助理名字叫碧迪·黑沃德，一个精力充沛的姑娘，她在今后几年里会在我的生活中扮演很重要的角色。当被问到她是否同意支付我打过来的电话费时，她表现得很吃惊，可还是很轻松地回答：“应该没问题。”我试图跟她解释清楚发生了什么，可是一直前言不搭后语。我也不知道莎拉到底出什么事情了，也还没人跟我解释过。217
我吩咐碧迪以最快的速度到雷丁来，同时也通知一下莎拉父母和我的爸妈，还有在布莱顿的薇姨和乔治。就在碧迪提醒我莎拉的父母正在约克郡的时候，电话亭外响起了一阵急促的敲门声。那是一位穿着手术服的年轻女医生，她一开口我就听出来是刚才莎拉被推走时喊了一嗓子的那位。

“您妻子可能是得了糖尿病。”她说，“赶紧跟我描述一下任何可以帮到我们的症状，没时间等验血结果了。”我跟她说了莎拉长期以来的口渴症状。“谢谢，”她一边沿着走道跑着一边说，“有这些我就有数了。”

这时候我想起来，上午 11 点我还跟蒂姆约了在塞德蒙顿开会。我又给碧迪打了个对方付费电话，蒂姆会相信我是因为妻子在生死关头才取消会面的吗？他对我遇事大惊小怪的言行已经越来越见怪不怪了，今天这次估计只会雪上加霜。过了很久，那位年轻医生重又现身，坐在了我身边。“莎拉得了糖尿病。”她说。她从未见过糖尿病中毒发展到这么深的程度，所以早在我跟她说莎拉有口渴症状之前，她就已经开始了胰岛素的静脉注射。可能就是这么押对了宝，救了莎拉的命。可是血液毒性依然很高，以至于她告诉我起死回生的几率都不到50%。她还担心这里也没有地方可以让我陪夜，也许回家更好一些？我告诉她从这里到家来回一趟要90分钟。跟现在的医院急救室不一样，拜特尔医院当时四周特别荒凉。我想至少等到碧迪赶到这里。我紧接着就想打电话给莎拉的医生了。这时候我已经相当气愤。要让他接听对方付费电话是决计不可能的，于是我跟摆报摊的要了几个硬币。这个蠢货的自大简直是令人无语。

“给我听着，小老弟。”我还记得他说的每一个字，就因为他说“小老弟”三个字的傲慢口吻。“你妻子绝无可能得了糖尿病。她就是压力太大了。她吃过我开的药了吗？”

218 我真想骂：“你个自大自满的杂种，你差点把我妻子害死！”可我当时已经筋疲力尽了。我跑去了礼拜堂，这次去那里可真的不是出于欣赏建筑的原因了。

碧迪·黑沃德出现了。这边还是没有莎拉的消息。急症办公室里一位四平八稳的女士说大夫们都在全力以赴，所以绝对不能被打扰。碧迪找到了莎拉父母的一个电话号码，我打给了他们，她妈妈答应会以最快的速度赶回家。我们走了一圈，找到一家当地小餐馆。我已经不记得我们的对话了，尽管还记得有过一盘冷冰冰的炒蛋。我把心里话都倒给了碧迪，也许就是这个时刻，奠定了一段长时间的个人和职业情谊。

回到医院，我们又遇到了那位年轻女医生。莎拉还在昏迷之中。我问能不能让我见见她，她说她做不了主，不过她觉得应该不会有什么副作用。莎拉躺在一间小病房里，身上插着数不清的管子。一个护士手里拿着警铃，监视着那些哔哔作响的设备。我注视着莎拉，握住了她的手。我是怎么照顾这个小姑娘的呀？是不是压力导致了这些？有人说过糖尿病是跟压力有关的。这时候她睁开了眼睛，看着我，轻轻地捏了一下我的手。她还活着，她还认得我。然后她又闭上了眼睛。年轻医生示意我们该走了。

在走道里，我谢了谢她。不管现在是什么情况，至少莎拉还认得出我。年轻医生说莎拉的情况还很不明朗，不过她能从昏迷中醒过来这件事，倒真是一个带来希望的征兆。她建议我把电话号码留给她，然后回家。我留在急症室这边也无济于事，而且莎拉肯定得在重症监护室里待上一段比较长的时间。我鼓起十足勇气问她，到底是什么让
莎拉得上糖尿病的。她说她只是一个血液专业的实习生，而莎拉表现 219
出来的都是 1 型糖尿病晚期的典型症状，而且在救护车送过来时，她正巧在给迎候的医生们当助手。她叫玛丽琳·克罗夫特。她是拜特尔医院的团队里第一个把莎拉从死亡线上拉回来的人。

等我到家时，薇姨和乔治已经开车从布莱顿赶到了塞德蒙顿，正等着我。在这座让人紧张不安的空荡荡的大宅子里，他们的陪伴就是莫大的安慰。这里唯一的另一位住户，就是我们的缅甸猫格里姆肖。

乔治觉得我的状态绝不合适接听医院打来的电话，而且因为他也是医生，所以更能问出真相来。这天余下的时间在我的记忆里全部是一片空白，除了天气令人窒息地闷热。薇姨做了些晚饭，大家心不在焉地扒拉这顿晚饭时，即使是她也自然而然地一言不发，像个特拉普派修士一样。①晚上 9 点左右，乔治跟重症监护室的晚班医生菲舍尔大

---

①　特拉普派修士发誓缄默修行，一字不吐。

夫谈了一下。乔治觉得他听起来很年轻。菲舍尔大夫告诉乔治，莎拉的意识状态飘忽不定。他不建议我去医院陪夜，不过我要是在附近会好一些。我考虑过跑去附近一家旅馆待一夜，可是半夜里从塞德蒙顿开去医院也很快，再说我也不想指望睡意惺忪的旅馆接线员在凌晨时分转接什么紧急电话进来。乔治给了我一片安眠药。

我应该是马上就睡过去了，因为当我醒来时，我还穿戴整齐。床边的时钟显示是凌晨 2 点。我拿起电话，没有信号。我试了试电灯开关，没反应。我找到我们留在床边的手电，打开通往楼梯的房门。一场大型雷暴雨正在袭击我们。雨点敲击天窗的力度如此之大，听上去就像一场足球赛那么响。我下楼来到会客室，窗帘没有拉上。突然之间，我们草坪上那座教堂沐浴在一道刺眼的白光下，然后树林又变得
220 和紧随而至的雷声一样黑暗厚重。要是格雷考在场肯定会去拿他的画板了。我跑去了厨房，试了那里的电话，也没有信号。这时候又来了一道巨大的闪电，被埋在都铎时代砌起来的灰泥墙里的电线都亮了起来，就像一棵圣诞树。接着乔治给我的安眠药又把我给弄倒了。

等我醒过来的时候，我正躺在厨房电视机对面的沙发上。窗外一片光亮，我猜那时大概是 7 点左右。我拿起厨房电话，还是没有信号。我走进会客厅，试了第二根电话线，当然也是没有任何信号。我有点慌了。透过窗户，我能看见教堂背后那棵巨杉树已经从中间被劈成了两半。格里姆肖不停地喵喵叫着，我骂了它一句，接着又觉得在这场暴风雨里，我本应该让这只猫紧随身边的，但愿它没有被吓坏了。我抱起了它，正好薇姨来了，给了我一个紧紧的拥抱，说：“晚上没有消息就是好消息。”

正当我在解释暴风雨把电都切断了的时候，电力又恢复了，几乎同时电话响了起来。乔治抢在我前面接了电话。医院昨晚不停地给这里打电话，为什么没有人接？莎拉在凌晨时分一直在生死边缘挣扎，

可就是没人接听电话。

等我赶到医院的时候，莎拉已经彻底清醒了。她的确差点死掉。多年以后，莎拉说起她那晚看到的和感受到的，还是会觉得那是她有过的最不可思议且美妙的体验。她说每当她谈起这件事时，脊椎骨底部都会有一种“奇怪的兴奋感”。她跟我说她看到一条隧道，两边排列着她最爱的人们，以及那些她一生中最幸福的时刻，让她感受到一种势不可挡的愉悦。然后在另一头出现一个巨大的洞，在洞的尽头欢迎她的，都是她明知已经去世了的人。突然间她觉得自己被从隧道里往回拖，接着醒过来就看到菲舍尔大夫跟她说，“3点钟的时候你差点就救不回来了。”

19 漫长炎热的夏季和巴拉圭竖琴的音色

221 看到莎拉起死回生，我欣喜若狂，以至于我都不记得我们说了些什么，只记得她恢复得异常好。当时我们已经宣布了将会在两周后，于塞德蒙顿给我弟弟朱利安举办大提琴独奏音乐会的消息，这也是想看看要是搞年度塞德蒙顿音乐节的话，当地有没有观众的潜力。莎拉说取消音乐会完全不在考虑之列，此外她已经为演后甜点会做了很多糕点半成品，都放在冰箱里了。反正有薇姨在塞德蒙顿，别半途而废嘛，好吗?①尽管她还是很虚弱，但她马上决定要控制住糖尿病及其相关的症状。在当时就已经有很多 1 型糖尿病患者过着正常的生活，莎拉·珍妮·都铎·洛伊德·韦伯也要加入他们的队伍。莎拉的念头如此坚定，以至于音乐会当晚一切都按照计划进行。这次音乐会的成功举办，孕育出了塞德蒙顿音乐节，至今已经延续了三十多年，我的大部分新作也在那里进行了首演。

当时的首要任务就是要把莎拉置于顶级的糖尿病专家的保护之下。乔治和布莱恩·皮格特都推荐了大卫·派克，于是莎拉一出院就安排了一次会诊。莎拉有两个关键的疑问：她还能过上正常生活吗？还能不能生孩子？两个问题的回答都是“能”，前提是她要照顾好自己。四十五年前②，糖尿病人想要生孩子比现在复杂得多。不过只要她能严守

---

① 此处是韦伯用莎拉的口吻写莎拉的想法。

② 本书英文版 2018 年 3 月出版。

两条基本的原则：定期检查血糖，戒除精制糖。精制糖对糖尿病人来说 222
就是毒药，这对在全英国排名靠前的制糖企业担任高级职务的莎拉爸爸来说，可不是一个什么好消息。我必须学会帮她每天注射两次胰岛素。我对打针十分紧张，也害怕自己的手发抖得太厉害，所以我找到了一个胰岛素注射枪，可以让你看不到针头。莎拉至今还为了一件我出于自利而逼迫她做的事情感谢我。她得了糖尿病就意味着在外进餐这件事会让我非常紧张。从在公共场所进餐前注射胰岛素这种显得小题大做的事情，到担心那些美味佳肴里放错了糖，会威胁到你最爱的人的生命。

所以我减少了外出进餐的次数，同时也开始了我们了解所摄入餐食成分的速成课。莎拉得了糖尿病的结果，就是我们俩都开始吃得更优质，也更健康了。知道碳水化合物和各种水果中含有多少糖分，又不会害了谁。比如，有多少人知道“发烧树”汤力水里精制糖含量比“怡泉”的高出60%？* 控制糖尿病就是要平衡好体内的天然糖分和足够分解这些糖分的胰岛素的比例。我们发现，一个聪明的糖尿病人是可以安全地外出进餐、享用美酒而不用担心任何危险的，只是要清楚自己都在吃些什么。莎拉已经64岁了，我们还有了两个健康的孩子。她就是活生生的无糖餐饮的证明。要是大家都能遵照糖尿病食谱进餐，我们都会活得更加健康的。

要完成《艾薇塔》就意味着不能出差，这样莎拉也可以留在家里了。大部分时间里蒂姆和我都在塞德蒙顿工作。他当时还没住进位于牛津郡大米尔顿村，跟珍妮一起购买的大宅子里，这座村子如今凭着拥有雷蒙德·布兰克那家挂米其林三星的四季餐厅而名扬四海。还好 223
在1975年它还没开张，否则《艾薇塔》可能也不会诞生了。

* “发烧树”每100毫升含精制糖8毫克；“怡泉”含5.1毫克。（两种我都没有尝过。）

1976年初，我们已经准备好在我伊顿广场的公寓里，给显然毫无头绪的大卫·兰德和他的妻子萨拉从头到尾演奏一遍。两个没有歌唱天赋的家伙，加上我时好时坏的钢琴伴奏，也许没能把我们最新的史诗篇章的潜能完全传递给他们。从一开始蒂姆就热衷于把《艾薇塔》先录成唱片。当时《耶稣基督万世巨星》的误打误撞，反而被人们吹捧成一个漂亮的市场营销战略，所以这主意看起来不错。可悲的是没有唱片公司表示感兴趣。有一个很显然的候选，就是罗伯特自己的"罗伯特·史迪格伍德唱片公司"，跟宝丽多唱片公司有一个很大的合作合同。可罗伯特告诉我，他必须给股东们赚钱，所以这个故事不适合他来做。我也不知道大卫·兰德当时四处营销《艾薇塔》到了什么样的程度，不过最终我们还是回到了美国音乐集团唱片公司。会不会是因为他们不好意思拒绝我们呢?

蒂姆倒是担心起来了。美国音乐集团唱片公司的新老板是罗伊·费瑟斯通，他还在百代唱片公司的时候跟蒂姆有过小冲突，而布莱恩·布罗利则早就离开美国音乐集团唱片公司去张罗保罗·麦卡特尼那摊子事儿了。我则因为当年罗伊对我给"贾斯汀传奇"的编曲的评价而不那么担心。不过事实是在《耶稣基督万世巨星》和《艾薇塔》之间，已经有六年之久没有出现过"莱斯 & 洛伊德·韦伯"的成功之作了，所以很明显唱片公司的大佬们担心我们只是昙花一现而已。一套关于阿根廷独裁者的妻子的双唱片看起来也不像是立刻能上榜获胜的料。所以我安排了一次未公开的会议。2月初，我跟哈罗德·普林斯在萨沃伊酒店见了一面。我甚至给他看了一些素材。我们达成一个协议，当这套唱片的事情搞定之后，我将到他在马略卡岛上的度假屋做客，并把已经完成的东西弹奏给他听。

年轻就是奔放！从一开始我就没打算把这玩意儿做成阿根廷风情。

我觉得正规的歌剧作曲家都不会把故事背景所在国的音乐象征元素加 224
进来。普契尼并没有因为《波希米亚人》的故事发生在巴黎就把手风琴点缀进来。那段后来成为《阿根廷别为我哭泣》的旋律，带着点探戈调调，让我挺得意的。可我打算按照自己的风格来配器，不打算写成冒牌阿根廷歌曲。我还做了件很不合理的事情。我喜欢巴拉圭竖琴的音色，纯粹出于这个原因，我在节奏乐器组里塞进了一段巴拉圭竖琴。多年以后，当我检验迈克尔·格兰达吉的复排版时，又在配器上用了一些阿根廷餐厅乐手常用的花招，重新做了一下，比如在弦乐低声部加上了钢琴的左手伴奏。这的确增添了一些当地色彩，可能确实好多了。不过四十多年前，我的思路则跟"原汁原味"差之千里。

首先我想要把《耶稣基督万世巨星》那时负责节奏乐器组的老"油脂乐队"重建起来，可是人都散掉了。好在随着创作进行下去，我发现我跟他们玩得炉火纯青的重摇滚风格走得越来越远了。所以我以一位年轻的优秀鼓手西蒙·菲利普斯为中心，组建了一支新的乐队。西蒙比任何一个摇滚老炮都更熟悉现代爵士乐，而这对之后挑选其他成员产生了很大的影响。我对巴拉圭竖琴的迷恋让我认识了一个优秀的竖琴手，大卫·斯尼尔，这个结果让我很满意。说起来，竖琴跟阿根廷没什么关系，可是把竖琴整合进节奏乐器组——这么做也许是正确的，也许是错的——立刻就赋予了《艾薇塔》一种独有的动感。乔·莫雷提和雷·罗素让吉他声部亮了起来，亨利·麦克勒已经加入了保罗·麦卡特尼的羽翼合唱团，不过还是能来录制几段音轨，我们《耶稣基督万世巨星》的萨克斯手克里斯·莫瑟也是一样，尽管我的谱子里关于他的段落也没多少。最后有人给我推荐了一位年轻的键盘手，安·奥戴尔，她曾经跟"蓝貂皮乐队"和罗西音乐合作过。

奥林匹克录音棚再一次成为我们的首选录音地点。可惜的是艾伦·奥德菲当时已经是自由职业身份了，而美国音乐集团唱片公司对于花钱请他来表现得畏畏缩缩——他的加入会增加成本——结果我们安排了同样水平的奥林匹克雇员大卫·汉密尔顿-史密斯来控制录音
225 台。最后加入的是担任乐队指挥的安东尼·鲍勒斯和负责合唱团的艾伦·道奇特。

蒂姆和我当时已经有一部西区热门剧目在上演，所以这一次我们打电话过去，歌手们都很乐意接听了。而且在我们说起具体事情时，有几位还表现得颇为惊讶。当时电视里有一部比较粗糙的电视剧叫《摇滚富丽秀》，讲了三个心怀抱负的摇滚小妞的故事。主演的三个姑娘，夏洛特·康威尔、茹拉·兰斯卡和朱莉·科文顿，都是有表演天赋的歌手，可朱莉·科文顿让我们觉得她更有潜力演艾娃。她曾加入过《福音》的伦敦原版阵容，这部戏里挤满了一大堆从流行歌曲领域跨界而来的年轻演员，其中最值得注目的就是即将在舞台上出演切的大卫·埃塞克斯。朱莉当时正当红，是自我风格很突出的假小子。她打扮得就像是格林汉姆公地妇女和平团的一员。因为现在已经关闭了的格林汉姆空军基地与塞德蒙顿离得很近，所以我对这个团体略知一二。这些妇女在基地围墙外搭起帐篷，来抗议该基地存放了美国的核弹头。由于替换方案是驻扎 B11 轰炸机——这玩意儿噪音奇大无比，而且肯定会飞过我家头顶，而核弹头不动的时候一点声音都没有——莎拉和我倒是对核弹头更为欢迎。莎拉可是个平和安静的女士。

朱莉的思想特别左翼，所以让她克服因出演一个法西斯独裁者的妻子而引起的种种不适感的，很有可能是由于这个题材基本上没有什么商业性可言。我们在我的公寓见了面，她一开口唱起来，蒂姆和我就知道她很特别。我们在联合独立唱片公司录音棚，由我弹钢琴伴奏录了《布宜诺斯艾利斯》《我会让你跟随我左右》《阿根廷别为我哭泣》的小样。朱莉拥有一种极其特别的脆弱气质，还有一副相当棒的摇滚高音嗓子，这些小样听起来让人脊梁骨发颤。罗伊·费瑟斯通和美国音乐集团唱片公司的团队一听到小样，对这个项目的支持就立刻变得大方起来。自然而然地，我们请莫瑞·黑德来试了几首切的歌，可是 226
这次他实在跟这些素材没有缘分，不过反正他马上就会在法国成为超级巨星的。

蒂姆和我对伦敦版《耶稣基督万世巨星》里刚刚接替上场演犹大的演员颇有好感，他叫寇姆·威尔金森。寇姆是个很棒的爱尔兰籍摇滚男高音，后来在《悲惨世界》里成功塑造了冉阿让这个角色，还在1985年的塞德蒙顿音乐节上首演了《剧院魅影》。安东尼·鲍勒斯对他颇为赏识，所以他就当上了我们的切。蒂姆对贝隆这个角色有一个很棒的点子——保罗·琼斯。保罗曾是二十世纪六十年代的乐队“曼弗雷德·曼恩”的主唱歌手，不过已经离开流行歌曲领域许久了。他当时是西区颇有名望的演员，所以马上就接受了我们抛出的绣球。这下就只剩三个比较小可是也很重要的角色了：贝隆的女学生情妇；奥古斯汀·马卡尔迪，那个带艾娃来到布宜诺斯艾利斯走上星途的英俊潇洒的二流探戈歌手；还有艾娃·贝隆基金会经理这个跟班角色。

罗伯特·史迪格伍德的公司当时刚刚签了一名年轻的民谣歌手，名字叫芭芭拉·迪克森。她在一部由来自利物浦的威利·罗素创作的，罗伯特·史迪格伍德联合制作的，在西区上演的讲述披头士故事的音乐剧《约翰、保罗、乔治、林戈……和伯特》中担任主演。我3月份在罗尼·斯科特俱乐部听过她的演唱，觉得她甜蜜而又朴实的嗓音演绎小情妇的那首歌《又要往何处去漂泊》正合适。“经理”这个跟班角色花落克里斯·尼尔，他也是在《耶稣基督万世巨星》中接替保罗·尼古拉斯出演耶稣的演员。他唱的是《财源滚滚不停》，在舞台版演出里，这首歌改为切来演唱，我实在想不出来一开始究竟是为什么不让切唱这首歌。

一个大麻烦是：谁来演探戈歌手马卡尔迪？有人想到了一个很棒的人选，托尼·克里斯蒂。托尼·克里斯蒂当时是工人俱乐部巡回演出团队中的骨干歌手，刚刚凭着像《奉献给玛利亚》和《阿马里洛》这样的歌曲在英国排行榜上斩获颇丰。我们决定避开常见的经纪人和
227 经理人的雷区，直接和托尼联系。这就需要跑一趟克里索普斯，一个在林肯郡海边地区不算太有益健康的滨海度假地。托尼在那里的一个码头剧院里，要演满一整个夏季演季。经受了一段极度缓慢而且复杂的铁路旅途后，我们在倾盆大雨中总算抵达了那座破破烂烂的码头剧院。我们跑到后台门那边等着觐见这位大明星。耳边是狂风呼啸，眼前是海浪不断地冲刷着这座摇摇欲坠、连连呻吟的铁质建筑，看起来我们只能跟愤怒的北海亲密接触了。蒂姆转过身对我说：“安德鲁，要是 1965 年有人让我们看到如今我们所处的境地，我们还会创作出《耶稣基督万世巨星》吗?”在一家供应红糖雪利酒烤柚子这样菜式的餐厅里，我们跟托尼开心地吃了一顿晚饭，成功地说服了他入伙。

我 3 月 1 日跟乐手们碰了个头，来决定怎么安排工作最好。我想把竖琴整合进乐队里，可是我还从来没有遇到过一个竖琴手可以脱离正规谱子来演奏。我怕一旦我正式写了谱子，就会阻碍乐手自由发挥的能力。我先做了个测试，没叫上竖琴手大卫·斯尼尔，最终我们发明出一套速写记号，标出哪里应该严格按照谱子演奏，哪里他可以自由发挥。录音日期定在了 4 月 4 日。

我们开始前，还有一件商务上的要事得先处理掉。我还没忘记《托马斯和朋友》这件事。1 月 15 日，真有用公司正式成立，来运营我的托马斯电视剧项目。这家公司注册资金为 101 英镑，由莎拉和我以五五比例共同持有股份。我当时没想到这个小公司有一天会成长为如今这样一家世界级制作公司。不过在当时，托马斯小火车只能先在旁轨稍事休息。

1976 年的夏天，是有记录以来英国最炎热的夏天，同时还发生了英国历史上持续最久的干旱。在塞德蒙顿，灾情十分严重。存活了几百年的山毛榉树真是被烤干了，只能听天由命。要是现在发生这种现 228
象，肯定会被当作整个南极洲都融化了①的铁证。当时我们只觉得天气热得要命。不过热浪没能阻挠《艾薇塔》录音的顺利开展，只是有一次，当整支乐队和朱莉·科文顿都已经集中在奥林匹克 1 号录音棚，准备开录《阿根廷别为我哭泣》这首歌的时候——当时录音棚的控制室已经进入锁定状态——一个年轻的录音带操作员闯进来跟我说有个紧急电话找我，让我相当不开心。

“哪个家伙打过来的?”我高声喊道。

“是陆军。”他回答说。

原来是由于热浪和旱灾，我的避税物业被点着了，也就是说我在威尔士潘特茂尔的树林起火了。所以我是不是可以授权陆军去灭火?我告诉这位当兵的小弟，有一个 70 人规模的乐队在等着我，所以他该怎么做就怎么做。现在你该明白我说的，避税这事情搞不好也会让你自己惹火烧身，是什么意思了吧?

也许正是这场火给第一版《阿根廷别为我哭泣》带来了一个经年留存的错误。要是您仔细听朱莉·科文顿收声后的宏大的器乐段落，能发现圆号声部有一个音符明显吹错了，可我当时没听出来。我一直没有意识到这点，直到两年后，有一次知名电影音乐指挥哈利·拉宾诺威茨跟我在一条过道里相遇，他嘴里响亮地哼着那段错误的圆号旋律为止。

朱莉那天录下了相当棒的一段人声录音，不过这又带来了一个山一样大的问题，而我一直跟蒂姆很小心地掰扯这件事情。我们录制这

① 指“全球变暖”。

首曲子的时候，不叫《阿根廷别为我哭泣》，当时叫《是你们的爱回来了》。我的牢骚是这句词跟旋律不搭。“是”这个字削弱了旋律的冲击感，因为这是一个单独的音节。将这个字放在开头，会把这段从重拍开始的音乐给搞砸的。蒂姆应该听得出来我的意思吧？他写下艾娃在全剧的第一句歌词“阿根廷别为我哭泣”的时候，就跟我的旋律完全
229 贴合。蒂姆想出了一个新的名字《在我的轻狂岁月里》。这跟我的旋律搭得上，而且逻辑上也说得通……“在我的轻狂岁月里/我绝不会把你们抛弃。”可蒂姆也知道这作为歌名就有点差劲了。我不停地说为什么不用《阿根廷别为我哭泣》来彻底解决问题呢？可是蒂姆认为，这样的话剩下的歌词意思就满拧了。最终我们决定不考虑逻辑关系，还是直接用《阿根廷别为我哭泣》了。

接下来的问题是怎么能让朱莉·科文顿从英国国立剧院的汤姆·斯托帕德的《跳线》这部戏的排练场里溜出来。她要求我们派一辆车去接她，这样她就能赶到奥林匹克录音棚而不会惊动别人了。她绝对不希望英国国立剧院的同事们发现她悄悄溜出去，是为了兼职出演一个法西斯独裁者的妻子。所以我们雇了辆我们能找到的最大尺寸的加长版豪华车，派去了英国国立剧院。不过巧妙之处在于，我们在从英国国立剧院到奥林匹克录音棚之间的几处街角都安排了奥林匹克的员工，依次招呼豪华车停下来接他们上车。所以等车子开到巴恩斯时，绝大部分奥林匹克员工已经在车厢里跟我们的大明星挤成一堆了。改歌名可真管用。当朱莉鼓起勇气抗议“阿根廷别为我哭泣”这一句跟其余的歌词都没有关系的时候，就正好进入了这首歌需要的状态。事后我们听到这首歌，歌词到底是什么意思并无所谓，反正听起来感觉对了。

《艾薇塔》混音一结束，我们就给美国音乐集团唱片公司展示了一

下。罗伊·费瑟斯通的反应就像布莱恩·布罗利听到《耶稣基督万世巨星》的时候一样欲仙欲死，所以他立刻拍板10月在英国发行这张专辑。我们接着在第一届塞德蒙顿音乐节上搞了一次音乐图像展示。蒂姆做了一组精彩的幻灯片，配合整张唱片的播放。以机灵出名的弗兰克·缪尔当时就在观众席里，还捣了个小乱。切·格瓦拉有一句歌词提到他发明的杀虫剂：“你要长了六只脚，我可不会来轻饶。”弗兰克把蒂姆拉到一边，说他对这句话表示强烈抗议。“这是对安德鲁斯三姐 230
妹合唱组毫无道理的诋毁。”其他观众反响都相当积极。

紧接着我就联系了哈罗德·普林斯，他正途经伦敦，去马略卡岛的夏季度假屋。我们在萨沃伊酒店见了一小面，哈罗德立刻邀请我去他的度假别墅。他跟他妻子朱迪在岛上北部地区的房子改建自一座修道院，紧邻波连斯萨，俯瞰着一座滨海的村子。可惜如今景观荡然无存，不过那时候，岛上北部地区相当冷清。当时佛朗哥刚刚死掉，从机场出来，一路上穿过的小镇，跟我通过薇姨了解到的里维埃拉地区相比，简直就是第三世界一样。

他允许我在他跟朱迪以及两个孩子，戴茜和查理的休假期间叨扰他们。到达那里的第一天晚上，我们一起进了晚餐，不过我记得我们没谈《艾薇塔》的事情，第二天白天也没提。我正琢磨到底什么时候会出现这个话题呢，结果当晚哈罗德就把我拽走了，说我们去码头那里喝一杯吧。喝光一瓶酒的工夫，哈罗德试探了一下我对音乐剧的态度，我是怎么会喜欢上它们的，我的抱负是什么。我把我的故事都跟他讲了。我们没提到《耶稣基督万世巨星》——谈了也没意义。

看起来我面试及格了。第二天我们开始听录音。我看得出来，一听到开场那段葬礼音乐，哈罗德的思绪就在飞转了。很久以后他告诉我，当他听到我们录音里的全编制交响乐队和大合唱团时，就觉得他一定要导演《艾薇塔》了。我只记得他当时说《艾薇塔》里有些地方很棒，可他还是有些意见，尤其是切·格瓦拉有关杀虫剂的情节，他觉得毫无关联。不过他的确兴奋得不得了，想要跟蒂姆联系，谈谈他的想法。我们同意最好是说我把录音给了他，请他作评，然后他会给我俩回复，只字不提我曾经到过马略卡岛。

等回到家后，我告诉蒂姆和大卫我在萨沃伊和哈罗德见了面，把
231 录音给了他，好奇他会不会给我们回应。“这货是谁?”蒂姆冲着大卫·兰德大声嚷嚷着。他们俩当然都知道这位是谁。没多久我们就收到了这封信：

> 亲爱的安德鲁（和蒂姆），
>
> ……我试着把我所有的感受都写进来，先不考虑你们会怎么想了……整体来说我觉得这个项目特别吸引人。你们两位的创作胆识我着实佩服。在我开始针对具体场景、曲目和歌词发表意见之前，我想说我一直感到（越来越强烈）第二幕里缺了点什么。就是说艾薇塔是受命运的介入和摆布，而不是她自己的作为所影响的。你们写到了政府内部对她逐渐失去幻想，可是你们没能用戏剧化的手法描绘出来。在艾薇塔（和贝隆）加速他们自己的垮台过程中，没能表现出来。第一幕的结构相当不错，以至于我都在考虑砍掉幕间休息这个断档了，可接着我发现第二幕里我找不到方向了。关键点在第十六首歌（《财源滚滚不停》），所以应该在那里设法解决这个问题。
>
> ……开场太精彩了。在舞台上，我会想让电影院的场景显得更自然一些。不是因为有多媒体效果，而是我在这一场戏的风格和趋势里，看到一些和《公民凯恩》的相似之处……我对切在这段戏里的作用喜欢得要死，不过我觉得——为了舞台表现考虑——他应该更冷静、放松，更讥讽、幽默一些。他要变得尖锐，应该是在

华尔兹段落之后，他变得关注政治时。

葬礼这段戏很不错，马卡尔迪的歌也是。

我觉得切有点太英伦范儿了。他有些宣叙调太过平淡，达不到整部作品的平均水准。对我来说，他的角色不如艾娃和贝隆还有其他一些非重要角色那么鲜明。他看起来更像一个大家都熟悉的摇滚歌手，“我说朋友，看仔细他们才不喜欢你”和“就是说请你开路”这两句歌词都太英国风了。

我不喜欢对待“联合士官团”的方式，有点轻描淡写了。他 232
们的确出场了，可是我感觉效果还不够强烈。从另一个角度来说，我提议把第七首歌（《这位女士不简单》）彻底删掉，这样的话“联合士官团”就必须要重点描写一下了。

《她天生如此高》(这首歌是不是有点不合时宜?)

我喜欢艾娃勾引贝隆还有贝隆小情妇之后那两段。我相信在舞台上会表现得很不错。

很遗憾我不喜欢《红颜祸水》，我希望你们能删掉这首歌。

第一幕最后一段精彩极了（就是“在粉宫阳台上”“阿根廷别为我哭泣”这里)，不过我不认为在音乐或者歌词上对那些权贵阶层的刻画，就略逊一筹了。我不是说还要给他们添加多少素材上去，只是他们要表现得合情合理——所以我觉得他们应该被刻画得更好一些。我脑子里还没想好艾薇塔在最后一次演讲里，是不是应该恢复原来的形象，还是让她在咏叹调上多下功夫，反正这时候观众也都比较了解她是什么样的人了。

……我不喜欢《彩虹般绚烂》里提到劳伦·白考尔（主要是因为会分散注意力)。

我觉得切不应该说“我看她是去不了英格兰了”。这交代得不清不楚。要是能让切说清楚她曾焦急地等着白金汉宫发请帖，结果还是被冷落在一旁，不就更清楚了吗？（顺带提一下，我会保留关于英国国王的那首四行诗。）

尽管我很喜欢华尔兹那段，但还是有些字句我不太满意。“为何费尽心思追求极乐世界”（我感觉这句水平太低，所以有点让人出戏）。

蒂姆，我明白说这个您可能会有点不开心，可是“所以封我为圣女吧！”这句话有点尴尬。（也还是会出戏。）

233 总的来说，我认为这套唱片的风格还是应该粗犷——简单——可能说原生态更合适一些。你们是当代的布莱希特，令人敬佩。

祝两位好，哈罗德

附：蒂姆，我希望能跟您见个面。有些评论可能在面对面的环境下交流会更容易听得进去些。

这封关于哈罗德对这部作品的评价的信很有启发性。他找到了一个整体的概念——他称其为隐喻——来催生这部戏的制作，而且都已经提到具体形象层面了。这封信表明他已经认可了蒂姆开场的那段电影院场景，可以作为贯穿全剧的音像表达手法使用。

鉴于唱片发行日期已经确定，要改写这么多就有点来不及了，去掉杀虫剂相关情节意味着发行日期要延后到第二年。不过到了 8 月，我还是把《红颜祸水》改了改。配器整个大变样了！改进效果好到两年后哈罗德制作这部戏时，这首曲子被原封不动保留下来。

要是我对偷偷拉哈罗德·普林斯入伙有任何负疚感的话，当我发现蒂姆和珍妮在百慕大跟罗伯特待了一阵儿，还给他放了这些录音时，就都烟消云散了。我当时知道蒂姆要去洛杉矶，给美国音乐集团唱片公司美国分部的头头们做个展示，可我不知道——或者至少我没发现——他会去见罗伯特·史迪格伍德。显然罗伯特喜欢这些录音，虽然我是通过大卫·兰德才七转八绕地了解到这一点。我当然希望我也在场，可其实我当时也没太把这件事放在心上。

《艾薇塔》全长 103 分钟，比《耶稣基督万世巨星》要长很多，可跟后者一样，它也必须压缩进两张黑胶唱片里去。在刻录唱片时，音乐越响，声槽的物理宽度就越大。所以一张典型的比较热闹的摇滚唱片的单侧录制时间不会超过 20 分钟。显然音乐时间越长，要想都刻在 234
一起，声槽就要越小，因此每侧的音量都只能调小，这就会影响音质表现。这样一来，悲催的事情就是如果你想要打造一套能流行开的专辑的话，在电台里播放的时候，它跟“同床之伴”①相比，声音就会轻很多。这给《艾薇塔》带来了天大的麻烦，尤其是第 3 面。就一张黑胶唱片来说，能给足的最长时间是 28 分钟。第 3 面里就有《阿根廷别为我哭泣》这一段落，因此音质好坏是至关重要的。这首歌有 6 分钟长，大部分 45 转的流行单曲只有 3 分钟左右。《阿根廷别为我哭泣》还是给一个交响乐队谱的曲，在歌手开唱前，有整整 1 分钟长的器乐演奏。我们该怎么办，才能在 45 转的唱片上给到足够的音量，以便将来在电台节目里可以跟它的“3 分钟对手”相匹敌？

对我来说，音质就是一切，所以怎么把《艾薇塔》成功地从母带上转到唱片上让我都快疯了。蒂姆对这类事情从不担心，因为他觉得其他人拿了报酬就会把这些事情都搞定的，所以那是他们要发愁的事情。我觉得我们需要找一个高手来刻录《艾薇塔》，而且可能要尝试好几次才能搞定。罗伊·费瑟斯通完全理解这点。不过这倒是一个绝佳的例子，足以说明为什么闲散的蒂姆和容易紧张的安德鲁之间的关系，

① 这里是指被放在一个盒子里的各式唱片。

会发展到令人抓狂的地步了。

我当时已经在奥林匹克录音棚安排了一次试听，来找出哪些地方能调整音量，以便唱片的刻制可以简单一些。我们的音响工程师，大卫·汉密尔顿-史密斯正在休假，所以我自己一个人听录音带，记下我觉得能把音量降低一点的地方，好让重要段落可以在电台播放时表现得更响亮。正在我听得十分满意之时，一个磁带操作员走了进来，无意中说起杜比降噪系统还没开，所以录音带听起来不同寻常地明亮。要是“杜比”系统一开起来，整个录音就会听上去很闷，毫无生气。

我一听就疯掉了。我搞清楚了大卫·汉密尔顿-史密斯正在希腊度
235 假，就叫他赶紧飞回来，以便我们把所有素材重新混音。大卫赶回来了，而且也许正是因为他都费了这么大劲儿赶了回来，他很勇敢地重新开始全部混音工作。不过我还是觉得，这是因为他也同意我们可以把一些地方修得更好。蒂姆则显得相当悠闲，声称他听不出哪里有问题。我们把全部四面录音都折腾了一遍，折腾得我们自己的脾气都被反复踩踏，变得像一张磨破了的波斯地毯那样毫无生气。在 8 月公共假日的那个星期一，我们完成了混音工作，天上下起了雨，有生以来最严重的旱灾终于结束，《艾薇塔》也终于杀青了。

9 月初，莎拉和我迎来了一个真正的幸福时刻，尽管对莎拉来说倒是更多了一份不安。她怀孕了。验血结果表明她的糖尿病症状很理想地稳定着。不过 1976 年的血糖检验可不像如今这么简易，因此她的专科医生相当明确地要求她在孩子出生前至少六周就要住院。被关在医院里六周，对一个 25 岁的女士来说可不是一件小事，更糟糕的是当时伦敦当地有最好的糖尿病治疗设备的医院不在市中心，而是在东南角的杜尔维治郊区。假如没有意外的话，莎拉应该在 1977 年 2 月中旬住进医院，而预产期应该在 3 月 31 日。这就意味着我 2 月和 3 月都必须

留在伦敦，要是《艾薇塔》在美国发行的话，就会有点麻烦了。我们决定把怀孕的事情先密而不发，生怕万一有什么意外发生。

美国音乐集团唱片公司在新伦敦剧院发布了这张专辑，这座剧院
今后会成为《猫》和《摇滚学校》的发源地。在发布会的那天下午我
又发飙了。观众厅里的播放效果令人瞠目，差到我威胁拒绝亮相参加
试听。最后大卫·兰德让我平静了下来，不过也是直到他把大卫·汉
密尔顿-史密斯紧急叫来改进音响系统才奏效。这下发布播放听起来好
多了，观众们的反响也十分积极。不过到了那个时候，蒂姆对我的暴 236
躁脾气已经很讨厌了。这个问题之所以被激化是因为，他越是对所有
事情闲散放手，就越容易激发我的担心紧张。我的说法是，我对声音
表现的正确性十分讲究。四十多年后，我在这方面一点没变。我在剧
院里因为音质不佳而大发脾气的次数，频繁到我自己都不想提起的
程度。

20 舞池清场曲

237 跟《耶稣基督万世巨星》一样，《艾薇塔》的架构是首先需要确定的。我们一开始就同意，艾娃抵达阿根廷的“大苹果”[①]后表现得万分欣喜的那首《布宜诺斯艾利斯》应该是重要的桥段曲目，所以很早就写好了。同样，艾娃的那首煽动性歌曲《全新的阿根廷》——整剧音乐中真正的摇滚曲目——也很早就写好了。蒂姆想要用从电影院过渡到艾娃的大型国葬这样的开场方式，意味着需要有一段大调式风格的音乐段落；他设定的全剧结尾则是让艾娃吟唱一段与之前段落相呼应的“挽歌”。我写了一段旋律，两个场合都可以使用。这里的关键是要能体现出这是一个场面颇大的场景事件。我把拉丁版安魂弥撒“Requiem aeternam dona Evita”[②]的歌词稍改动了一下，让表达悲痛的合唱（群众角色）来唱，然后音乐逐步增强，达到一个巨大的高潮，再让切突然低调接入。让切来当说书人意味着我们可以像《约瑟夫和神奇彩衣》那样来讲故事了。所以在《看这一场闹剧！》这首歌里，切把艾娃·贝隆的背景介绍了一下，这首歌就是《阿根廷别为我哭泣》这段旋律的摇滚探戈版。

在切用一通嘲讽总结性地批驳了艾娃和她所代表的一切之后，焦

---

① 原来指纽约市，后引申为充满罪恶诱惑的大城市。而且此处英文缩写“B.A.”正好跟布宜诺斯艾利斯的缩写一样。

② “永远安息吧，艾薇塔”。

点再转回到葬礼上。伴唱会用《看这一场闹剧!》的主歌旋律，来反复吟唱一组拉丁文的“Salve Regina”①，而且这时候伴奏已经转入全编制乐队规模。现在我们听到艾娃的声音——实际上这应该是从坟墓里传来的声音——首次唱出她自己版本的《阿根廷别为我哭泣》的旋律，伴以我们最初从切那里听到的副歌。《看这一场闹剧!》&《阿根廷别为我哭泣》的旋律之后不再出现，直到剧情发展到很后面，艾娃走上 238
粉宫的阳台时，才以背景音乐的形式再度登场。安排这段一分钟长的背景音乐的目的，就是要让观众们下意识把这段旋律和艾娃联系起来。

每次我听到葬礼这段，心里都会泛起微笑。自打我在考文特花园看过泽费雷利版的《托斯卡》后，一直想要找机会在舞台上开一下大炮。蒂姆在这里给了我一个小礼物。“沿着我的道路继续前进/当你们弥留之际也会记得/为我送行时也曾礼炮齐鸣。”我抓住了这个机会。葬礼段落一结束，我们就立刻接上一段四六拍的摇滚旋律，让故事得以延续下去。这段我尽可能写得不那么有拉丁美洲风格，用了一个略微温和的不和谐主题，而且之后好几次以其他面目再现。接着蒂姆让切相当自如地在剧情中穿进穿出，所以我们很快就看到艾娃设法套牢了一个叫奥古斯汀·马卡尔迪的二流探戈歌手，以便离开她那个闭塞的老家，去布宜诺斯艾利斯谋求发展。马卡尔迪唱了首《艾娃进城要小心》，徒劳地想要让艾娃放弃这个念头，可是对方却以几段风格相对立的《艾娃下了决心》，清清楚楚地表明她献身于他绝不是不求回报的。

他们抵达首都的时候，会有一段爆发式的巴拉圭竖琴的演奏。1976年时，竖琴演奏对我很有吸引力。我特别喜欢这种爆发式的演奏，因为巴拉圭竖琴手都喜欢演奏十度音程，这样大三和弦就总会出现在

① “致敬女王”。

他们的和弦里了。当他们演奏不同的八度音程时，往往会犯下和声老师们最忌讳的滔天大罪。他们会叠加演奏大三和弦，可是这样听起来效果真的不错。我确实痴迷于以最恶劣的方式在音乐上犯下不可饶恕的罪过。

桥段曲目《布宜诺斯艾利斯》不仅描绘了艾娃胜利抵达当地的景象，也描绘了这座城市的社会风貌。1976 年那时候，我希望这段曲子的节奏能保持摇滚风格，于是就跟亨利·麦克勒以及吉他手们一起创作了一些即兴小段落。不过这些年以来，拉丁元素在这首歌里占了上风，所以最终在迈克尔·格兰达吉制作的这版里，我举手投降了。到如今，这首歌毫无疑问是巴萨诺瓦风格了。

239 蒂姆让切来去自如地穿插于剧情中的设定，在很多歌曲里表现得非常漂亮，就像《谢谢您，晚安啦》这首讲述艾娃每个阶段的情人们被毫不客气地纷纷扫地出门的歌曲。蒂姆用这一首歌交待了一段时间跨度较大的故事。

在原版专辑里，接下来就是那首《这位女士不简单》了。音乐上来说，这首是故意写成老式摇滚的，好让切把话题从贝隆的故事转开，讲讲蒂姆很喜欢的那段切发明了杀虫剂而产生的资本家之梦。哈罗德一上手，这场戏就给“骑墙派艺术”让路了（艾伦·帕克打心底里就是个老式摇滚迷，在 1996 年摄制电影版时，把这段戏又重新加回来了，只是去掉了杀虫剂那些内容）。接着艾娃在一次为地震灾民募集捐款的政治集会上邂逅贝隆，并且以一曲《我会让你跟随我左右》搞定了他。在这里就像《阿根廷别为我哭泣》一样，我需要有一段可以在艾娃弥留之际在舞台上再现的旋律。我很喜欢听演员们是否能准确地演绎那个故意安排的不和谐音（故意让大家听起来“有问题”的音符），就在歌曲中段结尾处的“我也要你在我左右”的“我”这个字上。很多人都以为这里是写错了，其实不然。这是对这两个角色做出的辛辣的嘲讽。

《又要往何处去漂泊》是一首刻意被安排成由贝隆的女学生情妇独立演绎的歌，就出现在她被青云直上的艾娃恶狠狠地赶出门之后。我是从字面上理解哈罗德说的把《通天管家》的旋律收藏好的。蒂姆觉得《通天管家》里最差的一段是一首关于网球比赛的歌，叫《夏天》。他说的没错。所以我把这首歌的副歌重新利用在《又要往何处去漂泊》里了。我提议把这首歌编织进故事架构里去，即当艾娃在生死边缘挣扎时，贝隆又找到一个新的年轻女孩儿的那个场景里重现这首歌，史实就是如此。可我们从来没有这么写过，尽管在贝隆和艾娃之间的最后一场戏里，《又要往何处去漂泊》副歌这段美妙的旋律，还是短暂地重现了一下。

下一场戏《红颜祸水》，是在哈罗德·普林斯听过第一遍小样后，240
我们重新录过的。那些帮助贝隆获得权力的军官们和权贵们，并肩唱出他们共同对艾娃的不满。一段贝隆和艾娃的很短的戏后，紧接着就引出了唯一一首真正的摇滚歌曲《全新的阿根廷》。这里我甚至让两个鼓手打完全一样的拍子，玩了个老式重金属乐队的把戏。在切尔西足球俱乐部那座臭名昭著的，不过已经被拆了很久的“大棚”①里听到的球迷合唱，激发了我创作这首艾娃煽动人心的歌曲的思路。在后来的舞台版里，《全新的阿根廷》是第一幕的尾声，可在概念版唱片里，贝隆和艾娃则是在《艾娃大显身手》的旋律里，直接接入粉宫阳台上的那一场的，这也就是我对《艾薇塔》的故事架构做出的最大贡献了。首先，贝隆向群众发表总统就职演说。政客们的说辞总是差不多一样的几句话，所以我给贝隆写了一段在低音区的旋律，让他冒几句民族主义的陈词滥调，接着在他宣布“谨以胡安·贝隆和他的第一夫人艾

① 切尔西足球俱乐部主场的南看台。

娃·杜瓦尔特·德·贝隆的卑微之躯”时提到高音区，艾娃就这样开始了她那段冗长的登场。

我至今仍然对《阿根廷别为我哭泣》的配器十分自豪。主歌第二段里由低音提琴和四把圆号营造出来的空间感，是我再也没能超越的高水准创作。群众对艾娃这首标志性曲目的反响十分强烈。那些批评蒂姆的歌词玩世不恭的人，忽略了这些歌词只是为了取悦群众的空洞的说辞这一点。艾娃只是在表演她的标志性桥段，逢场作戏而已。回到后台的兴高采烈的艾娃被一位军官泼了一盆凉水——“治国不能光靠讨好泥腿子”——录下这段斩钉截铁的唱段的，就是我们的录音工程师大卫·汉密尔顿-史密斯。这场戏的结尾，摇滚吉他和铜管奏响大段块状和弦，衬托出人群的愈发狂热，他们被重新回到阳台上的艾娃抛出的大段毫无意义的，但是讨好群众且极具音乐感染力的废话煽动着。令人沮丧的是，如今类似的场景依然随处可见。

我本来是想在艾娃对权贵们那句奚落“你们这卑鄙的阶级已经活到头了”这里结束第一幕，然后第二幕——和概念版唱片的安排一
241 样——从一段令人沉思的器乐变奏开始，就在胡宁餐厅那场戏的音乐基础上展开。刚开头是一段很短的重新配过和声的开场曲，紧接着是一段同样短却令人坐立不安的展开，再由高音声部的提琴引入《飘飘欲仙》* 。我当时的思路是，第二幕开场就由切来回顾一下之前的情节，稍后艾娃也加入，然后她再借由《彩虹般绚烂》回到故事之中。《飘飘欲仙》里有些歌词一直让我很头疼：“你无所谓他们爱不爱你历史上又不是没发生过/可他们恨你会让你绝望让你筋疲力尽/年轻有为的人们都会同意”。身为一个曾身陷低谷期五六年，最终成功摆脱困境的人，我很明白这歌词并不是我的心声。

---

* 《飘飘欲仙》的旋律跟之前一首莱斯 & 洛伊德·韦伯创作的，不过被废弃的歌曲《在农场上》一样，由莱斯特草场街剧院的约瑟夫，梅纳德·威廉姆斯录制。

艾娃最大的独唱咏叹调就是《彩虹般绚烂》。这个“天下尽为我掌握”的时刻毫无疑问可以让你鉴别出演艾娃的是不是一个真正伟大的演员。这首歌也是我创作过的难度最高的作品之一。由动感十足的巴拉圭竖琴伴奏的《彩虹般绚烂》一曲，把艾娃独自出访欧洲列国这场戏，配上了一段令人回想起《约瑟夫和神奇彩衣》那会儿轻松愉快的时光的旋律。接着我们会看到艾娃的健康衰退的首个迹象，见证她因为被英国国王邀请到访温莎城堡而不是白金汉宫而大发雷霆。（我在想艾娃是不是意识到了，把“温莎城堡”的英文字母重新排列就能拼出“雅士谷诈骗犯”这个词）。权贵们对艾娃只能算是半成功的出访交口称赞，然后音乐突然调转方向。艾娃那句报复心态的“女戏子还没学会你喜欢听的调调”，是为数不多的几处我根据蒂姆的歌词来配音乐，而不是先写出音乐的地方之一。

尽管这一部分后面紧接着的，就是一段完全重新填词的《又要往何处去漂泊》的缩减版旋律再现，我还是在此处引入了全音阶，这是一种二十世纪早期的音乐风格，可以表达出沮丧阴暗的情绪。切的那句突然冒出来的歌词“请原谅我打搅一下”将这种表达继续发展下去，
接着是一小段打击乐。这是艾娃的死亡预兆，来自莎拉差点送命那天，242
一辆停在拜特尔医院外的被废弃了的冰淇淋贩卖车给我的感受。那辆冰淇淋贩卖车如同布尔加科夫的小说《大师和玛格丽塔》里，魔鬼首次在斯大林治下的莫斯科登场时，那部出售杏子味儿汽水的推车一样，令人感到难以承受的邪恶。到现在，我每次听到冰淇淋贩卖车的铃声都会战栗一下。还有为数不多的几次，《艾薇塔》以全乐队编制演出时，木琴和钟琴模拟出来的铃声效果，也会让我毛骨悚然。

接下来在《财源滚滚不停》里，切披露了大量关于艾娃·贝隆慈善基金会极度不规范操作的信息。这段是蒂姆的主意。他觉得我们需要在艾娃之死前，加一首能量充沛的快节奏歌曲。我把一首真实存在

的贝隆主义宣传歌曲小小改动了一下，改为八七拍的节奏，变成了这首歌的伴唱部分。这首歌的假结尾①也是蒂姆提出的，总是能带起一大片掌声，这也是全剧结尾前最后一次鼓掌。因此这首歌的确起到了《耶稣基督万世巨星》里《希律王之歌》同样的效果。跟《耶稣基督万世巨星》这部戏里一样，它出现在第二幕演到一半的地方，在双唱片专辑里就是第三面的结尾。这样的安排可以让观众释放积压已久的紧张情绪，然后开始品味最后那部分剧情的细节。

又来了一首跟《看这一场闹剧!》和《阿根廷别为我哭泣》类似的变奏曲，表现了儿童们以及后来加入的群众，把艾娃提升到了“准圣人”的高度。接下来，在《艾娃和切的华尔兹》里，切直接开始挑战艾娃的价值观。蒂姆在这首歌里把双方都描绘成喜欢冷嘲热讽的政治投机者，而我则按照全编制乐队的风格创作了一段喜忧参半的华尔兹。这首歌是在亨利·伍德音乐厅录制的，我觉得那里清脆的音效，比奥林匹克1号棚里的暧昧风格更趋近完美。由朱莉和寇姆演绎的这首歌依然是我的最爱，可能因为这是唯一一首按照我本意进行配器的。不过，歌词里有一组对偶句给蒂姆带来了很多麻烦，以至于他经常宣称这其实就是他对人生的态度。“为何费尽心思/追求极乐世界”出现在舞台上，的确让很多人感觉不爽。

243　概念版专辑上接下来的一段，就我们俩各自的分工来说，都是有问题的。切因为当年专利申请被否，离场时发出一声俄狄浦斯般的叫喊：“哦，我的杀虫剂。”这个颇具“巨蟒”②风格的点，彻底打破了华尔兹的意境。如今这一句已经被掩盖掉了，借用洛伦兹·哈特的话来说，“竖琴就是派这个用处的”。军方对艾娃不断篡取权力的做法越来

① 指观众听到这里以为这首歌结束了，实际上后面还有一段。

② 英文名“Monty Python”，组建于二十世纪六十年代的一支英国喜剧表演组合，以“恶搞喜剧”闻名于世。

越不满。贝隆用一首《她是珍宝》辩解道，正是因为她在底层群众中受欢迎，才确保军方的政权得以维持下去。这是一段内省式的旋律，而最后一句则刻意和《我会让你跟随我左右》的结尾相呼应。

接着就来到了贝隆和艾娃共同亮相的最后一场戏，这段是蒂姆先拿出来歌词的。他对这首严格按照抑扬格创作的艾娃的“十四行诗”情有独钟。歌词里有着像“保守分子都是胆怯之王/要伤害他们用嘲笑胜过鼓掌”这样的词句。当哈罗德觉得这首“十四行诗”放在夜场演出耗时太长而删掉的时候，我其实很难过。在这场戏结束之前，病入膏肓的艾娃瘫倒在贝隆的怀里。这是我打算让观众在情感上和艾娃产生联结的一个地方，通过大型管弦乐队伴奏的《我会让你跟随我左右》唱段，以及紧跟其后的一段出自《又要往何处去漂泊》的，带着调侃风格的“现在该如何是好”的再现来达成。

再接下来，就是朱迪·嘉兰在“流行话题”夜总会里演绎《就在彩虹的尽头》的那个时刻了。憔悴的艾娃在她最后一次广播节目中，唱了一曲同样憔悴的《阿根廷别为我哭泣》。在这里，这句歌词就讲得通了。一段过往场景的万花筒式集锦，将最后的挽歌之前的，艾娃弥留之际的思绪刻画了出来。在概念专辑里，挽歌的长度是舞台版的两倍，蒂姆写的艾娃哀悼自己未能出生的孩子那段主歌被砍掉了。将来有一天一定要重新加回去。

美国音乐集团唱片公司推出的第一版《艾薇塔》专辑，标的是“歌剧”。不说也能猜到，这让有些人非常光火，在别人眼里也是一个有
争议的话题。可我们还能管它叫什么？它算不上是“摇滚歌剧”——其 244
中很多地方都是管弦乐伴奏，而且在 1976 年听起来无论如何都挺过时的；它也不是传统意义上的音乐剧，因为它是一唱到底的。就我个人来说，争论这个毫无意义。在英国获得的评论两极分化。长期支持我

们的《星期天泰晤士报》的德瑞克·朱韦尔以《就是一篇杰作》为标题，而与此同时，当时的知识分子的流行圣经《旋律工匠》则以《艾娃的火鸡奔跑秀》[①]针锋相对地唱对台戏，并且因为像朱莉·科文顿这样的歌手兼演员会参与其中而义愤填膺。导致朱莉对我们的推广活动退避三舍。

和《耶稣基督万世巨星》不同的是，《艾薇塔》的专辑在英国以及其他一些地区的确成了热门专辑，可是在美国却是威震一方。《阿根廷别为我哭泣》的单曲在英国电台里还是一首慢热歌曲，在美国一经播放，立刻让那首史诗性的六分钟单曲《麦克阿瑟公园》黯然失色。电台主持人们诚惶诚恐地谈论着那令人咋舌的一分钟的纯器乐引子。

到了2月底，圣杯级别的权威性电视节目《流行之王》搞了一场演出，庆祝蒂姆跟我赢得了第一张全英冠军单曲。即使如此，朱莉·科文顿依然拒绝出镜表演，只是在唱片伴随着一组艾娃·贝隆的幻灯片进行播放的时候，才屈尊露了个脸。当《阿根廷别为我哭泣》在迪斯科舞曲榜上拿到第一时，我有点百思不得其解了。一首有着由交响乐队演奏的近一分钟长的慢板引子的热门舞曲，能带出来的舞蹈类型，显然是我闻所未闻的。其实夺榜的原因还是很简单的：迪斯科舞厅都会在关门前，播放《阿根廷别为我哭泣》来清退舞客。

《艾薇塔》当时并不是我唯一在琢磨的事情。哈罗德·普林斯提议我去看一部颇引人入胜的电影，片名叫《莎剧演员》。剧中费莉西蒂·肯德尔出演一个青少年演员，参加了一个巡游剧团，把莎士比亚的作品带到印度各大城市里，对抗正在崛起的宝莱坞文化——要是真的有过这样的尝试，也必然是逆水行舟。我实在想不出来怎么才能把这部片子改编成一部舞台版音乐剧，而且，我怀疑其实哈罗德也没招，因

① “火鸡奔跑秀”是在美国一度流行的感恩节滑稽助兴活动，参加者要穿着火鸡装束参加长跑比赛。

此这个项目一直就没能落实过。也许当时我还没准备好处理《莎剧演 245
员》这样的题材。多年后我制作了《孟买梦》——第一部登上伦敦和百老汇舞台的宝莱坞音乐剧，向西方观众介绍了才华横溢的A.R.拉赫曼，后来的双料奥斯卡奖作曲家。伦敦观众十分喜爱这部戏，可惜当我把这部戏带到百老汇的时候，弄得血本无归。

《托马斯和朋友》也在沿着既定轨道前进。我跟彼得·里弗斯，爱丁堡艺术节版与西区版的《约瑟夫和神奇彩衣》里的说书人，一起捣鼓出了几首歌来。彼得是个在儿童电视领域富有经验的聪明的创作者。格林纳达电视台的约翰尼·汉普委约了一集试播片（在1977年1月录制），电视台的老板们看了颇有兴趣，于是一个颇费周章的前计算机时代动画绘制工作鸣号启程了。我的第三个项目不需要任何合作者。我开始创作《帕格尼尼主题变奏曲》了。

1976年底出现了几个颇有诱惑力的提议，试图把《艾薇塔》从商业戏剧舞台上拉走。哈伍德伯爵，当时的英国国立歌剧院的主席，就是第一位。在一座正规歌剧院里，由全编制交响乐队伴奏首演该剧，的确是一个非常撩人的提议，尽管受过训练的歌剧嗓绝对没法跟这些音乐合得来。薇姨的老朋友罗纳德·尼姆提出另一个更靠谱的思路，他提议他来导演，把《艾薇塔》立刻拍成电影。罗尼可是有实打实的好莱坞经验。自《敖德萨档案》后，他的作品库里又加上了一部高票房力作——《海神号遇险记》。他曾执导过阿尔伯特·芬尼主演、莱斯利·布利克斯创作的音乐剧影片《圣诞欢歌》。真正诱惑我的，是他对影片音质的承诺。自《耶稣基督万世巨星》后，电影院音响已经改进了很多，而且当时我的舞台制作经验让我很担心《艾薇塔》在商业戏剧制作里，会跟我的创作意图听起来完全不一致。罗尼催着我们答应他把《艾薇塔》这个项目在好莱坞兜售一番。1977年初，在我的伦敦公寓开了一次会后，我们小心翼翼地答应了他的要求。

246 两星期后，美国音乐集团唱片公司在纽约的巴黎剧院举办了一场搞笑的发布仪式。当时我们如果不出场更好。在试听到开场戏里电影院的放映被打断的那一刻，有人笑了出来。美国音乐集团唱片公司的宣传专员琳·凯勒曼甚至写信给大卫·兰德，声称我们俩“在美国默默无闻，不像在英国那样众所周知”来为她的公司丧失热情而辩护。至少莎拉还在场，可以给我安慰。她的糖尿病专家已经相当信任她能照顾好自己，批准她坐飞机了，尽管她当时已经怀孕六个多月，离她那漫长的强制入院时间只有几天之遥了。

随着时间流逝，罗尼想要推出一部《艾薇塔》电影的努力不断碰壁。我则担心历史重现，会被又一次忽悠进一部没有真正的制作人主导的剧院版制作里去。罗伯特·史迪格伍德当时已经坐拥《周末狂欢夜》和《油脂》两部影片，在电影圈如鱼得水了，所以戏剧演出对他来说只是小鱼一条，而且他已经开始四处吹风，说迈克尔·怀特有可能出任《艾薇塔》的创意制作人。我的态度则很明确，必须要由真正有创意制作经验的人来掌舵，此人必然是哈罗德·普林斯。哈罗德不光是一个优秀的导演，他的制作的《西区故事》《歌舞厅》和《屋顶上的小提琴手》也都还不错。

尽管我对哈罗德的评价表达得相当明确，罗伯特·史迪格伍德那帮人还是装聋作哑。所以我开始耍花招了。我不断告诉他们我想不清楚启动剧院版制作是不是明智之举。蒂姆对我越来越生气，以至于有一次我们俩差点在丽晶酒店门厅拔拳相向。不过与此同时我一直跟哈罗德保持联系。4 月初，我们在萨沃伊酒店进行了一次重要会面。现在想想，我耍的花招，看来还是起了点积极作用的。

21 伊莫金和尼可罗

我们在美国进行的无效推广之旅，还是有了些积极的收获的。两 247
位年轻的制作人，克雷格·扎丹和尼尔·梅伦，邀请蒂姆和我去参加一个名叫《舞厅百老汇》的歌舞秀系列节目。节目中，百老汇的作曲家和作词人会在约莫一个小时的时间里，讲点八卦趣闻，抖抖瑟瑟地唱几首自己受欢迎程度不同的曲目。我们被安排在第二季。克雷格和尼尔已经穷尽那些大牌名字，比如《再见伯迪》的查尔斯·斯特罗斯和《屋顶上的小提琴手》的谢尔顿·哈尼克，不得不往坑里深挖，所以就找到了我们。克雷格和尼尔当时就很有成功相。从《芝加哥》开始，他们在电影届的作品已有很长的一列，而最近大批经典音乐剧的电视直播节目也是由他们开创先河的。*

给我们安排的时间是 3 月第一周，莎拉届时将度过她入院后的第三周，可她还是坚持我接受这个邀请。蒂姆拿起话筒时从来不会紧张，所以整整六天，我们每晚面对一百多名戏迷观众，奉献了这辈子唯一的公开演出。我很开心可以发掘出我从未了解到的自信。克雷格导演这档节目，还不允许我们脱稿发挥，所以蒂姆，当然还有我，就没办法抢对方风头了。跟戏剧领域的人在一起让我感觉如鱼得水，所以这一个礼拜戛然而止还有点令人伤心呢。我跟泰勒·盖切尔建立了真正

---

* 他们最近的一部作品，非常巧，就是美国全国广播公司的《耶稣基督万世巨星》。

的友谊，他是《耶稣基督万世巨星》的总务经理，当时曾力劝我投资
248 查尔斯·斯特罗斯即将推出的新戏。“这部戏，我们美国人来做绝不会错。”他说。我听了音乐也很赞同。可问题是当时英国外汇交易还是受控的，所以我只能拒绝了。这部音乐剧叫《安妮》。

这个时候我有点急着要回家，因为莎拉被关在狭小的医院病房里，又正好紧挨着一条繁忙的铁路线，都快得精神病了。而不合理的是，她实际上百分百健康。只是那个时代，凡是有糖尿病的孕妇，医院会坚持要求在六周的住院待产期内，每三个小时验一次血。我争取每天去看她两次，而且还尽量组织起了一支庞大的朋友队伍来缓和她这单调冗长的六周时间。可是杜尔维治离伦敦中心区实在是远得很。莎拉为朱莉·科文顿的一次来访感动颇深，当时《阿根廷别为我哭泣》正是榜首冠军。所以自那时起，医院里的小姐姐们对我带着一些奇奇怪怪的瓶子进出产科病房，就时常睁一只眼闭一只眼了。

3 月 31 日是我们孩子的预产期。其实事先就知道确切日期还是很怪的，不过至少我可以把事情规划好。而且在去医院探访的间隙，我还可以搞一搞我的《帕格尼尼主题变奏曲》。不过这些事以及《艾薇塔》最终还是必须靠边站了。我们的宝贝儿是在 3 月 31 日上午，照计划剖腹产的，一个漂亮健康的小丫头。我心里乐开了花，接着就得想想看该叫她什么了。

一长串没有尽头的拉斐尔前派风格的教名，看起来都在待选之列。挺奇怪的是莎拉并不太喜欢那些名字。我大概能理解起一个像帕珥忒诺珀，或者阿格罗菲米娅这样的名字也许是有点过头了，可她为什么会对普洛斯皮娜这样很普通的名字敬而远之，我到现在也想不明白。极不情愿地，我只能答应用莎拉奶奶的名字，伊莫金。我必须承认这个名字跟她很配，尽管有时候我会好奇，一个罗赛蒂风格的伊莫金拿

着一只咬过一口的石榴会是什么样子。①

伊莫金出生后不久，另一件事一下子把《帕格尼尼主题变奏曲》249
推到了我的创作队伍的前列。我打赌输给了我弟弟，大提琴手朱利安。莱顿东方足球俱乐部像往常一样要在主场背水一战，以免降级。我跟朱利安打赌他们必输无疑，可出人意料的是他们绝地反击，扭转了局面。所以我得兑现赌债了。赌注是如果我输了，就得给他创作些曲子。“重获自由卡”就是把我的《帕格尼尼主题变奏曲》写成大提琴作品。我宣布将会在8月6日，我们的塞德蒙顿音乐节上首演这首曲子。

尼可罗·帕格尼尼（1782—1840）是一位历史上颇具争议，也是最负盛名的大师级小提琴演奏家。他的技巧水平如此超凡出众，以至于人们都觉得他跟魔鬼做了交易。他狂野的外表更让人加深了这种怀疑。他又瘦又高，手指细长，穿着打扮奇异古怪。当他左摇右晃，以闻所未闻的灵敏性演奏小提琴时，观众们就会如痴如醉。曾有一次在尼斯举办的柏辽兹作品音乐会上，他全身着大红色登场，成就一段传奇，而观众们还以为是魔鬼的化身降临他们中间。我现在觉得就是这个故事启发了加斯顿·勒胡在《剧院魅影》里创作红色死神的情节。对帕格尼尼超自然能力的说法到了如此严重的地步，以至于他的尸体都被拒绝以基督徒身份下葬，而是被拉到集市上，当作怪胎收钱展示，直到有朋友将其偷移走，藏在尼斯附近的费拉海角的圣奥斯皮斯海岬周边某处。也就是说，有可能就埋在我曾跟莎拉·布莱曼共同拥有的那栋宅子的花园里。帕格尼尼如今大名远扬，主要归功于他的《A小调第24号随想曲》。这个主题已经被超过50位作曲家“变奏”过，包括勃拉姆斯和拉赫玛尼诺夫。

现在我也加入这个行列了。所有的音乐都和数学有关，因此通过

① 《普洛斯皮娜》是意大利画家但丁·加百列·罗赛蒂的画作，画中女模特手里拿着一只被咬了一口的石榴。

变奏可以给与帕格尼尼的这部作品类似的主题，带来无尽的可能性这件事，已经让作曲家们神魂颠倒了几百年。本质上来说，变奏就是拿来一段简单的旋律，然后基于其上，搭建你自己的版本。帕格尼尼的这段旋律是个理想的选择，因为它实际上就是在音阶的第一级音之后，
250 接上两个分别在其上下的五级音。这个音型被重复，再做七次变化，最后在主音上和谐地结束。音乐历史上最著名的变奏可能就是拉赫玛尼诺夫的《帕格尼尼主题狂想曲》里的第 18 号变奏。他把原来的旋律从小调改成大调，多多少少把它颠倒了过来。这听起来很简单，可实在是纯粹的天才之举，纯粹的拉赫玛尼诺夫特色。帕格尼尼的主题如此吸引作曲家的另一个原因，则是其本身具有的技巧性。

创作和录制《帕格尼尼主题变奏曲》是我生命中最幸福的时光之一，我不记得在此期间有过任何一次不快。从一开始，我策划的变奏曲就是要给朱利安演奏的，也就是现场表演。因此这首曲子跟麦克·欧菲尔德规模宏大的，通过多道音轨叠加制作出来的热门作品《管钟》不一样，我的变奏曲只有一道音轨。

运气来了就是挡不住，当我在罗伊·费瑟斯通的办公室里讨论《艾薇塔》的时候，碰巧听到一张专辑《电子野人》，是由一支叫“角斗场”的乐队录制的。他们的演奏风格正是我的新作品所需要的。爵士/摇滚乐器乐队“角斗场”，是才华横溢的鼓手乔恩·希瑟曼的创意。这支乐队的成员是真正的演奏家级别的乐手，是那种可以读懂乐谱还能以乐队形式一起演奏的摇滚乐手。我当时还没准备好在塞德蒙顿试演全阵容版的作品，不过我还是给乔恩·希瑟曼打了电话。

在我那间位于伊顿广场的公寓，我见到了乔恩和他漂亮的妻子芭芭拉·汤普森，我当时就觉得她有点脸熟。当乔恩告诉我她曾是一个高音萨克斯手时，就都对上号了。她就是哈罗德的伦敦版《歌舞厅》里那个美艳的“半身画像俱乐部”的女萨克斯手——她还会吹长笛。

这样的话，我只需要再找个钢琴师。罗伊·费瑟斯通再一次伸出了援手。他给我送来了一首改编自萨蒂的钢琴曲《“吉诺佩蒂”1号》的单曲，是僵尸合唱团前键盘手罗德·阿金特编的曲，他们的热门歌曲 251
《她不在那儿》就是出自他之手。我喜欢死那首歌了。很快罗伊便安排我在某个音乐界的聚会上和罗德相邻落座。我俩一拍即合，我就这样找到了键盘手，也是一位将会长年合作的朋友。没多久，这支队伍就在塞德蒙顿的厨房餐桌上一起进晚餐了。接下来好多年，不少创作团队都会冲着莎拉烹制的美味烧鸡晚餐，而到我家来聚会。

已经被称为《变奏曲》的第一稿完成了，应该再关心一下《艾薇塔》的事情了。7 月 24 日我飞去了马略卡岛，住进哈罗德·普林斯家，并希望能说服他最终答应来伦敦执导这部戏。我满以为哈罗德早就决定执导《艾薇塔》了，可是他告诉我直到我这次来了以后，他才拿定了主意。我真是既轻松又激动。有哈罗德掌舵，就可以在拥有导演视角的同时，还能加上制作人的视角。罗伯特·史迪格伍德机构里大概有人听进去了我不停的唠叨，所以看起来罗伯特已经跟他交流过，也讨论过他的费用了。唯一未解决的问题是哈罗德直到 1978 年春季都排满了活儿，这意味着《艾薇塔》要等到夏天才能开演。尽管担心《艾薇塔》到时候会成为明日黄花，我还是为大家都同意值得花这么长时间来等哈罗德入伙而万分开心。实际上后来发生的情形正相反，主要是因为宣布百老汇传奇哈罗德·普林斯将会掌舵这个项目，拔高了市场的预期值。不过在等待期间，我手头的项目还有《变奏曲》——以及另一个小插曲。

马略卡岛北部在 1977 年还只是紧邻地中海的一片处女地，可南部开发已久，是臭名昭著的大多数劣质英国游客的集散地。帕尔马机场挤满了醉醺醺地挺着大肚子还在灌啤酒的小伙子，和他们那些不停地哼着风靡一时的度假圣歌《西班牙万岁》的马子。当飞机飞过“沙格
252 拉夫”——度假中心区马格拉夫的别称——我对摆臀流行舞曲的好感使我沉迷其中，我觉得蒂姆跟我有办法捣鼓出一首类似的歌曲。比较傻的是蒂姆也附和了。结果就有了《玛格蕾娜》这首歌，歌词主要是讲一个小伙子在飞回阴冷潮湿、雾气环绕的英国时，回想起他度假期间曾缠绵过的那个当地姑娘。

蒂姆和我极少脱离戏剧语境来写歌。最后一首此类歌曲，叫《你想走就走》，是专门给“猫王”创作的，讲了一个为了小姑娘抛妻弃子的已婚男人最终又被情人抛弃的故事。在“草台混音”版（也是目前最好的一版）里，可以听见“猫王”嘟囔着“这首歌我可太懂了”。据说这是他生前最后录制的一首歌，如果真是这样的话，那就可以说是我们写了首歌让他送了命。*

我们心里很清楚想要谁来唱这首暑期金曲——托尼·克里斯蒂。罗伊·费瑟斯通上钩了。我预定了大型管弦乐队，托尼的嗓子发挥得很漂亮，在副歌中演绎他的暑假爱侣的，正是曾经出演抹大拉的戴娜·吉莱斯皮。令人伤心的是这首歌没能获得好成绩。会不会在刺骨冰凉的 2 月发行这首明摆着要成为暑期金曲的作品，是个错得离谱的策划呢？不管怎么样，这次录制过程引出了一位在我今后的职业生涯中多次起到重要作用的年轻人。我爸爸有一阵儿总是提起他在伦敦音乐学院的一个学生，他觉得这个学生应该可以在我的某部戏里，胜任音乐总监的职务。这次录音可是一个考验他的好机会。一位身材高挑，相貌堂堂，名叫大卫·卡迪克的年轻人走上指挥台，在引发了我们的

---

* 在艾弗利兄弟二重唱组合于 1998 年录制了由我跟《地狱之蝠》的作曲吉姆·斯坦曼合作创作的《好冷》后，我所有的职业梦想就都实现了，所以我认真地考虑了一下是不是要退休，至少退休一天左右吧。

乐队女成员明显的骚动（单向的，我猜）后，镇定自若地完成了他的首次录音伴奏指挥。大卫从此之后在戏剧领域大获成功，目前还是我们纽约版《剧院魅影》里颇得器重的音乐主管。

我的《变奏曲》于 8 月 6 日，首演于塞德蒙顿音乐节上的一场大 253
提琴独奏音乐会的下半场。由罗德、乔恩和芭芭拉，分别演奏钢琴、鼓、长笛以及萨克斯，为朱利安伴奏。因为只考虑过出一张单面唱片，所以这部作品当时只有 20 分钟长，可是观众反响十分热烈。用最后一段变奏作为返场显然不够，于是我们不得不把整部作品再演奏一遍。梅尔文·布莱格就在观众席中，他当即许诺会在英国独立电视台那档他新开的艺术专栏节目《南岸秀场》里，首次公开演出这部作品。罗伊·费瑟斯通也立刻承诺美国音乐集团唱片公司会录制这部作品，只有一个条件，就是我必须把《变奏曲》扩展成整张密纹唱片的规模。我立刻答应下来，以防有人提起“雷德·英格尔和他的天然七子”乐队的那首《帕跟·妮妮催命爵士舞曲》，一部还算小有名气的帕格尼尼作品改编曲。当时薇姨要是在观众席里就好了，她已经感觉不太舒服有一段时间了，只是我也没太在意。

接下来就要邀请“角斗场”乐队的其他几位成员，唐·艾瑞（键盘）、约翰·莫尔（贝斯）和盖瑞·摩尔（吉他）入伙了。扩充后的阵容堪称绝美。这下我有了两位顶级水准的键盘手，可以转而探寻当时还在不断发展中的电子合成器的丰富音色了。约翰·莫尔是个优秀的贝斯手，盖瑞·摩尔则是有史以来最伟大，同时又是最被低估的摇滚吉他手之一。身为前奶酪汉堡乐队成员①，盖瑞打骨子里就是一个重金属乐手，可他也是我合作过的最抒情的吉他手，浑身洋溢着那种七十

① 盖瑞其实未曾加入过奶酪汉堡乐队。

年代的摇滚吉他手们标志性的放浪不羁的帅气。2011 年 2 月，他离开人世，摇滚界失去了一位最优秀和最深刻的演奏大师。

有了这样一组阵容，我的作品便拥有了无限的疆界。主题和变奏的形式意味着实际的结构并不被规则所束缚。我可以把重金属和古典，幽默和抒情相融合——换句话说就是放飞自我。不过始终我最渴望的，是创作一部体现真正技术含量的音乐作品。这部已被我称为《变奏曲》
254 的作品，可能会以唱片的形式首度亮相，不过我倒是真的在创作一部兼具戏剧性和表演性的作品，最重要的是，这部作品是为了现场表演而创作的。乔恩·希瑟曼提议我们在摩根录音棚录这张唱片。录音棚在伦敦西北角的威尔斯登，当时那里文化氛围很多元，不过也是一个有点不太安全的地区，跟富裕安定、绿树成荫的奥林匹克录音棚所在地巴恩斯截然不同。可是奥林匹克录音棚的设备已经略显老态了，《阿根廷别为我哭泣》里那个错误的圆号音符依然让我心有余悸。所以我去摩根看了一眼，再加上他们答应我让那里的顶级音效师马丁·勒凡来给我们把关，就定下来在那边录了。

我们在 10 月和 11 月的头两周，分两次录制了《变奏曲》，之后马丁·勒凡和我转去布鲁塞尔，在一个和摩根录音棚有协作关系的棚里开始混音工作。我们很正确地预估自己会毫不受干扰地开展工作，而且我还发现马丁那对“善于倾听”的耳朵是有来头的，他父亲曾经在伦敦交响乐团担任职业提琴手。他在修复错误方面也颇有一手。我们发现在第四变奏中，漏掉了一个沙筒的录音，他的解决方案是近距离录下我摇晃一罐甜味剂的声音。正是在布鲁塞尔，马丁和我确立了一份专业层面上的友谊，使得他在今后近 15 年里，成为我在音效和录音工作方面的得力助手，一直到《爱的面面观》结束后，他在《日落大道》项目初期退休回到威尔士为止。

在《变奏曲》录制计划当中的两周，我跟蒂姆去了趟芝加哥。我们出这趟差的主要原因是去见邦妮·肖恩，一个哈罗德觉得可以胜任艾娃这个角色的演员。我们这拨人都已经怀疑朱莉·科文顿可能会拒绝登台了，我对朱莉嗓音的耐受力，比她身上的乔普林①气质更胜一筹这一点颇有保留。坦率地说，我当时想不出有哪个演员能以一周八场的频率来演绎《艾薇塔》，我看朱莉演四场就够呛了。邦妮的表现相当不错，不过蒂姆和我对于在英国起用一个不为人知的美国演员会有什 255
么效应，都持有相当保留的态度。

我们刚回来不久，朱莉就拒绝了我们的邀请。当然媒体把这个决定解读为朱莉对我们太怠慢了，可我绝对相信她是出于职业理由才这么做的。我觉得她明白她自己在生理上和心理上都无法拿下这个角色。多年后她终于答应在一部澳大利亚版复排制作中出演这个角色，可是排练期间她就退出了。寻找艾娃的扮演者是当时的一件大事，可我还是要调整出时间来应付《变奏曲》的突然走红。

美国音乐集团唱片公司的罗伊·费瑟斯通被这版录音给镇住了。亲爱的大卫·兰德带着他的妻子萨拉到我的公寓来，这个倒霉蛋看起来真是进退维谷了。梅尔文·布莱格不光是确定了要在独立电视台的第二期《南岸秀场》里表演我的《变奏曲》，更是从我开头的几段变奏里选了一段作为片头曲，一直用了三十二年。这段音乐没有标明创作者，我很好奇那些上了他节目的世界顶级艺术名人们，到底有几位知道这段音乐的来历。

9 月份里，薇姨的情况略有恶化。乔治觉得她待在家里无法获得应有的看护，所以在医院里略住了一小段时间后，就送她去了霍夫的一

① 珍妮丝·乔普林，美国二十世纪六十年代的传奇摇滚女歌手。

所养老院。说实话，并不出乎我的意料——乔治和薇姨都是酒杯不离手的，只是她当时才 50 岁。我以为她彻底恢复只是时间问题而已，尽管我看到她脸色那么蜡黄，人那么无精打采时还是有点震惊的。也许我的确不应该，不过我还是继承了妈妈的信条，把工作摆在其他事情之前。这样一来，我在年底前只见到了薇姨两面。

22 《变奏曲》

美国音乐集团唱片公司在1978年1月发布了《变奏曲》，跟《南 256
岸秀场》的电视节目正好同步。之后的反响让我震惊。《变奏曲》令人惊讶地成为清谈阶层的热门话题，在专辑排行榜上的排名迅速攀升至第二。《变奏曲》本来可以夺冠的，只是跟阿巴乐队首张《精选专辑》较量一番后，还是甘拜下风了，可如果放到今天，后者连主流排行榜的上榜资格都拿不到，真可气。

不过我一点都不觉得冤枉。我感到最大的变化，就是我必须要独自一人参加媒体和推广活动了。在谈话类节目上，我永远无法跟蒂姆平起平坐，不过这次我只需要讲述音乐方面的事情，相当安全。我所鼓起的自信心，虽然远不够让我撑起一场单人秀，可也不是毫无效果。申请舞台演出授权的邀约从芭蕾剧团和舞蹈团蜂拥而来，词作者也主动把歌词寄过来，喜力啤酒甚至宣布要用这些音乐做啤酒广告。在皇家节日音乐厅的音乐会门票被抢购一空，帝都电台紧接着在那里又开了两场全部售罄的音乐会。

那年夏天，世界杯足球赛在阿根廷举办，英国广播公司电视台请我帮他们写一段主题音乐。罗德·阿金特和唐·艾瑞参与了《阿根廷旋律》的录制，负责键盘。这个歌名也许太缺乏想象力了，不过以“罗德里格兹·阿根廷纳主持的圣何塞乐队”的名义推出的这首曲子，在排行榜上最高升到第十四位。他们还让我穿了件细条纹西装，第一次也是唯一一次在《流行之王》节目里上镜。节目播出后，由于这一番辛苦劳动，这张单曲拿了一次排行榜冠军。不过很快排名就下降了。

257 当一切都显得很顺利的时候，命运总会在某个街角给你恰到好处地摆上一块香蕉皮。1 月 28 日，我亲爱的薇姨的肝脏觉得受够了折磨。她取消塞德蒙顿之行时已经有病症体现，我最后一次见到她时，她的肤色已经黄得接近金丝雀的颜色。可是我从此失去了我的灵魂伴侣，那个在我还是小男孩时，对我意味着一切的女士。前一年里我其实有大把时间，却没能多去探望她，这让我心神不安，我也明白我会十分怀念她的。但愿在天堂之门她不要脱口而出“天杀的教皇”这样的话。

仿佛这一件糟心事还不够。有天傍晚，我在家里接到蒂姆打来的电话，说他收到了一封艾伦·道奇特寄来的自杀遗书。他在他儿时居住过的白金汉郡的艾弗附近卧轨自杀了。我第一个感觉是内疚。艾伦是个极有天赋的音乐人，不过尽管他的伦敦男童歌手团在《艾薇塔》的录制过程中参与过几次，我还是没有在这张专辑里起用他，因为这张专辑里的音乐需要一个相当富有经验的指挥。显然在《变奏曲》里也没有适合他的角色。是不是他觉得自己被忽视了？

后来才发现是有个小男孩指控他行为不检点，但是我们觉得不应该是这样。大家都知道艾伦是个公开的同性恋，可他有自己的成年伴侣，好像叫迈克尔·斯塔奇，跟艾伦一样，也是一个合唱团教练。朱利安在学校里也上过艾伦的课，可无论是他还是蒂姆或者我，在《约瑟夫和神奇彩衣》工作期间，都从未见过他跟手下的孩子们有任何过分行为的迹象，要是有，朱利安肯定会知道的。他之前的确也受到过类似的指控，但调查结果证明在所谓的案发时间里，他正在跟蒂姆和我，还有其他人一起录音，所以也被彻底宣布无罪了。要是蒂姆和我发现那个指控有一丝真实的迹象，我们会立即停止跟他的合作的。

因为跟艾伦的沟通极少，我至今不清楚具体的指控是什么，会强烈到促使他走出如此令人震惊的一步。不过几年后，我妈妈告诉我，258 她曾经给切尔西警署警长的孩子上钢琴课，该警长的手下就是当时负责这起案子的人。他跟她说当时没有任何有效证据对艾伦不利，也就没有可能对他进行立案。我至今还是自问，要是我还能像《约瑟夫和神奇彩衣》期间那样跟他保持紧密联络，是不是这起惨剧就不会发生。

到 1978 年 3 月，有没有人愿意给《变奏曲》编舞已经不是问题了，由谁来编舞才是。我的确仔细盘算过，由一个舞蹈团出面是不是能找到水平足够高的乐手来演奏，只要不是那些演一场助兴而已的情况。《变奏曲》是为了让朱利安炫技才创作的，所以一定要能体现出音乐技巧上的独特之处。

我不想搞得太技术化，去过度分析《变奏曲》，不过我还是把我的戏剧化架构规则运用到了这部作品里，所以方方面面都离不开这个核心。我把第 19 变奏改成忧愁善感的版本，作为那段著名的帕格尼尼旋律的引子。这段旋律由朱利安在大提琴上演奏，只有鼓声伴奏。开头四次变奏把帕格尼尼的旋律发展开，可依然在主题上相互贴近。《南岸秀场》的片头曲是从第 3 变奏里截出来的一段。第 5 变奏结束得非常宏大，我在大调基础上，上移了四度，安排了一段对位旋律。当《变奏曲》成为《歌声舞影》的第二幕时，第 5 变奏就改成了一首名为《心外幽曲》的，在全剧结尾由全体演员一起唱的歌。一段略微压抑的第 6 变奏，回到了我的摇滚根源，与用重金属的八七拍写的第 7 变奏形成了鲜明对比。后面这段演奏难度很高，在《摇滚学校》的“吉他英雄”场景里，你就能听到盖瑞·摩尔非凡的独奏段落。

在那段波光粼粼的池水般的第 8 变奏里，有一段由键盘弹奏的很短的重复音型，或者叫“固定音型”。随着《变奏曲》的展开，这个音型成为整首音乐的核心，并引出一段略显慵懒的萨克斯独奏，由芭芭

拉·汤普森吹奏。在创作的时候，我心里就一直想着是她在吹奏这首
259 曲子。接着朱利安会演奏一段简单却又悠扬的抒情段落，这段旋律的原型，是几年前写给由蒂姆作词，一个叫迪奈尔的法国姑娘录的一首已经被人遗忘的歌曲。第 11 变奏又回到了摇滚风格，之后的四段音乐，我用不同的拍子玩了个不亦乐乎。这一段以“致敬”结尾，第一段向汉克·马尔文，影子乐队的主音吉他手致以敬意；第二段“致敬”是给普罗科菲耶夫的，也是我揣测他会怎么处理帕格尼尼主题的一个尝试。

第 16 变奏里，在一段刻意重复的由吉他和鼓合奏的两小节乐句的基础上，我拿键盘音效和乐句段落做了些尝试。我忍不住写了一小段模仿赋格，毫无逻辑地基于号角主题，跟帕格尼尼并无关系。我承认在创作这段变奏时，我真的很好奇会不会有一天某个编舞想要给这段音乐编一段踢踏舞。一段缓慢的和声谜团，最终解决到降 D 大调，这是拉赫玛尼诺夫著名的第 18 变奏的调，同时也是我的第 18 变奏的调。这段抒情旋律又是给朱利安展示演奏技巧而设计的。坦白地说，这段跟帕格尼尼几乎没有关系，除了开始部分的旋律重复，以及它有七次变化。这里重新利用了蒂姆跟我的第一个合作项目，那部我曾一直期待莱斯利·托马斯写出剧本的《孤海浮灯》的主题旋律。朱利安一直很喜欢这段旋律，觉得它就此被埋没太可惜，所以没等他怎么劝，我就把它从箱底里翻出来了。可惜跟其他曲子不一样的是，这首曲子有一个发行商，南方音乐公司。这就意味着从技术上来说，这是一首带有歌词的歌曲的器乐演奏版，所以蒂姆就这样拿到了我在这首曲子上收到的一半版税。他在自传《看这一场闹剧!》里说，这个结果“真滑稽”。

第 19 变奏是向乔治·格什温的致敬，罗德·阿金特演奏得非常优美，最终引向一段由长笛和高音键盘演奏的新旋律，然后在第二遍时，与一段吉他和贝斯演奏的非常接近帕格尼尼主题的简单变奏相结合。

接着又重复一遍第 5 变奏里的对位旋律。在大提琴上移高四度，激情 260
再现了第 5 变奏的主旋律。这是我最喜欢的一段。摇滚风格的第 21 变奏很快以贝斯和吉他加上乔恩·希瑟曼点出的强大鼓声齐奏切入。以键盘为主的第 22 变奏逐步推进到结尾，我为了展示朱利安的非凡技巧而创作的第 23 变奏。最终结束时，朱利安把他的大提琴调出一个“走音模式”的低音 C，然后独自一人华丽地结束了整部作品。

我对《变奏曲》的原版录音感到相当骄傲。每当我遭遇挫折或者其他什么不快的时候，我都会听这张专辑。这里没有一个元素不与欢乐相关，无论是旋律还是技巧的展示。罗德、唐和我开发出来的键盘音色在当时堪属一流品质，尤其是我们一直都牢记在心，这些曲子是要现场演奏的。在音色还不能预先设定好的那个时代，要做到这一点可不简单。而且尽管如今各种音色库唾手可得，我还是不愿更改最初的选择。要是您想听《变奏曲》，试着听一下那张录制状况良好的 1978 年黑胶原版。因为唱片每一面的时间都相对较短，所以音质相当漂亮。哪怕你讨厌我的作品，这张专辑还是展示了什么才是优质黑胶音色。

《变奏曲》在美国乐评界获得了 A 级明星待遇。我们在洛杉矶的“地下酒吧”剧院和纽约的纽曼（公共）剧院都进行了演出，可是没有获得像英国《南岸秀场》给予我们的同等规格的电视上镜机会，而后者正是我们的唱片得以被广泛接受的原因。演出现场的观众都如痴如醉，尤其是在洛杉矶，我们都被要求在当地驻场演出了。还发生了一些我没有预料到的事情——姑娘们开始觉得我有吸引力了。米莫莎，我在 1971 年的女游泳教练冒了出来，说她可以用跟我一起潜入水下的方式，帮我克服对于把头埋进水面下的恐惧——我真的答应了的话，
应该还是很值的。尽管我把这类机会都拒绝掉了，可如果不承认我曾 261
经特别心动的话，那就是撒谎了。

与此同时，《艾薇塔》也依然在若有其事地向舞台制作推进，由罗伯特的部门经理鲍勃·斯瓦西紧密关注着。罗伯特决定不拿他自己的钱冒险，所以资金主要来自私人的“天使投资人”们，外加帝都电台的一大笔投资。大卫·兰德建议我不要投资，他说要是这部戏火了，我光拿版税就够赚的了。真希望后来的职业生涯里我也能坚持听从这个建议。唯一一家有档期的剧院就是爱德华王子剧院。这可不是什么首选的剧院。爱德华王子剧院就在皇宫剧院背后的小角落里，之前从来没有上演过什么热门剧目。过去几年间，它的名字曾被改成“伦敦赌场”，还曾是全景电影公司的总部，算是巨幕电影的早期版本。后来全景电影衰败了，这里又改回剧院，推出了两部烂戏。不过哈罗德喜欢跟电影有关联的元素，因为我们那部戏的开场就是在一家电影院。他觉得在舞台镜框两侧挂上巨幅壁画图案的幕布，带点拉丁美洲艺术家费尔南多·波特罗风格的那种，就能使那里二十世纪二十年代风格的丑陋的观众厅焕然一新。

听了哈罗德关于一部戏的舞台视觉至关重要的观点，我有点迫不及待地想了解他的舞美设计师了。他选的是蒂姆·奥布莱恩，还有他的搭档塔齐娜·费尔斯，最终事实证明这两位的工作非常出色。蒂姆曾给皇家莎士比亚剧院的很多制作担任设计，跟哈罗德的观念很搭。他们的设计是那种现在还有时被称为“皇莎黑匣子”的风格，采用简约主义的道具，比如给《谢谢您，晚安啦》这首歌配一个带旋转门的框架，背景是一片黑色，以布莱希特风格推进舞台行动。我们的戏开场就是一群观众正在舞台上观看放映在一面巨大的银幕上的电影，由真实的艾娃主演。在艾娃的死讯宣布之后，这块巨幕升到舞台上方。这样，在全剧演出过程中，下面演戏，上面就会配合播放一些现代的
262 幻灯片或者短片。唯一一块大景片，是一座两层楼的台架，可以在舞台上向前或者向后移动，再配合其他景片就能变成粉宫的阳台。所有

景片跟开场的电影一样，都是黑白的。舞台上唯一的色彩来源就是服装和舞台镜框两边的巨幅壁画。

当时貌似全英国，以及不少来自其他国家的音乐剧女演员都来报名面试了。然而有一位我必须要解释一下。我爸爸对一位名叫佳丝汀的，不算太苗条、受过古典音乐训练的女中音歌手萌生了……直说吧，暗恋。尽管我提醒爸爸我们团队认为理想的人选，应该是能发出刚劲有力的摇滚胸声的人，爸爸还是叫她报名了。更糟的是，爸爸决定给她的面试弹伴奏。我决定不去面试现场。不幸的是，团队里其他所有人——包括大卫·兰德，这个除非有明星前来，否则从不靠近面试现场的家伙——都觉得这场特殊的面试很值得观摩。后来发生的事情这本书里就没必要再提了。

最终艾薇塔的人选减到了三位：维瑞蒂·安妮·梅尔德勒姆、伊莲·佩吉和一个我已经想不起名字的女演员。哈罗德没法在这三个里选一个出来，跟我一样，他也担心这个角色一周八场的强度会让人撑不住。所以他提出了一个思路，让三个姑娘每晚都来演艾薇塔。蒂姆和我去蒂姆[1]跟塔齐娜的设计所看展示的时候，哈罗德在布景模型上演示了一下如何实现这个安排。接着，少见的莱斯 & 洛伊德·韦伯团结一致的情况发生了。我们不看好这么做，是不是要让姑娘们抽签决定谁来唱《阿根廷别为我哭泣》？哈罗德也没怎么反对。这三个入围者，伊莲、维瑞蒂·安妮·梅尔德勒姆和那个神秘的无名女演员又被喊来参加第 N 次复选。

我当时已经倾向于伊莲了。她个子很小，声音尖锐又性感。她的胸声很刚劲，可也能表现出真实的温柔和脆弱。简言之，她拥有明星 263

① 设计师“蒂姆”。

气质。不过我还是想保险起见。在完成了一段令人眼花缭乱的《彩虹般绚烂》后，我请她再唱一遍《阿根廷别为我哭泣》。

“要唱死人啊!”她两眼冒火地说道。我们知道已经找到了我们霸气的艾薇塔。

不过哈罗德还想再见一次他的美国人选，邦妮·肖恩。这个可怜的姑娘飞来了伦敦，然后整个创作团队在爱德华王子剧院把她和伊莲安排在一起面试，而后者这时已经觉得我们的摇摆不定是脑子有病了。哈罗德还是倾向于他的同胞女演员，不过他同意让蒂姆和我在我的公寓里，测试一下两个姑娘，再做决定。邦妮的嗓音的确很厚实，可是再一次，伊莲的嗓音里有一种充满人性的气质表现出了富有勇气的一面，不过她也开始显得有些情有可原的不满了。我打电话给哈罗德说我们选伊莲。他回答道，“要是你们认可，小伙子，那我也认可。”邦妮·肖恩表现得出乎意料地优雅。我后来再没见到过她，不过要是遇到了，我会给她一个极其热烈的拥抱。

三人同演艾薇塔的思路需要做一个注释。要是你曾看过哈罗德的制作版本，有个极小的痕迹被遗留下来。在葬礼的结尾，跟原版唱片中艾娃单独从坟墓里唱出来不一样的是，会有三个女生从人群里出来，唱《阿根廷别为我哭泣》。其中一位女演员将会演艾娃，另两位就走开了。这么安排她们的原因从来没有解释过，显然哈罗德在舞台上还是放不下这个思路。

切的选角问题可就大了。寇姆没能让哈罗德满意，所以他还得等到特雷弗·努恩选他来演《悲惨世界》里的冉阿让，才能成就戏剧星途。我们僵持了一段时间，结果莱斯阵营出现了一个突破口，显然是受了珍妮的鼓动，蒂姆提议让大卫·埃塞克斯来演。大卫已经成功地完成了一次困难的转型，从戏剧美声明星（他在《福音》里扮演耶稣）转变成英伦自产的摇滚天神，即将在西区的演出领域大放光彩。哈罗

德跟他在萨沃伊酒店见了面，对他印象颇好，而有幸见到一位百老汇 264
传奇人物的大卫也感觉很不错。大卫只答应演四个月，不过对我们来说已经够多了。他悠闲洒脱的气质，把蒂姆心目中的切演活了。不仅如此，他唱的《看这一场闹剧！》给我们额外带来了一首排行榜前十名的单曲。乔斯·艾克兰德，一个哈罗德在制作《小夜曲》时认识的话剧和音乐剧领域的老手，拿到了贝隆这个角色。罗伯特·史迪格伍德机构那边因为试图把已经筋疲力尽的伊莲推向媒体而吃到了苦头，直到最后在萨沃伊酒店外安排了一次媒体摄影，罗伯特才得以如愿。就像保罗·尼古拉斯和《耶稣基督万世巨星》的安排一样，伊莲不接受任何采访，这样伊莲对于公众就是一个谜团。不管是不是，她当时已经成为头版头号新闻了。

排练安排在摄政公园北部的西塞尔·夏普大宅，离奥斯陆宫餐厅很近，令人愉快。记性还好的英国读者也许还记得，我曾担任《每日电讯报》的美食评论家好几年。2016年末我又去了一次奥斯陆宫餐厅，在那里我再一次觉得我有必要重开专栏。对旧时光眷恋的人应该立刻跑一趟那里。现在哪儿还能找到用玛丽·罗斯酱[1]配的龙虾杂拼、配樱桃的鸭肉和由穿燕尾服的招待奉上的法式橙酒薄饼，以及装点着看上去像爱德华时代的老阿姨们穿的紧身衣那样的百褶窗帘的进餐环境？这些安排太棒了。总之，伊莲在整个排练过程中都把自己照顾得妥妥当当。她很明白什么时候该保护嗓子，可在职业道德上表现出了110％的水平。我们的编舞也是美国人，拉里·富勒，刚刚跟哈罗德在康登和格林创作的音乐剧《二十世纪快车》的百老汇制作里共事过。我跟拉里相处得不错，所以当我被禁止观摩编舞过程时，着实大吃了一惊。

① 一种配海鲜的酱，类似千岛酱。

哈罗德说他会在恰当的时候让我去看。最终他叫我过去，把我带到排练房边上。

265 “小伙子，先来看看《布宜诺斯艾利斯》这段戏。”他说，“有些新的音乐，你会觉得很讨厌。”

我还没来得及发火，哈罗德就解释说他找了个舞曲编曲来给拉里的步伐写一些音乐。我从来没听说过这样一个角色。哈罗德表示一旦我看过舞台编排，就可以把这些音乐去掉，自己创作新的版本。在哈罗德对拉里的工作成果满意之前，他不希望我看到任何具体内容。我坐了下来，心存怀疑，可是马上就热烈地鼓起掌来。所有的编舞都提升了戏剧行动表现。《布宜诺斯艾利斯》绝对需要最新的音乐元素。一段新的曲子被加了进去，让切可以用对话来描绘用舞蹈展现出来的布宜诺斯艾利斯的社会架构。之后，就出现了一个激动人心的新段落，给我提供了无穷的创作空间，我毫不客气地抓住机会，只是需要提个醒。在某一处，拉里的编排是让舞蹈演员们跟艾娃做同样的动作，晚一拍而已。音乐上如此表达毫无困难，可我担心的是，如果我们的艾娃不像伊莲那样舞技高超，她就会看起来像是踩不准拍子一样。

哈罗德和我建立了真正的友谊。有一个星期天晚上，我们在伦敦希尔顿酒店参加某个唱片行业慈善聚会。我正满心盼着聚会按时结束，好让我可以跟盖瑞·邦德去参加在国王大道上的“乡下表亲”俱乐部里，由当时新兴的热门电视舞蹈团“热门八卦”举办的歌舞晚会。“热门八卦”在傍晚电视节目《肯尼·艾弗雷特录像秀》里表演的那些颇具暗示性的舞蹈动作，已足以让自封为全英国电视道德监管员的玛丽·怀特豪斯中风了。不用说就知道，怀特豪斯太太的严正声明反倒提升了大家对该团编舞阿琳·菲利普斯的挑逗性动作的好奇心，结果让英国公众开始关注在当时还默默无闻的一门艺术形式——现代舞。

晚餐会拖堂了，不过我也不必惊慌。埃尔顿·约翰救了场。当他

上台介绍他新的钢琴作品《男人之歌》时，观众开始交头接耳，以至 266
于埃尔顿大发脾气，把钢琴盖重重地摔上后离场，再也不回来了。我拽起哈罗德，赶紧溜走去看“热门八卦”了。哈罗德和盖瑞·邦德马上就自来熟了，而且没多久盖瑞就被选为大卫·埃塞克斯在《艾薇塔》里的接班人。不过那个晚上是属于阿琳·菲利普斯以及她那支大受欢迎的性感舞蹈团的。哈罗德坚持要见她一面，宣称她的这些成果“都是鲍勃·福斯应该做到的”。在酒吧里，我被介绍给一位女舞蹈演员，她说她叫莎拉·布莱曼，而且她想成为一名歌手。我在回家路上想明白了，阿琳·菲利普斯就应该是来给我的《变奏曲》编舞的人选，最好让“热门八卦”来跳。问题是，该怎么做才能让事情朝这个方向走呢？

从排练结束到第一次带妆彩排之间的这段时间，被称为“技术合成”。我会建议新手创作者们在技术合成期间休个假。这跟坐等油漆干结可不太一样。当你安稳坐好，刚刚欣赏自己的大作首次登台不过三十秒，就会有人拿起话筒，说要重新给灯光定焦，或者布景塌了，所有人都被通知过两个钟头再回来，同时一个疲倦得不行的舞台技术人员，旁边陪着一个气冲冲的舞台监督，被导演大吼小叫地骂着，这个导演还时不时跟后台团队高谈阔论，声称制作人才是整个行业里最名不副实的家伙。

那个时候我还比较嫩，因此在爱德华王子剧院遇到这种情况时，担惊受怕了好几天，觉得还是罗纳德·尼姆说的，把《艾薇塔》拍成电影才是对的。就是在那些看似无休止的被迫中断间隙，罗德·阿金特给我介绍了他的一个演员朋友，珍妮·林登，她最出名的电影作品就是《恋爱中的女人》。她对塞德蒙顿音乐节有一个节目设想，是她跟钢琴师珍妮特·爱德华兹一起构思出来的，叫作《我读，我弹》——

267 在音乐伴奏下朗诵诗歌。她问我想不想作几首曲子。我很好奇我能不能做到，也就是说能不能给已经创作完成的诗歌作品谱写出旋律来。我答应考虑一下。

第二天排练期间，当粉宫布景和穿着全套华丽晚礼服的伊莲·佩吉在台口卡住后停下来的时候，我想到了《老负鼠讲述世上的猫》。我很小的时候，妈妈经常给我读 T.S.艾略特关于猫的诗歌。我自己几天前也刚刚用“神秘猫麦卡维蒂”这段来教训过我们家的缅甸蓝猫格里姆肖，因为我发现在休息室里的一只珍贵的威廉·德·摩根花瓶莫名其妙被碰倒了。于是我给珍妮打了电话，商定我将会给四首诗作曲。我选了《杰里科猫之歌》《米斯托弗里斯先生》《猫的命名》，当然还有《麦卡维蒂》。当时我脑子里飘过的，是威廉·沃顿给伊迪丝·西特威尔的《外表》谱写的那种曲子，只是该作品首演时，是由诗作者在屏风后面通过大喇叭压过沃顿的音乐来朗诵自己的诗。效果当然不会好到哪里去，不过我没跟珍妮提这个思路。我们说好了在 9 月 9 日上午的音乐节演出里，安排《我读，我弹》上场。

《艾薇塔》的第一场预演，是我职业生涯中最难以忘怀的夜晚之一。哈罗德的制作中的方方面面都完美地结合在一起。简约主义风格的布景意味着戏剧行动发展可以无缝延续，同时大卫·赫西的灯光效果很漂亮地演绎了从布宜诺斯艾利斯街头的温暖，到艾娃医院病榻前的冰冷在内的各种感觉。所有的演员都相当棒。全伦敦城的戏剧死忠，外加一些其他行业的大牌，当晚都来到了爱德华王子剧院。几乎完全一致的看法是，还从来没有谁见识过一部伦敦制作的原创音乐剧可以达到这样的水准。我绝对忘不了大家对改编后的《红颜祸水》——要感谢哈罗德——的积极反响。拉里·富勒让士兵和权贵们分成两组十字交叉，士兵以一个紧密的军队方阵踩着步伐，权贵们则在舞台上走

滑步，就像是他们在参加聚会一样。在这里，我的音乐没有留鼓掌的 268
间隙，不过看起来我也不用瞎费工夫了。这首歌结束之前，观众们疯狂地鼓掌长达一分钟之久。接着是让人耳目一新的《全新的阿根廷》。艾娃的社会底层支持者们带着他们色彩斑斓的标语旗帜和熊熊燃烧的火炬，深深地触动了 1978 年的英国观众。有关民兵的传言基本上消失了，可是工会组织的实力依然甚嚣尘上。当晚的鼓掌就完全不是强迫性的 OSO * 了。

我已经数不清谢幕的次数了。最后当演员们回到化妆间，打开温暖的香槟时，气得冒烟的舞台监督不得不把他们一个个拽出来，再去谢一次幕，因为观众就是不肯散去。哈罗德·普林斯制作的《艾薇塔》是音乐剧行业里所有创意元素都完美配合的极为稀有的案例之一。就像哈罗德跟我说过的一样，凡是看不入眼的戏，肯定也是听不入耳的。这部戏肯定看得入眼。

当晚我们全体去了美食花园餐厅庆功。在当时的伦敦城，除非有爱尔兰共和军的恐怖袭击，否则没有什么事情可以阻挡《艾薇塔》的势头。可我注意到了一件事情——没看到罗伯特·史迪格伍德，实际上排练期间也没有看到过他。我问大卫·兰德，罗伯特知不知道伦敦城里出了一部新的音乐剧作品，还是挂着他的抬头的。大卫支支吾吾地说了些什么罗伯特正忙着在美国发行他的《佩普中士的孤独之心俱乐部乐队》的电影，很有可能下周就会回到伦敦了。不过那天晚上我这么问真不是吐槽，只是好奇而已。预演期间，我大部分时间都在音控台，那里可以清清楚楚地看到演出中人们进进出出的情况。大概是在第八场预演第一幕快结尾的时候，我看到罗伯特和他的一个助理，悄悄地钻进了一楼观众厅。

---

* 礼节性起立鼓掌。

预演进行得相当顺利，《艾薇塔》的口碑好到几乎没有批评。正式
269 开演那天，6 月 21 日，我甚至在英国广播公司电视台转播世界杯比赛的体育节目里亮相，谈起《艾薇塔》和莱顿东方队，还把我的阿根廷主题曲弹奏了一下。走出演播室，我就被求票的人给拦住了，还有一些排队等着上《流行之王》的姑娘们冲着我尖叫。大卫·兰德也发现了一些新的热点。人们不只买一本节目册，而是三本，一本给自己，另外两本分别摆在咖啡桌和汽车后挡风玻璃那边，以显示他们已经看过城里最热门的戏了。于是大卫印了一大堆节目册。可惜随着演出的继续，这个队伍越来越壮大，节目册销售已经成为稀松平常的事情。大卫的办公室里都转不开身，因为堆满了那些他声称有朝一日会成为稀有收藏品的光鲜亮丽的节目册。

可是这些都无法消除我对首演之夜的紧张。第一幕刚过一半，大银幕上的电影和幻灯片就跟舞台表演完全不同步了。我觉得我们彻底砸锅了，结果可怜的大卫在幕间休息时不得不费力安抚我无法消除的忧郁情绪。可其他人貌似都没有注意到。罗伯特大概能拿到 1986 年度“缺席制作人”奖，不过他还是很懂得怎么安排一场盛大的聚会。他租了一艘叫“塔特肖尔城堡”的大船，停在泰晤士河上，靠近议会大厦，而且几乎可以看到十五年前我的校园音乐剧上演的地方。正在实行紧缩政策的伦敦城可有一段时间没见过这种排场了，反正我爸妈肯定没有。盖瑞·邦德也来跟我们一起混，有一会儿，我留意到他在跟哈罗德和罗伯特认真讨论些什么。我当时还纳闷哈罗德和盖瑞能不能说上话，结果不久哈罗德就很认真地推动让盖瑞来接替大卫·埃塞克斯出演切。

洁妮丝塔·斯特利顿，我们这部戏的宣传负责人，首演之夜曾在后台提醒我们，说剧评肯定都是围绕伊莲和哈罗德的，大体上来说她一点没错。德瑞克·朱韦尔保持一贯风格，声称《艾薇塔》是“一部

纯粹的杰作”。伯纳德·列文，一位《星期天泰晤士报》的剧评人并自封为所有歌剧类演出的监护人，则狂批了一通。不过他的评论如今已 270
经被拿来跟他的前任，那个总是找错人、表错情的哈罗德·霍伯森相提并论，人们读了也只是一笑而过，并不会放在心上。没过多久，他宣称他对幸福的理解，就是在全世界任何一座城市都可以看到歌剧演出，除了巴黎，因为他对巴黎加尼叶歌剧院深恶痛绝。谢天谢地，十年后当《剧院魅影》开演时，他已经不是剧评人了。

23 “真有用”

271 1978年夏天过得简直像一场旋风。《艾薇塔》开演后十天，帝都电台在皇家节日音乐厅再次上演《变奏曲》，效果奇佳，所以电台老板约翰·惠特尼以双倍的价钱又预定了一个日子再演一场，这位刚刚登上我的电话本的新人有朝一日会成为我的首席执行官。

大卫·兰德过去老说我一个星期能想出一百个打胜仗的点子，虽然99％都是烂主意，可你只有从这摊烂泥里才能挖出真正赢得胜利的宝器来。也只有老天爷才明白那个夏天我脑袋里都在想什么。以下排名不分先后。我发明了一种关于保险业务的桌面游戏，叫“天灾人祸!”，玩家扮演保险巨擘——伦敦劳合社的承保人，游戏中，玩家要试图在一场巨灾发生前，把风险转嫁到其他玩家身上。莎拉和我主持了好几次晚餐会，试图推广这个前景无限的游戏，徒劳无果。二十世纪八十年代后期，劳合社因为石棉造成的人身伤害索赔几乎破产。某一个颇令人难忘的晚上，理查德·布兰森成功地诱骗我在一场飓风来临之前，买下了他的离岸石油钻井平台的风险。

独立电视台给了我一笔巨额经费，让我给他们的一部大型电视系列片《维克看世界》创作并录制主题曲。他们的要求是作品要大气、自负、交响乐风格，而且要欢快。我实在不确信我给他们的是不是他们想要的，不过肯定是一首八七拍的标志性电视主题曲，至少够独一无二了。8月份，哈伍德伯爵提出正式委约我来为英国国立歌剧院创作一部歌剧，在1980—1981年演季中随时首演。我提议拿狄更斯的恐怖故事《信号员》作为故事原型，他的行政负责人埃德蒙德·特雷西听 272
了特别兴奋，说他会把这个提议提交董事会。但董事会否决了这个思路，因为这部戏只有两个角色，回复中说：“合唱团该怎么办?”我一直没有放弃《信号员》这个构思，最终在根据威尔基·柯林斯的《白衣女人》改编的同名音乐剧里，把这个故事的元素给整合进去了。同时迈克尔·怀特想要把《变奏曲》扩大成一个舞蹈节目，我回答他先等等再说。接着《艾薇塔》伦敦版卡司的专辑又开始制作了。某位《每日快讯报》的记者问为什么我总是不见踪影，大卫·兰德帮忙解释说，“安德鲁忙得都没空嘘嘘了”。

罗伯特开始讨论该如何在美国推出《艾薇塔》的具体规划了。一次在他斯坦莫的家里，请我和莎拉一起吃饭的时候，他指出在百老汇开演如果反响平平，其实风险很大，反而在洛杉矶开演可能是个更好的选择。他觉得《艾薇塔》需要在美国“被发现”，然后再通过关系推荐登上百老汇舞台。他还计划立刻在世界各地开始各版制作。澳大利亚版还是交给哈罗德，不过欧洲各国应该被允许制作他们的版本，只要能很快上演。这就是罗伯特能想到的最佳方案了。到了1981年，《艾薇塔》已经在十一个地区上演。我当时觉得他对美国的分析很有道理，那里没几个人谈得上熟悉这部戏的音乐，而且我当时经历过的百老汇也没有让我觉得有多吸引人。罗伯特对我拉哈罗德入伙这件事夸个不停，而对第二年我的代理合同即将到期这件事只字不提，让我感到很不可思议。结果我只能在莎拉不在的时候，一个人主动提了几次这个事情。

整个夏天，我可爱的私人助理碧迪·黑沃德花费了大量时间协调来自大卫·兰德的《艾薇塔》赠票申请，后者则不停夸口说“热门剧目什么都能治愈”，还总是播放一张他录下来的《艾薇塔》首演之夜观众掌声的唱片，颇莫名其妙。赠票申请中有一位必须掩人耳目地进行。为女王陛下效劳的反对党领袖对第一幕结尾和第二幕开头时，艾娃面
273 对大批景仰她的群众的大歌段落，情有独钟。这就需要在演出开始后，把尊贵的玛格丽特·撒切尔阁下偷偷带进底楼观众厅后排，然后在幕间休息时再将她偷偷带到剧院对面的惠勒斯酒吧，最后再偷偷带回来欣赏《阿根廷别为我哭泣》和《彩虹般绚烂》。几年后，在她的唐宁街官邸里的一次晚餐上，她笑称应该让我给她在下一届保守党大会的入场写一首开场曲，就像艾娃在粉宫阳台上那样。说真的，我依然认为她只是开玩笑而已。*

大卫·兰德不断收到各种提议，想要把《变奏曲》改成一部舞剧的一部分。我则开始认真思考《老负鼠讲述世上的猫》的创作。要是把这首关于猫的诗当作“与舞蹈相结合的诗歌”的开场戏，会怎么样呢？与此同时，《托马斯和朋友》遇到麻烦了。格林纳达电视台的约翰尼·汉普完成了这部动画片的试播集，他的老板很喜欢这个思路，可是在 1978 年，动画片是个劳动密集型行业，成本奇高。电脑动画在当时还未降生。格林纳达电视台的大佬们也觉得《托马斯和朋友》太英国化了，在英国以外很难推广，所以他们不可能批准花一大笔钱去搞一个可能只是在本土播放的儿童系列剧项目。他们和我都没有想到，其实只要用火车模型来拍摄，再加一个前披头士乐队成员来配音，就能把《托马斯和朋友》变成一部国际化的连锁商品。于是我做了个跟“真有用”截然相反的举动，把《托马斯和朋友》的授权返还给它的发行商，就这样任由一个不费吹灰之力就能创作出热销作品的机会，从

* 那个令人叫绝的间谍，保守党下议员艾伦·克拉克，在 1980 年初写过一段日记，提到刚接受完电视采访的撒切尔夫人在下议院的表现：“我的天，她可真漂亮；当然是完美动人了。可还是像艾娃·贝隆那样令人想入非非。”

我手指间溜走了。

不过我依然拥有“真有用”的公司名称，我也不会放任这节会唱歌的蒸汽火车头就此烟消云散。在一次录音过程中，我听到有人能表演一个非常有意思的晚会把戏。他可以同时发出三个音，跟一节美国蒸汽火车头的笛声音高一模一样。他叫厄尔·乔丹。没准我的火车故事背景可以被安排在美国？而且一个可以同时唱出三个音的人，应该 274
能在一张新单曲专辑里担任领唱吧？彼得·里弗斯和我创作了一首《爱的引擎》，罗伊·费瑟斯通又接上了力。塞德蒙顿音乐节就在眼前了，可我已经答应了罗伊，等塞德蒙顿音乐节可以自己运营，我就会把《爱的引擎》这首歌开上轨道。

乍一看，1978 年的塞德蒙顿音乐节的节目并没有什么让人惊喜的。没有像《艾薇塔》这样的全版作品的首演，只有一台钢琴家丹尼斯·马修斯的贝多芬音乐会，和一个在法国打磨过的先锋哑剧团的表演，也只有出自法国的哑剧团才会这样令人难熬。* 罗伯特把他即将发行的电影《油脂》拿出来让我们做一次深夜特别放映，地地道道的独家节目。为了纪念艾伦·道奇特，星期天上午的教堂礼拜，我们安排了一支由艾伦的伴侣迈克尔·斯塔奇指挥的合唱团，表演了福莱的《小弥撒》。星期天下午安排了一场板球比赛，晚餐后的演讲发言人里有保守派政客约翰·塞尔温·古莫，如今已经是德本男爵了；还有伊莎贝尔·巴内特女士，这位当红的电视节目主持人，后来因为被发现偷偷往她缝在超大号皮毛外套里的暗袋藏超市罐头，以自杀了结了一生，挺悲惨的。

约翰是音乐节长达三十多年的铁杆支持者。我有一次在电视上看

---

* 有张十分漂亮的专辑，名字叫《马歇·玛索金曲集》，实际上里面什么歌都没有。理查德·布兰森也玩过一样的把戏，出了一张名叫《罗纳德·里根的聪明才智》的专辑。

到他，那是在 1974 年大选后，选民们把他赶下了议员岗位的那个凌晨。一个喜欢乱说话的主持人雷吉纳德·博桑奇，没看到约翰也在演播室里，评论道："约翰·古莫这个人，用十八世纪的说法就是把屁股都输掉了。"约翰对此回应说，"非也，我只是把议员交椅输掉了而
275 已。"这个回敬机敏得体，所以我就开始关注他了，发现他跟我一样，钟爱着维多利亚风格的建筑（越高教会派越好），于是他和他妻子佩妮就此成了我持续至今的好友。大家普遍认为约翰是英国过去二十多年里最优秀的环境大臣。

接着就是珍妮·林登和珍妮特·爱德华兹的《我读，我弹》。简介里藏了一行字："本节目将首次推出四首根据 T.S.艾略特的《老负鼠讲述世上的猫》全新创作的音乐作品。"

布莱恩·布罗利就在观众席里，正是他担任美国音乐集团唱片公司英国分公司的头儿时，对《耶稣基督万世巨星》充满信心，从而开启了蒂姆和我的职业生涯。布莱恩已经离开了美国音乐集团唱片公司，成功地经营了保罗·麦卡特尼的麦卡特尼制作有限公司五年之久了。他当时正在找新的可以让他参股经营的机会。基于他在《耶稣基督万世巨星》的经历，以及给保罗建立起一个版权帝国的丰富经验，看似是一个不二人选。我已经下定决心，等跟史迪格伍德机构的合同一到期，我就要开设自己的制作公司。说到底，拉哈罗德入伙是我的主意，而且直到《艾薇塔》第八场预演的中途，罗伯特都没出现过。到了星期天，大卫·兰德非比寻常地安静。午餐时他悄悄靠近我。

"你们俩是不是都翅膀硬了？"他说。我不明白他什么意思。

"现在你有了《变奏曲》和这些猫的诗，是不是意味着我的小伙子们要散伙了？"他问。

我说你别装傻了，要知道蒂姆一直在接个人项目，而且事实上在美国和英国都已经发行了好些他担任歌手兼词曲创作者的单曲专辑。

我说要是蒂姆提出一个制作音乐剧的好点子来，我会立刻接下来，而
且我说到做到。他接下来问我为什么布莱恩·布罗利被邀请来了。我
回答说我正在考虑组建自己的制作公司。毕竟《艾薇塔》这部戏能成
功，我在里面起了很大的作用。他和罗伯特为什么不给这个新的公司 276
投入点启动资金，将来也可以占一点股份呢？大卫说他会跟罗伯特谈
一谈这个事情的。

盖瑞·邦德已经被确认会接替大卫·埃塞克斯，不过当时我对《艾薇塔》的最大担心已经被完全证实了。一周演八场艾娃这个角色，对随便哪个女演员来说都太有难度了。伊莲开始缺席一些场次，而她的替补米歇尔·布里茨则觉得面对一群不太开心的观众而承受压力的次数有点多了，就因为史迪格伍德机构没打算再安排一个轮替演员。全国性报纸上都出现了好多讽刺漫画，比较典型的是有一幅画着剧院门外的看门人，文字写着：“我不是门卫，只是个替补，每周八场出勤对门卫的压力太大了。”然后后台开始流传有关伊莲和蒂姆之间的儿女私情的谣言，大卫·兰德也没采取什么行动来缓解这个情况。我当时也没太在意。我对伊莲颇有好感，相信她的专业素养。这部戏上她唱不了一周八场也不是她的错，没人能唱得了。

罗伯特·史迪格伍德的手下鲍勃·斯瓦西当时左右为难得很，他甚至把一直以来为了宣扬推翻资本主义社会而跑去“蜗牛餐厅”用午餐的时间都缩短了。尽管让观众趋之若鹜的是《艾薇塔》这部戏，但被评论捧成明星的还是伊莲这个演员。得找个人来帮她分担一些压力。可要是找一个大明星的话费用会贵，而且还会打击她的信心。再说找艾薇塔的时候我们已经把全国都搜遍了，再要找一个肯定不会很快。盖瑞·邦德这下帮了大忙。有谁想到过他的朋友玛蒂·韦布吗？玛蒂，和盖瑞一样，是演了一堆西区音乐剧的老将了。他们曾一起出演过一

部戏，叫《考分》，尽管这部戏失败了，演员阵容里却孕育出了一拨西区天才来。玛蒂也曾在《半个六便士》里出演女主角，跟汤米·斯蒂尔演对手戏，我记得我在西敏公学读书的时候看过。

277 盖瑞把玛蒂带到我的公寓来试唱。她的胸声相当厉害，不费吹灰之力就把那些我以为没有一个胸声歌手可以唱上去的音符都拿下了。更重要的是，玛蒂对每周只演两场，而且是担任伊莲的伤病替补这点表现得很随和。我立刻跟哈罗德汇报了这件事，他回答说只要我满意，他也满意。我说玛蒂远没有伊莲那么火力十足，有可能表现得更像是个普通的英国姑娘，不过哈罗德觉得只要她能把这个角色唱好，我们就不会有问题。到了 11 月，盖瑞就成了我们的切，他的朋友玛蒂则每周两次出演他的女主角。

《爱的引擎》出炉了，而且配上了十分漂亮的唱片封套，让大家看到一部讲火车的电视动画系列片会有多好玩。可是没有视频相伴，这首歌注定悲剧，而当时要制作一部动画视频可是贵得你想都不敢想。不过我为了《变奏曲》的舞蹈项目已经忙得要死了，也就没多管。让布莱恩·布罗利来领导我孕育中的制作公司这件事也很占时间。我提议我们用“真有用公司”这个名字，布莱恩也很喜欢。我的税务律师约翰·艾弗瑞和我的会计，一个名字叫罗宾·伊威森的略微有点老女人腔调的家伙，跟布莱恩敲定了一个协议。布莱恩想要获得公司 30%股权，不过只要求一个相对很低的固定工资——2 万英镑一年（如今的 11.44 万英镑），跟他在保罗·麦卡特尼那边挣的相比就是小菜一碟。

罗宾反对给布莱恩那么多的股份。莎拉也一样。她非常担心这样做的话，有朝一日我会被财富挟持，不管当时我跟布莱恩的合作看起来有多么幸福美满。我那时看不出什么问题来，“真有用”将会是一家制作公司。我还是可以跟以往一样，收到我作为作曲家的版税。要是布莱恩有股份，他当然也会努力想要把公司建设成一个成功的机构，可以制作其他人的作品，而不光是我的戏吧？再说这个公司也可以像招牌上说的，变得“真有用”，来为所有有意思的非戏剧项目提供资 278
助。莎拉最终放弃了，我那时确实没发现她其实说得很有道理。

布莱恩·布罗利可是受过版权所有制的圣坛洗礼的。他在给保罗·麦卡特尼工作的日子里，旁观了保罗的岳父，纽约律师李·伊斯特曼和他儿子约翰，是怎么帮保罗购买版权的，后者就是我在扫荡《耶稣基督万世巨星》的非法演出过程中认识的那位。伊斯特曼父子带着保罗收购了巴迪·霍利和卡尔·帕金斯的发行目录，外加弗兰克·洛埃瑟、梅瑞迪斯·威尔逊和杰瑞·赫尔曼的版权，这就意味着保罗在那些经典音乐剧作品里都有了股份，像《红男绿女》《汉斯·克里斯蒂安·安徒生》和《乐器推销员》。伊斯特曼父子还帮他购买了哈罗德·阿伦的歌曲版权，比如《用南方曲调带他入眠》。麦卡特尼制作有限公司如今已经是全世界最大的家族拥有的版权机构了。不过挺讽刺的是，保罗拥有那么多别人的歌曲版权，披头士的歌他却一首也没有。他本来可以在联合电视台的卢·格雷德爵士把它们上市出售的时候就买下来的，不过他可能觉得还是要等约翰·列侬一起买，只是后者对此毫无兴趣，或者根本就买不起。于是有史以来最伟大的流行歌曲目录被卖给了迈克尔·杰克逊，后者又在自己的财富被药物治疗逐步吞噬之际，一点一滴地卖给了索尼音像。

我从布莱恩这里学到的是，要把我的作品的优先所有权控制在手。当时我没有意识到，如果布莱恩拥有 30%的“真有用”公司，实际上他就可以从我的未来版税里分得 30%。要是我成绩非凡，这部分股份的价值就相当高了，我也没想过要是他想出售这些股份会是什么样的后果。跟布莱恩的协议在 10 月底签订，离史迪格伍德机构的合同到期只有几个月的时间。我相当激动。尽管布莱恩要到 1979 年春季才能真正加入我的公司，我还是抓紧时间补学了很多背景知识。他给我介绍了一位叫迈克尔·西姆金斯的演出业律师，他对罗伯特身为我们的经纪人所做的一些行为相当不齿，尤其是他把蒂姆和我再出售给身为制
279 作人的他自己的做法。我们还见了一位上庭律师，他觉得基于蒂姆曾当过一阵儿见习律师，再加上我俩的教育背景，法官会认定我们有足够的常识明白我们在做什么。我跟迈克尔·西姆金斯说，罗伯特就是我们在恰当的时机和恰当的场合碰到的恰当的人选。再说，当时要是有人能帮助《艾薇塔》在伦敦大获成功，必是罗伯特·史迪格伍德无疑，所以我们就别去折腾了。

11 月到了，小火车已经完全让位给猫咪们了。迈克尔·怀特现在已经确信《老负鼠讲述世上的猫》可以作为《变奏曲》的开场戏了。我们俩都同意需要拉拢住当时最火爆的编舞，阿琳·菲利普斯。阿琳和我还有布莱恩·布罗利在萨沃伊烤肉餐厅一起用了午餐。为什么当时会选择在那么古板老旧的萨沃伊作为谈话场合，我现在已经不太记得了，不过时间和地点依然历历在目。阿琳非常想要来做编舞，尽管她觉得《变奏曲》比《老负鼠讲述世上的猫》更靠谱一些。布莱恩因为跟保罗·麦卡特尼有约，必须先走，可是阿琳坚持要我留下。然后她盯着我说："'热门八卦'里有个姑娘注定将会改变你的一生，她的嗓子就像是天仙下凡。她叫莎拉·布莱曼。"我一时无语。这就是我在"乡下表亲"酒吧里短暂结识的那个姑娘。她也是"热门八卦"当年的夏季金曲《星舰战士带走了我的心》的歌手。我当然喜欢流行歌曲，可要是说那首歌里面的嗓子是天仙下凡，还是有那么点夸张了。

"哦，啊。"我简短地回应道。

紧接着就是跟菲伯出版公司的老板马修·伊文思吃午饭，我需要他们点头同意《老负鼠讲述世上的猫》被摆上舞台。尽管我们当时谁

都没意识到，马修的许可彻底改变了我们的人生。他唯一的警告是其他作曲家也曾要求将艾略特关于猫的诗谱上曲子，所以他不会给我独家授权。我对此毫无意见。《变奏曲》才是大家真正想看的节目。就像大卫·兰德可能会说的，有关猫的诗歌，只是个暖场表演而已。12 月
到了，迈克尔·怀特提议跟我合作制作，我出任作曲和创意制作人，280
阿琳出任编舞，蒂姆·古德柴尔德出任舞美设计，大卫·赫西出任灯光设计，而朗读或者唱颂《老负鼠讲述世上的猫》的两位演员必须获得我们俩的一致认可。朱莉·科文顿和保罗·琼斯在我们的心仪名单上排名最高。这部还没有起好名字的舞蹈巨制，将会从 1979 年 4 月 2 日开始在牛津演艺厅预演，在 4 月 19 日正式公演。

我很高兴盖瑞能加入《艾薇塔》剧组。他已经跟我和莎拉成了亲密的朋友，这样我对在后台发生的事情也就有了一条实时直播线。这对我很重要。《艾薇塔》的后台戏码已经稠得像一锅鹰嘴豆浓汤了。排练期间就已经是这样，花里胡哨的演艺圈承诺漫天飞舞，就像被一架降落的直升机吹起的碎纸花一样。所以伊莲和大卫·埃塞克斯已经开始相信百老汇正在向他们招手了，而在伦敦首演后的喜悦中，蒂姆和我也认定他们去百老汇参加选角只是走走形式而已。

我第一次察觉到事情并非如我想象的那般，是在跟罗伯特单独进晚餐的时候。接下来暗示我美国版也许更倾向于选用本土演员的，是 11 月中旬哈罗德打过来的一通电话。同时有关蒂姆跟伊莲·佩吉的流言蜚语不断滋长。这情形变得很尴尬，尤其是对莎拉而言。蒂姆和珍妮结婚才没多久，他们刚刚有了可爱的女儿艾娃，我们也都很喜欢珍妮。虽然我在工作上对伊莲很尊重，也很喜欢她，可蒂姆和伊莲的绯闻，不幸正呼应了罗伯特·史迪格伍德的团队不断高涨的，认为让英国主演去美国演出会引发抵制的呼声。

大卫·兰德开始给我打电话，讲一些“你猜不到伊莲昨晚在剧院

里做了些什么”的故事，来软化我的立场。其中一次说她在一群从“请赐福，温柔的艾娃”这场戏里退场的孩子面前发脾气，骂了三字经。9 月份，罗伯特提出了一个明确的计划。《艾薇塔》将于第二年 5
281 月 9 日在洛杉矶开演，以洛杉矶市民轻歌剧院团队为主力，在多萝西·钱德勒音乐厅演两个月，一个能确保该剧在美国软着陆的不失体面的策略。百老汇版计划则排在了之后的 9 月份，剧院待定。

在本书中，我应该不是最后一次感到，我已开始有了老年失忆症的症状。我已经完全不记得是何时从何人那里第一次听到帕蒂·卢波恩这个名字的了。我只记得有人要我听一段她唱的一首叫《牧场百灵》的歌，来自斯蒂芬·施沃茨创作的那部倒霉的音乐剧《面包师的妻子》。有三件事立刻触动了我。第一件就是这首歌非常棒。这也谈不上有多出乎意料，毕竟斯蒂芬可是《福音》和《彼平》的作曲和作词，后者也曾由罗伯特·史迪格伍德在伦敦制作，结果跟百老汇的表现截然相反，演砸了，不过完全不是施沃茨的锅。有的人将之归罪于导演鲍勃·福斯，他连媒体发布会都没有参加，而是告诉他的宣传专员，他正在萨沃伊酒店跟丽莎·明奈利云雨，何时能到场另行通知。

第二件事是帕蒂·卢波恩绝对有两把刷子。《牧场百灵》是一首女声炫技曲目。她的表现确认了我的音乐在她的音域之内。第三件事就是她在录制这首歌的时候，肯定得了重感冒或者扁桃体出了问题，不过我觉得应该只是临时状况。我通过大卫·兰德回复说我非常希望能面试她。不过由于我的老年失忆症，我完全不记得当 12 月初我和莎拉去纽约进行预选拔的时候，有没有给她面试过。不过我还记得我遇到了克雷格·扎丹，他对她称赞有加。

与此同时，蒂姆也情有可原地对选角的进展感到焦躁不安了。也许我当时依然把我当作我们合作关系中较弱的一方，反正跟蒂姆直接提及关于伊莲的事情还是让我觉得很尴尬，蒂姆当然也没有跟我开诚布公地讨论过。所以我们一直没能达成一致的策略，至少讨论一下当时似乎完全顺理成章的，“必须由美国人来出演《艾薇塔》的主角”这一点。现如今我一直想，要是蒂姆和我当初形成统一战线，我们也许 282
能坚持要求让伊莲加入剧组，尽管把大卫·埃塞克斯捎带上会有点狮子大开口，尤其他实际上出演切也没多久。不过鉴于大卫·兰德对“蒂姆想要伊莲进组是出于个人原因”这个谣言，没有进行过一丝澄清的努力，以及大家私底下嚼舌头，说蒂姆跟伊莲在大西洋那边更加可以兴风作浪这些情况，让我觉得自己身处一个举步维艰，甚至可以说是很说不清、道不明的境地里了。

接着大家又开始说伊莲撑不住一周八场的强度了。我马上站出来反驳这种说法。不过我也发现，我开始越来越倾向于把《艾薇塔》当作一个可以让我在职业生涯上引以为豪的作品，但是情感上却感觉越来越脱节了。我只是出于职业道德和我对自己作曲的作品的自豪，才愿意倾尽全力把《艾薇塔》成功搬上美国的舞台。可是有一件事是再清楚不过的：我必须创作点新的东西。我需要找到针对贝隆夫人的解毒剂，不然我要发神经了。

作词人唐·布莱克该登场了。

24 《星期天再说》①

283 无论我对 1979 年这一年，以及《艾薇塔》在美国的前景有什么不祥预感，都随着莎拉再次怀孕的好消息烟消云散了。我们要再一次经历一遍明确出生日期的好奇心之旅了。7 月 24 日就被确定为那个“哪儿都别去”的日子，莎拉也不得不准备好再一次长期住院。谢天谢地的是，那时候《艾薇塔》已经在洛杉矶开演了，之后要到 9 月份才会去百老汇，所以我告诉莎拉，我会把我的工作计划依照她住院的日程来安排。起码我是这么跟她保证的。

我第一次遇见唐·布莱克，是在“杰出歌曲创作者协会”（简称 SODS②）在多切斯特酒店举办的晚宴上。我当时刚刚入选这个封闭的小团体，因为没有女性创作者在内，所以当时这个组织实际上给一些成年男子提供了一个不守规矩的场合。协会全体成员都是后台英豪，比如创作了《闹市区》的托尼·海彻，创作了《温切斯特大教堂》并且名列率先将会游泳的土耳其梵猫引进英国的独具慧眼者之一，杰夫·斯蒂芬斯，创作了《别就此放弃》的托尼·麦考利，以及作词人唐·布莱克。唐之前是个即兴喜剧演员。“我浑身流淌着喜剧，”他总是说，“可惜我就是演不出来。”这群人里，他由于是唯一一个凭着

---

① 《星期天再说》（*Tell Me on a Sunday*）2018 年在中国上演中文版时，译名为《周日恋曲》。

② sods 在英式俚语里是“家伙们”的意思。

《生来自由》这首歌拿过奥斯卡奖的人，独树一帜。他的其他热门歌曲包括给童年的迈克尔·杰克逊写的《本》，跟作曲家约翰·巴里一起创作的詹姆斯·邦德系列的几首主题曲，像《金刚钻》，以及由露露演唱的同名电影插曲，同时也是美国公告牌排行榜榜首的歌曲《吾爱吾师》。

除了我以外，唐也是唯一一位创作过音乐剧的"杰出歌曲创作者协会"成员。依旧是跟约翰·巴里合作，就是蒂姆·莱斯忘记了大衣 284
那一次，我们在德鲁利巷皇家剧院看的那部《比利》。"杰出歌曲创作者协会"的聚会就是给大家找个理由狂吃滥喝一通，所以我比唐更如鱼得水一些，我可是连他一次微醺都没见到过。尽管我当时对酒实际上是来者不拒的，可我在"杰出歌曲创作者协会"的时间却不长。我不太适应这种胡闹的聚会。在一次因为成功地跟着这些杰出成员们打出的固定节拍，把《我找到了节奏》这首歌从头到尾唱错拍子，而赢得了"最差歌曲表演奖"后，我觉得该退出了。不过很快唐就邀请我去参加一部音乐剧的首演，这是他跟朱利·斯坦恩一起，根据杰克·罗森塔尔的电视剧《受诫男孩》改编的音乐剧。唐能够跟《玫瑰舞后》和《滑稽女郎》的作曲家合作，让我对其好感大增。尽管《受诫男孩》没有成功——这应该是一部在小一点的剧场演出的小一点的制作——一个男孩无法面对自己的受诫礼[1]的故事还是很吸引且触动我的。于是唐和我在沃顿街上的私家美味法餐厅一起进了午餐，可惜这家店如今已经香消玉殒了。

他跟我说他刚刚坐飞机去了趟纽约，结果邻座的英国姑娘全程喋喋不休地讲着自己在国内感情受了伤，正准备去美国的青山绿水间寻找真爱。而我则告诉他在《变奏曲》项目期间，有个英国姑娘曾对我

① 犹太人给 13 岁的男孩举行的成人仪式。

一见倾心，她还曾一直四处尾随，试图让我成为她的如意郎君。所以，要不要做一部讲述一个到了 20 岁尾巴上的英国姑娘，去美国拉网式寻爱的女子单人秀？大家都知道，一个快 30 岁的女孩儿会因为自己依然待字闺中而惴惴不安。这可是针对贝隆夫人的绝佳解毒剂。而且还意味着我可以实现一个长久以来的梦想——创作一部以门铃声作为开场曲的戏。

唐也很激动。问题是谁能来演？我说有个姑娘有着一副刚劲有力的声带，现在在爱德华剧院，每周只演两场戏。我把唐介绍给了玛
285 蒂·韦布。他们俩一见如故，以至于唐当上了她的经纪人。《星期天再说》开始迈出第一步。我们自己设定的目标，就是在 9 月份举行的塞德蒙顿音乐节上推出这部戏。

《星期天再说》的创作过程，对我在美国版《艾薇塔》项目里保持一个清醒的头脑所起到的作用，可是怎么说都不算过分的。跟唐一起工作既轻松又精神焕发。我们设计出一个来自伦敦北部马斯威尔山的普通女孩儿，她不断地给妈妈写家书，而且无论爱情生活让她遭受了什么，她都能保持乐观态度。这真是逃离了艾娃和她的底层大众之后的令人愉快的解脱。不过我还是不可能完全抛开《艾薇塔》的，我也很不情愿地告诉迈克尔·怀特和他的副手罗伯特·福克斯，把“世上的猫”/《变奏曲》这个项目暂时停下来。与此同时，布莱恩·布罗利正坚持不懈地要跟菲伯方面达成《老负鼠讲述世上的猫》的独家授权。

在《艾薇塔》一步步挪向百老汇的过程中，光是想想要给猫咪们创作音乐，就足以让我气定神闲了。略微燥热的 2 月，伴随着一个消息来到人间：因为美国演艺工会的不可更改的拒绝，所有让英国主演登上百老汇舞台的希望都被彻底粉碎了。我飞去纽约参加 2 月 18 日和 19 日在那里举行的全体选拔。帕蒂·卢波恩是全体人选中最优秀的一

个，尽管我的笔记上潦草地写着“发音法，不够温润?”。我还非常喜欢一个名叫泰瑞·克劳斯纳的姑娘，她演绎了一曲相当漂亮的《我不知该如何爱他》。又有人悄悄地说，得要求美国的艾娃每周演八场，可我坚定不移地表示我们要保护好女主演，所以必须坚持伦敦的“六加二”演出方案*。令人高兴的是我们的总务经理，泰勒·盖切尔给予了我非常宝贵的支持。哈罗德对泰瑞能当上我们的轮替，且帕蒂入选女一号的结果很开心。我对女主演声带的关心，在几年后终于获得了回报，就是在帕蒂·卢波恩宣称《艾薇塔》肯定是由一个跟女人有仇的作曲家创作的时候。

鉴于伊莲最终无缘百老汇已成定局，我为蒂姆感到很难过，而且 286
我内心深处不太确信我们这样做对不对。不过我必须从现实情况出发做出最好的选择，而且我对帕蒂·卢波恩出任女一号是全力支持的。曼迪·帕廷金则贡献了一个出色的切，这位纽约莎士比亚艺术节的老演员，身上既有大卫·埃塞克斯洒脱且愤世嫉俗的冷漠感，又有一个十分漂亮的摇滚男高音嗓子。他把切的思想家层面演了出来，甚至还把这个角色演出了一丝愤怒感。之前曾在包括郎·菲尔德那部时运不佳的百老汇版《心中的国王》在内的多部音乐剧中亮过相的鲍勃·格温顿出演胡安·贝隆，而珍妮·奥林格尔则在每周八场的演出中，每场都登台四分钟，出演贝隆的情妇。

唐和我写的第一首歌，就是《带着同样的眼神回到我身边》。唐给了我歌名后，我创作了旋律。我很快就了解到他其实有一个歌名“小金库”，所以一旦我们的剧情走向大致确定了，歌名就像发球机里出来的网球一样不断抛向我。不过尽管当时《星期天再说》已成为我排名第一的优先创作，我还是在 3 月初迅速地跑了趟洛杉矶，跟艾尔·柯

* 具体是：女一号每周演六场，轮替每周演两场——通常是一个晚场加一个下午场。

瑞——罗伯特在罗伯特·史迪格伍德机构的老板碰了头。美国音乐集团唱片公司拥有《艾薇塔》所有卡司版专辑的版权，可是也没什么条件能阻止我跟另一个厂牌制作这些歌曲。我想把帕蒂·卢波恩唱的《布宜诺斯艾利斯》单独拿出来做一首拉丁语迪斯科歌曲。

我当时没意识到，实际上罗伯特·史迪格伍德机构已经乱成一锅粥了。真没料到他们会沦落到这般田地。在 1978 年，罗伯特·史迪格伍德机构已经创下了其他大大小小的唱片公司从未且再也没有达到过的纪录：一年内出了连续六张全美排名第一的热门单曲和九张公告牌排行榜冠军专辑。问题是这些令人瞠目结舌的成就，都被罗伯特的《佩普中士的孤独之心俱乐部乐队》电影版的灾难给拖累了，还连带影响了影片的主演们，比吉斯合唱团和彼得·弗兰普顿的声望。我后来才知道，当时罗伯特和艾尔·柯瑞相互之间已经拒绝交流，以至于我浪费了整个 4 月，花了罗伯特·史迪格伍德机构一大笔钱，在纽约录
287 制了一张他们绝不可能发行的唱片。柯瑞同意在排练期间，让帕蒂去明斯克夫录音棚唱一版。可我不知道的是，罗伯特早已独自委约了一张《艾薇塔》的迪斯科专辑，要是柯瑞知道，他是绝不会答应给我立项的。结果帕蒂的这张单曲从没发行过。罗伯特·史迪格伍德机构内部的剑拔弩张很快就众人皆知了。比吉斯合唱团推出了 1979 年超热门的专辑《精灵离去》后，就跟罗伯特·史迪格伍德机构唱片公司和罗伯特个人打起了痛苦的官司。1981 年，罗伯特终止了跟公司的任何关系，接着这个有史以来最为成功的独立唱片厂牌，被宝丽多唱片公司吞并了。

肚子已经很大了的莎拉在 4 月初排练开始时还来陪我，很快就因实在思念伊莫金，在蒂姆和我的十年经纪合同到期那天回英国去了。我留在纽约，要等到排练厅预演和拔营去洛杉矶前给票务代理们开票

才能走。这段时间很让人不爽，除了思念莎拉，我还觉得是因为同一部戏的第二次排练，已经无法让我再感到有多激动了。4 月 29 日，剧团搬去了位于洛杉矶闹市区的音乐中心的多萝西·钱德勒音乐厅。

这座有 3 000 个座位分布在四层楼面的剧院，对《艾薇塔》来说大得有点失调了，这部戏在这里显得格格不入。整个场地看起来很冷清，除了曼迪·帕廷金以外，我对其他部分的演出都毫无感觉。大卫·兰德来的时候正赶上带妆彩排。我们的英国团队看着一个讲述一位女性混迹于男性主导的阿根廷政治天地中的故事，总有一种说不出的感觉。就在两天前，我们在伦敦的贵宾观众之一，刚刚在一个欧洲国家当选有史以来的首任女性领导人。在我们的美国艾娃第一次走上粉宫阳台前的几个小时，就看到玛格丽特·撒切尔在全美国电视台上亮相，真是感到有点超现实。

第一场预演把大家都给折腾坏了。尽管《佩普中士的孤独之心俱 288
乐部乐队》电影版惨败，但《油脂》和《周末狂欢夜》的成功，还是确保了罗伯特有面子拉起一场正装慈善专场的——对一部全新卡司出演的新戏可是一个要了命的主意，因为慈善场是以有钱人花巨资购买一场他们其实并不想看的演出而出名的。到了第二幕，全身着燕尾服的蒂姆和我已经坐在一家本地酒吧里了。我们可没胃口去关注洛杉矶的权贵们是怎么看待艾娃那句“她才不会把穷人踩在脚下渴求接纳，找个合适的慈善活动捐一小笔钱”的歌词呢。我们刚拿到酒没多久，又一对抛弃演出的情侣悄悄溜了进来，女士穿的舞会礼服特别“艾薇塔”。“这帮家伙错就错在今晚没有把真的艾娃·贝隆请来看戏。”她的情郎跟酒吧招待大声嚷嚷着。

洛杉矶的首演倒还算顺利。《洛杉矶时报》把他们的古典音乐评论家马丁·伯恩海默派来了，他是把这部戏“管你同不同意”当作歌剧对待的。“《艾薇塔》，”他写道，“毫无疑问是一部充满动人歌曲的精致剧目。”他怀疑我在《耶稣基督万世巨星》的时候玩的那些试验性摇滚风格已经被稀释了，指出百老汇配器老手，赫西·凯曾被雇佣，跟我一同工作，而且“乐池里的乐队除了一把吉他以外，就没什么异乎寻常的乐器了”。他主要持保留意见的，还是针对卡司：

> 鲍勃·格温顿用一个恰如其分的“伪男子气概”风格，拿捏住了贝隆的极简“诵唱”。可是帕蒂·卢波恩在这个名义上的戴罪圣徒的喜怒无常的宣泄中，却只表现出了干瘪的嗓音，而且她的“热门”曲目《阿根廷别为我哭泣》演绎得力不从心。曼迪·帕廷金给切·格瓦拉的音乐带来了相当充沛的世故的男中音激情，特别是在那首引发观众掌声的《财源滚滚不停》，不过这个充满魅力
> 289 的角色不可缺失的愤愤不平和冷酷无情的特点，不知为何却没能拿捏准。

《华盛顿邮报》的评论人詹姆斯·拉德纳的评价是：“激动人心的音乐在拉丁语和英伦摇滚节奏间激荡。”可是他也觉得在从专辑到舞台的过程中，音乐风格被“去摇滚化”了。他注意到，“就艾娃这个角色来说，帕蒂·卢波恩必须处理好由角色设定和创作者带来的肤浅，可这注定是无功的。而且鉴于她的歌声在某些特定音区很难听清楚［我假设他是指发音法］，她的表演会让人觉得——也许不算很公平——严重地拖了《艾薇塔》的后腿”。不过他还是赞扬了她演唱的《阿根廷别为我哭泣》。我对帕蒂有三个担忧：她不像伊莲那样，在《阿根廷别为我哭泣》里对观众百般抚慰，极尽诱惑；她还有一种想要把乐句的拍子缩短的企图；而且她的发音法依然有问题。对于她能不能上百老汇舞台，开始有了各种闲言碎语。所以在离开洛杉矶前，我给她写了这封信。我还把我的私人电话号码加了上去。

1979 年 5 月 10 日

亲爱的帕蒂：

我今天启程回伦敦，因为家里有太多事情需要我去处理，所以走之前我估计是来不及跟你见面了，尽管我的确是想在现场祝贺你的，而且我要说的是，你很快就可以跟艾薇塔这个角色浑然一体了。

我主要想说，现在相当重要的事情，就是要在真正的演唱方面集中注意力。我知道哈罗德跟你聊过《阿根廷别为我哭泣》这首歌了，这首歌的关键一点，是要甜蜜而且颇具诱惑性。我很确信要是你在这首歌的表达上下点工夫，各方面马上就到位了。根
据在伦敦得到的经验，我发现演出效果在相当漂亮和刚刚好之间，290
其实只是一步之遥。每一次这部戏没能表现出应有的水平，我总能发现是在音乐上由于各种原因，没能达到应有的标准。

要是你有任何担忧或者问题，请随时给我打电话。我把我的电话号码留在信的末尾了，而且在伦敦总会有人接电话的。帕蒂，我知道你是一个很出色的艾薇塔，而且我对你完全有信心。我只想说现在要全力以赴的，就是用出色的音乐表演来配合哈罗德出色的导演成果。

祝你一切顺利，希望很快能见到你，演出搬去旧金山之前我也一定会回来的。此外我也万分期待我们能一起录制一张美国版专辑。

安德鲁

莎拉飞来洛杉矶参加首演，结果被她的医生们狠狠地训了一顿。他们抱怨一个患有糖尿病的母亲也飞得太远了。所以在能安排到的最早的日子，我们得寸进尺，飞去了尼斯，还拉上了两岁大的伊莫金。

我觉得法国南部才是创作《星期天再说》的最佳地点，于是就在世界香水之都格拉斯附近租了栋房子，其实也挺没必要的，可是莎拉觉得她应该能带上药飞过去，假装她还待在塞德蒙顿一样。我们盘算的时候没有考虑到 1979 年的法国电话网络的品质。当你好不容易接通了以后，电话里会有噼里啪啦的爆音，于是她的医生们立刻发现猫腻了。不过我们过得很开心。我继续愉快地创作《星期天再说》，就像我在法国南部那时候一样，还一度开小差，写了首摇滚吉他奏鸣曲，只是我现在完全想不起来那首曲子到底是什么样的了。

唐·布莱克和我已经在讨论一些其他项目了。他有一本厚厚的联
291 系手册，都是老一辈明星，包括我一生最爱的明星之一佩图拉·克拉克。回国后，唐介绍了我们认识，于是就诞生了《我本可以对你更好》这首歌。我给这首歌编曲时用了一支小型管弦乐队，而佩图拉诠释歌词时，展现了一个真正的演员的色彩和品质。当你首次听到自己创作的歌曲，被一位你打小就喜欢的艺人唱出来的时候，感觉无比特别。可惜没有唱片公司愿意发行一张没有后继专辑的一次性单曲。我十分钟爱这首歌的旋律，不愿它被转入别人手里。而《星期天再说》里也没有这首歌的位置，所以我就跟唐说，这首歌只能作为我的旋律库里的存货了，他也表示完全理解。这首歌被我改动后，就成了 T.S.艾略特的《剧院猫格斯》的旋律。

6 月初，罗伯特决定我们要发行一张《艾薇塔》美国版卡司专辑。这意味着我从 6 月底开始要在洛杉矶待上三周，那正好是莎拉为了第二个孩子住进医院的前一周。这下我可为难了。尽管医生们很不情愿地批准她这次在医院少住两周，她还是要跟两岁大的伊莫金隔离开，在医院住上四周。唯一可能的电话联系是通过护士长，所以八个小时的时差使得跟她通电话基本没有可能了。从另一面讲，她知道我不可能把这么重要的录音工作交付别人去做。所以我答应去制作这张专辑，

条件是蒂姆也来，而且唱片要在伦敦由大卫·汉密尔顿-史密斯来混音。罗伯特表现得很开心，在贝弗利山酒店开了一栋双卧室的别墅，把我哄上了飞机。

我是从纽约转机去的洛杉矶，就是为了可以坐一次协和式超音速飞机①。协和式航班带来的新鲜感从来不会散去，不管你已经乘坐了多少次，还是由于一些技术上的小瑕疵带你降落在你根本没听说过的地方。这次航班上出了一点小插曲。协和式飞机其实不大，所以极有可能是因为空间局促，连芥末酱都是袋装的，而不是通常的瓶装的。我正在甩来甩去想要打开一包芥末酱无果之际，突然整包酱喷薄而出，292
穿越机舱。还好在飞射路线上的那个家伙往前凑了一下，避开了攻击，也没注意到他对面墙上有一摊橘黄色的液体正在慢慢淌下来。这种包装好的芥末酱看起来很难清洗，因为等我再次乘坐这班飞机时，注意到这摊液体已经干结了。当然也有可能是英国航空公司的清洁工误以为这是达米恩·赫斯特②的早期作品。差点被我射中的那个人叫库比·布罗科利，前一年我在洛杉矶搞《变奏曲》的时候，跟他相处甚欢。

即使白天录制《艾薇塔》的工作不会有多轻松，晚上总还是能期待一下的。彼得·布朗当时住在洛杉矶，令在日落大道上的多姆餐厅里的“殖民地风格晚餐”增光不少。远离故土的英国海外游子，像达德利·摩尔经常在那里流连到凌晨，在那几个星期里，我也被当作贵宾接待。那里也不是一个带了偶遇的女孩子去会觉得无聊的地方，尤其是那些来自英国的姑娘，正好可以让我来给《星期天再说》做个调研。

我们在环球制片公司的录音棚里开录。帕蒂给《布宜诺斯艾利斯》

---

① 一度往返于大西洋两岸的超音速民航客机。

② 达米恩·赫斯特（Damin Steven Hirst，1965— ），当代英国艺术家，他的艺术创作方式十分前卫，一度打破艺术市场交易纪录，但也备受争议。

这样的歌曲加入了更火爆的拉丁风味，可她在那些不和谐音部分的音准让我不太满意。我真的很喜欢珍妮·奥林格尔的《又要往何处去漂泊》，充分展示了柔弱无力的感觉，完全击败了《洛杉矶时报》那篇评论里觉得她只会刺耳尖叫的说法。

有一次在食堂跟蒂姆、鲍勃·格温顿以及曼迪·帕廷金一起吃午餐，水门事件和越南战争时代的遗毒可能导致美国人对政治事件采取视而不见的态度，这让我深受打击。就像大家希望世界上的问题能自动消失就好一样，关于政治势力闭环里，极左和极右实际相接的说法竟然是个完全禁忌的话题。那顿午餐让我第一次对《艾薇塔》在纽约会有怎样的遭遇，有了不祥的预兆。

我们在7月6日，洛杉矶演出结束的前一天，完成了专辑的录制。我当晚就飞了回去，直接冲到我们在伦敦的公寓，打扫干净，再打电
293 话到塞德蒙顿跟伊莫金说爸爸回来了，然后打了辆车直奔杜尔维治医院。当看到莎拉时，我真的很伤心。她被关在紧靠着铁路线的那间当年生伊莫金时住过的病房里。可这次更糟。那个夏天很热，所以她要么打开窗户被窗外的火车噪声侵扰，要么就被闷死。什么样的白痴会在设计医院时让病人紧挨着一条火车主干线？

还有就是来访者少多了。莎拉的家人和好朋友们都住在伦敦南部，比如古莫家，可是大家居然都很忙或者有事走开了，也是很让人不可思议的，而且自然也就没有人打电话来过。于是我们哭了好一阵儿，又相互拥抱了好一阵儿，然后她问我能在这样恶劣单调的医院病房餐里坚持多久，星期二是干硬的羊排，星期三是结了块的干酪通心粉……每周循环往复，让人生活乐趣顿失。这倒也好办，我已经偷偷带了补给品进来，包括一瓶像模像样的来维持我的宝贝的天然糖分水平的勃艮第白葡萄酒。当我给她看我跟伊莫金一起拍的照片时，眼泪实在止不住了。伊莫金被留在家里，因为莎拉担心她要是来医院会被

吓坏的。

奥林匹克录音棚在切尔西足球俱乐部附近开设了一个新的录音棚，那里比巴恩斯总部离医院近了一些。所以我们就在那里给美国版专辑混音。这时候我跟史迪格伍德机构的经纪合同已经终止了，布莱恩也挺喜欢开车的。我跟朱莉·科文顿就《老负鼠讲述世上的猫》见了个面。有关猫的诗歌虽然已经暂时搁置，不过我决定等《星期天再说》一结束，就开始创作。我当时还没觉得它们可以单独做成一张专辑。即使到如今，想到朱莉可能在像《老戒律伯》或者《剧院猫格斯》这些曲目里做出怎样的表现，还是能让我心潮澎湃。有一个令人伤心的事情是，尽管在我弹奏《星期天再说》给罗伊·费瑟斯通听的时候他很喜欢，布莱恩也不愿意跟美国音乐集团唱片公司达成协议，因为他 294
的原则就是“真有用”公司必须拥有所有权益。罗伊则坚持母带的权益必须归美国音乐集团唱片公司，就像布莱恩在那里当老板时的规矩一样。于是布莱恩联系上了托尼·莫里斯，宝丽多唱片公司的老板，后者立刻同意了让我们持有所有权益的条件。

7 月 22 日星期六，我跟布莱恩·福布斯，英国电影导演领域的老前辈（作品包括《复制娇妻》《黑狱枭雄》）以及他美丽的妻子，女演员娜内特·纽曼一起，在他们位于萨里靠近维吉尼亚沃特的家里进午餐，之后我打算开车去医院看望莎拉。他不断打听《艾薇塔》电影方面的问题，而且对《星期天再说》特别感兴趣。我一般对日期不会记得这般清晰，可是这一天是个例外。就在午餐进行之中，一个神情紧张的帮佣冲进来说有个紧急电话打过来找我。结果是在塞德蒙顿照看伊莫金的保姆跟我说必须马上给杜尔维治医院打个电话，莎拉的羊水破了。后来我发现，其实莎拉的妇科医生也毫无准备。当我赶到杜尔维治医院的时候，他上身穿着手术服，下身还穿着网球运动短裤。难熬的四十五分钟后，比预产期早了两天，一个小男孩出现在我面前。

我第一个想法就是，要想给一个小男孩起名叫“伊桑布拉”的话，现在就是时候了。这个娃娃浑身看着就像个“伊桑布拉”。老规矩，莎拉对一个拉斐尔前派的名字犹豫不前了。“但丁·加布里埃尔”也不行。即使是很俗气的名字，像“高特”这样的也被禁止提起。我倒是差点说服她考虑“加温”这个名字，不过最后我们还是一致同意“尼古拉斯”。他的中间名就是阿拉斯泰尔，跟我那位从未见过的舅舅同名。

莎拉整个夏天就窝在塞德蒙顿，不过这个夏天我也够忙的了。《艾薇塔》的专辑还是要完成。另一件事情是英国广播公司电视台为了《星期天再说》找到我，他们听说我在创作一部女性独角戏，不希望被独立电视台抢先，所以想跟我约定好。与此同时，宝丽多唱片的协议
295 也通过了。布莱恩迫切希望《星期天再说》能在百老汇版《艾薇塔》开演前就录好，以防我又被叫走。如今的话，到了 8 月份，家里还新添一个宝宝，我是会坚决不安排任何工作的，[1]不过 1979 年夏天的我还办不到。我在摩根录音棚窝了差不多三个星期，《变奏曲》的全体乐队成员都跑来帮我录《星期天再说》，除了正在跟“瘦个子林奇”乐队巡演的盖瑞·摩尔。两位吉他手，瑞奇·希区柯克和保罗·齐奥，还有负责打击乐的莫里斯·珀特也加入了这支队伍。在《收起你那张脸》这首歌里，正是保罗演奏了十二弦的瑞肯贝克 360/12FG 吉他，如今再也找不到哪个电吉他手能再现这样的音乐了。

我们这位姑娘在美国的历险实在是再简单不过了，起初她在英国本土大吵了一架，对方还是一个不会出场更无法插嘴辩解的小伙子。

---

① 英国的夏季假期，大部分企业机构都会放暑假。

玛蒂真是完美人选，她一说起话来就停不下。关于乐句和人物塑造的紧张讨论，总是会以一场有关她家的中央制暖系统和不索偿折扣的女性独角戏收尾。回来说正事，我们的姑娘跳上了一架飞往洛杉矶的飞机，在那里遇到了一位名叫“谢尔顿·布鲁姆”的电影制片人，唱片里他助理的声音就是由哈罗德的朋友伊莲·斯特里奇录制的。在对这个男人彻底失望后，她跑到纽约，跟一个比她年轻的小伙子交往上了。她觉得他应该是真命天子，可这一位又让她希望破灭了。主题歌《星期天再说》有一段很优美的歌词，她请求闺蜜，用一个轻松的方式来告诉她这段情事即将告终：“不必丧气，不必忧愁，不必字斟句酌/就让我选择如何来承受/找块草地，绿树成荫/星期天再说别离。”

蒂姆·莱斯对“成荫”这个词很有意见。在那个时候，我才不会为了一个形容公园里的树木分布的词反复纠结，“满地”“散布”“点缀”“遮荫”……不过，对不起，唐，我倾向蒂姆的说法。我们这位姑娘的最后一段感情，是跟一个已婚男人发生的。“已婚男人总怕把时间看错/我只想多留你一会儿，晚点走。”《星期天再说》能历久弥新，是
因为唐直接切中了女性所熟悉的那些状况，而对男性，坦诚地来说， 296
其实也有同感。

整个故事中，我们这位 20 多岁的女主角一直在给老家的妈妈写信。这个创意是在塞德蒙顿跟玛蒂排练的时候冒出来的。当时她还在就会员卡的问题喋喋不休，而我刚好写了段英国小步舞曲，在电话里弹给唐听了。我们花了不到一个小时就把第一封信创作好了，信中融入了我们的演员和角色都有的朴实的乐观态度。在夸奖了新认识的男方后，她开始说起她妈妈的那条宠物狗卡修斯一直叫个不停，让邻居们不得安生的事情。这部“声乐套曲”* ——《星期天再说》的实际形

* 这个术语是指一系列相互有联系的歌曲，古典作曲家用得比较多，像舒伯特。

式——的最终结尾，就是我们的姑娘，在终结了和一个已婚男人之间的情事后，重新振作精神，对接下来会找到自己的男神充满信心。我们就假定她能吧。

9月1日上午，《星期天再说》在塞德蒙顿音乐节举行了首演。玛蒂的歌声掀起了一场风暴，布莱恩·布罗利则很高兴自己在一部电视专题片的招标中，占尽了上风。哪怕这个招标过程只能躲到塞德蒙顿公园里的一棵大树背后进行，因为商业竞标在塞德蒙顿音乐节里是被严厉禁止的。英国广播公司电视台艺术频道获胜了，这个项目被分配给了一个几年后被一本下流的恶搞杂志污蔑为“打屁股大王”的制片人。

25 “这座制作得美轮美奂的、献给人渣的丰碑”

9月26日早晨，罗伯特可真是愁坏了。出于对《艾薇塔》在美国 297
一定会成功的信心，他违反了戏剧界不成文的基本规则——没有让任何伦敦的“天使投资人”参与百老汇版的投资，而是自己把所有资产都投了进去。前一天晚上《艾薇塔》开演后，收到了一些即便在百老汇历史上也算是很不客气的评论。坊间的说法是，遭遇这么恶毒的攻击后，没有一部戏能活过一个星期以上。《纽约时报》的沃尔特·克尔写得还算是温和的，主要吐槽蒂姆用切的旁白来处理故事线索却没有创作出一些戏剧性场面。他对哈罗德的舞台呈现完全称赞，而且喜欢帕蒂的演唱和舞蹈——“她用歌声很好地诠释了角色，舞蹈身段就像一条响尾蛇一样充满活力”——不过也提到了她的“碍眼的舌头，她那紧绷的下巴和浑身散发出的冰冷气息”。他也许还提到了她的演唱经常会有不和谐的音出现。曼迪获得了褒奖，不过其他演员里唯一被提到的就是珍妮·奥林格尔，而且只是及格而已。最后的锋芒留给了蒂姆和我：“看完戏回去，你不禁会奇怪，为什么创作者们会选了这些素材，却写出这样一部无感且单薄的音乐剧?”

《纽约每日新闻》的道格拉斯·瓦特，大概是由于不希望重蹈当年
对汤姆·奥霍甘的《耶稣基督万世巨星》大加称赞而站错队的覆辙，298
话讲得相当直白。标题是“《艾薇塔》空洞无物，而且还很庸俗”，这

便是一个觉得汤姆·奥霍甘空洞庸俗的《耶稣基督万世巨星》“令人惊奇、充满生气而又心存敬畏”的人，给哈罗德对照鲜明的制作做出的颇令人玩味的评价。他倒是觉得我的音乐“富有旋律性和音乐上的文学性”，不过还是用一句斩钉截铁的话结束了他的评论：“《艾薇塔》没戏了。”

最激烈的评论来自《纽约》杂志的约翰·西蒙。“臭是无法分级的”，他用讽刺的语汇明白无误地暗示我们是在美化法西斯主义：

> 什么样的家伙才会如此热切地想把耶稣基督和艾娃·贝隆捧上天？这两个人除了都是在33岁死掉以外，就没有什么相似之处了。对莱斯和韦伯而言，他们俩倒是可以一样被拿来大书特书的……如果想要给这两个没有道德可言，略有些小聪明的自以为是的名人，以及有意无意地跟随他们的小跟班送钱去的话，就请去看看这座制作得美轮美奂的、献给人渣的丰碑吧。

当然蒂姆和我并没有把艾娃或者耶稣捧上天。

首演后，罗伯特在当时“最正点”的氙气俱乐部办了一场浩大的首演晚会，跟吉娜·劳洛勃丽吉达还有劳伦·白考尔拍了张合影。可等评论出来后，莎拉和我就都再无兴致庆祝了。我们回到卡莱尔酒店的房间，和曼迪·帕廷金以及一些演员，还有那些专程来纽约祝贺我们注定成功的英国朋友们待在一起。就算是一间停尸房也比这间屋子更显得有生命力。一贯忠实的泰勒·盖切尔也悲观地说，票房预售款应该能帮我们熬过接下来的几个星期，然后“每天只要没有什么评论，就是好日子”了。

不过很特别的是，最终这些耸人听闻的评论其实没什么作用。《艾薇塔》后来收到十一项托尼奖提名，并获得包括“最佳音乐剧”“最佳

作曲”和帕蒂的“最佳音乐剧女主演”在内的七项奖，那还不是一个 299
能很轻松拿奖的年份，对手剧目有《巴纳姆》《甜心宝贝》和《在好莱坞的一天/在乌克兰的一晚》。百老汇的传说里，将此归功于罗伯特利用《艾薇塔》发起了有史以来第一场音乐剧电视广告攻势。如今音乐剧的电视广告多如牛毛，以至于只有靠这个，拿佣金的广告代理商才会关注它们。但在那个年代，则是这位伟大的演艺圈大师做出的又一次史无前例的惊天之举。不过，即使有罗伯特铺天盖地的宣传攻势，在圣诞节之前，《艾薇塔》还是亏损日益严重，那些唱衰者已经把赌注加倍，认定这部戏很快就会步罗伯特那部《佩普中士的孤独之心俱乐部乐队》的后尘。

结果一夜之间天翻地覆了。新年期间和 1 月份的第一周，《艾薇塔》都是座无虚席。这个现象本身并不是什么稀罕事。圣诞后那一周永远是百老汇最热火朝天的一周。哪怕一场伴着阿诺德·勋伯格的音乐，把马塞尔·普鲁斯特的《追忆似水年华》演绎一遍的法国先锋派哑剧演出，也能卖出很不错的票房。令人费解的，其实是在 1 月和2 月淡季期间票房依然可以售罄。

用到了“艾娃身着晚礼服”那段戏里的熊熊燃烧的火炬镜头的电视广告，毫无疑问起了相当大的作用。可是，也许我完全想错了，我还是怀疑其他的因素也起了作用——时代格局。12 月 26 日，苏联入侵了阿富汗。一夜之间，美国对世界政治的态度似乎彻底改变了，我也注意到在纽约的餐桌上，要进行一场关于《艾薇塔》的理性讨论也变得容易多了。

26 少来/收起你那张脸

300 在《艾薇塔》进行期间的那个炎热的10月底，我接到哈罗德的电话，邀请我去纽约跟他还有一个叫休·惠勒的编剧见面，讨论一下把比利·怀德的标志性影片《日落大道》改编成一部音乐剧的事情。实际上当年早些时候，他在伦敦就已经给我放过一遍这部片子，我一看就明白了。诺玛·戴斯蒙德，这位被有声电影时代抛弃了的默片女星，以及她对一个年轻男子的痴迷，立刻告诉我这个项目很有戏。我甚至跟唐·布莱克聊了一下，他特意试写了两首歌词，一首是给诺玛·戴斯蒙德的管家麦克斯唱的，叫《夫人需要精心照料》，还有一首是在诺玛的一群过气的电影明星朋友相聚打桥牌时唱的《一天的时间总不够》。十年后，我跟唐终于开始创作《日落大道》时，这两首歌都没有被用上。

能跟为《小夜曲》《理发师陶德》《老实人》创作过剧本的休·惠勒见上面，让我非常激动。他是个在海外定居的英国人，名下有好些音乐剧作品，是业内颇有实力的角色。机票是寄给我的，不过我觉得我应该自己出路费，我不想欠什么人情，尤其是在布莱恩正筹备新公司开张的时候。我们在哈罗德的办公室见了面，而我立刻就觉得有问题了。我对比利·怀德这部影片的钟爱是因为其结合了一点奇异色彩的黑色电影气质。哈罗德则另有想法，他打算把故事背景从二十世纪
301 四十年代搬到五十年代。他对二十世纪五十年代的电影明星多丽丝·

戴颇感兴趣，后者当时早已回到她在卡梅尔谷的家，彻底隐居起来。曾经被影评人赞为还在人世的最长寿的玉女的她，已经把自己家的窗户用帘子都遮了起来，以防被任何人拍到她的照片。

我实话实说，我能看到多丽丝·戴和诺玛之间的相似之处颇吸引人，可是没明白为什么要更改故事背景设定。不过我也表示，如果有故事大纲出来，肯定愿意拜读一下。我还问哈罗德是不是愿意来导演英国广播公司即将为我拍摄的《星期天再说》，可他说他正全力以赴一个“桑德海姆项目”，就是《欢乐岁月》。当我回到家时，突然冒出一个念头来。哈罗德、休，还有斯蒂芬·桑德海姆已经合作了两部颇具权威性的音乐剧作品，哈罗德和斯蒂芬合作过的更多。那为什么哈罗德来跟我谈这个事情呢？

1979 年 11 月，我接到一通来自莎拉父亲的很奇怪的电话。他问我能不能见个面喝一杯？听起来情绪还非常低落。我当然说可以。我问他是不是家里有什么事。他说不是的，不过他的确需要把一个积压在心里的秘密倾吐一下。我们在萨维尔俱乐部见了面。两杯“毡与罪”鸡尾酒下肚后，他又叫了金酒兑沁扎诺酒，然后压低了声音。我永远不会忘记他接下来说的那些话。

“安德鲁，马上就会有一场疫情爆发，将会有很多人死掉。这种病主要通过性活动或者受感染的体液传播。这种病会在非洲失控，杀死上百万人。它会通过美国西海岸的同性恋群体传到西方。没有人知道怎么治这种病。”然后他就默不作声了。还记得我前面说过的么，一直到今天，无论莎拉还是我都不知道托尼·赫吉尔的真实工作身份是什么。

《星期天再说》计划于 12 月 11 日在英国广播公司电视台电视中心

302 进行录制。音乐总监是哈利·拉宾诺威茨，就是在《阿根廷别为我哭泣》的录音里听出那个错误的号音，并且在我们于过道里相遇时唱给我听的那位。乔恩·希瑟曼、芭芭拉·汤普森和罗德·阿金特又一次成为我的乐队主干成员，玛蒂的歌声跟平常一样刚劲有力，摄影棚观众被完全镇住了。

于是我们立刻约定了在1980年2月12日做一次现场直播。可是音效部门有一个小问题。1979年的英国广播公司还不知道什么叫立体声，所以所有声音都被混成了单声道，还带了一条对时音轨，好让声音跟画面同步。可这条音轨太响了，以至于在英国电影和电视艺术学院给电视评论人放映的时候，在音响系统里都听得清清楚楚。跟平常一样，除了我没人注意到这点。不过我说服了英国广播公司电视台的当家人，比尔·柯顿，冒着工会全面罢工的风险，让我偷偷地把录音音轨从这个神圣的机构拿走，带到摩根录音棚。在那里，马丁·勒凡用“分段削减”的方法把这个问题解决了。

玛蒂定于1月28日在1 000座的皇室剧院发布《星期天再说》，而来自媒体的索票需求之大，以至于第二天又演了一场。令人惊讶的是，绝大多数戏剧领域的写手都出动了，包括当时的音乐剧评论权威。《每日邮报》的杰克·汀克写道：“玛蒂·韦布无可争辩地把握住了一个我在此预言很快从史翠珊以降的每位音乐剧女演员都会哀求着出演的角色。”让人难以置信的是，也许是出于对恶评《艾薇塔》的负罪感，《纽约每日新闻》宣称：“万世巨星再度出击！这场演出是三位绝世天才，作词人唐·布莱克、作曲者安德鲁·洛伊德·韦伯和玛蒂·韦布的惊人合作……玛蒂的嗓音就是一件温和、柔美，音域宽广，闪耀着无比人格色彩的乐器，简直是露露、奥莉维亚·牛顿-约翰和玛丽·霍普金集于一身。”玛蒂刚刚在圣诞节前同意接替伊莲·佩吉出演艾薇塔，我们的运气是有多好啊。

从整体来看，这就是个双赢局面。电视节目播出后，诺曼·杰威森高调宣布要执导一部电影版，还有我当时从未谋面的特雷弗·努恩，皇家莎士比亚剧院时任老板，也是好几位写信给我，表示对《星期天再说》的未来命运颇感兴趣的主流导演之一。此外，《收起你那张脸》排名最高至第三，给我们带来了一首热门单曲，而专辑则最高排名至第二。已经三岁的伊莫金央求能晚点睡觉，好在电视节目《流行之王》里看看玛蒂。在《星期天再说》主题曲的创作过程中，伊莫金助了我一臂之力，或者精确点说，一指之力。那天我正在塞德蒙顿埋头创作，纠结着最后一段歌词，伊莫金偷偷溜到钢琴旁边，在键盘上戳了一个音。她马上跑开了，满心以为会因为打扰了我的创作思路而被责骂。相反我给了她一个大大的拥抱。她解开了一个困扰我整整三天的旋律上的难题。 303

接下来那个星期六，伊莫金像一只神经错乱了的鹦鹉一样，不停地重复说要去我们这里的镇上买“你那张脸”的唱片。我被这种如此幼小就具有的忠诚感打动了。我们跟其他也来购买“你那张脸”的唱片的父母和孩子一起排上了队。当轮到我们走近柜台的时候，笑嘻嘻的售货员对伊莫金说：“你可真是一个幸运的小姑娘，这是我们店里最后一张唱片了。”然后给正喜气洋洋的爸爸眼里的小心肝伊莫金，递上了那张当时排名第一的乔·多切的单曲《少来摆臭脸》。

就在另一张名字带“脸”的歌阻截了我们的榜首梦之后不久，我带着玛蒂去了贝尔格莱维亚游艺会，一个为了面子也要参加一下的年度高档慈善集会，在贝尔格莱维夫广场搞得看起来风风光光，现在已经停办了。那次有一个算命的吉卜赛人，给那些衣着时髦的人看手相，收费可真够要命的。玛蒂和我觉得还是去她的大篷车看一看，玛蒂的未来算出来的是一条一帆风顺的坦途，我的可不是。这位占卜者的表情都可以给《吉卜赛人哭了》这首歌的歌词提供新的含义了。“你得马

304 上改行。”她痛苦地说道，同时亮出一颗金光闪闪，不过很可能就是为了今晚的活动才涂上颜色的门牙。不用想，我当然很不开心。正好大篷车周围有一群穿着黑西装的人，看起来是贝尔格莱维亚本地的，于是我就垂头丧气地解释了我的困境。

“我付给吉卜赛人那么多钱，是不是可以冲抵我老行当注销或者新行当启动资金的税金呢？”我总结道。

一个一脸怪表情，喝得醉醺醺的家伙走上前来。

“没准我能给您解释一下，我是贝尔格莱维亚区的税务稽查。”

《星期天再说》的问题在于，大家都以为我有一个制作全版音乐剧的后续计划，可我没有。现在比塞德蒙顿音乐节那版已经扩充一些了。几年间一直有制作人以各种方式试图将它变成一部完整的戏，我其实应该全部拒绝。因为试图从这部作品里榨出更多油水，是注定不会成功的。在那些信仰坚定的人之中，就有雪莉·麦克雷恩。这让我受宠若惊，我可是她的老粉丝了。唐回忆起某次我们去拜访她的纽约之行期间，杰克·罗森塔尔到他的公寓来看望他，问他最近生活怎样。唐没有回答，只是傻笑着打开他的电话应答机，里面有条录音是：“嗨，唐，我是雪莉·麦克雷恩呀，怎么你从不回电话的啦？”

唐和我跟雪莉见了几次面，她谈论起她的各种前世经历，用唐的话来说，她上一次夏季感冒是因为她在十五世纪是在断头台上被处刑的。可是，跟令人愉快的雪莉的讨论最终毫无结果。简而言之，《星期天再说》就是不该扩充的。

27 麦金托什先生

《星期天再说》的启动成功当然令人激动不已，可 1980 年还是有一个日子留在我的脑海里，无法磨灭。1980 年 1 月 24 日，我第一次见到卡梅隆·麦金托什。在您大呼“妙不可言”之前，必须说明一下，我们俩相识前的预兆可是个凶兆。卡梅隆当时在整个西区圈子里扬言要宰了我。这个麻烦是在 1978 年的奥利弗奖期间惹上的。那时这玩意儿还不叫奥利弗奖，而是被命名为“西戏协奖”（SWET Awards），因为他们是由西区戏剧协会颁发的。鉴于“西戏协奖”这个名字太缺乏吸引力，协会在那一年决定改称“韦奇奖”——那次的奖杯是临时拿韦奇伍德牌陶瓷壶充数的。后来协会终于想出来让这些大奖叫“奥利弗奖”，听起来好多了，于是奥利弗年轻时扮演亨利五世的小铜像才就此成为大家梦寐以求的奖杯。

那一年的颁奖仪式在皇家凯馥酒店进行，就在晚宴之后举办，场面实实在在的混乱。哈罗德·普林斯当时在美国，因此当我领取颁发给《艾薇塔》的“韦奇奖”时，我说我们对哈罗德万分感激，而且真可惜他今晚没能来现场执导这次颁奖仪式。我记得我听到房间里某处有人哼哼了些什么，不过这是当晚最后颁布的一个奖项了，所以莎拉和我就带着那个装饰顶尖已经掉下来的“韦奇奖”奖杯，直接赶去了奥斯卡·王尔德酒吧。第二天上午，大卫·兰德神采飞扬地打来电话。昨晚那一通混乱闹剧的制作人说要把我吊起来，再用马拖死，最后分

尸，并且把我的身体各部分沿着沙夫茨伯里大街示众，来警告那些不
306 知感恩的戏剧新秀们。这个制作人就是卡梅隆·麦金托什。

关于怎么弄死我这个话题，在大卫·兰德和卡梅隆·麦金托什之间你来我往了差不多一年，而且大卫每次都意犹未尽。1980 年到了，我觉得应该在大卫过分冲动而再次引发疝气之前，跟这位麦金托什老兄讲和了。于是我请他一起进午餐，可问题是上哪儿合适。除了知道他曾经制作过经典老戏的复排版巡演，其中可能有一两部还曾来过西区之外，我对卡梅隆·麦金托什一无所知。我估计他应该是一个脾气暴躁到令人恐惧的老前辈，所以我当时想象中的他就是一个老古怪的形象。

他应该约莫六十多岁，纤瘦干巴，有明显的苏格兰口音，穿粗花呢上装，胳臂肘上缝着皮质补丁，而且戴着一个可能是粉红色，不过更可能是黄色的领结，以显示他是混戏剧圈子的。我甚至还觉得他可能留着小胡子。该请这样的小老头去哪里用午餐呢？万一他是个滴酒不沾的严格守戒的长老派信徒呢？他对我的凶言恶语表明他也许很热衷那种腥风血雨腔调的布道会。要是这样的话，万一这个麦金托什就喜欢在伯恩斯之夜[①]喝上一口威士忌，然后跟群演女郎们纵情声色呢？他也可能只是个低调的锐舞粉丝。不管怎么样，有鉴于他的表现就该是一个外地老头子那样，我觉得很大概率上他只想吃一顿快速午餐，然后在下午茶时分安安稳稳坐上火车北上阿伯丁或者随便哪里。于是我干脆保险起见，在只允许男士进餐的古板的萨维尔俱乐部餐厅订了位，然后跟碧迪和布莱恩说我估计两点半就回来了。[②]

当那天晚上 6 点 30 分我略带倦意回来的时候，我告诉他们两位，我要准备写一部全尺寸规模的关于猫的音乐剧了。

---

① 每年的 1 月 25 日，苏格兰诗人罗伯特·伯恩斯的生日，现在已经成为纪念他的节日。

② 英国午餐一般是下午一点左右开始。

当你遇到知音的时候，你会忽略时间和地点的——呃，地点大概不会吧，不过再没有哪次让我觉得时间流逝之快，能跟见到卡梅隆的 307
那个下午一样。我总算遇到了一个跟我同样热爱音乐剧的英国人——实际上，卡梅隆比我对之更痴迷。现如今还是能找到几个年纪更轻的制作人的，可 1980 年的时候想都别想。坊间传说我们相谈甚欢，以至于一口气喝掉了四瓶勃艮第葡萄酒，这是瞎说，实际上是三瓶，再加两杯基尔酒。尽管如此，在晚上 6 点，碧迪打来第无数次伤心欲绝的电话询问我已经葬身何处时，我们已经为之后几代的英国音乐剧发展制订出了规划。

首先打动我的，是卡梅隆那种孩子气的、活力十足的、喜欢傻笑的，还有点娘娘腔的热情态度。我从未遇到过像他这样精力充沛而富有魅力，或者说对自己如此坚信不疑的人。卡梅隆有一种比较邪性却又具有感染力的幽默感，他老是拿我们行业里遭遇过传奇性的音乐剧惨祸的人寻开心。这就引来了一通相互报复，祸及我的《通天管家》，他的《剃光之后》，再加上一连串令人忍俊不禁的受害者，从彼得·霍尔的《星际漂泊》到约翰·威廉姆斯的《托马斯与国王》。我了解到卡梅隆是从给《雾都孤儿》当舞台监督开始入行的，而且他对朱利安·斯莱德的音乐剧《青葱岁月》感情很深，对于这部作品，我觉得还是少摆一副臭脸为好。

卡梅隆看起来对摇滚毫无感觉。我觉得他并不真的认为摇滚跟音乐剧有什么关系，也好奇他是不是真的喜欢《耶稣基督万世巨星》或者《艾薇塔》里那些摇滚风格的部分。这是我们俩之间最大的分歧，我想卡梅隆也会同意的。不过我们对所有的经典美国音乐剧都极有热情。他可是个桑德海姆的超级粉丝，已经替这位伟大的作曲家极其成功地把《肩并肩》搬上了舞台。让我颇感兴趣的是，他在制作一版新的《俄克拉荷马！》的同时，还在帮汤姆·勒尔制作另一部讽刺剧。正是这版《俄克拉荷马!》在当年晚些时候，在皇宫剧院换下了《耶稣基督万世巨星》。

我对卡梅隆如何给制作筹资非常好奇。他那部跟《艾薇塔》几乎同时开演的西区版《窈窕淑女》可不是什么省油的灯。他告诉我，他
308 有一帮忠实的“天使投资人”，不过资金的主要来源还是英国文化处。也是他说服文化处，资助了那些把一流品质的戏剧带到全国各地的优质巡演。他兴高采烈地夸耀这个做法是一招妙计。到了第二瓶酒喝了一半的时候，我提到了T.S.艾略特关于猫的诗集。我告诉他，我打算把几首曲子作为《变奏曲》的暖场演出的设想，以及我跟迈克尔·“粉笔头”·怀特目前刚开始了一点点的进展。

这个关于猫的项目立刻霸占了午餐的话题。我们都注意到舞蹈在英国已经多么流行了——那些出没于考文特花园周围，打扮得像菠萝一样[1]的青少年，你想看不到都难。我们谈到了阿琳·菲利普斯，可卡梅隆觉得至关重要的是，不论谁当任编舞，都必须有真正的戏剧经验。他推荐我见一见吉莉安·林恩。我当时有点不太认可她。我当然知道吉莉安。从二十世纪六十年代起，几乎每一部大家耳熟能详的英国音乐剧都是她编舞的，从布利克斯 & 纽利创作的《人生赢家》到《匹克威克》，还有电影《半个六便士》——所有这些，不过，除了我的戏。我一直把她跟那些老派的舞蹈风格联系起来，与阿琳带着“热门八卦”所代表的一切相去甚远。她的风格更像是那种两手叉腰的伦敦佬蹦高的样子，而不是一只灵活扭动的小猫咪，反正我当时是这么觉得的。

卡梅隆问我有没有看过让人眼花缭乱的皇家莎士比亚剧院版《错误的喜剧》，由吉莉安编舞，皇家莎士比亚剧院的大佬特雷弗·努恩导演。我没看过。他制作的考夫曼和哈特创作的经典话剧《千载良机》，

---

① 指发型冲天，服饰色彩斑斓。

也是吉莉安编排的，我也没看过。不过我明白卡梅隆是出于什么目的了。他想拉拢特雷弗·努恩。把现有的诗歌谱上旋律是一码事，把《老负鼠讲述世上的猫》变成一部全尺寸的音乐剧，可是要牵涉到改写乃至重新创作这首诗。这就需要获得 T.S.艾略特的遗孀，瓦莱丽的许可了。如果我们有一个重量级导演入伙，比如有皇家莎士比亚剧院背景的特雷弗·努恩这样的，就能让她相信我们会对她丈夫的工作成果 309
尊重有加。

卡梅隆显然跟吉莉安走得很近。她正要执导他制作的汤姆·勒尔的讽刺剧。吉莉安可以成为我们拉拢特雷弗的渠道。我俩都答应多想想再做决定——吃了这样一顿饭，也的确需要消化消化。我跟卡梅隆握手告别，并承诺要是我准备做猫的音乐剧，一定会找他合作。然后我就回到《星期天再说》的世界里了。

事后来看，那顿午餐就是我们俩的人生转折点。我不得不跟迈克尔·怀特打了个招呼，他立刻写信给我，说他觉得把《老负鼠讲述世上的猫》改成全尺寸的音乐剧是不会成功的。我同时还在摆弄两个可能的项目，其中一个是一部没有人愿意接手的独幕剧，就是想写一下歌剧《波希米亚人》是如何问世的——或者应该说是两部《波希米亚人》的故事。我是在读莫斯柯·卡纳写的普契尼传记时迸出这个念头的。这两部歌剧都是根据亨利·穆杰的小说《波希米亚人的生活》改编的。普契尼的《波希米亚人》被富有争议地誉为有史以来最受欢迎的歌剧，另一部列昂卡瓦洛创作的现在则是无人垂青了。

可一开始并非如此。尽管列昂卡瓦洛是个作曲家，但他还是从词作者开始专业生涯的。他是普契尼的《曼侬·莱斯科》的联合词作者。接着他又把穆杰这部小说改编成了歌剧，让普契尼作曲。不过列昂卡瓦洛在同时期作曲的歌剧《丑角》广受称赞，所以他决定自己给《波希米亚人》作曲。紧接着两人公开决裂，列昂卡瓦洛和普契尼都宣布要推出自己的版本。列昂卡瓦洛的版本率先开演，而且好评无数。普契尼的版本开演后则被有些人批臭了。卡洛·贝西奇奥在《新闻报》上写道："普契尼的《波希米亚人》不会给观众留下深刻的印象，在我们的歌剧历史上也不会留下任何伟大的印迹。"另一位评论人写道："《波希米亚人》展现出了令人叹息的退步，创作显得仓促［应该是指
310 跟列昂卡瓦洛比赛］，缺乏洞察力和细心的润色，时常陷入空洞无物之中，有时候还显得幼稚愚蠢。"（这里从莫斯柯·卡纳的传记里摘选一小段故事让大家品味一下。普契尼考虑过创作《雾都孤儿》和《悲惨世界》，可是他又拒绝了。他还曾拒绝过哪些题材呢?!）

我的思路是创作一个关于这两部歌剧的幕后故事，对抗、张力、言语攻击导致两部作品最终的结局。我有一个很大的情节构思。普契尼走进他的发行商里考第的办公室，给他弹了一段旋律后，里考第说这就是垃圾。在他的歌剧作品获得差评之后，普契尼跟他妻子说："要是里考第不喜欢的那段旋律还留在《波希米亚人》里面的话，我这部戏就会成功了。"带着正在慢慢消失的年轻人的自负，我创作了一段非常刻意表现普契尼风格的旋律。我很喜欢这段旋律，喜欢到我做了一件我从未做过的事情：我把这段旋律弹给了爸爸听。我爸爸是个公认的普契尼专家，所以尽管这部作品明摆着是打算向普契尼致敬的，我还是需要听一听中肯的意见，看看这段旋律是不是足够以假乱真。他听完后，叫我再弹一遍。等我第二次弹奏完，我紧张地问他："爸爸，您觉得这段还挺像回事儿吧?"他思考了一会儿。

"安德鲁，我觉得这段价值千金，你这个狡猾的小鬼头。"

普契尼和列昂卡瓦洛的故事很快就被遗忘了，尽管我有一次在伦敦跟斯蒂芬·桑德海姆一起进午餐时，还提起过一次。不过这段旋律可没有被遗忘。它被保留在我那个当时似有似无的旋律库里，等待被

启用的一天。

另一个项目则是头号优先的，是跟蒂姆一起做的一部新戏。过去几年，他曾经提过好几次，说他有个构思是围绕国际象棋大师巡回赛展开的。剧中主角分别是美国人和俄国人，可以在险恶的冷战背景下表现他们的幕后诡计和不被认可的情愫。象棋的数学性带来的音乐上的可能性立刻击中了我。自然而然，我想要搞清楚蒂姆脑子里究竟在想些什么。我不记得具体是什么时候收到的蒂姆的剧情梗概，大概在 311
1979 年年底。不过我记得我反复阅读，而且担心这部戏还缺一条连贯的故事线索。我在塞德蒙顿的那张老式食堂餐桌上打电话给他，告诉他我觉得这个构思很有潜力，不过这次我们可能需要找一个戏剧人士来参与。我指出这个故事少了一份约翰·勒卡雷风格的悬念元素，所以可能需要找一个像勒卡雷或者弗雷德里克·福赛斯这样的编剧来帮我们打造一个强有力的剧情。

蒂姆立刻表示反对，他说过去一直都是我们俩一起完成所有创作的，为什么要打破这个成功的模式？我不记得我们最终是怎么决定的了，不过我记得他听起来略微吃惊，可能还有些不安。不过我没往多了想，以为过一阵儿我们又会重新讨论这个问题。正好又是《艾薇塔》在澳大利亚开演，而且纽约版的《艾薇塔》也重新回到议事日程上，罗伯特想要我们 6 月去那里参加托尼奖颁奖仪式。与此同时，我确认了 7 月的下一届塞德蒙顿音乐节会安排《老负鼠讲述世上的猫》的首次演出。

于是在阿德莱德版《艾薇塔》、美国版《星期天再说》和宝丽多突然提出要给玛蒂·韦布追加一张专辑带来的创作工作中，我把剩下的《老负鼠讲述世上的猫》的曲子写完了。我发现给已有的诗歌配上音乐的一个愉快之处是，你不用为了等歌词而浪费时间，对需要长途飞行的作曲家来说，真是理想化的素材。我当时还没放弃把《老负鼠讲述世上的猫》做成《变奏曲》暖场演出的打算，也不清楚它将来会不会成为一部音乐会曲目，不过我开始对 T.S.艾略特的作品进行范围更广的探索了。我打算试探一下哈罗德有没有兴趣导演，而阿德莱德的首演提供了一个很好的机会。

阿德莱德的活动紧锣密鼓，主要是围绕哈罗德和罗伯特的。哈罗德在第一场预演后，在舞台上接受了一段《你这一辈子》节目风格的致敬环节，这意味着在英国的上午时分，所有人，包括一组筋疲力尽的演员，在演出后必须留在舞台上来表达疲惫的敬意。鲁伯特·默多
312 克给他的同胞罗伯特组织了一场盛大的聚会，聚会上，罗伯特的母亲的出场，证明了酒精并没有缩短史迪格伍德家族的预期寿命。蒂姆和我没有受到多少关注。不过第二天我还是找到了一点时间跟哈罗德讨论了一下被我们称为“T.S.艾略特项目”的事情。就在托尼奖仪式之前，他在卡莱尔酒店给我写了封信。

> 1980 年 6 月 2 日
>
> 我思考了一下这个 T.S.艾略特项目，尽管我觉得我们讨论过的一些领域都说得通——一个整体按照艾略特的作品搭建的框架，以及你对猫远非普通的钟爱带来的构思——可我还是不能参与。
>
> 我想要把桑德海姆的项目做完，而且希望参与一部我个人觉得更能融入其中的作品。同时，我还得核准明年春季我要执导的卡莱尔·弗洛伊德的歌剧演出和 1983 年维也纳的《图兰朵》，还有，我的天，大都会歌剧院的马斯卡尼的歌剧项目*的舞美和服装造型设计！这些都很容易分心，还挺花时间。
>
> 再找个别的项目吧。

---

* 实际上是古诺的《浮士德》。

他还不是唯一一个回绝我的百老汇人物。我给编舞家特怀拉·萨普弹过这些音乐，她对钢琴演奏和歌唱部分不太感兴趣。克雷格·扎丹和尼尔·梅伦让我弹给乔·帕普听过，在我弹到《猫的命名》时，他就睡着了。卡梅隆对这些挫折看似并不担心。他坚持要我跟吉莉安·林恩见个面，而且我也明白他想要拉特雷弗·努恩入伙的逻辑了。

我跟瓦莱丽的见面必须要等到 6 月初的托尼奖仪式之后了。莎拉和我都不认为经历了那么糟的首演之后，还有什么可以期待的。不过 313
当蒂姆和我拿到了最佳音乐奖，哈罗德拿到了最佳导演奖，以及帕蒂拿到了最佳音乐剧女演员奖后，就预示着我们还可能拿到最佳音乐剧奖。当我们真的拿到奖了以后，那些媒体精英们就玩了一次百老汇历史上最大幅度的变脸。该剧的百老汇版本演了 1 567 场，还带出了三部全美巡演制作。之后还有好几次美国版复排，包括 2012 年由迈克尔·格兰达吉导演的回归百老汇的一版。

28 “所有的角色都必须是猫”

314 在6月底，我终于跟瓦莱丽在她位于肯辛顿的公寓见面了，肯辛顿就是蒙哥杰利和兰贝蒂泽的地盘的核心区域。这位女士个子很高，容貌优雅，一头正宗的金发，而且从她和我第一次握手的力度就看得出来，她是所有T.S.艾略特相关事物的凶猛的捍卫者。我当时很紧张，不过我猜她也是。她说的第一件事就是：“你该不会想要把汤姆[1]笔下的猫都改成小猫咪的样子吧?”这主意我觉得还挺不错的，接着她就扔出了一颗重磅炸弹。

“汤姆曾经回绝了迪士尼就《老负鼠讲述世上的猫》提出的一份高额报价。”

听起来不妙。在我开口问为什么之前，她正色道，“汤姆很讨厌《幻想曲》。您喜欢看《幻想曲》么，洛伊德·韦伯先生?”

我含糊不清地说了些话，大概是说我不太记得《幻想曲》具体是什么样子了，尽管我小时候特别喜欢看这部片子。

“您对猫有什么看法?”她一边说着，一边用她清澈而又咄咄逼人的蓝眼睛直视我内心深处。

我觉得我干脆直奔话题吧：“您有没有留意到电视上出现的一个舞蹈团，名字叫‘热门八卦’?”

---

① T.S.艾略特的名字。

“是不是玛丽·怀特豪斯不停在批判的那群舞蹈演员？”瓦莱丽问道，显得有点兴致了。

“没错，不过他们的确是很不错的舞蹈演员，一直在做突破性的创作。连了不起的哈罗德·普林斯都说过鲍勃·福斯……”瓦莱丽打断了我：“汤姆会很喜欢‘热门八卦’的。”她露出了微笑。

我们后来称这次会面为“取悦瓦莱丽”的第一步，大功告成。她 315
答应到塞德蒙顿来参加音乐节，要是她喜欢我目前的创作成果的话，我们再继续推进。

我当时给根据 T.S.艾略特的诗作改编的作品，起名叫《那些世上的猫》，排在一个新出道的年轻人的演出之后。这个名叫奈吉尔·肯尼迪的朋克风小提琴手是个轰动性人物，在 1978 年的音乐节上，凭着对巴赫、梅西安的作品的精彩演绎，加上一丝爵士情调，让全场观众为之痴迷。跟在他后面可压力不小。我的演员有盖瑞·邦德、保罗·尼古拉斯和杰玛·克雷文，此外还有我如今忠实可靠的乐手乔恩·希瑟曼、芭芭拉·汤普森、约翰·莫尔和罗德·阿金特。《那些世上的猫》演得挺不错的，不过还不是《星期天再说》或者《变奏曲》那样明显完整的作品。尽管观众们很喜欢保罗的《神奇的米斯托弗里斯先生》和杰玛性感的《麦卡维蒂》，可还是把它当作一种幽默小品演出，在这种上流时尚的音乐节里，也就能带出些微笑，而不是戏剧感染力。

直到演出结束十分钟后，如约而来的瓦莱丽带来了菲伯的老板马修·伊文思。卡梅隆把吉莉安·林恩也带来了。当瓦莱丽给我一个大信封时，吉莉安已经在草地上展示一些性感的猫咪的动作了。

“我给你带来了一些汤姆未发表过的诗作。”她用一种温和但平淡无奇的语调说，“安德鲁，我觉得你应该先看看葛丽泽贝拉的故事。汤姆觉得这对孩子们来说太悲伤了。”

我还记得在初次读到以下诗句时，感到浑身彻骨冰凉：

她总是在穷街陋巷出没
靠近托特纳姆大院那个角落
她穿梭于人迹罕至的地段
在旭日餐厅和良友酒馆之间
老邮差要找她也束手无策
你甚至会怀疑她已遭遇不测
谁能相信这些凄惨描画
说的是魅力猫葛丽泽贝拉

She haunted many a low resort,
Round the grimy road of Tottenham Court.
She flitted around the no man's land
From The Rising Sun to The Friend At Hand
And the postman sighed as he scratched his head
You really would have thought she ought to be dead
And who would ever suppose that that
Was Grizabella The Glamour Cat.

316 不只这些，里面还有一封汤姆·艾略特写给他的出版商杰佛瑞·菲伯的信，信里提到一个仪式。在这个仪式上，所有伯里克狗和杰里科猫都聚集在一起，它们坐着一个巨大的热气球，飞上了“海氏层”①。信中还有一对描写这个过程的对偶句：“飞，飞，飞，越过罗素饭店/

① 海氏层（Heaviside Layer），又译亥维赛层，即电离层，以发现者英国物理学家奥利弗·海维赛德（Oliver Heaviside，1850—1925）的姓氏命名。剧中表示“九重天”。

飞，飞，飞，飞到九重高天。”可见艾略特自己对这些诗作，已有一个更大的框架设定，比较模糊，不过显然是存在的。到那一刻，我明白我找到了一部音乐剧的基本框架。

最重要的是，“魅力猫”葛丽泽贝拉给我提供了一个悲剧性的角色，一个你会真心想要去关心爱护的角色。我叫卡梅隆和吉莉安过来跟瓦莱丽和马修一起谈谈，现场的兴奋情绪简直触手可及。还有些别的诗作，关于住在东区某个酒馆的鸟杆子上一只叫比利·麦克考的鹦鹉的故事，关于显然是用艾略特的昵称命名为汤姆·伯里克的一条约克郡小猎狗的传奇，以及一首长诗，提到一个穿着白色鞋套的人在一个叫路易斯公主的酒馆里，偶遇一位在用餐的客人，然后开始大谈特谈“这些个和那些个和伯里克狗还有杰里科猫”的故事。

我问瓦莱丽“伯里克”和“杰里科”都是什么意思。她解释说，这是艾略特的私人笑话，用来嘲笑英国上流社会在说“可怜的小狗”和“可爱的小猫”时含糊不清的连读发音。她还告诉我，艾略特本来是想拿我们称之为《路易斯公主》的这首诗，来给一本关于猫狗之争且最后猫大获全胜的书作序的。《京巴狗和伯里克狗之间的尬战》就是此计划唯一的幸存者。

艾略特给杰佛瑞·菲伯的信还提到了另一个故事结构，一场群猫聚集的盛会。《杰里科猫之歌》就是关于一场杰里科猫的舞会，这会不会就是艾略特提到的盛会呢？如果是的话，《那些世上的猫》的核心内容就可以有舞蹈形式了。舞蹈当时正是一股横扫英伦的强劲风潮，尽管比起美国来已经落后了六十多年。

布莱恩·布罗利很不情愿地接受卡梅隆和真有用公司合作制作这部戏。音乐剧《那些世上的猫》，就此降生。 317

尽管对整体框架只有一个概念，我还是开始从那些没有出版的 T.

S.艾略特的珍宝里采集素材。我从《路易斯公主》开始，创作出了一段合唱，歌词是“伯里克狗和杰里科猫”这样的毫无意义的句子，最终演变成了合唱《杰里科猫之歌》；接下来是《魅力猫葛丽泽贝拉》；我把《小汤姆·伯里克》这部分加到《京巴狗大战伯里克狗》里，还决定把《比利·麦克考之歌》这首讲一只跳舞的鹦鹉的小诗，放在诗集中描述“英武”的海盗猫格罗泰格的最后一战那一篇里，让他献唱给格里德伯女士。我记得当我看到在《老负鼠讲述世上的猫》诗集中，艾略特几乎像写歌词一样写出了《比利·麦克考》明确的诗行和叠句时，倍感震惊。这部分的艾略特完全暴露出来他骨子里还是个美国人，我不相信那个时代有哪个英国诗人能这样写。多年后，瓦莱丽告诉我，当艾略特创作那些被她称为“不务正业”的诗作时，脑子里总会响起一首当时的流行歌曲。

我写了一首序曲，完成了《杰里科舞会》的谱子，制订了一个表演流程，然后在塞德蒙顿我的录音棚里，由我自己唱指导音轨并插入音乐节上最优秀的演出段落，给这些内容录制了一个完整的小样。从一开始我就希望猫咪们能待在它们自己的音色范围内，所以我在穆格合成器上合成了“喵喵”声，就是如今还在剧院里使用的那个版本。接着我给序曲和“舞会”那段编了曲，用的主要是在 Prophet 5 合成器上做出来的各种声音素材，还有一小部分是在穆格合成器上做的，用真正的钢琴弹奏打击乐的过渡段落。以上这些在最后完成的编曲里都保留下来了，序曲和《杰里科舞会》跟如今在剧院里听到的版本十分
318 相像，尽管我最早编排的“舞会”的舞蹈部分要短得多。全剧最后的曲目顺序从《火车猫史金伯旋克斯》开始，接着是《麦卡维蒂》《米斯托弗里斯先生》和《猫的宣言》，也都与现在的剧院版本完全一致，只是那时候还没有《回忆》这首歌，也没有飞到“海氏层”这一段。

尽管瓦莱丽给我的素材改变了《那些世上的猫》的创作走向，卡

梅隆和我很快意识到，要想从这样一锅大杂烩里创作出一部音乐剧来，必须得有一个文学编剧加入创作队伍。菲伯的老板马修·伊文思极度紧张，担心瓦莱丽会对此有所抵触。当时是个瞎子都看得出来，如果没有特雷弗·努恩那样背景的导演的话，她会否决《那些世上的猫》，起码不会让你制作一部音乐剧。

卡梅隆开始去讨好特雷弗了，这可不是个轻松活儿。要让特雷弗从皇家莎士比亚剧院这样的地方一头扎进风高浪急的商业戏剧领域，可是件大工程，尤其还是一个听起来这么不靠谱的项目。当年政府资助的院团对音乐剧并不以为然，不像现在，英国国立剧院每个演季不出一部音乐剧就总像是缺了什么似的。另一件大事是皇家莎士比亚剧院的投资。要是现在，对票房大丰收的预期绝对能让皇家莎士比亚剧院宁愿钻火圈也要来参与《那些世上的猫》这样的项目，但在 1980 年可是想都别想。还是要到《猫》大获成功后，皇家莎士比亚剧院的老总们才会考虑《悲惨世界》这样的音乐剧，是否可以当作自己名下的项目来资助。

与此同时，吉莉安除了担任编舞，也对导演岗位有了兴趣。她给卡梅隆和我发来了一份故事大纲，让我们感到极度不安。开场是大幕升起，显露出一排肯辛顿地区的联排屋，天色已晚，一个女仆打开一栋房子的前门，摆出一排空牛奶瓶，舞台一侧出现一只猫，嗅着牛奶瓶，然后开始做猫的动作。

老天啊，吉莉安！最根本的问题是，猫和女仆都由人来出演的话，他们的身材大小就一样大了！我跟卡梅隆说既然吉莉安是他找来的，就该他去应付。吉莉安出的故事大纲表明特雷弗对我们的项目至关重 319
要。可是，同样明摆着的是吉莉安对这个制作团队而言也是至关重要的。不仅是特雷弗对吉莉安的编舞赞赏有加，他们在《千载良机》和《错误的喜剧》的合作经历，也可以让特雷弗产生强烈的安全感而答应加盟。

在特雷弗同意加入之前，他在一封写给卡梅隆和我的长信里，说出了他的一些顾虑。信中他提到卡梅隆“梦想制作出一部可以扫除一切阶层和品位以及偏好之间的障碍的作品，要能吸引从考文特花园[1]的忠实观众，到从未想过要进剧院看戏的足球迷在内的人群。”特雷弗直截了当地提出要改动的地方。

> 我是想不出来有任何一场不具备故事情节的演出，曾获得大众广泛欢迎的，无论是歌剧或是话剧或是剧本或是电影或是舞蹈作品。而选集式娱乐作品，不管是《外表》还是《绝非戏言》，都因为只受到其内容讨好的小众文化群体的追捧，而生命力极其有限。我确信我们只有一个简单的选择，要么我们保留艾略特的诗集式格式，去制作一部高质量可是受众面有限的娱乐作品，要么我们以诗集和安德鲁[2]的音乐设定为基础，创作一个让猫类角色能更独特鲜明的故事，并朝着一个艾略特也会称心如意的结局发展下去。我确信所有的角色都必须是猫［我也曾认为艾略特暗示过存在一个人类旁白］[3]。让猫来给我们介绍别的猫，让猫来告诉我们只有猫才可能了解的事物；有揭晓秘密的猫，有争吵不休的猫，有不同阶层的猫，有相互之间勾勾搭搭或者眉来眼去的猫……而
> 320 且最后，猫还是要保持神秘莫测、不可思议、难以琢磨，以及（还用说吗?）非人类形象……我看必须要认真讨论一下这个事情。

特雷弗的构思里，显然没有什么女仆和牛奶瓶的事儿。

---

[1] 指英国皇家歌剧院。
[2] 指洛伊德·韦伯爵士。
[3] 括号内为韦伯的批语。

在他导演的那部改编自狄更斯的《尼古拉斯·尼克贝》，一演就是八个半小时的话剧第二演季前的排练期间，无数次咖啡馆会谈后，特雷弗终于入伙了，不过我和卡梅隆真应该多留意这部戏的时间长度的。他提了三个条件。第一，他要朱迪·丹奇加入剧组。完全没问题。除了她显而易见的演出经历以外，我觉得她在《歌舞厅》里出演的莎莉·鲍勒斯也十分精彩，而且有个像朱迪这样有实力的女演员入伙，大家可能会觉得我们还是挺靠谱的。

第二个条件是他想要《尼古拉斯·尼克贝》这部戏的舞美设计约翰·纳皮尔一起创作，并由大卫·赫西来设计灯光。这条也是不用动脑子就可以愉快地答应的。约翰曾给彼得·谢弗的《恋马者》担任过布景和服装设计，所以我们觉得他应该能将把人化妆成马的本事，用到猫类角色的身上去。大卫·赫西在《艾薇塔》一剧中的工作表现，我也是愿意竖两个大拇指的。

第三个条件有点杀伤力。他要求必须毫不含糊地明确他才是本剧导演，就是说，他才是最终说了算的头儿。这对吉莉安来说有些尴尬。她在音乐剧方面的资历比我们所有人都早了二十年，而且还刚刚成功地担任了卡梅隆制作的《傻里傻气》的导演和编舞。卡梅隆不得不把他可观的说服力发挥到极致来说服吉莉安接受这个安排。他苦口婆心地解释说瓦莱丽的许可是这部戏能制作起来的关键，如果没有一个在文学造诣上有深厚名望的导演，瓦莱丽·艾略特很有可能就把这部戏给枪毙了。最终吉莉安答应担任副导演及编舞的职务，这也是特雷弗的底线了。接着我们必须向瓦莱丽推出我们的团队，并商量着找一个文学编剧来给故事做些衔接补充。特雷弗提议他自己来做，他想在创作过程中，获得可以从艾略特的全部作品中挖掘素材的授权。

多年以后，马修·伊文思告诉我，瓦莱丽最终能同意这个方案相 321
当不容易，而且要是特雷弗不能独掌大权的话，她毫无疑问会提出否决。马修坦言，其实瓦莱丽从她在文学界以及戏剧界的许多朋友那里得到过一些建议，了解到以下内容：

我在戏剧领域的所有成功作品，都是和蒂姆·莱斯合作，并由罗伯特·史迪格伍德制作的。《通天管家》，我当时唯一没有莱斯参与的作品，被极其看好却完全不叫座。卡梅隆·麦金托什从没有制作过一部商业上成功的音乐剧新作。特雷弗·努恩从未导演过商业戏剧，更别说音乐剧了。当时也从未出现过成功的英国出品的舞蹈演出，而且人们普遍认为英国的音乐剧演员天生只有两条左腿。[①]最要命的是，观众来看这部戏，就等于是花上两个钟头的时间，看一群打扮成猫的演员来表演。

所以说，要是瓦莱丽反对这个方案的话，也不奇怪。因此我对马修·伊文思的感激之情是难以言表的，他起到了关键的作用。

这下卡梅隆和布莱恩·布罗利就摊上了筹集 45 万英镑（相当于如今的 209.7 万英镑）预算的苦差。即使在经历了三年的通货膨胀后，这笔钱还是比当年的《艾薇塔》的投资要少 5 万英镑。可《艾薇塔》毕竟是先出了一张十分成功的唱片，大家排着队来投资的。还有一个不利因素：一位以知识分子自居的已故诗人的一部诗作，由皇家莎士比亚剧院的当家人改编，来制作一部音乐剧，这些元素结合在一起，就是一则令人绝望的广告。我们既没有找到剧院，也没有剧本，谱子还没有写完。可不知为何，那种疯狂的、不可救药的、一叶障目的乐观主义精神，令人抛弃理智、引诱平时表现正常的人去玩音乐剧，这已经深深地腐蚀了洛伊德·韦伯和麦金托什的思维，以至于我们无法从理性出发，抛弃这个疯狂的项目了。

---

① 指不会跳舞。

我们宣布了《那些世上的猫》的音乐剧计划，引发了那些对往日戏剧圈车祸喜闻乐见者们的狂欢。媒体上到处都是类似“全国各地每 322
一个舞蹈女郎都将飞奔而来，参加我们这部甜腻作品的选拔”的说法。卡梅隆和我一下子就站到了音乐剧领域的风口浪尖上。

这些可能发生的困难都没有让我担心，我正兴致勃勃去迎接这场挑战，而且在全国撒网，从一大堆漂亮的女舞蹈演员中选拔角色，看起来也不是一个馊主意。不过回头再看，会发现当时真的只有一腔热血，对特雷弗从未导演过商业戏剧的从业记录更是一股盲目相信。此外，寻找投资貌似越来越没希望，可能最终需要我来填坑。这让莎拉和我相当头疼。要是这部戏砸了，整个团队都可以全身而退，只剩下莎拉和我抱着这部千疮百孔的戏，该怎么办？特雷弗可以直接安稳地回到皇家莎士比亚剧院的岗位上去，卡梅隆也能回头继续摆弄由文化处资助的演出。

回望过去，我们没有放弃《那些世上的猫》着实让我惊叹。现在的我是不可能在这样一个没有准备充分的情况下来宣布一部音乐剧制作的。反正我们开开心心地奔向前方了。卡梅隆跟我看舞蹈演出的次数总算比我们俩一起吃正式晚餐的次数多一点。当时最热门的是《锐气》，由身材短小的前皇家芭蕾舞团舞蹈演员韦恩·斯利普主演。因为这部演出，韦恩获得了观众的热烈反响，因此卡梅隆和我觉得把他拉上贼船很重要。谢天谢地我们做到了，而且考虑到我们都没跟他说要演哪个角色，这就是桩小奇迹。

卡梅隆对于特雷弗虽已答应加盟，却看似又退回到他皇家莎士比亚剧院的安全屋的表现很发愁，在一封写给特雷弗同时抄送给我的信中，他写道：

> 我对你的用心专一以及组织能力绝无任何担忧，只是生怕当

> 你准备好要全力以赴给我们的戏注入你的智慧和能量的时候，团队其他成员未必能有空一起参与，或者我们所关注的那类演员（真的是很难找到的一群人）也不是那么容易召集了。

323　卡梅隆同时也对排练厅的成效给制作成本带来的影响日益焦虑。对我们俩来说，要对付的是已经习惯于拿政府补贴的同行带来的独特的工作作风。那种思路下，场地方面的保障，比如漂亮光鲜的排练厅，是理所当然的。由于也不用担心跟投资人要钱，你可以肆无忌惮地进行长期而且随性的排练过程。可是在商业戏剧领域，如果没有取之不尽、用之不竭的资金支持是完全不可想象的。英国商业戏剧的排练，在当年，甚至如今依然会在一些教会或者社区的活动中心进行，这些地方能配有一间以上的厕所，你就是运气好到天了，更别指望楼里有食堂。而且一到晚上，你必然要和当地的青年体育俱乐部共用这个空间，严重阻碍了一些有意义的探索性实践的开展。卡梅隆和我当时也没有意识到，特雷弗对这个他正在经手的项目，并不抱乐观展望，所以很难让他把精力集中到这边来。当然后来他完全加入后表现出来的投入程度，弥补了这个问题，可在那个秋天，卡梅隆和我对此完全没有概念。

久经沙场的戏剧投资人——除了那些稀有的，仅仅根据直觉，或者仅仅为了能获得一张首演之夜的请柬的“天使投资人”——都希望能看到剧本、听到音乐。卡梅隆和我拿不出几首歌来。布莱恩·布罗利为没法给制作成本提供足够的预算，也没法给运营成本提供明细记录而越来越紧张。创作内容都不能确定下来的话，自然就会这样。当时越来越能明确成果的唯一部门，倒是约翰·纳皮尔那里。

约翰在我们的猫类角色的长相上有了很重要的突破，跟他经常遇到的情况一样，也是由伦敦城里正在发生的现象启发的。当时每一个想追逐舞蹈演员风格潮流的人，都喜欢穿羊毛长护膝，他们大多数还带着朋克风格的假发四处招摇。再加上一件猫身形的紧身衣，你就会眼前一亮！这种长护膝可以把人类的身形掩盖掉，还能带来一种毛茸茸的感觉，假发则消除了人类毛发的痕迹。特雷弗从 T.S.艾略特的诗《荒原》的名字里获得启发，提议演出布景应该做成一个巨大的垃圾 324
堆，这样的话，很多人类生活废弃物就可以拿来当作道具，约翰提醒到这些物品的大小必须是真实尺寸的三倍。到 10 月份为止，有一件事情获得了一致认可——舞美设计，至少走对路了。

可也越来越清晰地看到特雷弗的观点是正确的，我们需要一个故事情节。一个非常基本的结构获得了一致确定。每一年杰里科猫都要举行一次杰里科舞会，他们的领袖老戒律伯会在舞会上挑选一只猫，去“海氏层”获得重生。所以只有一只猫可以走上前往“海氏层”的旅途，而不是艾略特设想的整个猫群。约翰·纳皮尔把艾略特的大气球改成了一个巨大的汽车轮胎，一直升上天堂，搞得像电影《第三类接触》里那样。只是，我们还没有剧院可以给约翰来做设计参考。

约翰和特雷弗都坚信我们和观众要紧密接触，要接近到几乎让他们成为演出行动的一部分，因此表演区的最理想形状应该是圆形。吉莉安理所当然地担心了起来，大部分舞蹈演员受到的训练都是在一个传统的台口后面表演，台口就像一个镜框一样。可是特雷弗坚持要求表演行动至少要往观众席方向延伸，因此乐池上方也要被盖起来，这就严重限制了能上演我们这部戏的西区剧院的选择范围。几乎所有的剧院都有前排视线遮挡的问题，不可能把舞台去做那样的延伸，于是特雷弗越来越觉得我们需要一个特殊的场地，来搭建我们自己的舞台环境。

卡梅隆跟我在伦敦四处搜索像约翰·纳皮尔描述的“四面有墙，

上面有顶，而且座位可以调整”的地方，可是那时就不存在这样的场地。卡姆登区的圆厅剧场的感觉到位了，可他们的规矩是只做短期演出。我们还有另一个思路。英国国立剧院当时在老兰心剧院里建了一座临时的圆形剧场，搞了一个颇受好评的中世纪推理话剧演季。这座剧院在第二次世界大战期间，把舞台和观众席的地面拉平，变成一大块平坦的地面后，改建成了一个舞厅。这个场地，加上破烂陈旧的建筑物，对设定在一个垃圾堆里的故事来说简直妙不可言。兰心剧院隶
325 属于当时的大伦敦区政府，后者于 1938 年为实施一个道路拓宽项目，买下了这座剧院并打算彻底拆除，而战争叫停了这项无耻的勾当。我们提出租用这座剧院，大伦敦区政府却想要一次性扔掉这个包袱。此外这栋楼也实在是破旧不堪，显然不能长期使用。之后又过了快二十年，这座剧院才因为我的《耶稣基督万世巨星》的某版制作被翻新重建，并重新投入使用，真是令人啼笑皆非。所以到了 11 月，《那些世上的猫》还是无家可归，而解决方案的亮相方式，也别有风味。

整个 11 月，我和吉莉安都在全国各地跑来跑去搞面试选拔，就为了找到在二十世纪八十年代的英国舞蹈演员中极其罕见的能同时演唱和表演的那几位。我也因此才正式见到莎拉·布莱曼。她来参加选拔颇出人意料，因为她当时已经凭借《星舰战士带走了我的心》这首流行金曲小有名气了。我们在我伦敦的公寓里安排了一次单独会面。她来的时候戴了一顶蓝色的假发，我可能被这个打扮吓傻了，以至于给她弹《别想让我心情不畅》时弹得糟糕的要命。我当时仅仅觉得她的嗓子挺不错而已。

两天后我们就要去格拉斯哥和纽卡斯尔搞选拔了，我本来很开心地在两地之间安排出半天的空当，打算去看看当地建筑，一饱眼福。可让我莫名其妙的是，我那位一直很乐观处世的个人助理碧迪，拼了

命地坚持在这两座北方城市的选拔日程中间，在伦敦又给我安排了一次选拔活动。而且无论我骂了多少遍她是不是天生痴呆，卡梅隆和莎拉也都坚持伦敦的选拔活动不能改期了。

在深更半夜之际，我才搞清楚这一通胡闹背后的阴谋。我那可怜的妻子对我醉心于那部极度愚蠢的音乐剧一事，担心到在睡梦中都流露出了沮丧的情绪。有一晚我醒来，听见她在含糊不清地说一个“决不能让安德鲁知道”的大秘密。很自然地，我趁着她半睡半醒的迷糊劲儿，用最镇静的心理医师的语调来问她具体是什么事情。在一大段有关亲戚的胡言乱语后，她咕哝着说出了几个字，《你这一辈子》。 326

这就是那个让我抓狂的日程安排的原因了。那是一档老掉牙的电视谈话节目，内容就是展示一些经常抛头露面的二三线名人，在拍摄现场突然见到五百年前是一家的亲戚和一些所谓的朋友后，被惊吓得目瞪口呆的样子。第二天一早，我发挥了精湛的演技，装作毫不知情，让莎拉反倒担心最终结果会适得其反。

我对这档节目，以及不知从哪里被发掘出来的那些亲戚和朋友们都没什么印象了，因为我的心思完全在别的地方。我给我们的猫咪们找到了窝。这档电视节目是在新伦敦剧院录制的，在那些我从来不知道存在的表亲们鱼贯而出之际，我的双眼在不停地上下打量这座完美的“猫窝”。这座在冬日花园剧院的旧址上建起来的新伦敦剧院，是1973年启用的，被誉为“来自未来的剧院”。这栋同时是镜框式和圆形剧院的建筑，是由曾推出过几套史上最具革命性的剧院布景的肖恩·肯尼设计的。在亲吻某位失联已久的姑婆的时候，我想起来这个特殊结构是通过地下的一个大转盘来实现转换的。

等节目一结束，我就跟一脸不敢相信的莎拉说我找到猫窝了，我问她能不能先去后台休息室把我那些各宗各派的亲戚和崇拜者们稳住，好让我给特雷弗打电话。很幸运地，我一打到皇家莎士比亚剧院在奥德维奇的总部就找到了他，并恳求他一路小跑几百米到新伦敦剧院来。莎拉在聚会上很漂亮地给我打了掩护，逢人便说我就在屋子另一头忙着，尽管实际上我根本不在那间屋子里，于是我和特雷弗在空落落的剧场里有了十分钟的自由时间。

接下来发生的事情让我们激动无语。我至今仍然纳闷，我们两个戏剧从业人员怎么能如此快地喊出“尤里卡!”①。这座物业的经理正好走进来，于是我问他那个可以改变观众席结构的转盘是否还能使用。他说还能用，问我们想不想看一下。接着我和特雷弗就目睹了一段通过移动 300 个观众座椅，把剧院变成一个完美的圆形剧场的过程。我
327 们紧紧握住对方的手，因为我们不仅给我们的猫群找到了窝，还可以在物理上移动我们的观众席！特雷弗说，那是他在一座剧院里曾感到过最喜出望外的一刻。

不幸的是，新伦敦剧院的产权人们可远没有这么喜出望外。一句话，他们请我们“滚蛋”。他们这么做倒也情有可原。新伦敦剧院当初作为戏剧演出场地是彻底失败了，即使是理查德·基尔出演的《油脂》也在此惨败。于是他们就把这里打造成了一个会务中心兼电视演播室，而且这档子生意做得很成功。要是把新伦敦改回剧院然后又失败，他们就会在丢掉一大堆会议和电视摄制业务后，再从头开始来恢复业务。所以没戏，尤其是想要演一出讲猫的故事的音乐剧。我们惨了。特雷弗的热情如此高涨，以至于约翰·纳皮尔已经开始照着这座剧院开始做设计了。我们为了给猫群找窝，已经把伦敦每一处奇怪的场地给梳理遍了。没有新伦敦，就不会有《那些世上的猫》了。

这时候伯纳德·德尔方特伸出了援手。自从告诉我决不要掺和一支足球俱乐部之后，伯纳德一直密切地关注我的职业发展。他正好在

① 古希腊语“我找到了”，传说阿基米德苦思冥想找出测量不规则固体形状的体积方法时大喊这句话。

拥有新伦敦剧院产权的公司担任董事，所以他提出了一个典型的伯纳德方案。如果《那些世上的猫》如众望所归那样立刻彻底惨败的话，我们可以不用支付罚金而只是租金，反正会议业务可以很快恢复而不会受到什么干扰。产权人们担心的是，要是我们略有成功而继续演上一阵子的情况，这意味着这座剧院会被排除在会议和电视摄制业务领域之外相当长的一段时间，需要从零开始重建全盘生意。所以伯纳德提出了他的方案。要是《那些世上的猫》演砸了就立刻停演，我们就按照占用剧院的时间来支付正常的租金，仅此而已。要是我们演出超过三个月，并且在两年内的任何时间停演，我们要向产权所有人支付 20 万英镑的罚金（相当于如今的 93.2 万英镑）。演出两年以上的话，租金还是按照正常的剧院场租支付。

这个情况简直是一个“第 22 条军规”的情形。当时大家普遍认为《那些世上的猫》很有可能是那种跌跌撞撞能演完一年的戏。卡梅隆当 328
然没有这笔钱，创作团队里也没有其他人拿得出来。所有人都把目光投向了我。我也一样没有办法拿得出这么多现金，现有的投资还都是我担保的，只有拿我在塞德蒙顿的房子做二次抵押才行。我同意了，把莎拉吓得够呛。于是到了 12 月，还是没有剧本可以给投资人看，除了一腔热血之外也没有任何实打实的东西可以展示给他们。不过剧院总算有了。

谁能料到，在这个节骨眼上，特雷弗再一次遁迹于被个人助理们严防死守的皇家莎士比亚剧院的大墙之内去了。我们安排了一些关键演员的面试，他的现场评估至关重要，却被告知因为日程变化，他没时间参与了。我写信给他，指出我个人的利益已经面临风险，提出我们还是放弃吧。当时我身边的所有人都直截了当地求我别在要让我输掉房子的合同上签字。卡梅隆干脆跟特雷弗发了火儿，明确坚持要在圣诞节前完成全部主演的选拔工作。最终特雷弗总算现身。他最开始的设想是组建一支群演队伍，让演员一人饰演多角，也就是说朱迪·丹奇要准备出演甘比猫和葛丽泽贝拉，而演老戒律伯的演员也要出演巴斯托弗·琼斯，演格斯的要演格罗泰格，等等。在特雷弗还不能专注投入的那段时间里，并不乐观的选拔工作也仅仅是在吉莉安对舞蹈功底和我对演唱功底的要求之间求得平衡。如今特雷弗又加了表演功底，还强调我们的演员务必得是具有角色特征的独特个体，一句话，就是他们必须跟猫一样。

最终，得益于瓦莱丽发掘出来的几个新的艾略特创作的猫的名字，我们总算能把猫的角色进行恰当细分了。最后一次面试选拔安排在了12月10日和11日，于坐落在巴特西的皇家舞蹈学院举行，跟家喻户晓的巴特西猫狗收容所近到就是一抬腿、一跨步再加一个踢腿跳的距离。除了朱迪·丹奇和韦恩·斯利普之外，又添了三个新的演员：保罗·尼古拉斯、布莱恩·布莱斯德和一位漂亮得令人难以置信的女舞
329 蹈演员，菲诺拉·休斯。录取菲诺拉其实没费多少周折，吉莉安跟我都想要有一个能明确体现猫类的奇异而又超然脱俗的美艳时刻，所以如今的“白猫”这段象征性的段落，在那年12月就为菲诺拉编排成形了。菲诺拉虽然不是什么唱功高手，可她也很快就成为我们这部戏要表达的内容中说不清、道不明的精髓所在。布莱恩·布莱斯德出演的角色倒是既说得清，也道得明，特雷弗曾描述他是“一个散发乡间气息的演员”。可是他那种吵闹而又权威的气质，加上强劲的男中音音色，天生就合适出演老戒律伯，一个在我们仍在创作中的剧情里，已经确定为杰里科猫群领袖的角色。

保罗·尼古拉斯的入选倒是引发了一场争执。吉莉安、卡梅隆和我觉得他就是天生的若腾塔格，保罗演唱的单曲《魔术猫米斯托弗里斯先生》也早就在电台深受欢迎，尽管没有上榜。特雷弗则对他玩世

不恭、世故老道的风格很反感。毕竟保罗曾经拿到过一些优越的工作邀约，跟着罗伯特·史迪格伍德混了十五年，更别说还在《耶稣基督万世巨星》里浸淫过。不过特雷弗还是让步了。有了保罗、布莱恩·布莱斯德、韦恩·斯利普和朱迪·丹奇，我们至少有四个金光闪亮的名字可以装点我们的节目单了。

最后一次面试选拔就快开始了。我觉得音乐剧演员很特别的一点就是，经常在经历了令人筋疲力尽的选拔后，你给他们分配了一个角色，他们却拒绝加入了。要么就是排不出档期，要么就是获邀去演另一部他们喜欢得要死的戏。我时常怀疑他们来参加选拔的唯一原因是尽可能多了解一部即将上演的戏，供以后摆龙门阵用。

这类演员中有一位叫莎伦·李·希尔的，是一个非常性感的姑娘。特雷弗特别喜欢她，想让她出演在剧情中被可怕的“隐形魔爪”麦卡维蒂，也就是艾略特版的莫里亚蒂教授[1]的催眠魔法所摆布的小猫之一。莎伦告诉我们她很荣幸能获得一个角色，不过谢谢你们，对不起了，她要去演《得克萨斯州最棒的小妓院》了。我被委派去路上拦住她并说服她。我嘟嘟囔囔地说着《那些世上的猫》能如何扭转英国音 330
乐剧界的局面，可没有什么用，因为她是个澳大利亚公民，于是我夸张地说加入我们的剧组可以改变她的人生。她加入了，五年后她就成了特雷弗·努恩夫人。特雷弗、约翰·纳皮尔，还有我，后来都娶了“猫女郎”——会不会有些姑娘其实是在面试我们？

第二天午餐时刻，我们还有好些角色要填补。不过我们已经找到一些很不错的天才来巩固我们的头条新闻标题了，比如长腿轻盈的歌手兼舞蹈演员洁拉尔丁·加德纳来演麦卡维蒂女郎，还有前童星和水

① 《福尔摩斯探案集》中的反面角色，是福尔摩斯的死敌，犯罪天才。

平高超的多面手邦妮·兰福德出演兰贝蒂泽。邦妮曾在百老汇《玫瑰舞后》里出演小琼恩而一举成名，她还演过音乐剧《乱世佳人》里的小女孩。对后一部戏，诺埃尔·科沃德曾评价说，“应该砍掉整个第二幕，还有那个小孩子的喉咙。”极其片面。邦妮真的是顶级音乐剧专业人才。一同加入剧组的还有曾在伦敦版《耶稣基督万世巨星》里出演彼拉特，被吉莉安起了个外号叫“宽腿”的杰夫·山克利，还有超级风趣的角色女演员麦拉·桑兹和苏·简·坦纳，一位能通过表演讲故事的舞蹈女演员，特雷弗想让她出演杰利罗伦——剧院猫格斯的朋友。我们还录取了肯·维尔斯，一个如假包换的吉莉安在芭蕾领域的死党，舞跳得很棒，也基本能唱两句。还有一个相当吸引眼球的黑人小伙儿，叫唐纳德·沃，我当时觉得他前途无可限量。

最后一批被我们确定的是出演蒙哥杰利的约翰·索顿，曾在《耶稣基督万世巨星》里出演犹大的斯蒂芬·泰特则出演格罗泰格和剧院猫格斯两个角色，还有当时没有人能确定具体角色的莎拉·布莱曼。我现在还保留着在莎拉选拔时写的评语，她的扮相和舞姿着实让我折服，之后过了整整两年，我才注意到她其实是个多么优秀的歌手。

那天接下来就没有候选演员需要面试了，特雷弗吵吵着要吃午饭，全然无视卡梅隆在一旁嘲讽地说，看他的肚腩尺寸，就明白皇家莎士比亚剧院的财政危机是怎么来的了。他还抛出一枚重磅炸弹，说《那
331 些世上的猫》缺一个情感上的核心。他强烈要求加一首新歌给我们的戏定调，而且必须由葛丽泽贝拉演唱。他觉得歌词的内涵应该可以在艾略特的作品里找到，只不过圣诞节一过完，我就得拿出一段像《阿根廷别为我哭泣》这样能给全剧点睛的旋律来，不要有压力哦！

一片沉寂，然后所有人一下子七嘴八舌地讲了起来。我把特雷弗拽到排练厅墙角的三角钢琴旁边，试探着给他弹了那段我老爸觉得价

值千金的旋律。曲子弹完后，特雷弗转了转眼珠，然后把所有人都叫过来，围拢在一起。他轻声咳嗽了一下，我那时候已经发现，他凡是宣布一些重大事件之前总会有这样的动作。

“接下来安德鲁要弹一首曲子。我请大家都记住你这辈子第一次听到这段旋律的日期、时间，以及地点。”

等我演奏完毕，并且再弹了两次以后，任何担心这部戏会成为一部普契尼/列昂卡瓦洛风格的小歌剧的疑虑，都只是一段回忆而已了。

29 格罗泰格的最后一战

332 在《猫》的小打小闹的间歇，我也没忘了玛蒂·韦布。英国广播公司电视台根据她的新专辑给她拍了一部电视专题片，专辑叫《就在这里》，是我跟唐·布莱克合作创作的一首歌曲的名字。这是一首晚会类型的歌曲，唱的就是那些头条明星们龇牙咧嘴地高声宣扬他们已经抵达人生巅峰，再无所求。这也算是一首不太差劲的“今晚的观众好可爱啊，谢谢大家，上帝保佑你们”类型的歌曲①，只是我的编曲创造力没有发挥到极致。尽管电视专题片又重放了一遍，那张专辑却没能再现《星期天再说》的辉煌。

在接踵而至的新年里，我的任务就是赶紧给那段特雷弗大肆吹捧的旋律配上歌词。我给唐·布莱克解释了我们那只落魄的魅力猫的传奇故事，他也跟特雷弗碰过头了，耐心地听完了他对艾略特的转世重生的核心信念的分析。很快我们就看到了这样的歌词：

> 欢乐，只能在回忆中寻觅
> 仿佛旧时的歌曲
> 难再继续唱响
>
> *Good times only live in the memory*

---

① 指晚会上的终场歌曲。

Like a tune from the old days
But the words don't belong.

不太合适。然后我们又看到：

欢乐，永远都值得期待
在那遥远的天际
九重天边之外
你自由自在，解放全部身心去相信 333
那份欢乐，会到来

Good times, don't despair of the good times
At the end of the journey
To the heaviside layer.
It will be your time, and all you have to do is believe
And the good times will be there.

格莱美最佳歌曲奖可看不上这样的歌词。

由于手头没有可以用的歌词，我就给宝丽多的托尼·莫里斯弹了一下那段旋律，他当时已经勉为其难地同意给《那些世上的猫》的卡司专辑提供资金了。我建议他先拿这首曲子发一张器乐版单曲。托尼跟美国音乐集团唱片公司的罗伊·费瑟斯通可不一样，他是个职业化经理人，卖小五金工具和卖唱片对他来说是没有区别的。不过我本以为托尼对这首曲子的反响会跟大家一样积极，可我弹完后，他的表情悲哀得让我觉得他马上就要去主持葬礼了，给这张专辑提供资金就更别提了。他告诉我，公司对《那些世上的猫》的小样评价极低，更别说剧本了。只是因为《星期天再说》的成功，促使他们愿意为卡司专辑出一点钱而已。如果我真的想要录制这首曲子，他觉得他不得不负责发行工作，但录制的费用得由我自己来出。

我回到家以后，给他写了封情绪激动的信，信中提到我为了这部戏已经把全部家产拿来冒险，还提到我的《变奏曲》乐器版专辑拿到了双料金唱片销量，而且我相信如今这段旋律一定是我有史以来创作过的最具商业价值的作品。可还是没戏。绝望之中，我给罗伊·费瑟斯通打了个电话。也许是看在往日情分上，反正他高高兴兴地给这张专辑掏了钱包，并且建议像《变奏曲》那样，以我的名义发行。他想知道我们是不是有可能把《变奏曲》的乐队重新拉起来，由盖瑞·摩尔担任主音吉他。

其实除了盖瑞·摩尔和唐·艾瑞以外，其他人都参与了《那些世上的猫》，只是盖瑞当时已经加入瘦个子林奇乐队，成了明星。不过不问就不知道，所以我还是设法找到盖瑞本人，结果他万分乐意参加。于是《回忆》这首歌的首次亮相，就是由重金属大神之一演奏的一个
334 优雅抒情的吉他版本。就像托尼·莫里斯预测的那样，这支单曲本身没起到什么作用。可没多久，这首曲子还是带来了非凡的回报。

当歌词危机依然让人寝食不安时，约翰·纳皮尔、特雷弗、卡梅隆和我就舞台设计开了好几次交锋激烈的会议。特雷弗想要把整支乐队藏起来，他的道理没错。要是看得见乐队，那么你在看到化装成猫的演员的同时，就还会被演奏员带出戏。特雷弗激烈地争辩说这会彻底毁了这部戏的梦幻感。我担心的是这么做会把乐队的声音闷住了。《耶稣基督万世巨星》在纽约的往事还让我心生恐惧，此外，我也害怕观众会误以为我们的音乐是预录好的伴奏带。

艾伯·雅各布自告奋勇来做音效设计，基于“好歹我们知道他有

多烂”的原则，卡梅隆和我还是给了他这份工作。特雷弗在乐队位置的争论中获胜了，于是乐队被挪到了一条通道下方的空间里，就在那个真实尺寸三倍大的垃圾场舞台的背后。与此同时，投资到位的速度依然杯水车薪。在那一个月里，我大概把那首曲子弹了五六遍。某个下午，布莱恩安排我演奏给一个来自华纳兄弟公司的大佬听。等我弹完，那家伙用一口美国西海岸的拖腔慢条斯理地说，“这部戏的问题就是全世界有一半的人都讨厌猫。”我学了一次埃尔顿发脾气的样子，猛地盖上了钢琴盖。“说得太对了！”我喊道，“所以只要全世界那另一半给我当观众就足够了。”布莱恩看起来吓坏了。在我送那个蠢货出门时，他嘴里嘟嘟囔囔地说：“诗歌又变不出钱。”我则借用了罗伯特·格雷夫斯的一句话：“钱也变不出诗歌。”

不过从这个白痴的反应也看得出来，这部戏准备不充分到了什么地步。卡梅隆和我不停地推迟宣布开演日期，可是到了 2 月初，剧院的股东们不想再等了。然后，在我们的新闻发布会推出前两天，特雷弗拉响了一枚炸弹，从无论哪个标准来说，都足以把整个项目给停掉。他给我写了一封四页纸的信，打字打得很密（对他来说这样信就显得短一些），甚至都没有抄送卡梅隆。信的结尾处写道：

> 我觉得我们正面对一个无法逃避的现实问题。我们必须把文 335
> 学工作交给一个足够专业，也有足够时间和精力的人，好获得优秀成果。我已经说过好几次，我觉得让我来对文学工作指手画脚只能是滥竽充数，而且用艾略特的话来说，时间不等人，我们现在迫在眉睫地需要找一个人来着手做这件事情了，肯定不是我……我觉得已经到了必须要走出这一步的时刻了。

我吓坏了。在圣诞节前的几周，卡梅隆和我一直因为没有一个可用的剧本而发慌，尽管我们很担心，可我们还是以为特雷弗取得了一些进展。我刚刚签下了 20 万英镑的剧院保证金。离开始排练也没几天工夫了，特雷弗突然在这最后一刻提议让我们去找一个“具有我所不具备的才智的”一流的文学人才，来改写 T.S.艾略特的作品，并且要能通得过瓦莱丽的考核。这么短的时间里，这世上有谁既能满足档期，还能达到这个要求？布莱恩·布罗利跟我又一次认真地讨论是不是要终止这部戏。那样的话我依然要承受巨大的经济负担，但至少剧院保证金可以不用支付了，我的房子也能保住。

我们还是继续努力向前推进。我们的宣传专员是以简明扼要出了名的彼得·汤普森。要是彼得对自己宣传的一部戏不满意的话，他会在首演之夜站在剧院前厅，跟路过的剧评人轻声地说“这戏很烂”。他宣布预演将于 4 月 23 日，星期三（他习以为常地搞错了日期，星期三应该是 22 日）开始，首演则定在 4 月 30 日，星期四。2 月 16 日开始售票，票价分别为 3.75 英镑、5.50 英镑、7 英镑和 9.50 英镑。我们这部戏现在就简简单单地被叫作《猫》了。

这个新的剧名是在一堆关于海报的会议中应运而生的。卡梅隆找了新兴的戏剧广告代理公司德文特，是“疯狂少将”罗伯特·德文特
336 开的。他是个穿戴得体的高个子帅哥，总是叼着一支带烟嘴的香烟，而且只要醒着，就无时无刻试图照着他给自己设定的角色特征举手投足。他手下负责市场创意的人是安东尼·派-杰瑞，我跟罗伯特·史迪格伍德一起混的时候的老相识。

创意设计师是罗斯·艾格林，凡是提到二十世纪八十年代的大型英国音乐剧就不可避免会联想到他设计的那些标志性的形象。一大堆设计独特的画面方案被展示在创作团队面前，可惜，我们对于出现在海报上的猫应该长什么模样都各有想法。经过一个月的犹豫不决后，

安东尼觉得受够了，说再过一个星期定会拿出一个从全新的角度出发的构思来。到了那天，我们都被召集到卡梅隆在财富剧院楼上的办公室，爬了四段楼梯，第一次见到了那张在整个戏剧广告历史上颇具颠覆意义的海报。在深黑色的背景上，两只黄色的，以舞蹈演员的人类身形构成瞳孔的猫的眼睛。下方则直接是“那些世上的猫”这几个字，没有演员表，除了底部用小号字体写着的剧院名字以外再无他物。我们都被彻底征服了，真正体会到了什么叫“看对眼了”。

可是有些地方不对劲，剧名把整个画面给毁了。在无数次把这张海报转过来、调过去之后，特雷弗干脆把“那些世上的”几个字拿走了。罗斯盯着剩下的画面看了大概三十秒钟，然后把“猫”字挪到了对于一只真猫来说，猫嘴所在的位置上，跟那两只具有催眠魔力的眼珠子正好配上。

通关了，我们终于搞定了这部戏的剧名和海报。几个月之内，这幅画面将出现在全世界第二畅销的 T 恤衫上，销量仅次于滚石餐厅的那件。

不过在 3 月 9 日，也就是排练的第一天，可没人能想到这个结局。那天所有人都集中到了一座位于西伦敦奇西克的明亮的现代风格教堂大厅里，这是一处去往希思罗机场必然经过的城乡接合部，也是之后数周里让我魂牵梦绕的所在。全场弥漫着一种常见的假模假式的友好气氛，掩盖着那些互不相识的演员们在一部音乐剧新作排练的第一天，337
心中独有的恐惧、紧张的期待以及“我究竟来这里干什么?”的疑惑交织在一起的感觉。

也别指望有人能跟他们讲明白。特雷弗让大家围成一圈坐下，做完自我介绍后，他讲了几个钟头的 T.S.艾略特。接下来的安排是音乐总监克里斯·沃克把全部谱子——或者更确切点说，是我们已经捣鼓出来的那些弹一遍。我的任务就是给他救急，同时让大家明确地意识到这一切实际上多么具有开创性意义。克里斯是卡梅隆选的，他之前给好几部卡梅隆的复排版制作担任过音乐总监，比如《窈窕淑女》。

一开始还好好的。序曲里的相当大一部分都弹出来了，我还捣糨糊地掩盖了开场曲《猫的命名》完全不存在歌词以及编排这个状况。演员们看似领会到我将整首诗的音乐设定为催眠风格的用意——或许他们只是用呆滞的表情掩盖内心的怀疑罢了——所以一切看起来还好。接下来是《甘比猫》，克里斯弹得越来越慢，《若腾塔格》这段勉勉强强，反正保罗·尼古拉斯已经在塞德蒙顿那里很熟悉这部分了，可《蒙哥杰利和兰贝蒂泽》这首就彻底卡死了。面如土灰的克里斯倒在钢琴键盘上，说他再也弹不动了。我接手过来，尽我所能把谱子都弹完了。午餐前，卡梅隆告诉我可怜的克里斯觉得他坚持不下去了，已经辞职了。这下不光文学编剧，我们连音乐总监都没了。

万幸吉莉安准备了足够让舞蹈演员们学上几十年的舞蹈编排，而且大部分的舞蹈音乐都已经创作完成。我估计这样能撑过去几天，可接下来即使只是给演员们教歌，我们也不得不搞定一个音乐总监。那天午餐期间，我给哈利·拉宾诺威茨打电话，希望听到些建议。哈利不是在音乐剧领域混的，他主攻电影领域，而且在该领域被广泛誉为
338 全英国最能解决问题的指挥，不过他在《星期天再说》的电视版特别节目里的表现也挺出色，跟我那些忠心耿耿的，答应来参与《猫》开场演出的关键乐手们也非常合得来。我跟哈利交了底，老老实实告诉他现在是什么状况，我们还没有一个可以用的剧情，我们还没有文学编剧，瓦莱丽·艾略特很可能会拒绝换人，不过我也告诉他我对《猫》能成为一部令人惊喜之作拥有完全不会动摇的信心，然后问哈利可不可以推荐一个人，在卡梅隆和我寻觅到一个稳定的音乐总监期间先帮我们渡过难关。

出乎意料的是哈利说《猫》听起来挺好玩的，以至于他愿意从一部重要的影片制作中抽身，亲自接手音乐总监的工作。我一下子说不出话了。我做梦也没想过去试探哈利有没有意向参与一部西区演出。不过，在这第一天结束之际，我的谱子终于可以托付给最值得信赖的音乐大师的双手了。而神奇的是，当晚我们还搞定了文学编剧。

在拉响那枚炸弹之前，特雷弗和我在 1 月底、2 月初的时候，花了很多时间讨论诗集的结构和顺序，并在基本故事线上达成了共识。这里给大家看一下在 1981 年 3 月 9 日时的剧情简述：

每年到了这一夜，杰里科猫的领袖老戒律伯就要选出一只猫，获得杰里科新生。不幸的是，被称为“隐形魔爪”的邪恶的神秘猫麦卡维蒂出现，扰乱了整个仪式，他试图让自己成为获选的那只猫。最后一切回到正轨，而葛丽泽贝拉，一只曾被大家拒之门外的猫，通过一大段歌词还不知道在哪儿的唱段，重获众猫接受，升入了“海氏层”，然后老戒律伯用艾略特那首关于要对猫有足够了解才能跟它“打好交道”的诗来给全剧结尾。说句公道话，特雷弗当时还提议用艾略特的《风夜狂想曲》中的叙事段落，作为葛丽泽贝拉的内心呐喊曲的歌词。①

> 我经过的每盏街灯
> 像一面决定命运的鼓在敲响，
> 而通过那些黑洞洞的空间 339
> 午夜在摇撼记忆中过去的一切
> 像一个疯子摇撼一株死了的天竺葵。
>
> 一点半，

① 本书中该诗译文采用赵萝蕤女士 1937 年的翻译版本。

街灯在飞溅唾沫，
街灯在喃喃说话，
街灯说，“瞧那女人
她在借门洞的光犹疑着朝你走去
门开时像是对她咧嘴一笑。
你能看见她衣裙的边
是撕破了的而且被沙子玷污，
你看她的眼角
拧得像只歪曲的别针。”

Every street lamp that I pass
Beats like a fatalistic drum,
And through the spaces of the dark
Midnight shakes the memory
As a madman shakes a dead geranium.

Half past one,
The street lamp sputtered,
The street lamp muttered,
The street lamp said "Regard that woman
Who hesitates towards you in the light of the door
Which opens on her like a grin.
You see the border of her dress
Is torn and stained with sand,
And you see the corner of her eye
Twists like a crooked pin."

后面还有：

街灯说，
“瞧那猫在阴沟里趴伏着……

The street lamp said,
“Remark the cat which flattens itself in the gutter ...

这首诗不仅给后来创作的《回忆》提供了歌词的核心内容，还给了我们的葛丽泽贝拉一个生平故事，并为整部戏提供了感情基调。只要把“女人”改为“猫”，我们就有了这只落魄的魅力猫的开头几句歌词。这首诗的最后一段虽然没有被用在剧中，不过却很好地将《猫》这部戏的中心思想囊括其中：

灯说，
“四点钟，
这里是门上的门牌。
回忆！
你掌握钥匙，
那盏小小的灯在楼梯上留下一个环形。 340
登楼。
床是铺好的；牙刷挂在墙上，
把鞋脱在门口，睡吧，做好一辈子的准备。”
利刃的最后转动。

The lamp said,

"Four o'clock,
Here is the number on the door.
Memory!
You have the key,
The little lamp spreads a ring on the stair,
Mount.
The bed is open; the tooth-brush hangs on the wall,
Put your shoes at the door, sleep, prepare for life."
The last twist of the knife.

特雷弗还挖掘出了另一段他强烈认为可以加强全剧感情基调的艾略特的文字。这段文字是从《萨尔维杰斯岩礁》这篇里找到的，也是艾略特的主流作品中，诸多谈论关于回忆以及往昔岁月对我们的必要性的文字之一。以下是特雷弗改编过，我打算在第二幕开场时让老戒律伯演唱的文字：①

幸福的刹那……
我们只记住了体验却忘却了含义
而追寻含义又可重现那些体验
唯形式会转变，并不受我们
赋予幸福之含义所限。
由含义恢复的过往的体验
亦不受生命一代之限制
而是流传数代

① 《萨尔维杰斯岩礁》标题及诗文为本书译者翻译。

那些难以言表之事自然永难忘怀

The moments of happiness ...
We had the experience but missed the meaning
And to approach the meaning restores the experience
In a different form, beyond any meaning
We can assign to happiness.
The past experience revived in the meaning
Is not the experience of one life only
But of many generations
Not forgetting something that is probably quite ineffable.

特雷弗对"难以言表"这个词印象深刻，因为在《猫的命名》这首诗结尾时，艾略特又用这个词玩了些花样：

当你发现一只猫在沉思
要我说这原因始终如一
他一直都在忙着严肃地思考
思考着，思考着，思考着他的名字
他那个难以言表却就在嘴边
可还是无法仔细描述
深邃莫测而又唯一的名字①

When you notice a cat in profound meditation

① 这段诗句翻译参考了中文版《猫》的演出歌词，根据诗句特点略有调整。

The reason, I tell you, is always the same;
His mind is engaged in a rapt contemplation
Of the thought, of the thought, of the thought of his name;
His ineffable effable
Effanineffable
Deep and inscrutable singular Name.

341 可上面提到的这些，都还没写进排练的剧本之中。在排练的第一天，我们在找到一个文学编剧这件事情上，与特雷弗拉响炸弹那一刻相比，并没有取得多少进展。如果不是在之前那个周末命运横插一杠，我们都撑不到排练的第二天。在开始排练前的那个星期六晚上，我被安排上镜参加《帕金森秀》。其实我极其希望能推迟这个安排，因为我觉得当时没有什么板上钉钉的事情可以拿出来说。谢天谢地，我最后还是去了。

《帕金森秀》是一档每星期六晚上在英国本土播出的节目，一般在播出日当天下午预先录制。而这一次不同寻常的是有两期节目连续录制，我排在第二期。第一期节目中有一位嘉宾是理查德·斯蒂尔格。理查德因为在英国广播公司电视台的《生命之声》节目中的表现，在本土出了名。他坐在一台钢琴旁（他也是个一流水平的演奏家，厉害!），根据演播厅观众提出的任意话题，当场写出歌词来。他的作品总是风趣诙谐，还极其合辙押韵。在《帕金森秀》里，他也当着我的面再现了这一切。

我这辈子大概再没有这么快地飞奔去后台休息室过。他会不会就是我们的《猫》的救星呢？理查德心动了，他答应去一趟奇维克，跟特雷弗、卡梅隆和我在排练的第一天见个面。在冗长地解释了我们的需求是什么之后，特雷弗把他的“笔记”都交给了理查德——卡梅隆和我都注意到没有包含他对那首大歌的构思。第二天晚上我们就从理查德那里得到了一堆歌词，是写给我们的开场歌曲《杰里科猫之歌》的。特雷弗瞅了半天，提出了一些细调的意见，还结合了一些他自己的“笔记”内容，不过在第三天结束之际，我们终于有了一首开场曲。

我认为这个小小的胜利时刻，也是激发特雷弗创作葛丽泽贝拉那首歌的好时机。对瓦莱丽来说，改编如《风夜狂想曲》这样一首艾略特的著名诗作，必定是高度敏感的事情，所以这份工作必须由一个她完全欣赏的人来完成。特雷弗之前说过他不敢再“瞎摆弄艾略特的作品”了，所以那天下午，卡梅隆和我把当前的遇到的问题迂回曲折地 342
谈了一通，都归结到同一个结论，那就是有必要问问蒂姆·莱斯愿不愿意试一下。特雷弗琢磨了很长一段时间，长得即使按照他的标准来说也挺过分的。最终他说想有机会自己试着来改编这首诗，要是我们不满意他的作品，再去找蒂姆。这么说还算讲道理，毕竟是他首先发掘出这首诗的。不过如今回望过去，我相当确信特雷弗已经打定主意，这首诗的改编者非他自己莫属。

到了排练的第三周，某天吉莉安极力鼓动卡梅隆和我去伦敦南岸的科特斯洛剧院，欣赏那天傍晚由她丈夫彼得·兰德献声的寇特·威尔作品演唱会。奇维克离那里颇有几公里远，可要是我们在排练结束后努力一下，应该能刚好赶上开场。吉莉安只有一辆双人座小跑车，卡梅隆主动提出自己想办法过去，于是我就被请上了高危的副驾驶座。这辈子让我感到恐惧的乘车经历，除了由罗温·艾金森当司机，奇里·特·卡娜娃陪坐的法拉利那次以外，就是这次了。吉莉安走了条全伦敦也没几个人敢走的路线，开得像个恶魔，所以当我们的车尖叫着停在科特斯洛剧院后台门外时，我已经无法完全保持镇定了。卡梅隆连影子都见不着，于是我们就不管他，先进场了。

一开始都挺不错的，彼得的开场介绍做得很好。问题在于观众里有不少女学生。我当然不会每晚都去听威尔的歌曲音乐会，不过哪怕是他的忠实追随者也会同意，聆听他的作品，对于坐立不安的青春期少女的确是有点要求太高了。

彼得唱了首对他来说音域过高的曲目，当时剧场里的气氛，用最客气的词汇来描述，就是尴尬。在吉莉安转头跟我说彼得敢于如此挑
战自己真棒之际，我听见从剧院观众席最后方传来一声高音调的偷笑。
343 我认得那笑声，那声音再熟悉不过了。很不幸的是，这个笑声引发了
共鸣，于是一波一波的年轻女生的傻笑在整座剧院里荡漾开了。而我，则一如既往，紧张地打起了嗝。最后，我很自然地领头起立鼓掌，发誓要掐死那个引发这波对威尔的音乐大不敬的祸首。

在出口的过道处，卡梅隆站在那里，浑身闪耀着天使般的光芒，就像一个准备开口吟唱《在大卫王之城的那一日》①的唱诗班小童那样散发着纯真气息。

“太精彩了，亲爱的吉莉安，绝对精彩，彼得简直完美无瑕，走，咱们去喝几杯吧。”

“你个混蛋。”在我们去后台的路上，我轻声地对他说。

显然，声称整个排练过程是一个所有人都全心投入，明确知道自己正在改变戏剧历史的进程，也太歪曲事实了。不过还是要说，奇维克这边，大家也没有搞得一地鸡毛，至少大部分时间没有。当然，这里依然持续存在着一股权力斗争的暗流，就在下定决心要把《猫》搞成一部全英国前所未有的舞蹈音乐剧的吉莉安，和同样下定决心要把住导演大权，并且以 T.S.艾略特为作品中心主干的特雷弗之间。

---

① 赞美诗。

卡梅隆和特雷弗之间的关系也很微妙。在皇家莎士比亚剧院管事儿十二年有余的特雷弗，已经习惯了自己当自己的领导，好几次显然他是尽可能地对卡梅隆忍让。给卡梅隆的《傻里傻气》当过导演的吉莉安也是很在意势力划分的。这种权力斗争意味着舞蹈演员的排练常常是在封闭的空间进行，结果导致特雷弗无所事事，而卡梅隆又因此总觉得他不在现场。

公平地讲，这么多舞蹈，这点排练时间对吉莉安是远远不够的。可是在我们要搬进新伦敦剧院之前的那个星期五，也就是首场预演十二天之前，我给特雷弗和吉莉安写了封信，说我和“我仓促组建的音乐团队觉得这部戏的大部分舞蹈让人没法演唱”，以及为了贴合舞蹈节 344
奏，音乐已经被随心所欲地大肆修改了。我对我被刻意排除在联排工作之外感到担忧，也担心这部戏会在“英国音乐剧界的指责声浪”中彻底失败。我恳求道，“整个团队要拧成一股绳……在文本、细节处理和音乐上的主要工作要抓紧时间完成，也就是说舞台表演设计工作必须要完成了。”

为了确保内容不外传，这封信是我亲手打的。没有收到任何回复，极有可能是因为一场非常严重的危机盖过了其他事情。朱迪·丹奇在排练《甘比猫》时严重摔伤，被送去了医院。诊断说她跟腱断裂。她能否返回剧组还很难说，即使回来，也只能演葛丽泽贝拉，跳舞是绝对没戏了。这下大家真的拧成一股绳了。特雷弗觉得他能搞定这个事情——麦拉·桑兹来演甘比猫。有鉴于此，特雷弗让演员们一人饰演多角的计划就破产了。没有改变的只有布莱恩·布莱斯德同时出演巴斯托弗·琼斯和老戒律伯，以及斯蒂芬·泰特同时出演格斯和格罗泰格。

卡梅隆不得不做个极度困难的抉择。要是我们推迟预演，大家都会认为这部戏遇到了天大的麻烦。坊间已有传言说朱迪是故意摔倒，好早点跳下这艘必沉无疑的船。一个折中方案被草草达成，我们将会继续按期举行预演，可是首演日程被调回至 5 月 11 日，那样的话朱迪可以在预演过程中慢慢恢复，回到剧组。

在这个谁也不想留下回忆的星期终了时，哈利·拉宾诺威茨和我开始了第一次乐队排练。我跟大卫·库伦分担了大量的编曲工作，也就此开始了一段长达三十多年，经历了起起伏伏的合作关系。哈利真可谓中流砥柱。我们跟我那支完全值得信赖的乐队进展飞速，甚至能
345 在新伦敦剧院开始技术排练之际，先给剧组专辑录制一些器乐段落。我们拿出了打闪电战的劲头。

我一向认为技术合成的时候，创作人员就该去休个假，而且要让谁都联系不上。卡梅隆和我是合作制作人，所以我们俩没可能一起找棵榕树躲着乘凉。我不能替卡梅隆表态，不过 1981 年 4 月 16 日星期三之后的这一周，就算我能像杰里科猫一样获得重生，也不想再经历一番了。

这个星期以我给蒂姆·莱斯打电话开始。特雷弗还是没有拿出完整的葛丽泽贝拉那首歌的歌词——可怜的伙计已经忙得不可开交了——所以卡梅隆和我觉得，再等他交货的话黄花菜都凉了。蒂姆问我等着歌词的是不是“电台里播放的那首美妙的曲子”。我的器乐版单曲显然达到了第一步效果。我给他看了特雷弗的“笔记”，觉得这样可以节省点时间。到了星期五，蒂姆已经完成了初稿。卡梅隆和我都同意至少我们有了些东西可以搞起来了，不过我们还是想等特雷弗先认可了再把歌词填进谱子里。

朱迪终于出院了。那天上午，她跟特雷弗和我为英国广播公司电台节目《下午一点世界新闻》录制了一次访谈，其间她勇敢地声明尽管她还拄着拐杖，她依然愿意当晚就回到新伦敦剧院参加排练。实际

上，当时的计划就是让她去舞台上走一圈，评估一下她能在演出中具体参与到什么程度。大家的心情都极度紧张，所以卡梅隆和我觉得最好把歌词的事情留到第二天再说。

朱迪到剧院的时候，特雷弗和我正在观众席里交流排练笔记。新来的剧院经理尼克·阿洛特（很快他就当上了卡梅隆的二把手直至今日）护送朱迪走进剧院。这天是他上任的第一天，而且他至今还记得清清楚楚为什么他当时以为这也是他这份工作的最后一天。就在他搀着朱迪从观众席沿着左侧斜坡走上舞台的时候，朱迪在众目睽睽之下 346
重重地摔倒在地。我再也没见过特雷弗做事如此果断。朱迪吓得够呛，好在伤势没有加重。不过，特雷弗毅然决然地当众宣布她跟这部戏彻底告别了。风险太高，无法承受。那天晚上卡梅隆和我无话可说，只能听之任之。我们知道，首场公演泡汤的风险一分钟一分钟地在提高，更别提首场预演了。

我记得我铁青着脸开车拉着卡梅隆回我的公寓。当时的状况是，一半的投资还不知下落，现在连女主演都没有了。当我们开到海德公园拐角的时候，他搭着我的手说："安德鲁，不应该让你一人承受这一切。"我被他的话感动得不行。不过这也让我意识到一个无法逃避的事实，要是《猫》完蛋了，我也完蛋了，而且卡梅隆根本没有资金可以助我一臂之力。

我不记得到底是卡梅隆还是我最先想到伊莲·佩吉的了，我宁愿相信我们俩各自都想到了她。不过我记得我之前在哪里看到，说她当时正在"休整"。于是星期四一早，我们就商量好，由卡梅隆打电话给她，问问她是不是肯帮我们一把，来演个几场，而且说不定就是这部戏的全部场次。伊莲的说法是，她已经在电台二套节目里听到盖瑞·摩尔演奏的《回忆》单曲了，而且觉得这段旋律就是命中注定给她来唱的。就在卡梅隆打电话过来的时候，一只猫跳到她的窗台上。反正那天晚上在考文特花园的一家葡萄酒酒馆里，我对伊莲使出了我最强的说服能力，解释了这首曲子的来龙去脉——特雷弗是怎么找到一首他认为应该作为歌词来源基础的艾略特的诗，然后我又怎么把他的“笔记”给蒂姆看了，所以他现在也参与了歌词创作。我还告诉了她我们在这部戏里进行的尝试，总之全盘托出。伊莲说要是让她唱在电台里听到的那首曲子的话，她就加入。这首曲子果然价值千金。

347 可我并不知道当时伊莲又跟蒂姆轰轰烈烈地藕断丝连上了。

耶稣受难日这天，伦敦全城萧瑟空荡。当天傍晚安排了一场带妆彩排。吉莉安到了下午，被杰里科舞会的造型设计搞崩溃了。约翰·纳皮尔设计了一些非同寻常的造型，算是这些猫为了庆祝这场活动而自己制作的。母猫们穿的精致服装，就是做成了原物三倍大小的废弃的圣诞饼干盒的样子，反正服装都被设计成了各种超尺寸的垃圾，要我们筋疲力尽的演员来穿戴。所有这些设计都令人叹为观止，制作成本接近 4.5 万英镑（相当于如今的 20.97 万英镑），是总预算的 10%，约翰也觉得这是他设计最精良的一次。可惜穿着这些服装完全没法跳舞。吉莉安说要是硬逼着演员们穿，她就辞职，并且带走所有的舞蹈团队。卡梅隆也不得不认可吉莉安的观点，这些服装都得退货，这让约翰暴跳如雷。他把这堆服装收拢后，全部扔进了剧院外的污水管道里，它们之后就不知所踪了。

带妆彩排在一片阴暗忧郁的气氛中进行。大卫·赫西几乎没时间做灯光设计，于是很快被卡梅隆起了个外号叫“黑暗王子”。同样，艾伯·雅各布也根本没时间来做音效设计，结果就是每唱三个词，你能听见一个已经算中奖了。所有的葛丽泽贝拉的段落都跳过了，可是到了晚上十点，我们只完成了第一幕的三分之二。接着到了《京巴狗大战伯里克狗》这段。这里就出事了。我们的“猫”穿着硬纸板盒的脚套扮成狗的样子，场面混乱到让卡梅隆和我联想到英国业余戏剧演出中最差的表现。我们铁定会成为伦敦城的笑柄。卡梅隆和我一致同意，《猫》不能再排下去了。

我们打算等当晚带妆彩排结束后跟特雷弗说，然后第二天开始排 348
练时再向全体演职人员宣布。我们叫住了他，一起走过空旷的考文特花园。耶稣受难日当晚唯一还开着的就是乔·艾伦餐厅，可也是几乎空无一人，平日里笑嘻嘻的服务员看到我们进来是不是乐开了花我倒是不清楚。卡梅隆先开了口，他说我们仔细斟酌了良久，只是看到的内容实在不适合搬上台表演，团队里有太多步调不一致的地方，太多的不愉快氛围，朱迪的意外也带来太多不确定因素，我们打算终止这个项目。我也极力地点着头。

特雷弗翻了个白眼，朝天看了看，然后冷静地列出第二天的排练计划，以及他需要卡梅隆在午饭前安排好的事项。这次谈话就这么结束了。

星期六晚上我开车回塞德蒙顿的家。莎拉都没跟我打听事情进展如何。我吃了颗安眠药，然后隐约记得她亲了我，跟我道晚安。我一直睡到星期天午饭时间。那天下午我出去走了一圈，碰到了我的隔壁邻居安东尼·蒙太古。安东尼经营着艾宾沃斯证券公司，是一家相当成功的投资公司。星期天的时候，朱迪·丹奇的事情已经众所周知，所以他问我一切进展怎么样了。我把实情都告诉他了，不过补充说伊莲·佩姬已经接替朱迪的角色，而且剧中有一首歌曲的品质，是我愿意用我的职业声誉来担保的。他问我他能不能在下午茶时间过后，来我这边听一下这首歌。到了下个星期二，我就去银行兑现了一张 5 万英镑的支票（相当于今天的 23.3 万英镑）。

到了星期三，我们还没有把这部苟延残喘的戏排完全场。星期一晚上，伊莲拿着蒂姆的歌词过了一下《回忆》这首歌。当时已经振作了一些的卡梅隆，轻声跟我说这就意味着特雷弗的版权费就此泡汤了。可是特雷弗另有主意。在他看来，蒂姆的歌词结尾没有昭示对生命希望的信心，而是忧郁地游走在自杀的边缘。歌词结尾是“当我离去，只留下我昔日的身影，愿我的回忆，永远睡去”。这显然不是特雷弗希望我们的戏传递出来的理念。特雷弗声称他的进度已经没有回旋余地，
349 摆明了无意对蒂姆的歌词进行讨论，或者再给他一次重写的机会。卡梅隆和我也没有其他选择，只能让步。反正当时来看，我们能不能撑到星期三也是个未知数。

伊莲在星期二的带妆彩排里，攥着一张糅合了由特雷弗拼凑的莱斯/艾略特/努恩混合版歌词，把《回忆》试了一遍。已经没有时间来排她在第一幕的亮相了，而且她也情有可原地拒绝再学任何新的东西。因此大家同意《回忆》就照带妆彩排的样子这么演了。在星期二的最后一次全场排练里，《格罗泰格的最后一战》的表现还是少提为妙。

卡梅隆和我开始对第一场预演倒计时了，就像我们即将步入刑场一样。我尽我所能进行了一次音响调试。至少我们的乐队，在哈利·拉宾诺威茨的热情激荡下，以及乔恩·希瑟曼、罗德·阿金特等几位的烘托下，表现非常不错，尽管没有观众会看得到他们。约翰·纳皮尔已经冷静了下来，对他设计的布景在转台上的移动表现也感到很高兴，的确从未有人在剧院里目睹过这样的效果。在观众席中间位置的观众，入场时会发现这些理应是最佳的座位，却正对着布景的背面。他们没想到，在序曲过程中，整个布景和舞台，还有所有坐在上面的人，会趁着暗场转过来，当灯光亮起时，这里就变成了一座古典的希腊式剧场。我们那句神秘的广告词“迟到观众将无法在观众席变幻期间入场”可不是凭空炒作的。不过卡梅隆和我都明白，这股新鲜劲儿维持不了多久。毕竟散场时，没有观众能把布景当口哨吹。

30 连体袜、保暖护膝和剁肉刀

星期三到了，第一场预演就在眼前。我努力回想薇姨，以及在拉 350
莫托拉村的欢乐时光。在熬过白天这段时间之际，我和卡梅隆在新伦敦剧院街角处的，一个叫“桑给吧”的异域风情酒吧相约碰头，在那里聊了聊我们职业生涯中最精彩的时刻，以及在这个几小时后可能就会把我们拒之门外好一阵儿的行业里，我们曾经活得多么开心。莎拉也加入了我们，体贴地说她愿意在这场即将来临的灾难性演出中，坚持看完全场，或者至少第一幕。卡梅隆和我真心不想遭受如此惩罚。我们打算站在音控台旁边，那里离内部休息室的门比较近，尼克·阿洛特已在房间里备好了烈性酒，而且这房间还连着消防逃生通道，能让我们提前“退场”。身为品德优秀的英国人，我向卡梅隆提议，我们应该在开演前去新伦敦剧院逛一圈，祝演员们好运。那样的话，他们就会看到我们的确来过剧院，然后我们为了能早点开上 M4 高速公路逃窜至希思罗机场而跳过剧终的行为也就不会太难看了。

当我们来到剧院时，全体剧组已经在后台排队候场。朝观众席瞄一眼，就可以看到满剧场都是虎视眈眈想要在这场戏剧界灾祸中分享饕餮盛宴的秃鹫，尽管他们也会因为看到自己面对的是布景的背面而有点不知所措。我听见一个女士在发出歇斯底里的傻笑前，大惊小怪地喊道：“亲爱的，浸没式演出做成这样也太过分啦!”我看了看已经 351
排好队的猫咪们，他们都看上去这么年轻，有几个连二十岁都不到，穿着紧巴巴的连体袜，显得万分脆弱。有人说了句：“我们在这里是要做什么啊?”通过剧院内部通话系统，舞台监督通知大家“序曲和开场曲准备”。三分钟后，莎伦·李·希尔，那个我曾承诺会获得改变人生的体验的姑娘，就要冲到舞台上，扮演一只被车头灯惊吓到的猫，开启戏剧历史上最严重的挫败时刻之一。当哈利开始演奏序曲时，我们本能地聚拢在一起。我在想“求上帝保佑转台运转顺利”，然后我们都说了声“祝我们好运”，我记得卡梅隆还加了句“加油，亲爱的们”，接着就只剩我们俩了。

那段序曲听起来可真长！估计也没有比这更令人难熬的等着刽子手一刀落下的行刑过程了吧？当最后那段宏大的“猫主题曲”接近尾声时，卡梅隆和我相互搀扶着等待大混乱场面的出现，可传来的却是长时间的掌声。莎伦·李·希尔跑上台，一切安静了下来。当别的猫上台加入她之际，也没有听到莫名其妙的嘲笑。《杰里科猫之歌》的演绎好过以往任何一次，就像是我们的演员们已经从“保留实力”这一档，切换到“斗志昂扬、兴高采烈”那一档了一样。等到杰夫·“宽腿”·山克利扮演的蒙肯斯崔普切入并引出《猫的命名》时，场内响起了一轮本不应该响起的热烈掌声。

卡梅隆和我悄悄地绕到剧场前厅。观众喜欢这部戏。保罗·尼古拉斯的《若腾塔格》惊艳全场，《蒙哥杰利和兰贝蒂泽》也引发了全场风暴，而老戒律伯的出场看起来正中观众下怀。接着是《京巴狗大战伯里克狗》，要观众欣然接受这段表演可能有点过分了。卡梅隆和我躲去了内部休息室，等着美梦被砸碎的那一刻到来。可是从扬声器里传来的却是一阵阵笑声和偶尔爆发出来的掌声。他们是在欢笑还是在嘲笑？显然是欢笑。

352　卡梅隆和我相互拥抱了一下，借用《金牌制作人》里的一句台词：“我们究竟哪里做对了？”

伊莫金和尼克穿着全世界第二畅销的T恤衫，销量仅次于滚石餐厅的那件。（图片来源：个人收藏）

特雷弗对《猫》的构思里，显然没有什么女仆和牛奶瓶的事儿。

3 月 22 日，我 36 岁生日当天，莎拉 B 跟我很低调地在塞德蒙顿隔壁的那座小村子金斯克利尔的登记处，办理了婚姻登记手续。我们的打算是等一周后《星光快车》首演过了，再宣布这个消息。（图片来源：个人收藏）

定居在科茨沃尔德的著名作曲家蓓瑞尔·瓦德尔-布朗尼与她的两个学生。戴茜（左，汉娜·耶兰德）和特丽克茜（右，凯瑟琳·希思）。（图片来源：约翰·斯万内尔）

我和《戴茜历险记》的女演员们在“开学日”的合影。（图片来源：PA Images 图片社）

在巴黎歌剧院门外——《剧院魅影》考察——与迈克尔·克劳福德、莎拉B、卡梅隆·麦金托什、巴斯·拜米博伊、尼克，还有伊莫金。（图片来源：个人收藏）

跟莎拉 B 在《星光快车》首演夜的合影。女王陛下说她很喜欢这部戏，虽然有人问她比起看演员们穿着轮滑鞋飞驰，是不是更喜欢看赛马飞驰，她也没有表示反对。

那时候他知道我父母的名字放在一起正好是“Billie Jean”（译者注：迈克尔·杰克逊的一首金曲的名字）吗？迈克尔·杰克逊在《星光快车》的后台。

在东京出差观看《猫》。布莱恩·布罗利、卡梅隆·麦金托什和迈克尔·勒·博伊尔·特伦奇。（图片来源：个人收藏）

跟莎拉 B 在东京。食客照理应该当她们不存在，所以当我问一位艺伎她们是不是服务过不少类似的宴席时，尴尬事就发生了。“我就是您的甘比猫。”她回答道。因此这些艺伎女郎都是由我们的女演员担任的。（图片来源：个人收藏）

跟普拉西多·多明戈在《安魂曲》排练中。正是他的热情和对我一定会成功的信任，鼓励我决定放手一搏。（图片来源：克莱夫·巴达 /Arena Pal 图片社）

“大师之声”是《安魂曲》的录制厂牌，“Pie Jesu”是“大师之声”名下的“天使”厂牌的首支，也是唯一一支流行单曲，因此当我获得“大师之声”奖杯时（即照片中与“大师之声”老板彼得·安德烈合影时），颇为受用。（图片来源：个人收藏）

《纯真已尽》，罗伯特·汉德尔根据《剧院魅影》伦敦原版造型创作的一系列画作之一。（图片来源：罗伯特·汉德尔）

莎拉·布莱曼和迈克尔·克劳福德舞台剧照。当迈克尔高歌“再和我一起唱，美妙组合”的时候，预演场观众见证了戏剧史上一个演员在角色形象上最彻底的一次改变。

跟洛林·马泽尔在《安魂曲》排练中，他是唯一一个听了我在《剧院魅影》用了八七拍暗示的笑话后笑出声的人。（图片来源：克莱夫·巴达 /Arena Pal 图片社）

特雷弗大谈 T.S. 艾略特，吉莉安在一边秀猫姿。

大卫·兰德，在罗伯特·史迪格伍德岁月里，我那个优秀热心的经理人。（图片来源：兰德家族提供）

纽约《安魂曲》首演，1985 年 2 月 25 日。普拉西多·多明戈、莎拉·布莱曼、洛林·马泽尔和我，前面一位是保罗·迈尔斯-金斯顿。（图片来源：克莱夫·巴达 /Arena Pal 图片社）

《剧院魅影》三位主演：斯蒂夫・巴顿、迈克尔・克劳福德和莎拉・布莱曼在伦敦的合影。我和全体观众一样彻底折服：我从未觉得一部作品和我自己如此息息相关。

“剧院魅影”已大驾光临。我和哈罗德・普林斯、迈克尔・克劳福德和莎拉・布莱曼一起在首演后鞠躬谢幕。

爱德华成功地让一群明星重聚，之后近十年内再无一个顶级制作人能望其项背：莱斯 & 洛伊德·韦伯音乐剧《板球姻缘》。从左至右：爱德华王子、伊恩·查尔逊、蒂姆·莱斯、女王陛下、我、特雷弗·努恩、菲利普亲王殿下。（图片来源：克莱夫·巴达 /Arena Pal 图片社）

玛格丽特·撒切尔在《安魂曲》首演之夜。在她的唐宁街官邸里的一次晚餐上，她笑称应该让我给她在下一届保守党大会的入场写一首开场曲，就像艾娃在粉宫阳台上那样——说真的，我依然认为她只是开玩笑而已。（图片来源：马尔科姆·克罗瑟斯）

我买下皇宫剧院时，它那个令人悲哀叹息的外立面。看看把它漂亮的釉面砖外立面给挡住了的霓虹灯牌。（图片来源：PA Images 图片社）

再看我把它恢复以后的样子。（图片来源：真有用剧院集团提供）

第二幕就没有这么顺利了。缓慢的开场打了观众们一个措手不及，《格罗泰格的最后一战》也是一团糟。直到《火车猫史金伯旋克斯》这段才逐渐恢复，然后和在塞德蒙顿时一样，到了《麦卡维蒂》和《米斯托弗里斯先生》这里，观众们又恢复笑容了。韦恩使出浑身解数让观众欣喜若狂，把米斯托弗里斯演得技惊四座。所有的舞蹈音乐都是我专门针对这些演员创作的。近四十年后，再听到这些音乐，看到有人像遵循圣经教诲那样模仿他那些动作，都能令我会心一笑，毕竟这两段音乐都是某一个下午，在位于巴恩斯的奥利匹克录音中心的大录音棚里临时凑出来的。《回忆》这首歌那晚没能打响，伊莲略显紧张，也在情理之中。所以第二幕没有像第一幕那样棒，不过没关系。

我们的成绩单远比及格好看多了，当晚，完全放松了的莎拉也到“桑给吧”跟我们一起庆祝。

预演第二场则反过来了。第一幕显得很沉闷，表演状态没有前一晚那种横扫全场每一位观众的亢奋劲头。伊莲·斯特里奇在幕间休息时就离开了观众席，吵吵嚷嚷地说《猫》彻底演砸了。吉莉安跟全体演员交流了一下，第二幕就有了相当明显的起色。《回忆》获得的满堂彩差点掀翻了屋顶，尽管伊莲·佩吉还是在唱莱斯/努恩混合版歌词。卡梅隆跟特雷弗说这事儿显然不能再拖下去了，可特雷弗坚决反对，说他得优先给她排练该角色的其他内容。他不希望在那个周末前再让她去背修改过的歌词，不过答应我们他星期一就会把新的歌词准备好。

星期五没有安排任何修改调整工作，所以莎拉和我当晚就没去演出现场，我们跑到考文特花园的鲍勒斯汀餐厅，享用了几个月以来的第一次双人晚餐。然后我们慢腾腾地散着步去了剧院，结果发现观众们都癫狂了。

早些年在伦敦，除非是首演之夜，否则起立鼓掌并不是必需的。

353 可当晚演出结束后，观众们起立鼓掌了差不多三分钟，可我们连谢幕段落都没来得及排呢。演出结束后，莎拉和我到安娜贝尔俱乐部喝了一杯香槟酒。星期五晚上去安娜贝尔俱乐部倒真是有点不守规矩了，按规矩，星期五是只对外籍人士和外地人开放的，当然，给点好处也就搞定了。我们坐在后排的小包厢，隔壁桌坐着一个五十多岁的男人和一个十八岁左右的非常漂亮的小姑娘。他们对面则是一个约莫二十一岁的小伙子和一个差不多岁数的小姑娘。小伙子不停地瞅着老家伙，看起来很奇怪。老家伙则时不时以一种奇特的表情回望，不过还是关注小姑娘的大腿的时间更长一些。突然间，小伙子从座位上跳起来，张开双臂抱着老家伙喊道，“老爸!”接着就展开了一场关于他们俩的年轻伴侣的相对关系的讨论。然后老家伙转过脸对着我。

“喂，小老弟，想跟你要四张你那部新戏的票，方便不?”

几分钟后，当莎拉去领回自己的大衣时，俱乐部那位神通广大的门房又跟我要了一个“私人订票热线号码”。就在那一晚，我意识到我们刚刚拥有了一样非比寻常的东西。

蒂姆·莱斯那个星期五晚上就在观众席里，演出一结束，一份写着“他明白自己没有通过选拔”并要求在将来的演出中，在《回忆》这首歌里停用他的歌词内容的电传就发了过来。这下我相当尴尬，我并没有打算让蒂姆来“参加选拔”，我当初找他，是真心诚意地希望他能给我们的新歌创作歌词。现在看起来好像是我利用了他来当筹码。卡梅隆和我也不可能去跟特雷弗争论这一点了，前几天里他对《猫》的观点已经得到证实，尽管整个排练过程就卡梅隆和我的经验来看，显得毛毛糙糙，同时特雷弗强烈地坚持认为蒂姆对艾略特诗作的解读与他的相悖。

我回复说，伊莲必须以飞快的速度学会大量的东西，要再改动歌

词对她来说是行不通的，当然这些他肯定早就已经通过伊莲的关系都 354
了如指掌了。不过显然我们得尽早把歌词改掉。我也没敢说只有当特雷弗写好了才能改。到了星期一，他还是没拿出歌词来，结果伊莲当晚依然唱混合版歌词，让卡梅隆和我好生尴尬。

大卫·兰德曾说过“想上榜，先上庭”，所以蒂姆是打算活学活用了。他又发了一份电传过来。“得悉我的部分歌词依然出现在演出中，和你保证过的相违背。要求今晚就把歌词移除，否则将采取法律行动。”特雷弗当时看上去对此无动于衷，也可能是故意装作没看见。一些恶意流言开始传来传去，说给《回忆》作词可能获得的收益是导致当时状况的原因。我必须把所有事情做个了断。于是我跟特雷弗说，宝丽多唱片公司急着要出一张单曲，伊莲跟我马上就要进录音棚，就用我们能拼凑出来的最佳版本的歌词录制。特雷弗和我在德鲁利巷皇家剧院的排练厅碰了个头，根据特雷弗的“笔记”和艾略特的诗作确定了两版歌词，一版录音用，一版剧场里用。会出现两版歌词是出于音乐方面的考虑。这首歌的旋律是给“胸声”类型的女歌手写的，这就意味着即使拥有像伊莲这样厉害的演员，作曲者能用的音符也被限制在大约十个之间。一个受过良好训练的歌手，可以用“混声”的方式换声到女高音声部来拓展她的音域，不过让观众爽到起鸡皮疙瘩的那些“黄金唱段”都在胸声音域的上限以内。

《回忆》这首歌的架构非比寻常。我故意安排了三次转调，来让这首歌始终位于胸声歌手的最佳音域，同时又能让葛丽泽贝拉充满激情的呐喊“靠近我，别让我害怕孤单”的情感冲击力得以充分释放。在单曲版里，歌手以极低的音域唱着直接从艾略特的诗作里拿来的歌词：“灰暗岁月烟雾散尽，凌晨凄清寒冷。”如果歌手离话筒很近，这段低
音区会很好听，可是在剧院现场表演中，没有手持话筒可用的话，这 355
么低的音域可能就听不出来。所以在剧院里，这段是由另一只小猫用

高八度的音域唱出来的，这样还能从视觉上把纯真和沉沦这两种状态同台展示出来，并且给葛丽泽贝拉的“黄金唱段”提供了一块“跳板”。不过，小母猫们还是不太合适唱什么“灰暗岁月烟雾散尽”的，所以在剧院版演出时，我们把歌词改为“阳光透过夏天树林”了。第一个出演这只天真小猫的，就是莎拉·布莱曼。

前任搭档的官司和敌意总算被化解掉了，《猫》继续顺利预演下去，并且不仅在伦敦，在百老汇也成了热门话题。预演一星期后，投资缺口不光被填满，还超额了。我当时要是够机灵的话，就该把整部戏的全部股份都保留下来，不过莎拉跟我都担心那种特别美好的蜜月期一样的日子会好景不长。我收到了哈罗德·普林斯的一张鼓舞人心的便条，尽管他提了个意见，我一看就知道是音效方面的毛病，而不是演员的问题。被汗水浸泡，导致话筒失灵的问题一直都没能解决。

> 看了《猫》的演出，品质一流。请允许我提一个意见：我们的确很难搞明白猫的名字。毕竟不熟悉原作还是很让人头疼的。除此以外——漂亮！哈罗德。

5 月开始了，卡梅隆和我有点后悔把首演推迟得这么晚，任何戏要是能像《猫》这样备受关注，就必然会招致一些敌意。我第一次遭遇到，是在开演那周的星期一的英国广播公司电台《一周之初》节目里。尖酸刻薄的肯尼斯·罗宾逊把我跟戏挖苦了一番，他说除了其他一些问题，剧中的女演员是他在西区舞台上见到过的最不吸引人的一群。我几乎是热泪盈眶地回答说，所有参与者都把自己的职业命运押在了
356 《猫》上，而且我们觉得我们是在进行大胆而创新的实践。尽管这场风波在之后几天为我赢得了一波媒体支持，罗宾逊也在节目结束后向我道了歉，可还是加剧了我对《猫》这个泡沫会破裂的挥之不去的恐惧。

那个星期一，莎拉和我本来对即将来临的成功充满信心。“仔细听好，罗宾逊先生”①，全被你毁了。

《猫》的伦敦首演至今还是很具有传奇性的，不过并不都是因为正面的原因。在当时的英国，剧评人毫无例外地都是在首演当晚来评估剧目，不像百老汇那样通常会提前两天搞媒体专场。因此在《杰里科舞会》结束后，观众席里冒出一嗓子“垃圾”，绝对是帮了一个倒忙。虽然幕间休息时就搞清楚了，原来是一个不知道怎么一个人来看戏的醉鬼，见到了现场布景脱口而出而已，可这也没能让在后台休息室里候场的大伙儿放松多少。

第二幕期间，莎拉和我脑子里想得更多的是我们的房子被强制出售，而不是首演之夜的强制鼓掌。结果在 OSO * 的时候，天灾降临了。老戒律伯的扮演者布莱恩·布莱斯德走上舞台，举起双臂，观众们还以为这是叫大家多鼓一会儿掌，结果他喊道，“女士们，先生们，请赶快离开剧院！我们收到通知，说楼里有炸弹！”大家面面相觑，将信将疑。

“我请大家即刻离开！”老戒律伯干脆把假发套摘下，于是猫类的形象被彻底消灭了。“请马上离开剧院。”

莎拉和我往后台门走去，看到我们那些晕头转向、穿着紧身裤袜、带着全套猫类化妆的演员们，被粗暴地从首演之夜的最亢奋的状态中给生生拽了出来。这时候也不合适夸他们“你真棒，亲爱的”。人群里有个美国口音的人在说，“这就像当年《成吉思汗》在阿尔罕布拉宫剧 357
院［我故意把演出和剧院的名字改掉了］那场一样，有人打电话来说‘剧院里有炸弹’，于是全部清场，可其实那个人的意思是说‘剧院里

① 这里是韦伯借用美国电影《毕业生》里的歌曲《罗宾逊太太》的歌词的格式。

* 最后一次解释：礼节性起立鼓掌。

的演出太不像话了！'①"

炸弹报警的结果是假警报，很快全体剧组就可以回到剧场里了，可是首演之夜的心情已经被严重干扰了。我尽量安慰莎拉，说还好这一场虚惊没有在《回忆》之前发生。演后聚餐会上大家都努力让心情好起来，毕竟演出效果像大家预期的那样好，可是依然谈不上欢欣鼓舞。泰勒·盖切尔曾在纽约满怀羡慕地感叹自己在百老汇是走到头了。可就在那个晚上，我，还有每一位参与《猫》的制作的人，以及其他一些人的一生，被永远地改变了。

《猫》就像一个巨大的等着爆炸的火药箱，只需要一个小小火花来引爆。几篇好评就起到了这个作用。《每日电讯报》的约翰·巴伯声称该剧"绝喵无比"，《每日邮报》的杰克·汀克则称该剧是"垃圾堆出来的精彩"，这份报纸还发表了一篇表达强烈同情的新闻故事，描绘了我们的凯旋之夜被炸弹惊魂破坏的经过。《星期天泰晤士报》说了什么就不必在意了，《猫》大获成功。没几天工夫，票务代理们就厚颜无耻地在报纸上大肆刊登广告，说他们能搞定票子，而且一种过去只是偶尔得见的现象应运而生——纪念品销售。在伦敦过往的音乐剧演出中，纪念品销售从来就不是什么重要的部分，所以预演期间只安排了一个人来负责一个小柜台。很快，购买《猫》的T恤衫的队伍就跟售票窗口的队伍一样长了，幕间休息时吧台的队伍也是一样。

这些都没有逃过卡梅隆或是安东尼·派-杰瑞的眼睛，后者是德文特的负责人。一个硕大的纪念品柜台安装了起来，由几个娇艳的"德
358 文特女郎"来负责，其中好几位都是在新伦敦剧院酒吧的演后欢饮阶

① 英语原文分别是"there's a bomb in the house"和"you're housing a turkey"，"bomb"和"turkey"在口语里都表示品质不佳的演出。

段里，跟管理层和创作团队相处甚欢而获得这个机会的。口渴危机的解决方案，就是可以购买一个小瓶装的杜松子酒或者伏特加外加小塑料酒杯的“喵趣杯”套餐。没多久，新伦敦剧院酒吧的演后欢饮酒会的邀请函，比这部戏的演出票都要抢手了。

万幸那还是个没有社交媒体的时代。在我塞德蒙顿的家里，有一个巨大无比的按摩浴缸，曾创下过30人同浴的纪录。节假日也没有演员想要跑去我家，所以塞德蒙顿的按摩浴缸聚会也只是小范围内的传说罢了。按摩浴缸那边的照明昏暗到正好柔和宜人，来客即使脱光了也不会让人大惊小怪。这种聚会形式主要是为了好玩，还能大声放音乐，而不是为了搞纵欲狂欢。现如今，我只能看着昔日巨大辉煌的浴缸残存的断砖，感叹“似水流年”了。

那一年夏天发生的名人趣事足够编出一部小型电视连续剧了。比如有一次若腾塔格的扮演者保罗·尼古拉斯去摆弄了一下某位阿拉伯王子殿下的光头，引发了一起相当严重的外交事件。殿下的保镖断然拔枪，于是这些跟班都进了班房，直到他们的老板通知英国内政部部长，之后几年里，不列颠岛的石油供应会出现短缺为止。又有一晚，威尔士亲王①夫妇大驾光临，当查尔斯王子好奇舞蹈演员们是怎么完成这些舞蹈动作的时候，威尔士王妃戴安娜亲自做了个劈叉来演示给他看，不巧的是，这个动作让她的服装出了点状况，导致她露出了一些尊贵部位，对于一个温莎家庭②成员来说有点超标。就是在这同一晚，戴安娜王妃对韦恩·斯利普一见倾心，后来他重排《锐气》时，她就经常跑到剧院侧台观摩演出，瞪大了眼睛追着他胯部看。另一晚，就因为演出前在德鲁利巷对面的印度餐厅吃了一份咖喱，一位打扮得花

① 英国王室长子封号，也就是后文提到的“查尔斯王子”。
② 英国当代王室是“温莎家族”，因此这里指“英国王室”。

枝招展的女士硬是让我们的演出暂停了。当她沿着乐队上方的走道狼
狈地离开剧院时，我们的一个小号手说“这可是头一回有观众学公司
359 管理层一样骑在我们头上拉屎”。还有一晚，剧组爆发了严重的传染
病，大批演员病倒，没人知道戏还能不能照常上演。而当卡梅隆到场
来解决问题的时候，广告牌上的“猫”的字母“S”掉了下来。①

不过没有哪一次，能比得上芭芭拉·史翠珊大驾光临的那次。史翠珊陛下来之前就已经昭告天下，说她有可能会录一版《回忆》。可她要先看看演出，而且希望能低调隐蔽。要在一座观众席可以移动的漆黑的剧院里悄悄带进一个人，已经够有难度的了，特别是还会有演员戴着亮闪闪的猫眼到处跑来跑去，更不用说要带进去的人又不幸是全球最知名的人物之一，还穿了一件连莎拉·伯恩哈特②都会觉得太夸张了的外套。

不管怎么样，尼克·阿洛特把她带到了第一排紧挨着莎拉坐下，而且刚好是若腾塔格调戏不到的位置。同时我在后台休息室里忙着准备幕间休息小酌。第一幕刚结束时，我打开了一瓶香槟，结果喷了我满头，浸湿了我的衬衫，泡烂了我从哈罗德百货公司买来的烤鱼子小面包。离那里最近的淋浴间是指望不上了。正当我把我那双又湿又粘的手在地毯上擦来擦去时，尼克就把这位全世界最伟大且尚存于人世的超级明星给迎了进来。也没法回避了，于是我把前因后果解释了一下。

“您想不想来点……香槟?”我一边试探着问，一边紧张地盯着那个只剩了半杯酒的酒瓶。

“牛奶吧。”她回答道。

这句话把尼克·阿洛特满脸堆着的假笑一扫而光，在一个不起眼的剧院酒吧里，上哪儿能找到一杯牛奶啊?

---

① 《猫》英文为 *Cats*。

② 十九世纪末法国著名女演员，喜欢着华丽服饰。

尼克低声嘟囔着："请您稍候，史翠珊小姐。"就把我留在那儿，跟史翠珊女王大谈特谈蒂姆和我第一次观看《滑稽女郎》的经历，以及我衷心期待她能喜欢第二幕里的《回忆》这首大歌。

就在第二幕开场铃响起之前一小会儿，尼克端着一个装着牛奶的葡萄酒杯凯旋，可是她却声称这座剧院让她的幽闭恐惧症犯了，这就要走。

尼克又一次站在风口浪尖上了，因为她已经让她的司机把车子开 360
走了。他毫不迟疑地从附近的酒吧里找来了一个出租车司机。当时我觉得芭芭拉·史翠珊和《回忆》的缘分也就到尽头了，虽然我还是试着补救了一下，给她写了封信，为那一晚剧院里有其他观众在现场而向她道歉。当天晚些时候在酒吧里，我问尼克究竟从哪里搞到的牛奶。他说他让那群德文特女郎开了一大堆 UHT① 奶球才装满了那一杯。要没这两把刷子，尼克也不可能给卡梅隆当三十多年的二把手了。

普拉西多·多明戈是令人开心的回头客之一，我们在伦敦和纽约会了好几次面，最终在三年后于《安魂曲》项目中达成合作的机会。另一位则是米洛斯·福尔曼，因《飞越疯人院》荣获奥斯卡奖的捷克导演，他当时正在制作彼得·谢弗的《莫扎特传》的电影版，强烈要求跟我见个面，想谈谈这部片子。我当时觉得很有意思。《莫扎特传》，顾名思义，就是讲莫扎特的，他觉得从我这里可能拿到什么类型的音乐呢？《回忆》完全是普契尼风格的，他总不会想要搞一首莫扎特风格的热门金曲吧？

我满腹狐疑地去赴了那个午餐会。客套话讲了不少，我提到我在纽约时，有个下午曾经和哈罗德·普林斯一起去看了他的电影《长发》，我们俩都很喜欢，他回答说也就我们俩喜欢这部电影了。接着他

① 超高温瞬间消毒。

就切题了，他说想要我在他的电影里出演莫扎特。

安德鲁·阿马迪厄斯·韦伯？我差点被一只大虾给呛住。我一边打着嗝，一边坦白说我的演技差到无可救药。

“哦，不要紧的。”他说，“我听说你的脾气很臭，你刚才这么打着嗝说话就很有样子，你又是一个急吼吼的完美主义者，会让人觉得很讨厌。我就要你做你自己。”

我含含糊糊地说自己正忙着《猫》在全世界各地的制作，还可能会拍一部电影版的《星期天再说》，并建议由他来导演。可他回答说，接演这部片子的话，我不仅可以获得一大笔主演演出费，更会因此成
361 为一个国际巨星。离开餐厅的时候，震撼着我的，不光是成为一个不停打嗝的国际巨星的憧憬，还有卡梅隆以及各式各样的好友们慕名参加《莫扎特传》的首映式，兴高采烈地观摩我当众出丑的令人沮丧的场景。

我真心希望这事儿就此结束，可远没这么简单。

与此同时，《艾薇塔》的电影版项目也在不断开展。罗伯特·史迪格伍德想让肯·罗素导演，他被肯导演的关于作曲家如戴留斯和柴可夫斯基的影片所震撼并吸引，谁人乐队的《托米》则让罗伯特一锤定音。我跟他也很合得来，我们都很欣赏拉斐尔前派和被世人长期遗忘的作曲家凯特尔比，所以我觉得这么安排应该完全能出成绩。我还期望我对这部《艾薇塔》电影的热情投入，能让我跟蒂姆的关系回到正轨。《猫》也许是一个巨大的成功，可是 T.S.艾略特的作品不可能再有机会制造这样的辉煌了。我还是希望蒂姆能跟我长期搭档创作。

可是《猫》慢慢占据了我的生活。到了 5 月底，美国每一家主要的剧院所有者和制作人都想要参与其中。大卫·梅瑞克表示愿意为此“让《42 街》腾房搬家”，百老汇顶级剧院所有者舒伯特机构和倪德伦

家族更是竭尽各种讨好手段，想要吸引我们入驻他们名下的剧院。于是卡梅隆和我觉得我们得去趟百老汇，考察一下剧院。在此之前，我决定学一把罗伯特·史迪格伍德。遵循“本钱不错，不要蹉跎”的原则，在我们临幸曼哈顿前的那个周末，恬不知耻地在《纽约时报》上给在伦敦演出的《猫》登了个广告。

想要去纽约摆谱，坐远洋邮轮貌似比坐协和式飞机更有腔调，所以我们在6月中旬出发的“伊丽莎白二世号”邮轮上，占了两套顶级套房。莎拉和我想带上四岁的伊莫金还有襁褓中的尼克①，所以我们给孩子们和保姆又加了一间。当我们从南安普顿出发去法国瑟堡，接上最后一批乘客准备穿越大西洋时，我觉得这艘冠达邮轮公司的旗舰，配不上“有腔调”这个词，感觉很不爽。在我们专享的女王烧烤餐厅 362
享用的午餐，就是一次死气沉沉的体验。菜单是印刷好了的。菜品就像二十世纪六十年代的英国海边豪华小旅馆那样徒有其名。我们相互安慰，就当这是一场美味盛宴的折扣价预演；在瑟堡补充完食材后，女王烧烤餐厅一定会表现出她的精彩鲜美，即使《了不起的盖茨比》中描写的豪华宴席，也会显得只是送戏下乡的档次而已。

我们错得有多离谱啊。离开瑟堡的当晚，菜单还是一模一样的那张纸，菜品也是一模一样的难吃。对饮食挑剔的卡梅隆出于私心，自告奋勇想要下厨，却被一位挥舞着剁肉刀的苏格兰大厨给挡了回来。万幸的是，只要你喜欢，菜单上有的菜可以无限量供应。于是在接下来的横渡大西洋的日子里，我们三个成年人就靠鱼子酱续命了。紧接着，保姆跟大副又勾搭上了，以至于乘务长不得不在船员宿舍区挖地三尺把这姑娘给找了出来。剧院演出也糟透了，这个名副其实的“海上剧团”居然能把尼尔·西蒙的喜剧《幸福大饭店》从头到尾演了一

① 尼古拉斯的昵称。

遍，却不可思议地让人觉得没有一处好笑。甚至自由女神像也被浓雾笼罩着。一离开冠达邮轮的这艘旗舰，我就立刻拽着卡梅隆跑去金牛犊餐厅吃了顿像样的午餐。这感觉简直堪比在医院里被关了一阵儿之后那样，我们已经游走在彻底遗忘真正美食的滋味的边缘。

我们对纽约的剧院佼佼者进行的考察，至少还是让我们大开眼界的。我们跟富有传奇色彩的剧院所有人吉米·倪德伦的首次会面就是一个典型的例子。当时在纽约不容错过的剧目是莉娜·霍恩的《莉娜·霍恩：她和她的音乐》，就是在一座他刚刚收购的剧院里首演并大获成功的，剧院位于当时毫无名气的第41街上。卡梅隆和我问他能不能帮忙安排观摩一下，他通过对讲机问助理："小伙子们想要莉娜·霍恩那部戏的票，那个剧院是我们家的吗？"我一直对吉米抱有好感，谁
363 会不喜欢一个敢说出"对于一部没人想看的演出来说，卖不出去的票子数量是不存在上限的"这样一句话的人呢？*

不同于以家族企业模式经营的倪德伦，舒伯特机构名下的剧院是以慈善基金的名义运营的。当时他们的运营官伯纳德·雅各布斯和杰拉尔德·勋菲尔德，都是真正的戏剧行业的大人物，可是老天，他们也的确是在用商业手法运营他们的慈善产业。他们邀请我们在萨尔迪餐厅共进午餐，我们刚一落座，业界传奇经纪人曼尼·阿森伯格就漫步走了进来，指着面包篮说："瞧那些棕色的小面包卷，伯纳德没正眼看之前，它们可都还是白白嫩嫩的。"

卡梅隆和我开始一家接一家地考察剧院，很尽责。当时气温高达32摄氏度，我们马上就怀念伦敦了。可这毕竟是一个不可多得的可以亲自丈量百老汇的音乐剧场地的机会。因为估计特雷弗即使不全盘否

---

* 迈克尔·瑞德尔认为这句话是舒伯特机构已故老板伯纳德·雅各布斯说的。

决，也可能会不满意绝大部分场地的情况，我们把考察范围扩大到一些长期闲置的“睡美人”身上了。我们围着还没有迪士尼入驻的，挺萧条的第 42 街上的新阿姆斯特丹剧院爬上爬下，不小心跑到正在放映“爱情动作片”的银幕前，害得现场为数寥寥且筋疲力尽的观众们，不得不一脸嫌弃地把捂在裤裆上的手拿开。在第 34 街上的老旧的汉默斯坦曼哈顿歌剧厅里，我们躲过了从屋顶坠落的碎片，这座奥斯卡·汉默斯坦一世建造的命运多舛的剧院，当时是一座卡车销售厅。

那天下午，当我们第三次处在中暑的边缘时，躲进了一家紧挨着第 51 街上的冬日花园剧院的餐厅里。我们俩都筋疲力尽，思乡情重，不想在纽约继续逗留了。卡梅隆当时处于我一生中见过的最低落的状态。他跟我说他只想在不列颠岛上制作演出了。正是在这座餐厅里，我鼓足勇气告诉他罗伯特对《艾薇塔》的安排——自伦敦开演后三年内，全球共有十三个制作正在进行，外加一个美国全国巡演。而罗伯 364
特还希望我在当年晚些时候，再搞场华盛顿的首演。如果卡梅隆想要成长为一个全球级别的制作人，他必须立刻跟罗伯特学上一两招。这番话我不需要说第二次的。再没有人比卡梅隆·麦金托什更热衷于传承罗伯特的衣钵了。

所以那一年在塞德蒙顿音乐节上我毫无建树，也就一点都不意外了。唯一推出的新作是《化装舞会》，一部罗德·阿金特创作的音乐剧。不过由于那些剧院所有者一直都在巴结我们，所以嘉宾名单闪耀着一层美国光芒。这时，卡梅隆已经坚定地站在舒伯特机构这边了，因为他觉得至少他们家的剧院过去几年里有过修缮翻新。授权协议是由一向小心翼翼的布莱恩·布罗利出面协商的，他确保了从 T.S.艾略特到猫的紧身裤袜这些方方面面的版权，都被纳入真有用公司名下。

那时布莱恩在真有用公司的年薪还是 2 万英镑，直到《猫》大把盈利之前，公司也不可能再付他更多报酬了。因此我决定把自他开始经营公司之后的所有制作中，我的作曲者版税的一小部分给他。他就此收获颇丰，而且在他把自己在我公司的权益转售给罗伯特·麦克斯韦尔而不是其他什么人的时候，只字未提我的这个安排，也没有返还我一分一文。不过我觉得他不仅对《猫》，还对我名下的全部作品的权益不遗余力的维护，也值回我给他的分红了，至少刚开始的时候值了。

当时舒伯特机构已经把该项目投资的一半给了大卫·格芬。卡梅隆和我在这部制作里一口粥都分不到，不过我们可以凭原版制作人的身份分到一部分利润。纽约这边的等级制度还是很严明的，尽管舒伯特剧院机构会听取卡梅隆和我的意见，可他们才是老板。这是在他们的剧院里上演的制作，看作品署名就一目了然。舒伯特剧院机构和大卫·格芬被写在最显著的位置，卡梅隆和真有用公司排在第二行。卡
365 梅隆还是得到了一个史无前例的让步：根据票房预售额计算的银行利息的分红——在银行利率比天高的二十世纪八十年代，这可意味着一大笔钱。

舒伯特剧院机构一旦大权在握，就立刻开始施压，要求对《猫》进行修改以适应美国市场。伯纳德在当年 8 月写给我的一封信就是一个典型例子：

> 我希望你们能继续迫使特雷弗·努恩确保在该剧伦敦演出期间，就完成将《猫》打造成一部具有历史意义的音乐剧作品的工作……我明白我们（!）已经有了一部相当成功的作品，可还是必须齐心协力确保上述目标得以完成。

不光是我被伯纳德唬住了。还有些关于吉莉安的编舞“太英国特

色”了的含糊其词，导致她花了很大力气来重新构思《甘比猫》。卡梅隆正好不在，把指挥权交给了我。我想尝试一处改编，很直截了当：把《魅力猫葛丽泽贝拉》这首歌在剧中的位置往前挪。本来它是紧接着《杰里科舞会》的。我觉得在一段舞蹈大戏结束后，观众和演员都会想要尽快拜访一下酒吧，于是我把那首歌提前到第一幕中葛丽泽贝拉第一次出场之后，一直保持至今。

吉莉安的新甘比猫的改动就不是这么简单了，鉴于有些评论说其中的踢踏舞水平太业余了，吉莉安构思了一些能让《42 街》[1]都甘拜下风的舞蹈。她还设计了一大段老鼠芭蕾，让我们的小猫们顶着冰淇淋筒形状的帽子，这样就看起来更像啮齿类动物。排练花了好多天，而且我们那些已经被每周八场演出累得够呛的舞蹈演员，很不乐意被迫参与在他们看来是完全没有意义的行动，抗命的气氛开始浮现。

改动后的第一场演出更是雪上加霜，迎接《甘比猫》的，是彻底 366
的静默，观众的反响和《金牌制作人》剧中在《希特勒的春光》一曲之后的观众反响如出一辙。特雷弗、卡梅隆和布罗利都在休假，我不得不出面主持工作。葛丽泽贝拉的改动保留了下来，不过《甘比猫》恢复了原来的样子，我甚至还砍掉了一些内容，趁机把老鼠这段删掉了。所以结果就是那晚的演出又节省了三分钟。演甘比猫演得筋疲力尽的麦拉·桑兹甩手不干了，不过在我告诉她老鼠那段就此告别后，她冷静了下来。时至今日，卡梅隆依然责怪我把新的甘比猫这段戏删掉了，没给他机会得以体验一下新的表演然后亲自砍掉。

伯纳德和杰拉尔德在编舞方面的偏执，最终发展到在 8 月底，他们派了迈克尔·贝内特来见卡梅隆和我，并观摩演出，想来是希望他

---

① 这部音乐剧以踢踏舞闻名于世。

会接手舞蹈方面的工作。身为《歌舞线上》的导演和编舞，迈克尔当时的确是美国音乐剧领域的新晋大神，也名副其实。反正在舒伯特剧院机构看起来，教皇陛下都不及迈克尔圣明。只可惜他的伦敦之行并没有让我们的美国制作人心想事成。

迈克尔对吉莉安的编舞崇拜之至。演出结束后，卡梅隆和我把他带回到我的公寓里，我们在那里欢声笑语地谈到了我们看过并且喜欢的车祸音乐剧。卡梅隆和我早就对欧文·柏林的最后一部音乐剧《总统先生》有特别的兴趣。这部讲述一对入住白宫的普通夫妻的传奇故事，有几首挺不错的歌，比如总统的那首怨曲《白宫里寂寞难耐》，以及他女儿一首窃窃私语的歌曲《特勤队总是让我紧张》（下一句歌词是“我们约会时他们总是跟在身旁”）。这部戏开演时，票房预售额是百老汇有史以来最高的，只是之后也就演了预售的那些场次而已。结果我们发现迈克尔不仅看过这部戏，而且还能回忆起每一处细节。于是我的会客间里的每一件家具都被挪开，以便让迈克尔能重现整场演出。
367 当这位百老汇传奇表演到“跳起华盛顿扭扭舞，就要一扭接一扭”的时候，我笑得前所未有地灿烂。

回到家后，迈克尔给吉莉安写了封信（密送于我）：

> 我在伦敦期间观摩了《猫》的演出，并且想告诉您，我非常非常喜欢您的作品……我目前在纽约排一部新戏（《追梦女郎》），您要是来纽约，请打电话给我，我们得见一面。同时，衷心祝贺您的辉煌成功。

落款处的“真诚的”这个词被划掉了，写上了“爱您的，迈克尔”。这个横跨大西洋的乌龙简直大得难以想象。舒伯特剧院机构拒绝承认迈克尔写了这封信。一直到当年 10 月 27 日，伯纳德写信给我，提到“这封倒霉的信”时，他声称“因为迈克尔把‘真诚的’划掉并亲手写上‘爱您的’，所以此信并非由迈克尔起草”，也就是说这是封假信!

反正吉莉安赢定了。

31　歌声与舞影，还有睡眠

368　1981年初夏之际，大致情况如下：我三十三岁，莎拉和我婚后已经度过差不多整整十年。我们有两个孩子，四岁的伊莫金和两岁的尼克。我们拥有塞德蒙顿庄园的一半产权，其余部分都是按揭，不过为了维持《猫》的制作进行的二次抵押已经提前还清，不再困扰我们了。我们完全拥有我们的伦敦公寓，而且感谢撒切尔夫人内阁降低了最高税率，让我可以从主要来自《艾薇塔》的收入中，留住相当大一部分。我的优秀成就包括一张英国本土畅销专辑《变奏曲》，以及后续的《星期天再说》专辑。如今我在伦敦又有了一部比《艾薇塔》更卖座的作品，全世界的大牌戏剧制作人都想要参与其中。其中绝大部分歌词都来自T.S.艾略特，所以我没有依赖蒂姆·莱斯就成就了这部作品。我还是相当容易怯场，不过艾略特已经与世长辞，所以不管我是不是乐意，媒体焦点都汇聚在我这里。其实我挺喜欢这样的。

莎拉把塞德蒙顿打造成了一个真正的家园，而在音乐节开办后，这处又增加了一个新的功能。英格兰教会觉得我们草坪上的那座教堂入不敷出，所以决定以一英镑这个双方都心满意足的价格出售给我。这座教堂就此成为我的小型工作剧场。

莎拉在照顾孩子方面表现出来的超级妈妈的本色，让我得以把握住每一个朝我扑来的职业机遇。不幸的是，这不是我唯一把握住的机遇。不管金钱买不到什么，它都能帮你买到特权。有了特权，就有了放纵的机会。我如今可是一部热卖剧目的中心热点人物，而这部剧目恰巧汇集了一些全伦敦最富诱惑力的姑娘，我那些来自皇家莎士比亚 369
剧院的同僚们是不会无视这点的。已经娶了女演员珍妮·苏斯曼为妻的特雷弗，开始跟饰演迪米特的莎伦·李·希尔偷偷约会，就是我承诺她的人生会就此改变的那个姑娘。约翰·纳皮尔则重新定义了什么叫“老鼠掉在油缸里了”。他那种眼睛亮闪闪、头发乱蓬蓬的艺术家魅力，已经让我们的伴舞“母猫”们春心超级荡漾了。尽管有《回忆》的歌词危机，尼克·阿洛特还是在伊莲·佩吉的化妆间里看到过一次蒂姆·莱斯。我肯定乐意跟我们貌美如花的“小猫咪”们来电，不过我的出轨对象却不是她们之一。

在那年夏天，我跟一个当老师的姑娘有了婚外情，她工作的学校不是别处，正是西敏公学。相比多年前上学期间对我有过一丝心动的某位男老师，她算是挺不错的升级版啦。我对她并无爱可言，真希望她也是一样。我当时从未想过要离开莎拉。当然她也察觉到了这一点，为此我很沮丧，却不是因为对自己的所作所为有所愧疚。

卡梅隆也总算有了一部热门的原创音乐剧。他马上还会制作一部成功之作，尽管不怎么像音乐剧。该剧的诞生展示了卡梅隆在制作人这个领域里的顶级才华。在夏末之际的某个早晨的日常早餐电话交流里，他一开口就带着一种即使以他自己的标准来说，也是非同寻常的激动之情。

“早啊，亲爱的。我想到个非同寻常的主意，我们把《星期天再说》和《变奏曲》拼在一起，就叫《歌声舞影》好了。”

《歌声舞影》，显而易见地直截了当。我回答说咱们就这么干了。当《猫》还在前途未卜之际，我曾提议把《变奏曲》改为韦恩·斯利普的舞蹈秀《锐气》的下半段。韦恩在离开《猫》剧组的时候，还跟我讨论过重新启动这个项目的事情。为何不让韦恩加入卡梅隆的计划之中呢？卡梅隆的主意的漂亮之处就是两部演出都得以保留各自鲜明的特色。《变奏曲》就是音乐和舞蹈，《星期天再说》也依然是一个女演员的个人秀，不会就此变得面目全非。

玛蒂·韦布很快就加入了。韦恩、卡梅隆和我对凯特·布什的编
370 舞安东尼·范·拉斯特都颇为欣赏。韦恩同意如果安东尼入伙，就跟他并列署名，于是卡梅隆和我跟安东尼碰了头，跟他谈定了，这块拼图的最后一片也到位了。特雷弗的皇家莎士比亚剧院制作的九个小时的马拉松式话剧《尼古拉斯·尼克贝》是由约翰·凯尔德联合导演的。卡梅隆对约翰这个人，以及他是如何在这次合作中发挥作用的非常好奇，想深入了解，因此他提议让约翰来担任总导演。我毫无意见。约翰性格乐观，对我们的意图也能准确把握。我对他倍感好奇，因为约翰的父亲是个神学家，还是牛津曼斯菲尔德学院的校长。过了几年，当约翰离开政府补贴戏剧行业，转而成为又一位商业戏剧大拿之后，他娶了我《星光快车》里踩着轮滑饰演餐车的弗兰西斯·卢菲尔，我一直想知道他父亲是怎么看待这件事的。

现在，卡梅隆和我必须去找一家剧院了。他在皇宫剧院上演的复排版《俄克拉荷马!》已经无可避免地走向关门的命运，于是我们就去剧院楼上的公寓里，跟剧院所有人艾米尔·里特勒会面。当时已经78岁的艾米尔，在严肃印象派大师的画作围绕下，舒适地居住在那里。租用他剧院的制作人都会被他按周收取一笔费用，只因为他住在这里，据称可以起到守夜人和消防员的作用。我们解释说我们打算定位《歌声舞影》为一场“戏剧音乐会”，而不会说这是一部完整纯粹的音乐剧。卡梅隆又补充说，尽管我们很有信心能演完约莫一整年，可一开始我们只打算宣布一个十二星期的演季。艾米尔的第一个问题就是会有多少姑娘参加这部戏。我们跟他保证会有不少，而当我们告诉他，我们的“白猫”菲诺拉·休斯已经答应加入剧组时，这笔交易就达成

了。《歌声舞影》后来在 1982 年 3 月入驻皇宫剧院。令人难以置信的是，至少在如此短的时间里，我在伦敦就有三部演出同时上演了。

那年 8 月底，芭芭拉可能已经从她的幽闭恐惧症里恢复了，因为
她的手下打电话给我的手下，说她想要在伦敦录制《回忆》这首歌，
并由我来制作。我们约定了一个 9 月中旬的日子，请哈利·拉宾诺威 371
茨指挥一支由伦敦顶级的交响乐手组成的乐团：看起来大家都很想来
给史翠珊女王陛下伴奏。我把那天的录音排在了奥林匹克录音中心的 1
号录音棚，不光是因为觉得那里就是我的福地，还因为我觉得巴恩斯
那边绿树成荫、亲切随意的气氛可以让录音过程变得轻松一点。要不
是去往希思罗机场的飞机总是从头顶掠过，离伦敦就几公里远的巴恩
斯看着就像一个小村庄。

有人告诉我在录音过程中，芭芭拉必须和乐团完全隔离开，因此这样录下来的最多就是一个“指导性”音轨。然后她会重新录制，只要她觉得需要，就会一句一句，甚至一字一字地反复录制，直到获得一个完美的演唱效果为止。我对此并不太以为然。在所有我创作的歌曲里，想把《回忆》唱得精彩之至，更讲究情感上的投入，而不是技巧上的完美。这首歌的速度并不是固定不变的；只有当指挥、乐团和歌手都浑然一体时，才能演出一个最佳版本来，这点哈利比谁都清楚。录音安排在 9 月 15 日，一个星期二的下午。天气凉爽，阳光明媚。当芭芭拉在控制间里听了几遍伴奏后，我请她移步至录音棚内，站在哈利身边，以便他可以感觉到她演唱的高低起伏。我猜当芭芭拉听到 80 名伦敦最优秀的管弦乐演奏员在棚内的现场演奏时，应该能促使她给我们献上一次绝妙的演绎。

当她走向指挥台的时候，那些不苟言笑的演奏员向她鼓掌致敬。

哈利举起了指挥棒，然后就像电流激发似的，可也带着点犹豫，芭芭拉唱了起来。到主歌第二段的时候，她不再犹犹豫豫了：我们那个时代最伟大的歌喉之一，正在全力开动。等唱到“靠近我”这个重要的转调段落时，芭芭拉已经全身心地在歌唱了。这时候在棚内的人，没有一个不是后脖颈的汗毛都竖起来的。然后掌声震耳欲聋。这么多年来，
372 芭芭拉头一次现场演唱，并且获得了英国顶级古典演奏员的认可。后来有人跟我说，这一刻是促成她决定再举办现场演唱会的主要原因。

当然，第二天我们还是跟她一起继续重录，不断修正一些小瑕疵。我不知道这么说是不是太张狂了：玛利亚·卡拉斯的伟大之处，就在于她是用激情来克服任何声乐技巧的不完美之处的。录制过程中闹了个笑话，让我们俩的关系更融洽了。芭芭拉当时坐在人声录音室的一张高脚凳上，在她正准备再录一遍“靠近我”这段之前，她问我在大转调的时候她是不是应该站起来唱。

“芭芭拉，”我想也不想就回答她，“绝大部分艺人录制我的作品时，都是跪倒在地的。”

那一遍我们录下了最棒的一版。我离开奥林匹克录音中心时觉得飘飘欲仙，因为她给我带来了从业至今创作的所有歌曲里，最优秀的录音版本。两周后，哥伦比亚广播公司把她批准通过的最佳版本给我送来了。所有细微的嗓音瑕疵都被抹平了。从技术上说，完美无缺。我猜芭芭拉还是对她的听众更了解一些，而且我确定她的歌声在无线电里表现得要比我制作的那版更优美。可惜现在我找不到这一版了。我很希望能拿这版，跟妮可·施尔辛格于2015年出演《猫》后录制的那版，来做一番比较。后面这一版，在本书写作期间，都还没有发行出版，确实有点说不过去了。* 这首歌唯一一次在英国的电台播出，倒

* 开心的是，2018年这首歌发布在我的70岁生日专辑之中了。

是切切实实地让人们驻足倾听了。

就在《猫》蒸蒸日上之际，罗伯特·史迪格伍德还在推动由肯·罗素执导的电影版《艾薇塔》项目。到了10月，肯在埃尔斯特里[①]组织了一次试镜，不光是为了给艾薇塔，还为给其他角色找到合适的人选。有意思的是，我保留的文件显示莎拉·布莱曼报选了“情妇”一角，而且我还在她的名字旁边批注了“不合适”。大卫·埃塞克斯和保罗·尼古拉斯也形成了对决局势，不过最激烈的交锋还是关于谁来出演艾薇塔。好几位女演员都参加了试镜，包括风姿绰约而且名字充满 373
异国情调的西班牙版“艾薇塔”，帕洛玛·圣·巴西里奥；名字不太异国情调的伊莲·佩吉；以及对我来说的一位新人，卡拉·德维托，一个充满激情的女歌手兼演员，后来参演了密特·劳弗[②]的舞台秀。我之后就被《猫》给缠住了，要重新安排演员阵容。这时我收到了一份来自肯·罗素写于10月13日的备忘录，内容如下：

下午好，各位。既然整个团队已经看过了试镜镜头，我就宣布一下我的考评结果，也希望大家能赞同。对我来说，结果很显然，无论其他参选者在舞台人物塑造方面有多少优异成绩，只有德维托小姐最适合走上银幕。摄像机镜头对她颇有好感，我相信观众也是。对我来说，这次试镜可以宣告结束了。

这姑娘会银幕魔法，再搞新的试镜只是浪费时间和经费……她令人心潮澎湃。各位，我们发掘了一颗明星。

10月15日，蒂姆·莱斯回复如下：

① 英国的“好莱坞”，自1914年起即是英国电影制片中心。
② 英文原名“Meat Loaf”，意为“肉卷”。

我对肯的备忘录回复如下，

1. 在我们之中的一员，以书面形式发表如此热情洋溢的正面评价之前，我还是希望先进行一些讨论。我也可以对佩吉小姐做出同样的正面评价，不过，为了有机会进行一场不太情绪化的讨论而自我克制住了。

2. 我们已经同意伊莲有机会进行第二次试镜，并且享有和卡拉在第二次试镜时同样的条件，现在看起来有人已经忘记了这个共识，令人遗憾。

3. 英国音乐剧创作领域中仅有的成功团队，会考虑把一个重要的角色给一个名不见经传的美国演员，我觉得是很不光彩的。

374 4. 我认为卡拉·德维托是一个颇有天赋的歌手和演员，足以通过出演《艾薇塔》成就星途。不过她的试镜并没有特别打动我。我不太确信她符合我在创作艾薇塔这个人物时头脑里具有的形象。

我才不想冲进这个马蜂窝呢。我 10 月 20 日就要回到纽约，所以我口授了一份相当模棱两可的备忘录发给团队，里面写道，“根据我看到的试镜内容，我不得不同意肯的观点，不过我也觉得伊莲应该获得一次机会，在音乐方面证明她的实力。”接着我提出我的观点：“我们在《艾薇塔》这部戏上，从美国获得了丰厚的经济回报，比从英国获得的更多……我觉得如果只局限在纯英国籍演员里选角，是相当不具建设性的做法。”然后又回到我的骑墙派风格：“我还没有任何特别的偏好，我也完全不认为我们已经找到了理想的艾薇塔。”罗伯特肯定把方方面面都摆平了，因为等我回到英国，肯还留在项目团队里。

那年秋天，特雷弗·努恩、约翰·纳皮尔、卡梅隆和我为了给

《猫》找个窝，搜遍了纽约城。我们看中的是位于西第 52 街的老旧的罗斯兰德大舞厅。尽管舒伯特剧院机构满口表示支持对这座剧院深爱之至的特雷弗的看法，可是他们并不拥有这栋楼，而且事实明摆着，我们还是会被想方设法地搬到他们名下的一家剧院去。舒伯特剧院机构给出的借口是这栋楼马上就要被彻底拆掉了。很快我们的话题就变成舒伯特名下的哪家剧院最不差劲了。

当时的胜出者就是冬日花园剧院。它那形状奇特的观众厅绝不是制作人们的首选。其露天剧院风格的外形归功于这栋楼的建造初衷，美国马匹交易所。1911 年，这里被改装成剧院，当时舒伯特剧院机构租下了这里，上演杰罗姆·科恩的音乐杂剧《帕丽美人秀》，艾尔·乔逊就是从这部戏开始演艺生涯的。后续的改建并没有完全改变其本来的结构。镜框式舞台异常宽且低，对很多演出来说并不理想。可是半 375
圆形的观众厅使得舞台得以靠前，可以让全场观众将其尽收眼底，特雷弗也是因此而坚持我们的小猫们应该以此为家。他还要求将观众厅刷成黑色，搞的舒伯特剧院机构怨念丛生，因为他们刚刚大手笔地把这里重新装修过，恢复了原来的粉色和金色风格。尽管在冬日花园的《猫》绝不会像在新伦敦剧院那么与观众亲密无间，但至少还可以体现部分我们那个“围成圈”的舞台设计成果。在达成协议的时候，我跟杰拉尔德·勋菲尔德打了个小赌，说哪怕到《猫》的演出关门，罗斯兰德大舞厅肯定还巍然屹立着。十八年后我赢了：罗斯兰德一直挺到 2014 年 4 月，最后一位在那里演出的艺人是 Lady Gaga。

协议终于达成了。接着，按照他们自己的说法，伯纳德和杰拉尔德就要承受巨大的压力，来调整我们的戏以适应百老汇的观众了。坦白地说，他们需要《猫》场面盛大。他们还想要改写和删减，而且尽管他们的大神迈克尔·贝内特对吉莉安有着高度评价，他们依然对编舞表示不满。我对删节没有意见，改写则不答应。特雷弗给了一个模糊的承诺，说我们会在伦敦尝试一些修改，把这个话头打回去了。首演日期写明了是 1982 年 10 月。最终选角安排在 1982 年 2 月，好让特雷弗在 1982 年的春夏两季留在皇家莎士比亚剧院。

那年秋天，《猫》并不是我名下唯一一部在纽约冒泡的戏。两位年轻的制作人，盖尔·伯曼和苏珊·罗斯，正在孕育一版新的《约瑟夫和神奇彩衣》，要在外百老汇的安特梅地亚剧院演一个圣诞演季。除了授予兴高采烈的英国导演兼编舞托尼·坦纳制作许可以外，这版演出跟我丝毫不相关。这大概就是为什么这版制作相当成功，以至于新年档期里就移师百老汇的王宫剧院了。托尼的版本有一处背离了原版《约瑟夫和神奇彩衣》的设定，被保留了下来：一个女生充当旁白解
376 说。这个与约瑟夫和他的兄弟们组成的全部男性阵容形成的鲜明对比，就是由劳里·比奇曼深度刻画出来的。这个体型娇小却精力十足的女演员，在 1998 年因子宫癌而悲剧性地过早离开人世之前，将会在我的职业生涯里扮演一个重要角色。

在第二幕开场《法老的故事》这段，劳里总是能让全场观众为其倾倒，这首歌是蒂姆和我专为此版新创作的。部分旋律来自已经被放弃了的《快回来，理查，祖国召唤你》。我一直到这部戏搬家后才有机会看到演出，可这版制作拿到了 1982 年度七项托尼奖提名，包括最佳音乐剧奖和劳里的最佳音乐剧女配角奖。不过在那届声名狼藉的托尼奖评比中，《九》（倪德伦家的宝贝剧目）和《追梦女郎》（舒伯特剧院机构的剧目）相当不讲同行情义，基本断送了该剧拿到最佳音乐剧奖的希望。最后舒伯特剧院机构输了，也导致伯纳德和杰拉尔德更迫切地希望能把《猫》打造成百老汇的奇迹。

到了年底，老家那里的很多事情扎堆来了。英国广播公司想给我开办一档一小时的个人专栏节目。《歌声舞影》的导演约翰·凯尔德想

要在第二幕的“变奏曲/舞影”之后加一首歌，让玛蒂·韦布在谢幕之际再度上台，跟舞蹈演员一起来唱。我提议从《变奏曲》里找一段旋律，来把这两部分连在一起，于是第 5 变奏就变成了《心外幽曲》。全剧尾声变得颇有气势，而且后来莎拉·布莱曼就有机会以这首歌来展示她非凡的音域了。唐·布莱克填了歌词。我们还给《星期天再说》添了一首完全新创作的歌曲。我们猛然反应过来，剧中缺了一首表现我们的女主角因为爱情神魂颠倒的歌曲。结果就有了那首《天荒地老》[①]。杰拉尔德·勋菲尔德跟我说，在我创作的所有歌曲中，他最喜欢这首。

我跟普拉西多·多明戈会面数次，他想让我给他创作歌曲。我万分受宠若惊，可是过了十八个月，我依然拿不出什么实质性的东西给他。但他还是答应在我在英国广播公司的专栏电视节目里出镜。更糟的是我那可怕的“电影明星”生涯这档子事，《莫扎特传》的制片人把我的电话都打爆了。布莱恩·布罗利把他们挡住了，可对我来说，越来越显而易见的是，米洛斯·福尔曼的确是认真考虑要我主演该片。 377

12 月，我被安排出任英国广播公司年度全国圣诞圣歌竞赛的评委，比赛在萨默塞特的韦尔斯大教堂举行。鉴于韦尔斯和那座大教堂一直名列全世界我最喜爱的建筑行列，我很期待能安排一个建筑观摩一日游。还有一个吸引我的地方是英国广播公司不知道用什么办法，把世界级摇滚小妞苏西·奎特罗忽悠来当评委了。在这座天主教大教堂里，我跟这位皮装裹身的流行摇滚歌手初次相见。我俩一见如故，于是我觉得带着这位写下《魔鬼之门快速道》一曲的贝斯高手，参观一下这座近在咫尺的宗教建筑珍宝，也许是个好主意。沿精美的大台阶拾级而上步入那座建于十三世纪的独特的教士会议大厅的参观进行得很顺利，去大教堂隔壁的神父小院也很顺利。芝加哥姑娘苏西看起来对世

① 英文原名为“the Last Man in My Life”。

界上最古老的中世纪街道颇有好感。

问题是大教堂正门对面的酒馆也让我们颇有好感，在那里和她的吉他手丈夫兰碰上了头。没多久我们就开始交换各自关于盖瑞·摩尔的八卦，和严肃的摩托车歌曲的故事。我们也没喝多少，不过已经足以让娇小的苏西进入一个很舒服的状态了。大教堂里塞满了一心想着早点进入圣诞节气氛的女学生们，可以说她们对特别古板的圣歌并不是特别热衷。比赛进行到一半，苏西就直白地宣称圣歌都太无聊了，还说我们需要的是一些真正的摇滚歌曲。接着她把我也拖了进来，对着一大群喜出望外的女学生说我是个隐藏在光鲜服饰下的摇滚人，我应该“老实交代”。于是第二年我们俩都没有收到邀请。我对她的回报，就是建议她在1986年西区复排版《飞燕金枪》里出演安妮·奥克利，她演得相当精彩。

与此同时，我并没有遗忘我的卡通小火车们。哈罗德曾经告诉我，
378 百老汇传奇性的制作人乔治·阿伯特总是在他最新一部戏开演后的第二天一早，就开会布置下一部戏。我当然谈不上是严格按照这个建议来行事的，可是在二十世纪八十年代早期，我的确这么试过。我在新年之际宣布1982年塞德蒙顿音乐节将会推出音乐会版《星光快车》的首演，讲述了一节名为“拉斯提”[1]的美国蒸汽火车头所经历的灰姑娘式的故事。我可以说是逼着理查德·斯蒂尔格开始歌词创作的，很快在7月10日就推出了这部史诗级别作品的首场演出，理查德·斯蒂尔格管这部戏叫《魔哨》[2]。

正当《星光快车》开始出发之际，罗伯特·史迪格伍德就追着我谈《艾薇塔》电影版的事情了。他逐渐发现，随着《猫》在百老汇的

① 英文原文“Rusty”，意为锈迹斑斑。

② 原文是“*The Magic Toot*”，是仿莫扎特的《魔笛》（*The Magic Flute*）而做的戏称。

计划开展，即使派拉蒙影业同意开始拍摄，他也不可能再指望我扔下那头的工作了。在经历了前一年 10 月的那次风波后，要测试一下蒂姆和大卫·兰德对项目的热情程度看起来是合情合理的。于是，1 月中旬在哈里酒吧安排了一次午餐会，我把布莱恩·布罗利也加入了到场名单，让他来担当测试工作。也许在午餐会上我们的确讨论了电影项目，可我是因为一个完全不相干的原因才记住这个事件的。这也是我第一次看到卡梅隆的另一番面目。

任何熟悉卡梅隆的人，尤其是那段时间的卡梅隆，都知道他这个小胖子多喜欢找些有破坏力的乐子，当然为此付出代价的总是别人。迈克尔·怀特已经宣布要把在百老汇大获成功的乔·帕普制作的，吉尔伯特和沙利文创作的《潘赞斯的海盗》搬来伦敦，将于当年 5 月于德鲁利巷皇家剧院开演。这可是一件大新闻。这部戏在百老汇是由琳达·朗斯戴特和雷克斯·史密斯还有凯文·克莱恩一起主演的。“粉笔头”为了拿到英国演出的授权，把身家性命都扑上去了，这也是 1982 年演出季里的热门话题。

1981 年 12 月，爱尔兰制作人诺维尔·皮尔逊在都柏林开演了他自己制作的《潘赞斯的海盗》，广获好评。卡梅隆想找些乐子，于是打算把皮尔逊的制作带到伦敦，来跟迈克尔唱对台戏。他提议我们一起制作。被卡梅隆的盲目自大的热情所鼓动，同时也没觉得这么做有什么不对，我就像个淘气的小学生一样顺势答应了。接着说回在哈里酒吧 379
跟蒂姆、大卫和布莱恩一起吃的那顿讨论进行中的《艾薇塔》电影巨制的午餐会吧。午餐后我跟卡梅隆预定了飞都柏林，去看《潘赞斯的海盗》，然后跟诺埃尔签个协议。多亏我跟卡梅隆通了一个特别欢乐的电话，我午餐会迟到了。我很不在意地笑着跟他们道歉，把一切怪罪于我们已经板上钉钉的“给粉笔头添个乱”的俏皮主意，好像我们只是在参加一场小朋友运动会一样。

等我说完了，大卫·兰德忧伤地看着我，“这不是你会做的事情，安德鲁。你为什么要这样对待迈克尔？这不是我一直喜欢的安德鲁·洛伊德·韦伯。”

我当时真想挖个地洞钻下去。去机场的路上我一直沉默不语，我完全不知道该怎么跟卡梅隆开口。等我们上了高速公路就被困在原地了。我们前方的车辆挤成一堆，我们被堵在那里好几个小时，错过了航班。再也没有哪次交通堵塞可以让我如此感激涕零。

可能环保主义者会抗议，不过必须得说，1982 年里，我真的要为协和式的存在而感谢上帝，因为它使得纽约和伦敦之间的旅行变得如同跳上一列火车做一段短途通勤那样便利。要不是这只超音速大鸟，我的日程安排就完全是另一个样子了。当然，缺了我的个人助理碧迪·黑沃德也是不行的，她不光要帮忙安排我发了疯一样的日程表，还要安排布莱恩·布罗利的呢。

百老汇的《猫》最终选角安排在了 2 月底，正好《歌声舞影》在伦敦开始进入排练阶段，计划 3 月 26 日开演。我也最终给我的英国广播公司的电视专栏节目挤出了时间。我的韦尔斯大教堂新伙伴苏西·奎特罗跟普拉西多·多明戈一起上了我的节目，那期节目因为有多明戈在我和苏西用击木伴奏下演唱艾尔维斯的《稍纵即逝》而名扬天下。苏西和我还对唱了《嗨，宝拉》，不过这段被英国广播公司莫名其妙地剪掉了。

回来说纽约那边，尽管经历了伦敦首演之夜的恐慌，泰勒·盖切
380 尔还是答应了出任《猫》的总务经理，这可帮了大忙。一开始所有人都以为百老汇可以提供一个相当大的演员、舞者、歌手的选择范围，总好过伦敦的情况。实际上《猫》的选拔在这里一样艰难，而且是出于一个截然相反的原因。这里的演员都太专业了。安迪·布兰肯布伊

勒，《汉密尔顿》的编舞，曾执导过最近的《猫》的百老汇复排版，他指出如今的美国舞蹈演员比起《歌舞线上》那个年代来说，更具有鲜明的个人气质和特色。那时候来参加选拔的演员们所受的训练和他们的专业性是无可挑剔的完美。他们的歌唱和舞蹈绝对风生水起。吉莉安激动得都有点傻了。可是我们也都认同特雷弗的看法，就是他们完全的专业性，意味着他们带着一层掩饰，遮盖了任何个人独有的特质。就好比他们都是裹着保鲜膜在表演一样。特雷弗不断提醒我们，技巧再全面也是不够的：我们所有的猫，都必须有真实的个性。于是选角就成了一场马拉松，每次特雷弗拒绝一些非常棒的人的时候，总有不少人摇头叹息。

《歌声舞影》于 4 月 7 日在伦敦开演，评论界和观众的反响很快就把原定十二周的演期改成了无限期驻演。安东尼·范·拉斯特的编舞被证明十分受观众欢迎，一套现场卡司双唱片更是巩固了这一成功。卡梅隆把《星期天再说》和《变奏曲》配对的思路是正确的，可是即使是他，也对立刻出现的来自世界各地的合作意向惊讶不已。这两部戏在英国之外一直没有起色，历史上来看，两剧同台也从未成就过巨额票房。

我是很乐意把这些事情留给卡梅隆和布莱恩去处理的。我现在正
在享受着自己的成功。我的名字被喷在《歌声舞影》的剧名上方，展
示在西区最大的广告牌上。于是我做了一件很不寻常的事情。整个 4
月，我待在塞德蒙顿，跟孩子们相处，时不时跟理查德·斯蒂尔格一 381
起做些《星光快车》的创作。就着飞快送来的歌词，不那么赶时间地
进行创作真是颇有趣味。这些歌词也总是滑稽风趣，而伊莫金和尼克
正好可以帮我测试一下作品。

我们的故事情节就是一个简单老套的灰姑娘模式。一个颇有名气

的王子想要带他的美丽新娘纵览美国。他决定坐火车从东海岸到西海岸。哪一节火车头可以有幸来拉动皇室专列？于是就引出了一场火车头大赛。破破烂烂的蒸汽火车头拉斯提被丑恶的现代化柴油火车头格里斯博[①]和电气火车头伊莱克特拉禁止参加比赛。可怜的拉斯提被独自留在车场，悲伤地思考着自己的命运。突然间星光快车降临，把他变成了一台亮闪闪的动力十足的火车头。这么做的条件是他必须赶回车场，拉动早晨的送奶列车。拉斯提得以参加比赛而且肯定是赢了。正当他全力赶回去拉牛奶列车时，他的一个活塞掉了……剩下的剧情你该猜到了。由于美国人民都在关注《猫》的进展，加上查尔斯和戴安娜的皇家婚典也成了一档世界级收视率的电视节目，我期盼着塞德蒙顿音乐节的首度亮相，能把我的卡通火车电影的设想最终呼啸着拉出编组站。

就在仲夏夜之际，《艾薇塔》电影版的事情又一次闹腾起来。我的人生已经翻过这一篇了。要不是我跟肯·罗素的关系一直很好，我可能早就把这个项目彻底停掉了。罗伯特最新制作的电影原声唱片结局异常悲惨。《佩普中士的孤独之心俱乐部乐队》领着《时代广场》以及约翰·屈伏塔的《油脂恋》这两张专辑，跻身于惨败巨作的金色殿堂之列。我不觉得有哪家主流制片厂会愿意支持罗伯特了，尤其还有标新立异的肯来掌舵。

6 月来临，出演艾薇塔的最后两强，依然还是卡拉·德维托和伊莲·佩吉。我的团队，就是指碧迪·黑沃德一个人，被要求为新一轮试镜去寻觅一些一流的音乐人来。丽莎·明奈利就此登场。丽莎跟我是好朋友。我们有些共同好友，比如莱斯利·布利克斯，她和她当时

---

① 英文原文“Greaseball”，意思是“油腔滑调”。

的丈夫马克在戛纳电影节期间还曾邀请我和莎拉共进晚餐。后来才知 382
道她特别想参加《艾薇塔》的试镜。接下来发生的就是肯打电话给我，说罗伯特下了命令，要阻止丽莎参加试镜，说要么伊莲·佩吉来演，要么电影就不拍了，而且他正在考虑退出。我立刻联系罗伯特，他很不情愿地同意丽莎参加试镜。丽莎试镜时戴着一头金色假发，我对假发的评语写的是“引人注目”。结果我被从《艾薇塔》项目里赶了出来。这次我学了把特雷弗·努恩的样子，告诉碧迪就说我一直没空。碧迪的办公日程上，接下来的一周都写着：“不接任何电影项目的电话，安德鲁忙着排练他的小火车。”

32 “有史以来最令人厌恶的‘音乐’形式”

383 1982年7月10日，塞德蒙顿音乐节的观众们，被斯莫茨①和三节自称为“嘻哈车”的火车头的开场白给镇住了：

我敢打赌大家都不会搞错
这火车跑起来总是车头来开路
车厢依次排开刹车装后面
沿着铁轨飞奔如箭
谁见过列车中间安着车头
餐车殿后却把刹车装在前头
头尾颠倒诸事不顺
世上总会有奇葩
有时候也别太认真

I'm willing to bet that you take for granted
That the engine's in the front and the cars get planted
In the middle while the brake van's at the back
And the whole thing faces down the track

---

① 英文原文是“Smuts”，意思是“煤烟”。

You don't see trains with the engine in the middle
The diner at one end and the brake at the front
Going in the wrong direction
Okay you do see trains like that
Nobody achieves perfection

好吧，这些歌词并没有在《星光快车》的最终版里出现，不过这会让人不由自主地去想：说唱乐首次出现在音乐剧表演里，是不是理查德·斯蒂尔格的功劳？

查尔斯·斯潘塞，《每日电讯报》令人生畏的戏剧评论家，埋怨上了我。在 1992 年 11 月这部戏重新启动的时候，他抨击我这样做是“用说唱这种有史以来最令人厌恶的‘音乐’形式，雪上加霜”。不管怎样，塞德蒙顿的《星光快车》就是一个小型的令人感到温暖的娱乐节目，带着浓重的“斯蒂尔格牌”风格。废车场里的三节火车头唱了 384
首关于“三个就是比一个好”的歌。

安德鲁斯姐妹三妹
三部和声听着舒服
木屋里有熊三只
金发姑娘才能挑三拣四①

Three heads gave the Andrews Sisters
Three harmonies ethereal
Three heads meant three bears so

① 后两句来自英国童话故事《金发姑娘和三只熊》。

Goldilocks could have a choice of cereal

还有些有争议的笑话，是围绕我们《猫》的中坚成员伊莲·佩吉、保罗·尼古拉斯和邦妮·兰福德三人组的，以及一首模仿乡村西部风格，由邦妮演唱的《准备发动你的引擎》的歌曲：

尽管他气味熏死人
模样也长得吓死人

Though his breath smells like old stogeys
And he has disgusting bogeys

这首歌在1982年就算不合时宜了，更别说在如今政治正确是第一原则的年代了。可是大家都觉得《星光快车》并无恶意，就是那种小学生一般的说笑而已。有两首歌大受欢迎，主题歌和《只有他才能让我心动》，因此制作一部卡通片的好征兆看似出现了。可惜我失算了。从音乐节的嘉宾名单来看，它已经成了一场戏剧行业的狂欢，于是关于《星光快车》的命运也有了很多风言风语。我猜测是因为《猫》大获成功后，大家不可避免对《星光快车》有了一些别的期待，而且比我预期的表现，要更加辉煌。

伯纳德·雅各布斯一直在鼓吹“制作一部百老汇特色的《猫》”。音乐的修改最终落定在出一版新的《蒙哥杰利和兰贝蒂泽》，此外为了平衡整部戏，新写了一首滥竽充数的意大利咏叹调，替换掉了《比利·麦克考之歌》，作为格罗泰格向格里伯德女士求爱的歌曲。这个绝对的减分作品，是根据《格罗泰格的最后一战》中某段意大利翻译写就的，有人觉得让百老汇的观众们欣赏到一段闹剧风格的演出是至关重要的。我试图反抗却只是徒劳。而当第一版宣传画出来时，猫眼里 385
的舞者身影上下颠倒的事情，更无法安抚我对舒伯特剧院机构完全不理解《猫》这部戏的忧虑了。

排练的日子越来越近。卡梅隆和我决定，中央公园西路上，如今已经被拆除的五月花酒店楼顶的那座又大又破的复式公寓，将是我们在纽约逗留期间的理想基地。这套公寓着实需要好好收拾一番，而且五月花酒店当时已经毫无悬念地走在下坡路上了。不过仅仅提到卡梅隆采购了厨房围裙这事儿，也算是让租金花得比较值了。那里还有一个巨大的露台，我们看中了，打算用来在开演前一晚举行一场大规模的英国佬专场聚会。

莎拉决定带着孩子们来纽约，这样在排练开始后，我们就可以溜出去，游历一下新英格兰地区。我们旅行计划的一处重点就是山谷铁路，离康涅狄格州的古德斯皮德歌剧院并不远。孩子们满脑子都是《星光快车》的故事，所以当他们看到一辆真正还在开动的蒸汽车头时脸上流露出来的欢乐之情，让我更坚信一部《星光快车》的卡通片肯定能长期占据票房高位。

8 月 9 日排练开始了。那天就是一个茫然困惑的剧组乖乖地听着特雷弗马拉松式的开工日演讲，内容关于 T.S.艾略特、《荒原》以及新生，都是些百老汇的舞蹈演员们平日里不会讨论的话题。特雷弗已经成功地拉起了一支引人注目的充斥着多元文化色彩的队伍。比如出演白猫维多利亚的身材柔小的辛西娅·昂卢比亚，和出演麦卡维蒂的身高约一米九的力量感充沛的美国非裔演员肯尼斯·阿德，没有人能比他们俩更具对比性了；还有出演邦贝露娜的纤瘦性感的唐娜·金，她很快就成了约翰·纳皮尔太太；出演若腾塔格的趾高气扬的摇滚明星特伦斯·沃恩·曼恩；以及出演一看就觉得很虚弱的剧院猫格斯的斯蒂芬·汉南，他摇身一变就成为威风凛凛的格罗泰格，还为此获得了一项托尼奖提名；当然还有出演葛丽泽贝拉而获得托尼奖的贝蒂·巴克利。

卡梅隆和我被特雷弗的开工长篇大论搞得有点头晕眼花，不过远
386 不及午餐后吉莉安的集训带来的一半那么强烈，我们还迟到了，蹑手蹑脚溜进去的。吉莉安让全体小猫们都躺在地上用各种淫荡的体态翻滚扭动，她还突然称我们体格健硕的肯尼斯·阿德为“我的小巧克力盒子”，同时又让姑娘们努力挺出她们的……好吧，我写不下去了。反正我们贴着墙边溜了出去。

过了几天，贝蒂的《回忆》唱得十分漂亮了，实际上我也没有更多可以要求她的了，而贝蒂的麻烦就从这里开始了。贝蒂是那种什么事情都能品出痛苦滋味的女演员。她很认真地觉得特雷弗和剧组其他人都在排斥她。就她的理解，这是特雷弗用来强调葛丽泽贝拉是个被逐出猫群的角色的聪明办法。贝蒂感到被孤立的原因相当寻常。葛丽泽贝拉除了把她那首大歌表演出来以外就没什么其他的活儿了，而剧组其他演员不是啊。特雷弗和吉莉安都忙着大量的排练其他角色的工作呢。

单单是时间压力，就已经意味着我很难找到合适的时机，就那首新的滥竽充数的伪意大利咏叹调来发表我的观点。不幸的是，大家都觉得这段特别有趣。更让人担心的是，“格罗泰格”这段逐渐变成伦敦版里不曾出现过的壮观场景。因为这段是在剧院猫格斯的脑海里浮现的，约翰·纳皮尔被鼓励抛开垃圾堆场的风格限制，设计出了一艘巨大的海盗船。而服装则把整部戏从肯辛顿花园的风格，拉向了拉斯维加斯，比他扔进新伦敦剧院下水道的原版杰里科舞会那套行头更有过之而无不及。

如同为百老汇壮大舞美设计一样，乐队也是如此。这是因为有“剧院最低编制”，意即，由纽约乐手工会根据剧院的大小规定的最低

必须雇佣的乐手人数。在冬日花园剧院这里，就是 23 个乐手。如今的工会好说话多了，不过当年可是带来了很荒唐的结果。比如话剧制作人必须为什么活儿也不干的乐手支付工资。众所周知，大卫·梅瑞克 387
曾有一次坚持要求他已经付了钱的乐手在幕间休息时到酒吧演奏。关键是，《猫》本身不是为 23 个乐手编曲的。大卫·库伦为此重新进行的改谱做得十分漂亮。只是不可避免的是，很多我安排给电子键盘模拟的音效都变成了在谱子上占有一席之地的真实乐器。通常来说，我也讨厌出于经济原因，由键盘音效来取代真实的乐器，可《猫》不一样。只有声音听起来不那么真实，《猫》才更有吸引力。

乐队的排练一直都很顺利，直到我们搬进剧院，《耶稣基督万世巨星》时的乐队的“棉毛声场”的情形又出现了。艾伯·雅各布把乐队安排在一间特意搭建的墙上带消音垫的屋子里。整个声场如此死气沉沉，乐手们根本无法互相配合。艾伯争论说他能在调音台上制造出所有我们需要的声场效果来。看起来他根本不明白乐手们需要足够的空间让他们演奏得更准确。

带消音垫的屋子带来的问题不容忽视。伦敦的《猫》的音场也有问题——评论提到歌声大部分是从舞台上方的扬声器传过来的。我跟卡梅隆说我需要马丁·勒凡来帮忙，他是我的《变奏曲》和《星期天再说》的录音音效师。卡梅隆同意了。马丁飞到纽约，立刻着手解决问题。他很得体地提出把围绕着乐队的消音垫都拆走，这时艾伯戏剧性地拔高了自己的嗓门，拿腔拿调地宣布“那么诸位，你们不再需要我在这里效劳了”。

这一天结束之际，带消音垫的小屋子已经成了历史。马丁接手了纽约的音效工作，之后又给伦敦的《猫》重新设计了音效。我还请他在纽约听了一下《艾薇塔》。舒伯特剧院机构对音效很担心，因为《纽约时报》剧评人弗兰克·里奇刚刚写道音效糟透了。马丁的发现令人

388 瞠目。几个主要音箱的信号线接错了，完全“不同相”①，有一个低音音箱则完全断开了。

《猫》的宣传已经是铺天盖地了，我们的宣传专员弗雷德·内森很漂亮地把这把火烧旺了，他搞定的封面报道比我的手指头还要多。在带妆彩排期间，我得到了一个极其坏的消息。米洛斯·福尔曼发现我在纽约，希望我跟《莫扎特传》电影的老板们会个面，好敲定由我主演莫扎特这个角色。我把问题告诉特雷弗，后者揪着自己的胡子，叹气说这个问题的确很棘手。我坚定地说，身为皇家莎士比亚剧院的导演，他应该能找到一个铁板钉钉的理由说明我并不适合上银幕。他答应试试看。

预演进展得很顺利。新的蒙哥杰利的设定完全管用。布景壮观的《格罗泰格的最后一战》这段戏在我看来，只是一段让我们摆脱麻烦的障眼法，可毫无疑问那段新的意大利咏叹调真的很讨人喜欢。舒伯特剧院机构爱死这段了。我却颇受打击。有一晚，卡梅隆和我觉得《杰里科舞会》这段，我们看得略有点多了，就一起溜去了莫凡比巧克力店，那里是一个很不错的藏身之地，因为灯光十分暗淡。我们正絮叨着酒吧光线看起来像极了大卫·赫西在技术合成时的灯光效果，话题主角就小心翼翼地溜了进来，偷偷地左右看看，确认自己没有被发现。确定了以后，他点了杯喝的，躲进了一个幽暗的包厢里。

正当我们想说“抓到你了！”的时候，约翰·纳皮尔也犹犹豫豫地溜了进来，重复了一遍这些动作后，安顿在了一根立柱后面。接下来就是特雷弗了。他把大衣领子立得很高，以至于要不是大衣下露出来的标志性的运动鞋和褪了色的蓝色牛仔裤出卖了他，肯定没人能认出来。就在他用舞台上的低音量下单买酒时，卡梅隆蹦了出来，大喊：

① 指音箱的声波信号不同步。

“兄弟们都好啊!”

有一个严重的问题看起来很难对付。“被孤立的”贝蒂·巴克利出于一些原因，一直在用各种可能的方式演绎《回忆》这首歌，独独不肯向观众展示这首歌的辉煌色彩。普拉西多·多明戈有一晚来看了演 389
出，以他很低调优雅的方式表示了疑义。于是我第二次发了飙。特雷弗给贝蒂讲了许多，包括循环重生，以及前世今生的概念。我则把多明戈婉转提出的建议用自己的方式传达给她：“把这首歌他妈的唱出来就行了!”当晚她做到了，冬日花园剧院的房顶被掌声至少掀起了五厘米高。

首演之夜近在眼前了，卡梅隆跟我开始忙着张罗我们的英国人专享晚会。深思熟虑后，我们选在了首演前一晚。接着为了一劳永逸地解决《莫扎特传》，我答应跟米洛斯和制片厂的一帮人在晚上 6 点于埃塞克斯大楼碰头，就排在我们的晚会开始之前。最终这么多安排还是要相互打架了。到了我们最后一次下午排练的时候，特雷弗还是没能给我想出一个抽身之策，我有点慌了。我在剧院里踱来踱去，满脑子都是卡梅隆观看《莫扎特传》时尖声欢笑的样子。全英国顶级莎士比亚戏剧导演怎么可以在他的同事需要他的时刻，让人如此失望呢?

4 点钟到了。我很快就要去为了英国晚会打扮换装，然后穿过中央公园走进那间屠宰棚了。4 点 18 分的时候，特雷弗拍了下我的肩膀。他咳嗽了一声，就像要宣布一项重大决定之前那样。

“呃，安德鲁，你就这么办。你说你很荣幸能接受这个角色。”

我看着他，好像他已经失去理智了一样。

“不过……”特雷弗通常都是在准备推翻他之前刚刚做出的一个无可争辩的理由时，说出“不过”这个词的。“不过，你说有一个问题：你没办法容忍电影里用莫扎特的音乐——音乐必须得是你自己创作的。”

我满怀崇拜地倒吸了口气。这可真是天才手笔。哪怕是最愚笨的电影人也不能接受这个条件，更别说一个来自布拉格的拿了奥斯卡奖的电影导演。当我走进埃塞克斯大楼的大堂时，真是步履轻盈。那里
390 离五月花酒店只有五分钟路程，我爸妈也刚刚从伦敦过来，我马上就可以回到我的晚会里了。几分钟后我就可以在大露台上度过那欢乐轻松的两个小时，跟莎拉和爸妈一起到街角的卢森堡餐馆吃顿晚饭了。

米洛斯在门口迎接了我，带着我走进一间阳光通透的，可以通过大玻璃窗看到公园的房间。不远处，我甚至可以看到晚会的桌子都已经布置好了，一些早到的客人手里端着酒杯。房间里挤满了电影行业的人，都以一种就我来说太过焦虑的节奏喘着气。

米洛斯神采奕奕，“看看他，就像我跟你们说的一样，他就是最佳人选。”

有人提议我该朗读一个场景。该出绝招了。端着微笑，我急速地把特雷弗教的杀手锏使了出去。

一阵寂静，然后不知哪里有人说了句：“那就这么定了！”

我当时就像看了一眼蛇发女妖①一样定在那里。透过窗户，我能看到五月花的大露台上已经挤满了人。我想象着卡梅隆开心地笑着说：“欢迎光临，亲爱的。不，安德鲁不在这儿，他去面试一部电影了……”

我想象着我再见到了特雷弗，正当我准备用最恶毒，不过很可能会符合角色要求的莫扎特方式诅咒他的时候，米洛斯救了场。

“我看安德鲁是表示他不想演这个角色。”

我感谢上帝赐给了我特雷弗、英格兰、圣乔治②以及其他所有助我一臂之力逃脱厄运的人。

妈妈和爸爸能来纽约可是太好了，这能让我的注意力不集中在首

---

① 古希腊传说里的女妖，人看了她会被化成石头。

② 英格兰的守护神。

演之夜上。我跟讨厌首演之夜一样讨厌首演日的白天。莎拉和我带着爸爸去了施坦威那座像天主教堂一样的总部，他在那里的一台崭新的全尺寸音乐会三角钢琴上玩了一把，这台钢琴的音色真可谓刚柔相济。然后爸爸弹了拉赫玛尼诺夫那首伟大的《帕格尼尼主题狂想曲》，这可是一个非比寻常的时刻。这个相当自我克制的男人，在纽约的一间公 391
开的展示厅里，带着一种我从未见识过的激情弹着钢琴。我当时并没意识到，我之后再也听不到爸爸弹奏的琴声了。

午餐是在他灌了几杯鸡尾酒后，喋喋不休地讲述着拉赫玛尼诺夫在纽约的流亡生涯中度过的。带妈妈去任何常规的购物胜地，比如服装店，是完全没有意义的。反正她不知从哪里听说在第三大道上的一家宠物中心里有几只罕见的阿比西尼亚猫，于是这个安排就把下午的前半段给占掉了。莎拉、爸爸、妈妈和我晚上一起去了冬日花园剧院。我就坐在伯纳德·雅各布斯和贝蒂·雅各布斯夫妇以及杰拉尔德·勋菲尔德和帕特·勋菲尔德夫妇后面，他们对剧评人会写出怎么样的评价已经胸有成竹了。看着观众们满堂喝彩的感觉很奇怪，因为那些被他们无视的剧评还是很容易找到的，只要你知道上哪里找。伯纳德告诉我，拥有至高无上权威的《纽约时报》的评论基本都觉得不错，除了编舞。当《杰里科舞会》再次精彩地引发全场欢呼时，我就纳闷第二天这份报纸是不是还会给出同样的反应。

《格罗泰格的最后一战》这段一结束（观众还真挺喜欢这首凑数的情歌），整部戏就魔力四射了。当史金伯旋克斯在台上引发全场喝彩时，我忘却了时间和地点，完全沉迷其中，我对这只猫总是情有独钟。麦卡维蒂女郎唐娜·金和温迪·艾德米德更是让每一个血气方刚的男子神魂颠倒，可当晚最令人两眼放光的，还是贝蒂·巴克利。那首歌一结束，全场观众就像铸成一体那样全场起立。我爸爸紧紧抓着我，说：“我就说嘛，安德鲁。”然后一名男观众从后排走过来，张开双臂拥抱了我。

“我爱死你了，安德鲁，你让我非常骄傲。”

我认得这个声音，这是罗伯特·史迪格伍德。他泪流满面。我不记得我是不是回应了他，不过我绝对可以说这是我职业生涯中最珍贵的时刻之一。

剧评就没有这么精彩了。实际上，弗兰克·里奇在《纽约时报》上发表的评论是比较积极的评论之一。写这篇评论还是动了一番脑子
392 的，而且我很高兴他主动地单独挑出《剧院猫格斯》这段戏作为“全剧最优秀的情歌”，尤其是当史翠珊版本的《回忆》已经在美国成为上榜金曲，以至于每去一个有钢琴的酒吧我都会听到有人唱这首歌，听到我快要疯掉的时候。

我离开美国之前，跟爸爸就此做了次交流。他也觉得这部戏在穿越大西洋的过程中，丢失了一点魅力，还有那首意大利咏叹调太差劲了。可是他觉得舞蹈部分顺畅多了。舒伯特剧院机构在提高布景豪华程度这件事情上很有可能是对的，而我对这些改变的担忧极可能是多余的，至少从商业角度来说。尽管评论毁誉参半，《猫》依然势不可挡地成为一场奇迹。在《猫》的高峰期，它带给制作人和投资人（舒伯特剧院机构、大卫·格芬、美国广播公司娱乐分公司和大都会传媒集团）的利润很少有其他剧目可以与之比肩。

不过，即使舒伯特剧院机构得以从中收取剧院场租以及投资人和制作人的利润分成，只要《猫》的票房稍微有走弱的迹象，原创者和创作团队就会被要求减少版税分成。正是从《猫》开始，卡梅隆首度提出并创立了“版税包”模式，就是由创作组成员们各自放弃该剧目演出运营利润中一定比例的分成，不过如果协商好了的话，可以每周拿一笔小金额的最低分成。这个模式已经成为戏剧行业的常规操作了。以我作为制作人的视角来看，剧目运营成本涨幅如此之高，是很难找

到其他更好的替代方案的，尤其是在工会力量如此强大的美国戏剧界。可是后果就是如今的创作者们只可能从一部旷世巨作中真正获得经济回报，这就使得年轻的创意天才越来越难通过戏剧作品来维持一个体面的生活了。不是所有作品都有机会成为《汉密尔顿》和《致埃文·汉森》的。不过《猫》的确是一场奇迹，我也没什么可以抱怨的。尽管卡梅隆不断施压，想要共享所有权，可布莱恩·布罗利还是把所有的基础权益都保留在了真有用公司名下。《猫》持续演出了 7 485 场，并成为百老汇音乐剧历史上连续演出时间最长的剧目，直到被《剧院魅影》超越。目前它依然是百老汇排名第四的连续演出时间最长的剧目。不 393
过尽管有着这些令人瞩目的成功，我之后再也没有像我在伦敦经常做的那样，仅仅为了欣赏这部戏而去观看百老汇版的制作。

预演期间，我跟马丁·勒凡一起制作了美国版卡司专辑，他担任音效师。我们的宣传专员弗雷德·内森提出了一个相当不寻常的要求。我是否介意《纽约时报》的剧评人弗兰克·里奇带着他儿子来旁观一次录音过程？他不会打搅我们。他到场的时候，我正在力劝唐娜和温迪唱出一版带有真正百老汇滑稽秀风格的《麦卡维蒂》，这本来就是她们的第二天性。他在录音棚后排坐下，过了大概半小时，说了声“谢谢”，就离开了。事后我拿不准我没向他介绍自己，会不会有点太无礼了。全美国最权威的剧评家要求来观摩你的录音过程，可不是一件每天都能遇到的事情。要是现在，我估计早就蹦着高跟他打招呼了，可我当时的的确确想要保持一定距离，发生个人接触是不合适的。而且我也很紧张——当时没有弗雷德·内森或者卡梅隆在场来打个岔。卡梅隆的看法完全不同，毕竟在百老汇，他长年以来跟弗兰克·里奇走得很近这件事就是个公开的秘密。

最后再提一次《猫》。我经常被问起，朱迪·丹奇会把《回忆》唱成什么样子。我的回答是：不知道呀。我在看到完整的歌词之前，她就离开剧组了。不过根据一次我跟她在琴房里练习的结果，我可以明确的是，那一定是一场非常摄人心魄的表演，而且我也一定会把编曲改得跟我给伊莲的不一样，会更有伊迪特·皮亚夫的风格。要记得伊莲后来在舞台上亲自扮演过皮亚夫。

莎拉和我回到家没多久，我就收到一封来自肯·罗素的亲笔信，解释说他最终决定退出《艾薇塔》电影版的项目了。他说有几个原因——“首先，也是最主要的原因，就是选中的这位女主演”（意即，伊莲）。他接着写道“你在看了试镜资料后，总是退而不言，这不怪
394 你——这些资料绝大部分的确令人失望。可惜的是，你没能透过这些干扰看到本质真相［原文如此］”。

这通说法让我有点纳闷，当然，《猫》的一大堆工作实际上让我一直无法参与其中，可我怀疑这并不是他这么做的真正理由。

> 罗伯特·史迪格伍德像过去那样，又出卖了我——不过再也不会有下一次了……跟一条响尾蛇交朋友也太愚蠢了。除了没有就我在这个项目上做出的工作——整一年——付给我应得的 5 万美元以外，他还诱使我相信他对佩吉也不满意，只是为了照顾蒂姆·莱斯的面子而忍着罢了。等到真相最终水落石出，为时已晚。真正刺痛我的是，他跟福克斯影业说他已经把整个项目从派拉蒙影业撤了出来，因为我坚持要让伊莲·佩吉出演而他们完全不接受她，以及他，罗伯特·史迪格伍德，坚持站在我这一边……好一副虚伪的嘴脸！我是听着雪莉·兰辛* 亲口说的，她对罗伯特·史迪

---

* 雪莉·兰辛当时是派拉蒙影业的首席执行官，之后又成为福克斯影业的第一位女老板。

格伍德的两面派做法气愤至极。能有你这样的朋友可真好，肯。

转眼之间，碧迪就开始不停应付关于新的《艾薇塔》电影项目的电话了，同时律师们也因为这部显然无法起死回生的电影合同而欠了不少账。更要紧的是，大约就在那时，我接到妈妈打来的电话，说爸爸要去爱德华七世国王医院做一个手术，不过应该没有什么需要担心的。一直到现在，我也不知道具体动的是什么手术。朱利安觉得有可能是一个前列腺切除术，可当时我还以为这只是一个迷死小姑娘的拉斐尔前派画家的名字而已，直到我自己也必须去做这个手术了为止。

爸爸住院后的第二天，我跟蒂姆在尼尔街餐厅共进午餐。我们讨论了电影项目的情况，不过蒂姆的兴致并不高。实际上他对任何事情都不做回应，尤其是当我问他有没有什么构思可以让我们一起来创 395
作时。

回到家里，妈妈来电说爸爸的手术很成功。我跑去了牛津街的大师之声唱片店给爸爸买了一个随身听和几盘磁带，里面有拉赫玛尼诺夫的第一钢琴协奏曲。他神气十足地坐着，看到随身听十分高兴，尤其是看到了拉赫玛尼诺夫的磁带的时候。

爸爸戴上了耳机，彻底沉浸在第一乐章里，突然他说，“安德鲁，这段曲子是哪个调?”

我说是降 G 小调。

爸爸摇了摇头：“你还是听不出来降 G 和升 F 的区别啊?”

这些就是我记忆中他跟我说的最后几句话。

第二天上午，妈妈哭着打来电话，说他因为一个血块栓塞发作，没能挺过来。他享年只有 67 岁。哈灵顿大楼一组人都去参加了葬礼，约翰·里尔、朱利安、蒂姆，当然还有妈妈。当爸爸的棺材被送进火葬炉时，妈妈惨叫了一声“不要啊”。葬礼后她恢复得相当令人难以置信。她宣称很快就能和比尔[1]进行灵性沟通。不过那一声惨叫已经很说明问题了。

她可能的确对一个直布罗陀来的男高音一见钟情，她可能曾经放纵了自己对约翰·里尔的痴迷，她可能对比尔的胸无大志气恼万分。可是她的确爱着他。

在 11 月，我听说蒂姆带着他的音乐剧构思《棋王》去见了比约恩·乌瓦尔斯和本尼·安德森，传奇性乐队阿巴的两位中坚分子。我正跟着作家和电台主持人保罗·甘巴奇尼一起去看歌剧演出，他曾经和蒂姆一起合作策划《大英畅销单曲吉尼斯纪录》。保罗毫无戒心地问我对《棋王》的合作有什么看法。我的肢体语言一定表达得清清楚楚了：我对此毫不知情。保罗说蒂姆、比约恩，还有本尼下午已经开过新闻发布会了，所以他想当然认为我已经知道了这个事情。我颇感震惊。我一直希望当蒂姆准备好着手一个重大项目时，他和我可以再度
396 合作。当然，我为没有他参与的项目的成功颇感自豪，可那三个项目都是为了满足我工作狂一样的作曲渴求而搞出来的离奇构思。T.S.艾略特又不是个还活着的词作者。而且爸爸去世后，我特别需要找一个主流风格的项目来创作。现在这样不可避免地意味着，即使出现了合适的项目，我的合作伙伴也不可能是蒂姆了。我不觉得他能同时参与两个大型项目。爸爸的预言成了现实。

12 月，碧迪·黑沃德辞去了我的个人助理的工作。她跟莎拉和我已经十分亲密了。我怀疑她感觉到了我的私人生活的地壳正在移位，有些事情不是会不会发生，而是何时会发生的问题了。事情发生得比她预料的还要快。就在圣诞节前，《伦敦晚报》登了一篇剧评，关于在

---

① 指作者的爸爸。

汉默史密斯音乐剧院演出的查尔斯·斯特罗斯（《安妮》的作曲家）的儿童歌剧《皇帝和夜莺》。让我错愕的是标题写的是“多么不可思议的歌手!”，因为歌手正是莎拉·布莱曼。

莎拉·布莱曼在我的眼皮底下转悠了两年多了。我与她相识不仅是因为《猫》，还有罗德·阿金特的《化装舞会》，就是在这部戏从塞德蒙顿音乐节移师到新维克剧院时。不过对我来说，她只是把《回忆》引出场，并演绎转调戏法的那段填充声部的一只“小猫”而已。这篇评论可是对一颗新星的颂词，而我居然没能发掘她。

那天是12月23日，汉默史密斯就在回塞德蒙顿的路上。我琢磨着我去随便看看，兴许就第一幕而已，检验一下这篇评论的作者会不会和莎拉·布莱曼沾亲带故，然后直接回家过圣诞节。我被引到座位上，紧挨着当时音乐剧领域最权威的剧评人之一，《每日邮报》的杰克·汀克。我彻底被镇住了，不仅因为我自责怎么就没能发现莎拉·布莱曼有着这么一副迷人的女高音歌喉，更因为她的舞台表现力如此富有魅力。杰克不喜欢这部戏，却很喜欢莎拉·布莱曼。我跟杰克说，别老想着写剧评，这是圣诞档期，所以也就几场演出而已。我们一起 397
到后台去，带莎拉·布莱曼出去喝几杯庆祝节日怎么样？他保持了职业操守，拒绝了这个提议，可我就直奔她的化妆间去了。

莎拉·布莱曼的化妆间不是独用的，那里还有只仓鼠，是她替她妹妹或者别的人照看的。另一位使用者是麦克·莫兰，一位广受欢迎的键盘手、音乐制作人、作曲家，在二十世纪七八十年代写过几首畅销作品，歌名都略微尴尬，像《摇滚翘臀》（曾获欧洲电视网歌曲大赛第二名）和给肯尼·艾弗雷特创作的《鼻涕说唱》，莎拉·布莱曼曾以“热门八卦”成员的身份上过后者的电视节目。他们显然是一对儿，而且正要回城里，去新伦敦剧院旁的“桑给吧”。莎拉·布莱曼提议我跟他们一起，我真的不知道为什么我那晚没直接回家，而是跟着他们回到了伦敦市中心。这是一个在刹那间做出的，却改变了我的人生的决定。

在“桑给吧”，我发现莎拉·布莱曼真正的志向并不是跳舞，而是唱歌。她在埃尔姆赫斯特芭蕾学校当过寄宿生，和玛利亚·弗里德曼等一些演员是同代人。她是家中六个孩子里最大的一个，在紧挨着伦敦北部的赫特福德郡的伯克翰斯德长大。她父亲格伦是个成功的房地产开发商，她母亲宝拉过去也曾是舞蹈演员。她秘而不宣的一个消息是她嫁给了一位杰出的脑外科医师的儿子，她公公教会了她怎么像个专家一样，给鱼剔骨切柳。不过有一点我当时已经知道了：她的婚姻关系并不妨碍她跟《猫》的一个键盘手红杏出墙。莎拉·布莱曼一直把玩着麦克的手，显然她喜欢长着肆意飞舞的手指的键盘手。我问她接下来有什么安排，她说她正在跟她的声乐老师伊恩·亚当学习拉赫玛尼诺夫的声乐套曲。那晚我第二次被镇住了，不是因为她正在跟伦敦顶级的声乐指导学习，而是她居然把这事儿压着不说。拉赫玛尼诺夫可是爸爸的最爱。我曾有一次看到他跟他的灵感女神佳丝汀，就是来面试选拔《艾薇塔》的那位一起练习这些曲子。爸爸会怎么看待莎拉·布莱曼？好了，该回家了。

33 莎拉·布莱曼小姐

1983年即将来临。《猫》继续在成为只有梦中才能想象得到的世界闻名剧目的路上前行。接下来我的私人生活里要发生的事情，将会引致一部足以让《猫》都黯然失色的音乐剧，并且不仅改变了我的命运，更是改变了一大批戏剧创作者，剧院所有人和制作人，金融城的银行家，不择手段的讼棍、律师以及职业经理人的命运，他们都曾凭着《剧院魅影》收获颇丰。不过这部分人生经历，也是我一直以来最害怕写到的那部分。您现在正在阅读的，是经历过无数次改写的结果，这也是我能提供的最好的水平了。 398

要是1982年12月23日晚上我没有回到伦敦，而是直接回了塞德蒙顿的家，《剧院魅影》就不会存在，那么很多人，包括我在内，就会比现在穷了很多。

我觉得我这辈子是命中注定要在某一刻，搞一次认认真真的婚外恋情的。莎拉跟我结婚时都很年轻。而刚才发生的那些，却像是让我在33岁时又经历了一次青春期体验。不过不管具体什么原因，1983年3月时，我已经为莎拉·布莱曼倾倒了。有些朋友劝我，说我只是一个搞婚外情都会加倍投入的无药可救的浪漫主义者，这只是一次小小的心跳加速而已。结果几乎所有人都因为我接下来的行为而出离愤怒。4月中旬，我公开承认我将要为了莎拉·布莱曼而离开相伴十二年的发妻和孩子。

现在回首，我惊讶于我当时居然还有工夫搞这些。1 月份，我在南安普顿的纽菲尔德剧院看了一部话剧，叫《戴茜历险记》，之后我买下
399 了整个制作，并调整了一下，4 月就带着新的布景在西区当时的寰球剧院，即如今的吉尔古德剧院上演。按理说约翰爵士[①]不会喜欢一出全部由女学生出演的话剧的，可是《戴茜历险记》演了 1 180 场，巡演了两年，而且至今依然在全英各地上演。我甚至还在伊顿公学看到过一个男扮女装演出的版本，估计约翰爵士会非常喜欢的。

特雷弗和卡梅隆之间口吐莲花般的唇枪舌剑，也给这个特别阴郁的 1 月带来了一些生气。特雷弗先发制人，写了封信给卡梅隆，抄送全体管理团队和创作团队，声明伦敦版演出给人的印象就像“被管理层抛弃了一样……必须即刻采取一些措施，否则我们的演出将会沉沦，而这种遭受忽视以及堪比犯罪程度的自我满足，也只配沉沦下去了”。卡梅隆的回复开头写道：“我很高兴注意到您还是有规律地每季度到访剧院的，虽然我更希望您能避开剧院的休息日，也就是星期天这一天到访。”他接着写道：“您的这份报告……在时机、信息以及态度上，都错得离谱。”针对特雷弗认为剧院正门装饰一塌糊涂的抱怨，卡梅隆回复说，“剧院正门装饰对我们来说一直是个老大难问题……整栋楼是水泥和玻璃构成的，挺高，所以比您的那些场馆更容易招风……您的备忘录看似完全无视我们为这部戏投入的时间成本，而同时您却在忙着您自己的其他项目。很多演员都觉得您像麦卡维蒂那样行踪诡秘。”

尽管《猫》在百老汇的演季大受欢迎，卡梅隆还是把他的一肚子气撒在了特雷弗的身上，主要针对甘比猫那段陈芝麻、烂谷子。

---

① 指约翰·吉尔古德爵士，吉尔古德剧院名字的由来，下同。

"至于'像甘比猫'这类问题，几乎全都是您自己惹出来的麻烦。我倒是愿意把您写着'删掉'的工作记录也亮出来。身为导演，只有您能把些思路贯彻执行。安德鲁、您，还有我和吉莉安 400
总是最后能达成一致意见，可接着就要由您来贯彻执行了。我们可以，而且愿意给您提供最大可能的支持，可除非您在必要时，能面对吉莉安而且命令她或者她的助理去执行'我们'的意图，否则我们终将浪费大把时间而毫无进展，还引发了不必要的麻烦。

甘比猫本就应该由一个美国踢踏舞专家来编舞，您当时也是这么说的，可是要做决定时您就退缩了。现在全在伦敦也应该采取一样的方案，请您务必确保完成。

一年前我就跟您提议，在百老汇我们需要一段明显有美国风格的舞蹈段落，去讨好那些剧评人。我跟吉莉安也说了，要是我们当初坚持到底，没准儿不光是帮了这部戏大忙一个，还可以避免吉莉安的职业生涯在美国被摧毁殆尽。"

当然，这一通发泄没有对吉莉安和《猫》造成什么损伤。

3 月主要是围绕着《星光快车》的工作坊，这部戏就这样成形了。在《猫》于百老汇开演后不久，特雷弗告诉我，约翰·纳皮尔帮我想了个点子，可以让那些唱着歌的火车在舞台上动起来。反正卡通片毫无进展，我就听了他的。约翰有一次在中央公园散步，差点被穿轮滑鞋的人撞倒，这件事给了他一个灵感。火车也是有轮子的，轮滑鞋也是。由此可证，演员可以穿上轮滑鞋来演火车。不过特雷弗觉得灰姑娘风格的故事让《星光快车》太媚俗了。于是，跟理查德·斯蒂尔格一起，我们把剧情精简到只是一场火车头比赛，这就是之后音乐剧《星光快车》的基本雏形。

我们在靠近莱斯特广场的圣母演艺厅里排练并演出了这部还在孕

育之中的作品的第一幕。特蕾西·厄尔曼出演珍宝①，同时我也终于得以跟阿琳·菲利普斯合作，让她担任了编舞。正是阿琳在四年前预言
401 过莎拉·布莱曼会改变我的人生轨迹，不过当时她对我们正在萌发的婚外情并不知情，她找演员都已经忙不过来了。要是我们觉得给《猫》找能唱歌、跳舞和表演的演员已经很难了，再加上穿轮滑鞋这一出，就让演员招募处处碰壁了。最终，阿琳凑出了一支当今也绝对称得上多元化的团队，更别说是在 1983 年了。

工作坊的头一天，特雷弗让我们还在困惑中的演员们来描述他们记忆中第一次坐火车的经历。在经过两个小时的关于跟车厢的第一次亲密接触后，轮到特蕾西·厄尔曼了："我奶奶关照我别把头靠在座椅背上，否则容易染上头虱。"

《星光快车》的工作坊进展顺利得很，以至于它注定是一部戏剧风格的作品。我们的大部分演员之前都不了解一座剧院内部长什么样。受此启发，我从特雷弗的视角思考了一下，这部戏可以用来吸引那些本来跟戏剧无缘的观众群体，不仅是像《约瑟夫和神奇彩衣》那样的儿童观众，还有那些可能会对《星光快车》有兴趣的街头小青年，然后再延伸到岁数更大一些的人群。给一部戏创作一些完全偏离主流戏剧领域的，彻头彻尾的流行歌曲也能给我带来一些乐趣。直到后来，当这部戏削足适履地想要在传统类型剧院演出时，《星光快车》才开始显得有些"脱轨"，或者说至少有几版制作是偏离了本意的。

接着就该去找一家非传统类型的剧场了。与此同时，布莱恩也在找一所剧院，只是原因完全不同。他希望真有用公司能引入不动产这个多元化因素，就是说，买下一家西区剧院，只不过那年 4 月他还没准备好跟我说这件事。他希望我能一心一意扑在创作工作上，结果无

① 剧中女主角，一节头等客舱车厢的名字。

意之中给我的心外幽情提供了足够的时间。

我跟莎拉·布莱曼的关系，是在一次一同前往意大利北部的短途旅行中确立的。在米兰逛了几天后，我们跑去了空荡荡的波托菲诺，住进了同样空荡荡的斯潘蓝帝都酒店。我喜欢避开旅游旺季的景点，402
那样我就可以在废弃的游乐场上创作乐章。每年 11 月的游乐场是最漂亮的，潮湿，杂草繁盛。3 月的波托菲诺则像一个经历了一夜酣睡，正伸着懒腰、打着哈欠醒转过来的漂亮姑娘。睡眼惺忪的小餐馆门口东倒西歪地散落着桌椅，渔船反射着光芒，就像刚刚梳洗完毕的海中女妖，看似完美无瑕，勾引着我们去往被大海围绕的圣弗罗托索。莎拉穿了一条白色的超短裙，引来了发自一些建筑的玻璃窗后的口哨声，我还以为那些房子是空关着的。我略微有点尴尬，比之前她在飞机上穿的那件白色皮草大衣让我还要尴尬，要是《波希米亚人》的拥趸看到了，肯定会认为她更像是穆塞塔而不是咪咪。不过我很喜欢和莎拉讨论音乐，而且，没错，我也喜欢在荒无人烟的酒店里的侍者们表露出来的想入非非的深情，而且毫无疑问，我也很享受鱼水之欢。

在倾盆大雨中，丘比特于一条高速公路上显灵了。我们当时正从米兰开车前往海边，本来我还计划在帕维亚稍作停留，吃一顿像样的午餐。可是雨下得如此之大，以至于高速公路都彻底关闭了，于是除了走去一家路边餐馆以外，别的什么都做不了，而油脂都凝结了的“猎人鸡块”，就是意大利高速公路旁廉价餐厅的真实写照。

这场大雨的后果就是一场超级长的午餐。我们离开的时候已过下午 4 点，可是谁都没注意到时间流逝。我们不停地谈论着音乐。我跟莎拉·布莱曼讲了薇姨还有哈灵顿大楼里的古怪的组合。她跟我讲了她丈夫的事情。在我看来，她的婚姻还没开始就已经分崩离析了。她父亲格伦是个房地产开发商，家里不算巨富，可也足够供她和她的两个弟弟和三个妹妹上私立学校。她长期住在绿树成荫的伯克翰斯德——伦敦以北 40 公里处的一个小城区，不过布莱曼家显然刚刚因为格伦发了点财，稍微改善了居住条件。她父母在伯恩茅斯这个布满了维多利亚风格建筑珍宝的，位于多塞特郡南海岸的海边度假胜地，买了一套大公寓。

403 莎拉·布莱曼的母亲曾是一名舞蹈演员，她在莫瑞歌舞夜总会演出过（必须强调演出时衣着很得体），这地方如今是苏荷区一个知名景点，因为“普罗富莫事件”而出名的斯蒂芬·沃德就是在那里遇到克里斯汀·奇勒的。很显然，她工作时就把小莎拉放在后台的一个提篮里。莎拉自幼就在戏剧和舞蹈学校上学，十八岁时，在杰夫·卡尔伏特的策划下，她录制了自己第一张畅销单曲。杰夫是一个歌曲创作者，是她的早期唱片录制生涯里的掌舵人。据莎拉·布莱曼说，他的另一个扬名立万之举，便是驾驶轻型飞机沿着摄政大街低飞。“热门八卦”在这张唱片里也有份，因为莎拉当时已经加入了这个舞蹈团，而且在唱片的标贴上打上她们的名字，就能确保这张专辑会获得《肯尼·艾弗雷特录像秀》的推荐。

等我们开车赶到斯潘蓝帝都酒店时，我知道已经没有其他结局了。我陷入了爱河，并且向莎拉求了婚——好吧，其实不算什么正式的求婚，只是说：“咱俩相互爱慕，咱俩也都有家室，那咱俩应该他妈的怎么办呢?”我们决定让莎拉·布莱曼见见我妈，我也见见她的父母，要是我们都通过了家长这一关，我就会跟我现在的莎拉把话说透。我不觉得我妈对此有多惊讶。她自己就曾是个波希米亚人，我怀疑她早就觉得我过上居家生活的时候太年轻了，有点骚动还能让我的创意源泉不断喷薄。最重要的是莎拉·布莱曼喜欢猫，这就意味着她必然能通过。莎拉·布莱曼的父母倒是有点不知所措，不过我猜他们还是认为这个大女儿自己能应付任何情况。我非常喜欢她父母。她妈妈宝拉给我的印象很深——个子不高，体格娇小，一头黑发，一双闪闪发亮的吉卜赛风情的眼睛，让人难以相信她已经生了六个孩子。还有我后来才见到的尼基；跟她妈妈像是一个模子里刻出来的克劳迪娅；杰和乔伊，以及最小的那位阿梅利亚，莎拉简直像是把她当自己的孩子一样宠着。我很快就意识到莎拉·布莱曼对孩子很有一手，她绝对是一个很棒的玛利亚或者玛丽·波平斯。[①]

1984 年间，布莱恩·布罗利从我手里完全接手了业务管理这部分
事情。他想要把真有用公司发展成为一个正式的版权经营实体。尽管 404
卡梅隆是伦敦版《猫》的制作人，但布莱恩坚定不移地要求把原班制作中的每个方面的权益都归于真有用公司名下。所以尽管卡梅隆可以获得利润分成，但实际上是布莱恩和真有用在向全世界发放该剧的授权许可。从一开始，布莱恩对《星光快车》就万分保护。卡梅隆自然是对《星光快车》十分好奇，并且希望能获得参与其中的机会。布莱恩费尽心机地指出，我十几年来一直在给这样一部以火车为角色的戏打腹稿，我的公司名字的来历就跟这个有关系。谁也说不清搞个工作坊能不能带出一部戏剧成品来，所以他决计不会让卡梅隆自动入伙来分一杯羹。反正《星光快车》飞速地驰往摇滚和流行结合的领域，远远超出了卡梅隆熟悉的地盘。再说他当时也忙着策划一个伦敦版的《恐怖小店》制作，一部讲述一颗脑垂体发生突变的生长迅猛的奇花异草的外百老汇剧目。他曾经跟我讨论过担任合作制作人，一起培育这部戏的计划，后来就慢慢地不再跟我提这茬儿了，可能是因为当时布莱恩正拼了命要守住《猫》的版权。无论怎样，卡梅隆对《恐怖小店》越来越着迷，以至于伯纳德·雅各布斯不得不提醒我，要是卡梅隆想把这部戏搬到百老汇，“哪怕只是想凑个热闹”，来跟《猫》参评同一

---

① 分别是《音乐之声》和《欢乐满人间》两部音乐剧的女主角。

年度的托尼奖，他也绝不会让卡梅隆得逞的。

经过两次不成功的开头后，我终于告诉莎拉我要离开她了。要是有人能做到既悲痛欲绝又委曲求全，那就是当时的莎拉了。有几次我真的动摇了。莎拉甚至说她就装作什么都不知道，让我两头都不断掉，好让这场婚姻维持下去。可我没法这样过日子。我不是那种喜欢藏着掖着的人。此外我当时正神魂颠倒地爱着莎拉B，这是我的朋友们给她起的外号。我决定不听从任何人的劝告，公开宣告。我决定带着莎拉B去参加《戴茜历险记》的首演庆功酒会，让媒体的新闻报道来把事情搞大。

405 如果罗伯特·史迪格伍德的性取向能够接受由年轻女演员出演学校女生的话，我猜他也会如此安排《戴茜历险记》庆功酒会的。二十世纪八十年代，被称为“海豚广场”的那栋酒店式公寓大楼里有一家景观餐厅。餐厅紧贴着泰晤士河，而且离议会大厦不远，于是这里一直是全英国民选或者非民选的政治精英们的幽会圣地。那里还有一座巨大的游泳池。我觉得这里正是《戴茜历险记》酒会的天选之地。让姑娘们穿上几件二十世纪二十年代的泳衣，我们就丝毫不用担心缺少什么活色生香的照片了。我的计策起效了。从来没有看到过这么多性感的西区女演员打扮成如此水灵的模样。宣传效果铺天盖地，我手头有一部畅销剧目了！

还有一个额外收获。我设法说服著名作曲家蓓瑞尔·瓦德尔-布朗尼①来为该剧创作校歌。瓦德尔-布朗尼长年以来，深受科茨沃尔德的郊区奇平诺顿一代的老居民的喜爱。早在该地区因为前首相夫妇大卫和萨曼莎·卡梅伦夫妇、苏荷农庄酒店、杰瑞米·克拉克森以及戴尔

---

① 英文原文为 Beryl Waddle-Browne，实际上是将韦伯的英文全名字母重新组合编出来的假名，所提到的歌曲实际上就是他本人创作的。

斯福德农场销售中心而成为时髦地段之前，她就在当地颇负盛名。《时代》杂志的评论人对她创作的校歌倍加赞赏。如果没有这位女士出现，《戴茜历险记》不可能完美无缺，她的照片时至今日依然会在演出中出现在一些校内布景上。尽管瓦德尔-布朗尼女士的授权费高得离谱，《戴茜历险记》还是在不到十个星期的时间里就收回了全部投资。

要感谢上帝的是，我把看起来总是镇定自若的布莱恩和他善于冷静思考的头脑摆在了我公司掌舵人的位置上。我一次又一次地听到即将离婚的人们说整个过程都是非常温和的——“我跟我的前任还是最好的朋友”等——可几个月之后，便是上法庭打官司，以及一些关于双方死磕的吓人的传闻，还会看到一些非理性的行为，伴随着那种只有你曾深爱过的伴侣才会爆发的怒火。一个优秀的离婚律师应该是坚定而又富有同情心的。我遇到的这位就是个货真价实的猪头。

那一年过得很糟心。莎拉一号跟孩子们住在塞德蒙顿，而莎拉 B 406
搬进了我的伦敦公寓。真正让我抓狂的是我没法回那个近十年里一直是我的创作中心的家了。莎拉一号允许我每三周跟孩子们相处一个周末，于是我必须围绕跟他们见面的安排来调整我的生活节奏。伊莫金刚刚五岁，尼克三岁；伊莫金肯定有些明白出了点什么事情。她现在还记得我跟她说没有什么会改变我对她的爱。感谢上苍，伊莫金从未像其他一些家庭破裂的孩子一样，为这些事情而自责。莎拉 B 跟孩子们相处得不错，我们第一次见面，就带他们去了一家做北京烤鸭卷饼的中餐馆，孩子们超级兴奋。

突然之间，迈克尔·克劳福德联系上了我。他想要介绍我认识滑冰运动员珍妮·托维尔和克里斯多夫·迪安。我们在我的公寓见了面，他们即将参加奥运会比赛，想让我给他们的参赛动作写首曲子。我完全没有作曲的心思，他们后来也拿了金牌。那年托尼奖仪式上我全程笑容满面，谢天谢地，《猫》赢得了“最佳音乐剧奖”，而我赢得了“最佳作曲奖”。我去了趟还是匈牙利苏维埃共和国时期的布达佩斯，欣赏了第一版当地自己制作的《猫》，结果在一个露天颁奖仪式上被一只鸽子飞到头上拉了一泡。在这个仪式上，文化部长大人解释了半天多瑙河哪一边是布达，哪一边是佩斯，令人昏昏欲睡。仪式后，在我仓促清理头发之际，他那可爱的小女儿问我，泰晤士河两岸哪一边是“伦”，哪一边是“敦”。

我还去查看了一大堆推荐给《星光快车》演出的非传统类型的剧院。最终我们选定在新维多利亚剧院，一座传统类型剧院，虽然它坐落于非西区范围内的戏剧荒野，约翰·纳皮尔觉得他能把穿轮滑鞋的火车们要跑的轨道，填满整个观众席四周。

8 月到了，莎拉一号和孩子们搬进了我在伦敦贝尔格莱维亚地区购
407 买的一套房子，我也回到了塞德蒙顿。莎拉 B 强烈建议我们要继续举办计划在 9 月开始的音乐节。接着她就显示出了她个性里相互对立的两面，她为了举办一场颇能展示她奋斗志向的独唱音乐会而拼命练习拉赫玛尼诺夫的歌曲，同时又疯狂地购买相当暴露的服装，打算在首演之夜穿上，以至于我不得不请阿琳·菲利普斯出面去告诉她，这些衣服绝不能穿出去。阿琳则跟她说，这些衣服“只是演出行头，而不是正式礼服”。

一个月之前，布莱恩告诉过我他已经达成了一笔不动产交易，要是我答应的话，这产业就是我的了。他已经同意以 130 万英镑（如今的 422.5 万英镑）的价格，从艾米尔·里特勒手里收购位于伦敦剑桥圆环的皇宫剧院。这笔交易，毫无疑问，看起来完全划算，可是我当时以为这是用来在离婚协议上玩花样的，直到布莱恩指出，不管我是否离婚，我总归要去借这笔钱来完成这次交易。到 8 月底的时候，我就

是这栋楼的所有人了，约翰·贝杰曼曾经在《最初及最终之眷爱》（1952 年出版）一书中这般描述这栋建筑：“里里外外都比皇家歌剧院更令人赞叹……在过去六十年间唯一一座跻身于艺术精品行列的剧院建筑。”皇宫剧院于 1891 年落成时，还是皇家英语歌剧院。它由被低估了的维多利亚时代的建筑师托马斯·科尔克（巧的是，卡梅隆·麦金托什的住所，即斯塔福戴尔修道院的复原工作也是他主持的）设计，是极力推广吉尔伯特和沙利文的剧作的经理人理查德·德奥利·卡特的“华贵的梦想”。这里的开台剧目是亚瑟·沙利文创作的“严肃”歌剧《撒克逊英雄传》，一部相当失败的作品，差点让德奥利·卡特破产，以至于他不得不把剧院出售，而此地随即变成了一间综艺秀场。

购买像皇宫剧院这样一座具有重要地位的建筑，对国内戏剧市场可是一个重大新闻。就像《每日电讯报》的一篇社论里指出的那样，这是首次有一座西区剧院归属于一位依然从事创作工作的戏剧艺术家名下，而且这还让我得以吸引碧迪·黑沃德回来，出任剧院的管理者。这座辉煌的建筑，当时可谓凄惨落魄。外立面的釉面砖已经剥落，雕像也被移走了，显然是搬到了艾米尔·里特勒自己的花园里了。观众厅和楼梯被刷上了梅红色涂料，明显是军需剩余物资打包出售时买的 408
那种，大堂则被墙纸包裹，墙纸上的图案可能偶尔在一些印度餐厅的外墙上才能见到。一块巨大的霓虹灯幕完全毁掉了正对着剑桥圆环的外立面。剧院手册《大幕》里把皇宫剧院说成“全英国最令人心寒的景点”并不是凭空捏造。保养情况糟糕到了连台阶上铺着的地毯破了个洞，都只是拿记号笔涂一下颜色应付了事。

我烧的第一把火，就是把印度风情的壁纸扯掉，那底下可是锡耶纳大理石，在清理涂料的时候我一直提心吊胆。柱子也无疑是大理石的——如果是多孔型的，那可就被涂料给毁了，还好它们都完好无损。不过这些都只是表面工作，恢复釉面砖的外墙还有观众厅就没这么简单了。采购剧院的价格如此好商量的原因很快就显露无遗了。一份分析报告明确地告诉我，彻底修复皇宫剧院的成本远超出我力所能及之范围。布莱恩琢磨着我们要不要找一个商业地产合作伙伴。他开始考察跟伯纳德・德尔方特与房地产开发商麦克斯・雷恩一起经营的上市公司，也就是“第一休闲”合作的可能性了。

9 月 9 日就是塞德蒙顿音乐节的开幕了。对我新来的个人助理苏・奈特来说，这就像经受一场火的洗礼，她跟碧迪一样，很快就不光要负担个人助理的工作了。大部分音乐节的观众很有忠诚度，不过对那些跟两边[1]都很要好的朋友来说，离婚还是很让人头疼的，颇有一些人找借口说抽不出身来参加莎拉 B 的拉赫玛尼诺夫独唱音乐会。这我能理解，对于不少我的戏剧界同行来说，我的婚姻一直以来都是矗立在演艺圈光怪陆离的汪洋中的一块磐石。

没有给托维尔和迪安的奥运会比赛作曲，并不是我命运坎坷的 1983 年里唯一的昏招。很可能我对拒绝上《莫克姆和怀斯秀》圣诞特别节目后悔得更厉害。在当时的英国，没有比这档节目更大牌的了。埃里克・莫克姆和厄尼・怀斯已经是两位国宝级的喜剧演员，成为他
409 们节目的圣诞嘉宾可是比受封骑士更风光的事情。往年的嘉宾都是像雪莉・贝西、安德烈・普列文、埃尔顿・约翰和格兰达・杰克逊这样级别的。我之前跟埃里克和厄尼开过几次会，节目的初步方案就是关于他们俩参演的一部音乐剧出了天大的岔子的故事，真的超级搞笑。

可是我还是拒绝了。英国媒体对莎拉 B 可谓狂轰滥炸，我想要尽量低调。这个决定真够蠢的。没有什么能比我在一档当年收视率称冠的电视节目里说说笑笑，更能展示我也是一个有真实感情的人类了。

---

① 指韦伯和前妻。

不过即使我答应了，也还是上不了。12 月刚到，我就把我的左脚大脚趾给弄伤了。有天傍晚，我泡了个澡后，就穿了件睡袍去厨房做晚饭了。我拉开冰箱的门，一大块猪排直接砸在我那毫无防护的脚趾头上。切勿模仿，疼得很。接下来几星期我不用拐杖就没法走路。

12 月 17 日，爱尔兰共和军在骑士桥的哈罗德百货公司外引爆了一枚汽车炸弹，致六人死亡。这是很久以来爱尔兰共和军第一次在英国本土重开杀戒。真正触动我的是受害者中有我认识的人。死者中有一位从牛津毕业的年轻记者，叫菲利普·盖德斯。我跟他只见过一次面，他是《每日快讯报》的威廉·赫基专栏的日记记者，应该是在某次以我为主角的晚会上与我见过面。我模糊地记得跟他喋喋不休地谈论他就读过的牛津学院圣埃德蒙德大厅里伯恩-琼斯设计的窗户。要想说明为什么这么单薄的联结，能激发出如此之大的创作冲动，的确有点难度。尽管我为了《星光快车》全力以赴，我也只是把这部戏当作一个满足特殊爱好才开展的项目而已，现在这部戏的进展有点失控，我得想办法让自己平衡一下。

我的内心依然矛盾重重。我对孩子们感到内疚。爸爸的离世带来的影响比我意识到的还要强烈。我真心实意地爱着莎拉 B，而且她的歌喉也毫无疑问地吸引着我。可我给她最大的帮助，就是几首没有什么前途可言的流行单曲而已。我就着特雷弗·努恩的歌词给她写了首歌，410
讲述一个跟已婚男人交往的女孩儿的故事。这首歌非常有力，可是听起来它更像是唐·布莱克给《星期天再说》写的《时过境迁》的一个加长版。没有唱片公司愿意录这首歌，于是我只能把它锁在了我的旋律宝库里。

每当我郁郁寡欢的时候，我总是会去欣赏一些建筑古迹。我拖着受了伤的脚趾头走进温切斯特大教堂，参加基督降临节的晚祷。我已经不记得唱诗班唱了什么，可是我记得我泪流满面，而且肯定不是因为脚趾头。这座风格独特的英国建筑，和同样独特的英语赞美诗诵祷传统的结合，让我的内心沉浸在卑微渺小的感觉中，同时又产生了创作一些能真正施展我才华的作品的强烈冲动。

回到塞德蒙顿后，我从报纸头条新闻里了解到哈罗德百货公司发生的残酷屠杀事件。我觉得是我的戏剧本能促使我去考虑，是不是可以创作出一个呼吁性的作品，一个对慈悲之心的召唤，至少可以把阅读这则报纸头条新闻的感受表达出来。可是我找不到头绪。

圣诞节我们去了伯恩茅斯，跟莎拉 B 的家人一起过节，再回到塞德蒙顿跟伊莫金和尼克一起过圣诞翌日。那里的白天就像一个无人区，毕竟伊莫金还在试着去适应一个没有妈妈陪伴的家庭环境。不过圣诞树底下还是有礼物的。伊莫金和尼克对即将到来的《星光快车》的首演颇为激动，他们还记得在山谷铁路度过的时光，我们一起围在钢琴边唱起了那些歌。可是这样的生活，让我更坚定地认为我必须创作一些能真正挑战自己的作品。我还觉得我必须证明我对莎拉 B 的歌喉的判断是正确的。接下来不管我创作什么，都要包括她在内。

1984 年的新年来临，我决定给最具戏剧性的文本，即拉丁文的安魂弥撒配上音乐，来挑战自己。之前，除了在《艾薇塔》开场的那几段拉丁祷词以外，我还从没有把手伸到那么远的地方去过。一部令人信服的安魂弥撒作品，意味着要给一支合唱团，以及经过古典声乐训
411 练的歌喉创作音乐。在这类音乐风格上，我的实际经验等于零。1 月初，莎拉 B 跟我受邀观摩普拉西多·多明戈在皇家歌剧院演出的《蝙蝠》。演出结束后进晚餐时，我跟多明戈说我想要创作一首安魂曲，也跟他解释我知道自己有点不自量力。而正是他的热情和对我一定会成功的信任，鼓励我决定放手一搏。

1 月中旬，我们在威尔斯登那座优雅地破败了的热带皇宫酒店开始

了《星光快车》的全面排练，那里的午餐招牌菜是咖喱山羊肉。剧组阵容相当棒，斯蒂芬妮·劳伦斯出演珍宝，崭新的“车厢”姑娘；雷·谢尔出演拉斯提，我们的男性“灰姑娘”，一节蒸汽火车头；还有经验丰富的布鲁斯歌手朗·萨顿出演“唠叨老爹”，一节上了岁数但总能看到神秘彼岸的光芒的蒸汽车头。

特雷弗照旧发表了长篇开工演讲。光是看特雷弗给阿琳·菲利普斯手下那些街舞舞者大谈我们的火车戏的“精神、情感以及形而上的中心思想”，就已经值回票价了。再加上我排练时心里纠结着安魂弥撒里的拉丁祷词，总是走神，动不动就脱口而出“requiem aeternam dona eis”①，你就会理解为什么这些街舞舞者们会怀疑自己当初是不是不应该入伙了。一天下午，正当排练全力开进时，莎拉 B 出现在排练场，想让我帮她拿个主意。导演兼创作者肯·希尔联系了她，想邀请她出演根据加斯顿·勒胡的《剧院魅影》改编的一部戏中的克里斯汀，这部戏计划于春季在纽卡斯尔皇家剧院上演，然后在伦敦东部的东斯特拉特福德的皇家剧院再演一季，后一个演季将毫无疑问地与琼·利特伍德②合作出品。这部戏将会是一部汇集了著名歌剧咏叹调的点唱机音乐剧③。

莎拉 B 不想去外地参加演出，不过她还是想跟我商量一下。这部戏是不是可以由我来制作呢？我有点心动。这个项目肯定没有我当作曲的份儿，听起来也是一部滑稽作品，反正肯·希尔对音乐方面有他自己的打算，我也要全力以赴写安魂曲。可是直觉让我给卡梅隆打了个电话。然后我们仨一起看了朗·钱尼主演的那部默片，立刻就意识 412

① 意即“请赐予他们安息”。

② 英国二十世纪五十年代著名戏剧导演，被英国广播公司誉为“现代戏剧之母”。

③ “点唱机音乐剧”是指将已经发布过的现有歌曲，通过一个新创作的剧情串在一起的音乐剧类型，典型作品如《妈妈咪呀!》《泽西男孩》等。

到这个故事原型加上点儿歌剧名曲和一个搞笑的剧本，就是一部《洛基恐怖秀》类型的音乐剧的雏形。于是莎拉 B 婉拒了肯的邀请，说出于私人原因她不能接受，不过跟他说卡梅隆和我希望能及时跟进这部戏的进展情况。

与此同时，约翰·纳皮尔正笑吟吟地在阿波罗·维多利亚剧院里他搭建起来的庞大的火车布景里走来走去。演员们一进剧场，就大胆无畏地在观众厅里上下翻飞，还穿过了一座挑战死亡极限的带围栏的大型吊空铁桥，这座铁桥可以一边平地 360 度旋转，一边倾斜，同时上下起落。整个场景跟奥德瑞牧师的《托马斯和朋友》风格相去甚远。不过没人可否认，约翰搭建的美国铁路的确是任何剧院里都从未见过的奇观。你要是觉得特雷弗和约翰搞主题乐园比搞莎士比亚更在行，也不算错。

我也玩得很开心。随着律师们开始达成意向，离婚事件的阴云逐渐散开。我找了台真的蒸汽火车头摆在剧院门外，全体演员和我都爬上去让媒体拍照。我又开始寻找新的剧目来制作了。《戴茜历险记》还在寰球剧院开开心心地演着，因此当该剧导演大卫·吉尔莫提出要在一部他正在纽菲尔德剧院尝试推进的音乐剧新作里跟我合作时，我很热心，《戴茜历险记》就是从那家剧院启航的。梅尔文·布莱格和作曲家霍华德·古道尔的《打工佬》可算是骨子里的英国特色。这部戏显然不是一部大众喜闻乐见的作品，可我很喜欢，于是提出由我来制作这部戏，到西区上演。

迈克尔·怀特邀请我一起合作制作罗杰斯和哈特的音乐剧《踮起脚尖》，由芭蕾舞女伶嘉琳娜·巴诺娃主演，安排在我新买的剧院，皇宫剧院上演。我一听就上钩了。我喜欢《第十大道上的屠杀》这样带着浓重罗杰斯特色的音乐，而且谁又能对“两个写交响曲来，一个写赞美诗/巴赫、贝多芬还有尊敬的勃拉姆斯”这样的歌词无动于衷呢？于是我同意合作制作，反正只是挂名而已。这两部戏都让我差点倾家 413
荡产。卡梅隆恶搞地称布莱格和古道尔那部戏为“退休佬”，还有些冷酷无情的混蛋在发到皇宫剧院的首演贺电上写上了“断根脚趾头”①。

到了1984年3月中旬，莎拉B和我的离婚手续都办妥了。3月22日，就在我36岁生日当天，我们很低调地在塞德蒙顿隔壁的小村子金斯克利尔的登记处办理了婚姻登记手续。我们的打算是，等一周后《星光快车》首演过了再宣布这个消息。如此不大事声张有一个很特别的原因。当晚，女王陛下、菲利普亲王、查尔斯王子和戴安娜王妃要全体出席《星光快车》主题慈善晚会，为世界发展教育中心筹款，这个慈善组织的名字在此之前以及自此之后我都不曾耳闻。我们不希望有任何事情来干扰这个活动，女王和她的王位继承人一起光临一家剧院几乎是从未有过先例的。

演出结束后，女王说她很喜欢这部戏，虽然有人问她比起看演员们穿着轮滑鞋飞驰，是不是更喜欢看赛马飞驰，她也没有表示反对。莎拉B跟我一起参加了开演前的觐见皇室成员的仪式，而之前有人散布说情妇是不能觐见女王的。当觐见仪式开始时，各种说法就漫天飞舞了。等到演出结束之际，我们已经结婚的小道消息传遍了后台，就连明星化妆间里也都在谈论这种小报八卦式的新闻。

《星光快车》的首演之夜一路都很顺利，直到离结束还剩十五分钟的时候，驻扎在剧院外的负责报道这次开演盛况的英国广播公司广播小组，开始用干扰我们的无线麦频率的电波发送信号。这彻底毁掉了

① 英语里祝贺演出成功为“break a leg”，字面意思为“断条腿”。

斯蒂芬妮·劳伦斯的大歌《只有他才能让我心动》，而且在尾声处，当朗·萨顿说出那句“要是没有了动力①，今后这日子可就一片黑暗了”这句台词时，引发观众笑声不断。等我们的音效设计师马丁·勒凡搞清楚原因后，英国广播公司悍然拒绝关闭发送器。鉴于他们来这里只
414 是为了在演出后采访现场观众，了解反响，“蓄意破坏者”是我能想到的最客气的说法了。

所以在首演当晚的庆功酒会上，跟《猫》遇到炸弹假警报那次一样，还是被一丝扫兴给笼罩着的。大卫·兰德尽管已经有五年没有跟我合作了，这个可爱的人还是把我当作他的小宝宝一样操心着，他告诉我要是评论家暴走了也别太难过。他不必操心。令人惊叹的是，《星光快车》的评论比《猫》还要好。典型的说法就是《每日电讯报》的约翰·巴伯写的那样，说《星光快车》可能不会给创作团队的声望带来什么收获，不过巨好看。“又一列驶向超级成功终点的快车”，《每日快讯报》②宣告。“坐着头等舱走向成功”则是《每日邮报》的杰克·汀克发表的标题。

颇有几位留意到了第二幕开场的说唱。阿琳·菲利普斯编出的机器舞因为将街头戏剧引入了西区而被正面表扬了一番。有些剧评人对待这部戏一本正经的样子也让我笑逐颜开。《泰晤士报》的欧文·沃德尔写道：

> 三次赛车给整部戏带来心跳的感觉。比赛时，穿着轮滑鞋的演员们沿着赛道和坡道不停穿梭着，令人眼花缭乱，把现场变成了一座比洛伊德·韦伯的《帕格尼尼变奏曲》还要令人激动的“永动机”……跟这些时尚流行相得益彰的是蒸汽机车自己的坚定

① 英文是 power，也可以解释为“电力”。
② 英语里“快讯”和“快车”都是“express”。

> 的歌声，这是当年让黑人得以逃避种植园悲惨生活的歌声，也曾回荡在各种风格的都市爵士乐中……第一首歌出现时，伴随着低沉的摇摆风格的贝斯，间或点缀着些许不协和的汽笛声，能让你梦回米德·“卢克斯”·刘易斯的时代，从那一刻起，你就再也无法抵抗《星光快车》的节奏韵律了。

就这样，《星光快车》一直演了 7 406 场。现在还在德国波鸿演着，在 2018 年迎来了在那里开演三十周年的日子，也打破了一部音乐剧在同一家剧院连续不间断演出的世界纪录。当年有些戏剧评论人觉得这 415
部戏有点太标新立异了，我丝毫不奇怪。杰夫·丹尼尔演唱的《交流/直流》①三十年前就是被当作跨性别的电子流行舞曲对待的。第二幕的开场曲的确是一首让人眼前一亮的说唱叙事曲。

当看到伊莫金和尼克如同喜欢《猫》一样喜欢《星光快车》的时候，这部戏就通过了最重要的考验。因为喜欢那身淡蓝色外套，伊莫金特别希望成为戴娜，也就是餐车，跟她曾经想要成为维多利亚，那只白猫一样。

为了迎接波鸿的开演三十周年，《星光快车》将会做一些修改，而且已经有来自日本、中国、英国以及美国的新版制作的意向。就在我写到这里的时候，我刚刚把《星光快车》改回最原本的风格，并且用不带景、不带妆而且不带轮滑鞋的演唱会形式进行了试演。敬请关注！

---

① “AC/DC”。

34 “哇呀呀！！！”

我开始全神贯注地着手《安魂曲》的工作。这里要特别说一下“全神贯注”。我这个人没法做到完全集中思想于一件事情上，别的都抛开。不过至少现在商业上的决策都有布莱恩来安排，尽管他对《星光快车》的安排最终导致了我们的第一次重大分歧。布莱恩对我那些疯狂的主意总是认认真真地跟进——用事后诸葛亮的方法来看，可能太认真了点。

毫无疑问，有些人对我给莎拉B安排的下一个计划很不开心。《歌声舞影》在皇宫剧院的演出就要结束了。这场一开始只安排了12周演出的“戏剧音乐会”即将宣告收场，完成了781场演出，共有四位女士领衔主演——分别是玛蒂·韦布，《天降奇缘》里的主演杰玛·克雷文，无与伦比的露露和莉兹·罗伯逊，艾伦·杰·勒纳的第八任也是最后一任妻子。莉兹与艾伦相识还是在出演这位了不起的词作者的《窈窕淑女》里的伊莱莎·杜利特尔的时候，那是由卡梅隆制作的复排版。

英国广播公司电视台提出要把这部戏以专栏节目的形式录下来。他们同意让韦恩·斯利普上镜，不过因为玛蒂已经在原版《星期天再说》里上过电视了，所以他们提议另找一个女演员来演她的角色。我说那就是莎拉B。卡梅隆不是特别认可。大卫·兰德也令我吃惊地打来电话，担心我推莎拉B用力过猛而适得其反，就像蒂姆·莱斯力挺伊莲·佩吉却帮了倒忙一样。我的回答，跟蒂姆说过的一样，就是我力推莎拉B是因为她的才华。

我真该听他的。我不认为《歌声舞影》的电视录像版对莎拉B造成了什么伤害，可是她当时太年轻了，而且这部戏也不是给女高音写的。结果她又收到了来自《每日电讯报》的约翰·巴伯专栏的全面好 417
评。而她宽广的音域则意味着《心外幽曲》可以被塞进《星期天再说》里，而不只是作为全剧尾声的剧组大合唱。要知道这首歌在带妆彩排期间差点被砍掉，理查德·斯蒂尔格曾称其为“心外轰爆”，惹得莎拉B笑个不停。约翰·巴伯把我们当时的状况描述得非常准确。在写到莎拉B的三个八度的音域时，他引用她的原话：“安德鲁对我的歌喉十分感兴趣……不过他没有提出要给我写一部音乐剧。也许有一天他会创作出一部戏，而我正好是最佳人选。”这次采访，巴伯是这么收尾的：

> 很难定位才华如此洋溢的天才（莎拉）的发展方向，但她的天资指向古典道路。对她那位正在创作拉丁安魂曲的丈夫来说，也是如此。如同他拓展了流行戏剧的音乐疆域一样，莎拉·布莱曼独特的歌喉也能给流行唱法的音乐疆域，开辟新的天地。不管他们是不是会携手合作，我都会充满期待地关注她未来的发展，就像关注她丈夫的发展一样。

再次感谢协和式超音速飞机的存在，让我和特雷弗可以去波士顿观看《猫》的巡演的收官闭幕，以及在华盛顿的重启开幕。在回程中，位于大西洋上空某处，我们听到一声震耳欲聋的巨响，然后所有的发动机都熄火了。机长通过内部公告系统通知大家不必惊慌失措，这种现象司空见惯，飞机在约2万米高空飞行，时不时会发生这种现象。

我想起了大卫·弗罗斯特讲过的一个故事，当时他在一架飞到中央公园上空时螺旋桨停机了的直升机里，飞行员就说：“我来搞定这只大鸟——你们在后面搞点宗教仪式吧。”好在我们的机长又一台接一台地重新启动了发动机。不过还是感谢仁慈的主让我当时正好沉醉在普利尼-蒙哈榭[1]的缠绵之中，并且还在试图辨认我在塞德蒙顿的时候潦草写下的那些安魂曲相关的笔记。

418 大概是因为超音速飞机上的那一出，我把 4 月全部安排了《安魂曲》的工作。我发觉让我坐在钢琴边上就着拉丁单词谱曲根本不可能。在为大肆饱览全英国那些被低估了价值的教堂建筑而开展的漫长的徒步巡游期间，凭着自己小学水平的拉丁文和一份不错的英语翻译，我得以对这些文本及其含义百般揣摩。我会针对一些字句在头脑里反复酝酿，之后在钢琴上试一下，认定这是一堆垃圾，然后跑去看另一栋建筑，再重复尝试这些步骤。英国唱诗班独树一帜的依靠男童“高音”的传统是我的创作基石。拉丁语显然不是英国国教会使用的语言，不过对于我所钟爱的维多利亚时代的牛津运动派把持的香不离手的英国天主教会来说，这根本不是问题。

到了 4 月底，我的工作进展飞速到已经可以宣布《安魂曲》将在当年 7 月的第十届塞德蒙顿音乐节上首演了。塞德蒙顿离温切斯特不远，那里有全英国最优秀的大教堂合唱团之一。我联系了他们的音乐总监马丁·涅瑞，想看看他的合唱团是不是可以承担这次音乐节的演出。这可是一个大事情。一座大教堂的合唱团要在星期天的晨祷和晚祷唱两组完全不一样的曲目，外加每天晚课也要唱，曲目也得天天换。除了音乐上的安排，这些孩子每天还要上常规课。让他们为了一部很可能再也没第二场的演出来学唱新的作品，未必能让温切斯特大主教

---

① 一种红葡萄酒。

轻易答应。尽管如此，马丁同意见面聊聊，然后就定下了一个日期，拿谱子的初稿来试一遍。

5 月份刚到，肯·希尔的《剧院魅影》在东斯特拉特福德开演了，卡梅隆、莎拉 B 和我在一个炎热的夜晚去看了一场。正如我们所预期的那样，魅影老是从那些薄薄的维多利亚风格的布景里窜出来，嘴里喊着“哇呀呀!!!”吓得克里斯汀表情夸张地唱起像普契尼的《亲爱的爸爸》这种风格的咏叹调。这样子绝对是进不了西区的剧院的，不过能感觉出来这是一棵搞笑演出的好苗子。莎拉 B 对这部戏不置可否，419
至少不觉得这是她的菜。她的眼光一直盯着主流歌剧，不管角色多小，并在声乐导师伊恩·亚当的指导下，花费了巨量的时间来练习。

当她不练声的时候，就会忙着打扮我们在梅费尔的格林街上的新公寓，在一栋又高又细长的房子顶楼，俯瞰着一栋久已不复存在的大宅子的花园。我们在那里没住多久，尽管这地方紧挨着多彻斯特酒店和康诺特酒店①——不过也可能正是这个原因，这片地区相当不太平。某个阴冷潮湿的夜晚，我沿着帕克街往家走。不远处，有个穿着迷你短裙，看起来十六岁都还没到的小姑娘，躲在一个门洞里瑟瑟发抖。一辆米黄色的小面包车冲到她身旁，司机打开车身侧门，大喊道：“上车!”然后把这孩子推到车厢地上，跟另外两个姑娘挤在一起，然后他一踩油门奔着牛津街而去，嘴里吼着“我认得你的!”和一些威胁的话，就像我刚刚报警了似的。

尽管莎拉 B 并不待见肯·希尔的《剧院魅影》，卡梅隆跟我还是宣布我们会在那年晚些时候，把他的《剧院魅影》再开发一下。我们并不打算改掉这部戏的滑稽风格，音乐上也会保留使用歌剧曲目集锦的

① 两家都是伦敦的五星级豪华宾馆。

方式。我提议这部戏可以考虑加一首我创作的主题歌，不过这也是我打算在音乐上参与在内的最大程度了。就这样，我把肯·希尔的《剧院魅影》抛在脑后，回到了拉丁安魂曲的工作上。

5月中旬，我上了《时代》杂志的一篇专访。文章主要围绕《星光快车》的开演，因为这意味着我创下了有三部戏在百老汇和有四部戏在伦敦同时上演的纪录。专访是由备受尊敬的乐评人迈克尔·沃什主笔的，标题是“音乐剧巨星——英国的安德鲁·洛伊德·韦伯就是当今世界无人可以挑战的王者”。若能以此为我的悼词，夫复何求。我的美国公关代理觉得这可真是天上掉馅饼了，我倒没这么确信。

420 文章的主旨是说我这个外来户，已经将最具美国特色的百老汇音乐剧这一表演形式尽握在手，并让一些传统作品相形见绌。此文包含了一些对我的创作进行的严肃分析。沃什提起了“伤感的，几乎是无调性的《耶稣基督万世巨星》的序曲以及《艾薇塔》的开场合唱”，他接着写道，“甚至最能表现‘学识’的音乐形式，赋格，也在《猫》中亮过相了，在序曲和杰里科舞会那段芭蕾表演里都可以看到。”他评价道：“洛伊德·韦伯的技巧方面——切分音、不常见的八-十拍［他是不是指八七拍?］——是绝对不会被忽视的。”

他甚至对结局悲惨的《通天管家》也给予了一定肯定：“《通天管家》里包含了一些典型的吸引人的洛伊德·韦伯风的曲调，就像波提·伍斯特①抹的发油那样顺滑流畅。”文中引用了我关于技巧的说法：“这些技巧给你的创作立足点提供了坚实的根基。如果音乐上没有一些核心的，一个最根本的力量，你也没法继续创作出引人关注的东西，就是旋律。”我老老实实地说：“我要是有职业整体规划，现在就不会

---

① 《通天管家》中的主要角色。

创作《星光快车》，而是会写一部三流的歌剧作品，全程伴以弦乐四重奏，演两场，收获一些让人心醉的评论。可是我真没打算把规划细致到这个程度。”

我的职业整体规划里，绝没有想到过会出现这样一篇美妙文章。当然我万分感激沃什对我的音乐采取的严肃态度，很高兴，他能理解我对作品结构的重视。可是我觉得这篇文章就像是一块冲着百老汇的牛群挥舞的红布。那个时候，我还算是一个外来户，还没有在白色大道①周围的工作坊和钢琴酒吧里挥洒过汗水。罗纳德·里根和玛格丽特·撒切尔也许十分珍视“英美特殊关系”，可是英国音乐剧并没有被包括在内。

我越想这篇文章，就越觉得回火烧身的可能性大。我怎能指望美国的戏剧评论人理解《星光快车》的天才构思？对他们来说，这不过就是一个热衷于大场面的作曲家的又一次自我表现而已。好吧，《艾薇塔》的确是从一个黑箱子剧场开始设计的，可那是哈罗德·普林斯的 421
功劳，尽管是我把哈罗德请来入伙的。百老汇版的《耶稣基督万世巨星》确实光芒闪耀，百老汇版的《猫》也丝毫不逊色，现在这个已经在美国占据了独家地盘的家伙，又打算推出一部由跳着机器舞的说唱歌手们主演的大场面演出。除此之外，他还宣称在创作一部《安魂曲》！这货显然是个卑鄙小人。这就是我觉得评论圈可能会产生的看法，而我并没有完全想错。

与此同时，百老汇的制作人都前所未有地热衷于把我的演出拉过去。围绕着《歌声舞影》开始了一通争抢，尽管这部演出的出身并非戏剧作品。卡梅隆也开始有些警惕。他强烈认为应该由一个美国创作团队接手，尤其是为了确保打消美国评论人对英国编舞作品的嘲讽，

① “百老汇”的另一个说法。

就算迈克尔·贝内特对吉莉安·林恩有着近乎谄媚的赞扬，这种嘲讽也是绝对“正确”的。弗兰克·里奇已经就《变奏曲》对安东尼·范·拉斯特咆哮一通了，尽管他觉得我的音乐还是“赏心悦目”的。

《歌声舞影》能进军百老汇，我当然会很高兴，只是也不必急吼吼。不过我态度坚决地告诉布莱恩，《星光快车》绝不能往百老汇靠近半步。当罗伯特·史迪格伍德主动提出一个美国体育馆巡演计划时，可真是帮了我大忙，再加上我富有传奇色彩的唱片制作人菲尔·拉蒙带着美国演员来录制一张概念专辑的方案，就符合我的预期了。我让布莱恩去跟进这些事情，然后埋头于计划在 7 月 13 日进行的《安魂曲》演出。

我完成的谱子包括全部合唱、四个独唱、童声男高音、女高音、男高音和男低音。莎拉 B 担任女高音，其他都是从温切斯特大教堂合唱团里选出来的，包括童声男高音保罗·迈尔斯-金斯顿，他和莎拉 B 一起，既参加了音乐会的首演，也录制了首版唱片。当时的《安魂曲》的器乐谱含有一架管风琴和五位乐手。乔恩·希瑟曼这次演奏打击乐
422 器，他的妻子芭芭拉兼任次中音萨克斯和长笛。大卫·卡迪克和大卫·库伦来负责键盘，所以乐队几乎像一家人那么和谐。温切斯特的合唱团团长马丁·涅瑞担任指挥。

也许是梦幻般的夏日夜色起了作用，也许是单纯的乡村教堂氛围交织着一些特别的魔法——在音乐间歇中可以听到鸟儿鸣唱，如此美妙——反正观众们看似被传入他们耳际的声音给打动了，反响相当不错。布莱恩·布罗利几乎是马上收到了来自同属于百代唱片旗下的古典厂牌“大师之声天使”和“飞利浦德意志留声机”要求录制《安魂曲》的要约。前一家公司的老板，文质彬彬的彼得·安德烈可是当年活生生的传奇人物。安德烈是百代公司古典部门的元老，1956 年就入

行了，并且跟严肃音乐领域的每一位大牌都合作过。他的自传副标题叫“与卡拉斯、罗斯特罗波维奇、多明戈以及古典音乐精英们共事”，绝不是自吹自擂。本能告诉我，他会成为我在古典音乐雷区里的最佳引路人，所以就交给“大师之声”了。显然，我第一个想到要拉进这个项目的人就是多明戈，可是彼得要求在这之前先仔细查看一下乐谱的细节。他特别坚持要我把配器扩充到全编制的交响乐队规模。我现在觉得，他认为这么做可以确保获得某个重量级指挥的背书。

他首先想到的是安德烈·普列文。当我见到安德烈的时候，《耶稣基督万世巨星》电影版的那些陈年烂事早就翻篇了。他很喜欢开场从第一拍起就有童声男高音演唱的那段。他颇欣赏“永恒的安息”（Requiem Aeternam），赞扬了从“奉献经”（Offertorium）到“仁慈的耶稣”（Pie Jesu），对结尾也感到满意，而其他部分他就有点想法了。我告诉他这只是初稿，可惜最后发现他的档期排不过来。尽管他已经是皇家爱乐乐团的首席指挥了，但他还在从匹兹堡交响乐团转赴洛杉矶爱乐乐团任职的过程中。不过我猜，要是他真的想参与这个项目，应该是可以兼顾这些职务的。

彼得·安德烈立刻就转向另一位著名指挥，碰巧也是跟匹兹堡交响乐团有联系的，洛林·马泽尔大师。经过两次漫长的会议，马泽尔 423
同意加入了。能与这位非凡的音乐大师一同工作，我一辈子都感恩戴德。他跟列奥纳德·伯恩斯坦大开大合的指挥风格是完全对立的。即使是指挥最复杂的乐谱，他只消手上轻轻一挥，就能引领他的管弦乐队大军随之而动，而且他经常靠记忆指挥。直到 2014 年他去世，洛林跟我都保持着友好关系。他去世前不久我们还一起用了午餐，讨论由我给他的卡斯尔顿音乐节作曲的事情。

首先我们确定的是，我要把男低音独唱拿掉，把他的音乐部分转给男高音。这个改动给我的音乐设定的逻辑带来了巨大的改善。我想要让男童声部代表未被玷污过的童年时代，就是说没有孩子生来就懂得仇恨，同样，没有孩子生下来就隶属于某个宗教信仰。女高音在我看来就像是一个完美无瑕的年轻姑娘，被那些以宗教信仰之名行使的暴力所困扰，而男高音则代表目睹了这一切而对这个世界感到厌倦的芸芸众生。男低音和男高音声部的合二为一，让这个简单的概念更容易被理解。

8月底，莎拉B跟我去威尼斯住了几天。在那里，我无意中发现了一部我至今仍认为可以令人耳目一新的作品，尽管卡梅隆和我后来一开始就把这个项目搞砸了。当我们在圣马可广场享用咖啡时，餐馆的乐队冷不丁地献上了一段《波希米亚人》的金曲联奏，编曲令人惊艳，有钢琴、手风琴、两把小提琴，还有低音提琴，简直是大师级水准。乐队领班告诉我，这段餐馆音乐的编曲就是普契尼自己。我一下子来劲了：还有没有其他类似的作品？

显然，对自己的歌剧作品可能会收到恶意评论有所预料，普契尼会在新的歌剧登台前几周，在全意大利的餐馆里把曲子轰轰烈烈地推广一遍。简言之，比起概念专辑、电台推广和在Spotify①刷热度——凡是
424 你能想到的宣传手段，普契尼的做法已经遥遥领先。他的发行商里考第在米兰的办事处在“二战”期间被炸成粉粉渣渣，所以这些仅存的旋律联奏的谱子，全靠为数不多的老餐馆乐队领班世代流传。这段《波希米亚人》的谱子，就是从这位领班的曾祖父手里传下来的。我一回到家就立刻跟卡梅隆提议我们重新创作这些联奏，然后编一出戏，就用一座餐馆里的招待们来演绎普契尼的一生。卡梅隆找来了机智风趣的古典音乐评论家罗宾·雷当编剧，我们也确定了将在1985年的塞

① 全球最大的正版流媒体音乐平台之一。

德蒙顿音乐节上演这部戏。

就这样把这个项目启动后，我们俩都跑去纽约为《歌声舞影》开会去了。更重要的是，我被安排跟彼得·安德烈一同前往大都会歌剧院，观摩多明戈出演的《罗恩格林》。计划在演出后跟他见面，确认我们有希望在下一年里，完成唱片录制和现场版首演这两个目标。

要想招来瓦格纳铁杆粉丝的破口大骂，有个不二法门是宣称他的序曲就是全剧的最佳段落，因为你可以只用几分钟时间就能听到剧中所有名曲，不用为了余下的部分再熬上八个钟头。另一个妙招，就是声称你听闻那家以将其冠名诗人的全部作品都压缩到两个小时以内而著称的“压缩莎士比亚剧院”①，最近开了一家分店，叫“压缩瓦格纳剧院”，能把全套《尼伯龙根的指环》用一幕戏演完。第三个办法，只供圈内人使用，则是宣称你有多么喜欢保罗·尼古拉斯在肯·罗素的片子《李斯特狂》里饰演的瓦格纳了。

《罗恩格林》那段美妙的序曲过了没多久，我就不得不赞同第一种观点了。大概也是时差作祟，我发现很难融入特拉蒙德、艾尔莎和坐在一支天鹅拉着的小船里的那位神采奕奕的骑士的故事中去。我记得安东尼·鲍勒斯说过，冲着瓦格纳把这些东西都写出来了，你也该佩服他。当第一幕终于结束的时候，彼得·安德烈跳起来，跟我说：“现在咱们去吃晚饭吧。”我有点晕了。莫非瓦格纳作品的惯例就是你在两幕之间可以享用一顿漫长的晚餐，就像在格林德堡音乐节一样？要是真的话，第二天早上的 8 点就得开始早午餐了，而且我们还有第三幕
要看完呢。彼得拖着我快步走进歌剧院对面的一间餐厅。“咱们那个小 425
伙子第二幕一场戏也没有，第三幕也只要演半场。”他说，“所以我们先吃点东西，然后等他上场再回剧院去。”

---

① 压缩“Reduced”和皇家“Royal”的首字母一样，所以这里是指“皇家莎士比亚剧院”。

我哑然无语。这可是百代唱片古典作品分部受人尊重的老大说的。我只有恭敬地坐下，低头吃自己的饭。

这两个项目如今在纽约同时开进。卡梅隆同意我们给《歌声舞影》找一个美国编舞，所以我们跟彼得·马丁斯见了个面，可我指出他其实是丹麦人。然后我被告知他自1970年开始，就在乔治·巴兰钦率领的纽约城市芭蕾舞团担任首席舞蹈演员，现在已经是该团的舞蹈导师，是一个荣誉美国人了。同一天我们又跟理查德·马尔特比共进午餐。

卡梅隆觉得如果彼得和理查德入伙，我们就有了一支百老汇看得上眼的团队了。我也明白，这两位我都能合作得来。我还对马尔特比提出找伯纳黛特·彼得斯来演《星期天再说》。伯纳黛特是从百老汇开始职业生涯的，因为出演《麦克和美宝》而走红。可她很明智地转向了电视和电影领域，拍了《大笨蛋》以及跟史蒂夫·马丁合作主演的《天降奇缘》等影片。所以她避开了其他年轻的音乐剧女演员遭遇到的被归类为“音乐剧演员”的命运陷阱。我觉得她是个颇有突破性的选择。

我吹毛求疵的担心这下成双了。首先，我们真的要仅仅为了迎合纽约的评论圈，就把伦敦的创作团队改为当然也是无可否认的具有天赋的美国团队吗？其次，这部两剧同台的演出在英国畅销热卖，主要归功于《变奏曲》和《星期天再说》都是上榜热门。可这两部戏没来过美国，那么《歌声舞影》会不会被当作一部随着《猫》跟风登陆的音乐剧，而不是两张畅销专辑的“戏剧音乐会”呢？不过伯纳黛特已经点头答应了，我又怎么能退缩？卡梅隆那富有活力的热情再一次把我的疑虑一扫而空。

多明戈也答应了。那些经年累月日程排得满满的人，当他们真心
426 想要参与某些事时突然就能有档期了，真令人难以置信。很快，《安魂

曲》——就是我们现在用的名字——把录音的日子定在了圣诞节前的那一周，就在修道院路1号录音棚。接着彼得·安德烈提议首演应该放在美国，紧接着再在伦敦演一场。我喜欢这个方案。我觉得这样能让美国看到我的严肃音乐的一面。我提议把第五大道的圣托马斯教堂作为演出场地。这座教堂和英国天主教堂的运作模式一模一样，有一支全日制专业合唱团和一个男童合唱学校，在美国真正地独一无二。一眨眼都不到的工夫，就敲定了第二年，也就是1985年的2月24日，在那里举办世界首演。

这些都令人无比惊喜，不过所有事情都得以快速落实，也就意味着我没剩多少时间可以给《安魂曲》按照全编制的交响乐队重新配器了。于是我请大卫·库伦来帮我一起改谱子。接着我又请来了我爸爸的明星学生大卫·卡迪克来担任我的工作助理。

还有另一个项目我不能放手，就是给肯·希尔的歌剧大杂烩《剧院魅影》录一首主题歌。有人提议麦克·拜特来当制作人兼词作者——甚至有人提议我来作词。这个主意挺不错的。麦克·拜特以推出“温布尔顿的尖鼻怪”这支乐队而出名，不过他也写过《亮眼睛》这样的歌，还为电影《沃特希普荒原》作过曲。本来他们是找我给这部电影作曲的，可是在《通天管家》惨败之后，这份邀约就被火速撤回了。麦克和我很快就一拍即合地工作起来。11月初，他在联合独立唱片公司录音棚里开始录制分轨。莎拉推荐了她的老相好麦克·莫兰来演奏键盘。

尽管这首歌的结尾改动很大，但节奏音轨的编曲还是在剧院的管弦乐队基础上进行的。我们还做了一版纯器乐版：麦克·莫兰精彩的管风琴部分是速度减半录制的，否则没法弹出来。最后这段成了序曲的第一部分。不过这都是后话了，因为卡梅隆跟我对肯·希尔的《剧 427

院魅影》的参与彻底终止了。

这是在一次去日本出差时发生的。尽管我为了全力投入《安魂曲》而撇开了几乎所有事情，我还是不能拒绝跟莎拉、布莱恩和卡梅隆一起去看《猫》在那里的演出。我发现吉姆·沙尔曼也会在东京，他是伦敦版《耶稣基督万世巨星》的导演，之后又导演了《洛基恐怖秀》。真是机缘巧合，还有谁能比这位刚刚给最酷的邪典电影掌舵的人，把肯·希尔的《剧院魅影》导演得更漂亮呢？

我们一抵达东京就被请去参加一场接风宴，做东的是日本戏剧界的霸主，当地的制作人浅利庆太，他的四季剧团公司正在演出《猫》。席间一道特别的美味就是金枪鱼干寿司。我从不知道还可以用鱼干做寿司，好似用肉干来做烤排一样。鱼肉不是被吊在阴凉的室内风干，而是被保存在柳条编的小篮子里，有点像中餐馆里装点心的那种，区别在于它们底下放的是冰块。这道美味是由一些打扮极其庄重的艺伎女郎呈上的，她们对男性食客——所以莎拉就不在其列——都毕恭毕敬，就像一些好莱坞早期的东方题材电影里的临时演员。食客照理应该当她们不存在，所以当我问一位艺伎她们是不是服务过不少类似的宴席时，尴尬的事就发生了。“我是您的甘比猫。”她回答道。因此这些艺伎女郎都是由我们的女演员担任的。请体会一下莎拉的心情。我心里既感到震惊，又感到……我承认……滑稽。想一想马上就要成为约翰·纳皮尔太太的性感的唐娜·金，身穿一件艺伎和服，端着寿司为我们上菜的样子，的确很令人赏心悦目。

下一个震撼则是一顶帐篷。卡梅隆、布莱恩和我都同意在日本授权上减免一些版税，因为他们说，除非搭一个帐篷，否则在东京没有地方可以给《猫》提供一个半圆形的场地。而这顶帐篷则因为城市规划的原因，不得不经常进行耗资巨大的搬迁，所以版税要减免一点。

428 这顶帐篷简直就像一个城市。里面有餐厅、按摩房，在我去过的剧院里看到过的最大的音响系统，被围绕在上千个观众席之中，还有一个需要靠一座小型发电站才能提供足够电力的灯架。我们还被告知，日本的演出很少能在一个地方停留几个月以上。

我们不算被彻底忽悠了，可也算不上没被彻底忽悠。[①]

我们跟吉姆·沙尔曼很开心地用了顿午餐。隔了快十年，再次见到他太令人高兴了。不过很明显，他已经离开福特博士[②]的异装癖世界十万八千里了。他此时已经深耕严肃歌剧领域，刚刚执导了布里顿的《魂断威尼斯》在阿德莱德艺术节剧院的制作，和贝尔格的《露露》在悉尼歌剧院的演出。一部荒诞搞笑剧目已非他心之所属了。

“应该你来写。”当我们拥抱告别时他说，“应该你来写一部《剧院魅影》。”

我不以为然。在《星光快车》之后，我最不想涉足的戏剧创作，就是给一部滑稽音乐剧写几首附加的曲目。

因此卡梅隆和我决定《剧院魅影》的这个思路就此告终。有了《安魂曲》以后，我手头已经够忙的了，他则找到一部根据维克多·雨果的《悲惨世界》改编的，在法国体育馆里演出的景观剧，想要说服特雷弗在皇家莎士比亚剧院执导制作。卡梅隆跟肯·希尔说没有吉姆·沙尔曼的话，我们觉得前景不乐观。布莱恩也向麦克·拜特表示了感谢。也许有朝一日《剧院魅影》的主题歌可以成为莎拉的一张全新单曲，不过还是得等我全力以赴完成《安魂曲》再说。

---

① 这是指四季剧团的确为演出《猫》搭了个帐篷，只是这个帐篷并没有像他们声称的那样一直要搬来搬去。

② 《洛基恐怖秀》的主人公。

35 《安魂曲》

429 我不知道有多少作曲家在完整演完一遍他们的《安魂曲》以后，会哭喊道“用我的王国换一辆灵车！”①，反正我在第一次乐队排练结束后这么干了。

那次排练是于12月初，在伦敦南部的亨利·伍德音乐厅进行的。洛林·马泽尔执棒。那次估计城里所有的古典音乐大咖都齐聚一堂来聆听这一杰作的首次亮相，结果却是灾难一场。因为编曲被改为全编制乐队规模后，我本来准备得恰如其分的六段音乐，被搅和成了一锅超大尺寸的牛奶冻。②录音计划本应该再推迟几个月，好让我把《安魂曲》重新编曲，可是录音档期已经预定了，而且英国广播公司也已经安排好要拍摄纽约的首演。导演是英国广播公司的顶级严肃音乐节目制作人、主持人汉弗莱·伯顿。他跟列奥纳德·伯恩斯坦关系很密切，在古典音乐直播领域无人能与之匹敌。开弓没有回头箭了。

第二天我跟洛林开了个会。大卫·库伦之前的工作很出色，他保留了所有我创作的主题和合唱——只是因为为全编制交响乐队改谱，就夺走了作品的质朴本色。洛林提出了一个快速修复方案，就是砍掉小提琴部分。作为一个快速修复方案，这主意不错。这意味着只要稍

① 此处借用了莎士比亚的剧作《理查三世》里的台词“用我的王国换一匹快马！”，英文里“灵车”是“hearse”，和“马”（horse）的拼写及发音比较接近。

② 指乐部混在一起，相互干扰。

作修改，人声部分的音高就完全不会被干扰。大卫·卡迪克和我花了一星期来修订总谱，大卫·库伦则以惊人的速度把我们的修改意见忠实地反映了出来。

圣诞节前一周，我们在修道院路那里录制了五次。多明戈的歌喉 430
华美亮丽，只是在“和撒那”（Hosanna）①里的标准速度唱段处有些费劲。因为那次录音用的是古典管弦乐队配置，而非近距离录音，鼓声没有被屏蔽掉，于是到处都有回响，搞得一团糟。约翰·库兰德，百代的顶级古典音乐录音工程师处理乐队和合唱团的录音的方式让我大饱眼福。所有的声音都是通过一棵“树”收音的，就是把一组指向性话筒捆成一簇，高高地吊在指挥台上方。结果就是录下来的音乐力度跟指挥需要乐队做到的一样平衡。只有独唱演员有自己的话筒。我了解到老一代古典音乐录音编辑，确实会测量录下某部分乐曲的录音带的长度，然后替换为制作人觉得效果更好的“样带”里差不多长度的录音带来编辑的。我很惊讶于这么粗糙的做法居然每次都能奏效——这样的做法在数码时代已经不复存在了。当我第一次听到完成后的录音时，我非常兴奋，还略微有点骄傲。我觉得我的确是向着未知领域迈出了重要的一步，而且结果颇令人满意。显然当时身边的人都在给我打气。如今我就不这么确信了——实际上，总有一天我会把《安魂曲》大修一次。

我对我最初的构思还是很满意的，对这个世界感到厌倦的男高音、不断抛出问题的年轻女高音和天真无邪的孩子。开头的“永恒的安息”（Requiem aeternam）这段我也很满意。不过现如今我会砍掉开场的乐队部分，就用无伴奏的童声给《安魂曲》开场。我对整部弥撒②结尾处

① 指“赞美上帝”。
② 指《安魂曲》。

不断重复的那段也很满意，它那简洁的 E-B-E 旋律，暗示着“lux perpetua”，意即“永恒的光芒”，这也是我在那段给“当审判者落座之时”（Judex ergo cum sedebit）配的大气磅礴的管风琴和弦前后，安排童声无伴奏地反复吟唱“永恒的”（perpetua）直至曲终的用意。

我真希望没有把第二段“垂怜经”（Kyrie Eleison）[①]配上与开头一段一样音乐。“垂怜经”应该单独成章。我的“震怒之日”（Dies Irea）
431 糟糕透了，每次听到这段都让我感到“震怒”。“震怒之日”这种段落对于作曲家来说，应该是一个一鸣惊人的时刻。我的这段太温和了，应该被扔进垃圾堆。我脑海里的确有了一组新的旋律，不过我有没有这个能力把它写出来就是另一码事了。要是我重写《安魂曲》，一定是从修改这段开始。

“号角的美妙声音”（Tuba mirum spargens sonum）还不算无药可救。配器上稍微花点心思，就应该能把它弄得更漂亮点。我需要加上一支带着舞步节奏的调皮的大号，听起来就像是它误撞进了一场酒神节狂欢似的。我对“死亡与自然”（Mors stupebit et natura）这段也挺满意。这句话在我脑海里挥之不去，“死神和自然必将惊讶于生命之重生”，而且音乐也预告了“仁慈的耶稣”（Pie Jesu）的主题。

“令人敬畏的威严的王”（Rex tremendae）从歌词来看就是一个宏大的主题，而其中的“救赎我”（salva me）则是一个卑微的恳求。这段也就马马虎虎吧。接下来的两段，“求你垂怜”（Recordare）[②]和“挽歌”（Ingemisco）[③]则分别写给女高音和男高音独唱。我试图以不断变化的后续来呼应这段文本的意境。我试着给女高音的“亲爱的耶稣请记得，我就是让您降临人世的原因”找一段飘飘然的旋律。目前的结

---

① 意为“主啊，怜悯我们吧”。
② 意为“记得”。
③ 意为“痛悔罪孽”。

果只让我满意一半。男高音独唱的歌词翻译过来就是“我像个死囚一样呻吟，我因悔恨罪孽满脸通红”，很恰当地描绘了我对自己的主题设定的感受。就像“震怒之日”那样，这段完全不合格。不过跟“震怒之日”不同的是，这一段里有很好听的旋律，只是不适合放在这里，跟歌词完全不搭。我在“流泪之日”（Lacrymosa dies illa）的旋律上花了不少工夫，尽管这部分依然差得远。

“奉献经”（Offertorium）这段在神学意义上来说，并不属于安魂弥撒的内容。不过我喜欢它的文字，还有它对救赎的恳切——“准许他们从死亡超升入生命的境界”。我对这段的主题设定非常满意。我很喜欢当合唱团全体声部高唱“准许他们从死亡超升入生命的境界”（Fac eas Domine de monte transpire ad vitam）时，逐渐形成一个整齐划一的表达。我把“圣哉经”（Sanctus）作为终曲加进来，是为了暗示《安魂曲》的情绪变得乐观起来了。这又引出“成年”男高音过早地用 432
“和撒那”（“和撒那归至高神，奉耶和华的名来的是应当称颂的”）来歌颂的段落。他及时地被愤怒的年轻女高音打断，她用“震怒之日”的文本配合“求你垂怜”的音乐，刺破了这种情绪氛围。我喜欢“和撒那”的旋律，不过讨厌铜管部分的音乐，我很有可能会把这部分完全砍掉。

接着就是“仁慈的耶稣”。这一段就是当我读着文本，旋律就油然而生的时刻之一，而且我就觉得这里应该是段二重唱。有鉴于此，我必须承认一桩心事——伤心的是，它跟一个永远无法实现的愿望有关。我真心希望这段由艾弗利兄弟二重唱组合来录制。我颠倒了最后两段礼拜仪式，就是“永恒之光”（Lux Aeterna）和“解救我”（Libera Me）的文本顺序，还重复了一段“震怒之日”的文本，引出童声用“永恒的安息”部分来结束整首《安魂曲》，暗示着孩子看到了永恒的光芒——“lux perpetua”。不过“永恒的”的重复出现，则暗示触发

《安魂曲》的那些无谓的暴力行为永不会消失。

《安魂曲》在纽约第五大道上的圣托马斯教堂的首演，是在1985年2月25日。英国广播公司打算现场录制的决定将其变成了一桩盛事。参加录音的艺人们与圣托马斯合唱团全体一起参演，纽约和百老汇的重要人物也都全体出席。前首相爱德华·希思也在观众席中——其实只是凑巧。甚至温切斯特大教堂合唱团的小家伙们也都飞了过来。摆脱了古板的英格兰教堂小城里曲折的走廊的束缚，他们旺盛的精力就献给了美国旅馆里的成人频道，以至于他们的滑稽行为差点被《纽约邮报》刊登出来。这场首演对我来说是加了倍的精神折磨。既担忧《安魂曲》会有怎样的反响，又为将与多明戈和马泽尔一同登台的我的年轻妻子莎拉感到紧张。

433 洛林倒是气定神闲。某天下午在休息时，我请他解释一下极简主义以及菲利普·格拉斯究竟是怎么回事。洛林从“重复”手法开始讲起，及其是如何从一些包含了20分钟持续不断的和弦与之后20分钟鸦雀无声的交响乐作品开始兴起的。突然之间，他停了下来，看着一脸呆滞的我，“安德鲁，我跟你解释这个其实毫无意义，你可是个极繁主义者。”

这次首演好到不能再好了。多明戈发挥了他的最佳状态，莎拉不仅表现得令人惊喜，我专为她创作的难度极高的高音也处理得轻松自如。比较无聊的部分，是英国广播公司的汉弗莱·伯顿就观众即将聆听到的天才之作发表的洋溢赞美之词却又令人尴尬的长篇大论，听得我羞愧难当。无疑这段话语只能给前一年的《时代》杂志的文章火上浇油。这次我猜对了。确实有几位反响不错，不过大部分乐评人对《安魂曲》并不以为然。其中不少人指控这部作品并非原创，还列举出了几位作曲家，可是这些人我从未耳闻过，更不可能听过他们的作品。

不过“仁慈的耶稣”总算幸免，被誉为杰出之作，如今已是我最负盛名的作品之一了。有时候我很好奇那些希望在婚礼上播放这首曲子的人们，有几个知道歌词“Dona eis requiem”是说“赐予他们永恒安息”的呢？夏洛特·彻奇曾有一段时间把这首歌当作她的标志性咏叹调，就经常遇到这样的麻烦。她曾婉拒在鲁伯特·默多克与前妻邓文迪的婚礼上演唱这首歌，并解释说要是唱了，会传递出错误的信息。

5 月份，富有传奇色彩的俄罗斯芭蕾舞演员，时任美国芭蕾舞剧院艺术总监的米哈伊尔（“米沙”）·巴里什尼科夫联系上了我。他想知道《安魂曲》可否由美国芭蕾舞剧院以芭蕾的形式在大都会歌剧院上演。不止如此，他还提出由传奇性人物肯尼斯·麦克米兰爵士担任编舞，而且他自己与当时如日中天的意大利芭蕾舞女演员亚历桑德拉·费利合作主演。我不由得倒吸了一口气。肯尼斯在过去的二十多年里在考文特花园给一些皇家芭蕾舞团最优秀的剧目担任了编舞，其中有两部是我个人的最爱：普罗科菲耶夫的《灰姑娘》和《罗密欧与朱丽 434
叶》，更别说克里夫·理查德在《咖啡邦戈》这部片子里的舞蹈了。这简直就是天降的梦之队。演出预定在 1986 年春季开始，莎拉被邀请担任独唱演员，因为肯尼斯认为她是整部作品必不可少的一部分。我也安排了在《安魂曲》于西敏寺教堂举行英国首演后尽快和肯尼斯见面。

回到国内，反响就好很多了。颇有影响力的《留声机》杂志评价《安魂曲》将会成为仅次于斯坦纳的《耶稣受难曲》的作品。乐评人爱德华·格林菲尔德在《卫报》上也呼应了这个看法。爱德华·希思还在《金融时报》上发表了一篇赞扬的文章。我说服了百代唱片把《仁慈的耶稣》作为“大师之声”名下的“天使”厂牌的首支，也是唯一一支流行单曲发布出去，这可跟他们的思路极相背离。肯·伊斯特，百代唱片流行分部的老板，反对得相当坚决，以至于我不得不摆出我的“罗伯特·史迪格伍德”姿态，提议为5万张唱片的成本提供担保。借力于由艾丝特·兰森主持的热门电视节目《生命之声》中的一次演出，以及由斯蒂芬·弗雷斯导演的一段精彩的视频，所有库存在一周内就销售一空。

《仁慈的耶稣》在单曲排行榜上最高晋级到第三名，在7英寸唱片榜最高排到第一名。让人愤愤不平的是，12英寸迪斯科加长版唱片排行榜的热门曲目都是流行歌曲，而且这个排名直接影响到单曲榜的名次。可《仁慈的耶稣》这首歌很难加上鼓点，而且迪厅老板们也不大可能像他们利用《阿根廷别为我哭泣》那样来用这首歌清场。不过这首歌还是成了我第二首上榜的拉丁语歌曲（大卫·埃塞克斯把他在《艾薇塔》中的《看这一场闹剧》这首歌里的“圣母颂”节录成了一首歌）。这首单曲的所有利润，都捐给了福利机构“救助儿童会”。

《安魂曲》于4月25日在西敏寺教堂举行了英国首演。全体原版演唱者都参加了演出，首相玛格丽特·撒切尔夫人也是贵宾之一。《安魂曲》之后在全英国和爱尔兰各地演出，莎拉每周演出三场。《安魂曲》紧接着在全世界各地上演。在俄罗斯的演出反响相当好，有鉴于
435 我对俄罗斯音乐的热爱，这着实令我感激涕零。不过在初期的热潮之后，《安魂曲》目前只有零星的演出举行。上声部弦乐的缺失，加上超常的女高音声部，意味着这是一部很难驾驭的作品。没有一个乐团经理愿意给30个不上台的提琴手付薪水。此外，我很清楚这部作品还能改得更好。总有一天我要尝试去改得更好，而不是现在这样，只有《仁慈的耶稣》一首歌，因为人们的好奇心而被主流文化所接受。

36 灵光乍现

在纽约排练《安魂曲》期间，一个阳光明媚的下午，我发现我可 436
以放风了。莎拉跟她妈妈一块儿出门去改裙子，以便首演时穿。我顺着第五大道闲逛，晃过一个书摊时，看到了一本加斯顿·勒胡的《剧院魅影》的初版英译本。反正我闲着也是闲着，于是就掏了这 50 美分，回到我们的据点丽思卡尔顿酒店，抱着这本书啃了起来，接着我就灵光乍现了。

加斯顿·勒胡的这部作品，是一道甜腻的大杂烩——有时候读起来像一个编造的历史故事，又沾了点乔治·杜·莫里耶的小说《软帽子》的仙气，接着又读出点恐怖小说的气氛，再接着浸入了法国侦探小说的风格，书里还时不时冒出一点儿以恶魔版的帕格尼尼为主角的《美女与野兽》的调调。说真的，这部作品从头一个单词开始，就跟其“廉价恐怖小说”的定位背道而驰。

不过有一处把我彻底征服了——全书的结尾。在魅影身后数年，他的尸体被挖掘出来，弯曲的手指上赫然戴着他曾送给他挚爱的克里斯汀·戴伊的那枚戒指。

《剧院魅影》讲的就是一个得不到回报的爱恋的故事。

那天傍晚我又冒出一个新的点子来。大家都会铭记在朗·钱尼出演的同名电影里，魅影把观众厅的大吊灯砸下去的时刻。要是这部戏就从拍卖这座破败的剧院里的物品开始呢？我小时候穿行于那些废弃

的剧院的时光，又重现在我的脑海里。要是最后一件拍品就是一座破
437 碎的吊灯，如凤凰浴火重生般从舞台上升起，如同一把真实版达摩克利斯之剑那样悬停在观众厅上方呢？观众应该能猜到，这座吊灯会在某一刻砸下来。那么克里斯汀又是何时把戒指还给魅影的呢？勒胡的小说里没提。

这就是可以被改编成我一直梦想着创作的浪漫传奇的剧情。在我们回到伦敦以前，我跟莎拉一个字都没提。但当我告诉莎拉时，我早就想出了另一个剧情反转点。魅影创作了一部热情洋溢的歌剧作品，给克里斯汀来演。等到演出之际，魅影冒充该剧男主演上场，上演了一出最狂妄而又精彩的大戏。而克里斯汀却当着歌剧院全场观众的面，揭开他的面具来羞辱他。

与钱袋子共舞让我得以找到我梦想的题材，可显然跟钱袋子一起玩，也让我犯了此生最严重的错误，以至于时至今日，其带来的昂贵的代价还在让我头疼。我答应让布莱恩·布罗利把真有用集团在伦敦交易所上市。出于两个原因：寻求一个合作伙伴来资助皇宫剧院的修缮工作的恰谈一直无果；而布莱恩也放弃了和伯纳德·德尔方特合作的努力。在一个公共平台上出售股份，可以筹集资金，我们就能重建皇宫剧院并还清债务。同时布莱恩和我还能给我们自己融到一些资金，我也会和公司签订一份合同，来特别保护我在艺术创作方面的控制权。

实际上，不管我的合同上怎么说，我就是在把自己出售给伦敦金融城和华尔街。财务分析师关心的只是下一年度的利润。要是你的艺术决策跟管钱袋子的那些家伙们认定的有冲突，就等着报应吧。可当时我对这些够我喝一壶的潜在问题一无所知。我以为我会有更多的创作自由，皇宫剧院的重建项目会有资金支持，真有用也能开发出与我

没有业务关联的领域，从而不必完全依赖我的创作状况。那时我完全不知道自己做了一个职业生涯里最具灾难性的决定。布莱恩随即开始 438
找“名人”来担任董事，加入董事会。第一批被提议来我公司担任董事的名单里，就有蒂姆·莱斯。

随着上市筹备安排妥当，我天真地认为自己可以轻装上阵了。我跟肯尼斯·麦克米兰开了个会，然后就一脚踩进了《剧院魅影》的创作中去。过去的创作经历中，剧情和音乐从没有迅速地配合到位过。剧情内容倒也不是一步到位，不过如今的演出依然是遵循我当年草就的结构。下面是我对第一幕做的一些笔记。

> 一座即将被拆除的歌剧院正在搞拍卖。各种和剧情有关的物品都被陈列出售。参加拍卖的人群里，有一位上了年纪的女士和一位上了年纪的男士，分别是吉瑞夫人和夏尼子爵拉乌尔。拍卖物品里有一个八音盒，被拉乌尔买下了（音乐注释——以对话开始，第一段音乐应该从八音盒里出现，第一句歌词应该由拉乌尔唱出）。最后一件拍品是一座破碎的大吊灯，来自那场“众人皆知的大灾难”。像施了魔法般，大吊灯跃然重生。光芒四射的大吊灯升至头顶，与此同时，就在我们眼前，歌剧院也回到了昔日的荣耀岁月。（管风琴和弦，用大型管风琴的上排踏板以三十二分音符助奏，奏响了魅影主题的序曲。）
>
> 歌剧院正排着新戏，新上任的经理安德烈先生和菲尔曼先生刚刚买下这座歌剧院。正在交接的老东家和神秘兮兮的吉瑞夫人告诉他们，一个“魅影”把持着这座剧院，他总是在5号包厢里观看每一部歌剧演出，所以那里必须随时都“保留专用”。如不遵从，一场“超乎你们想象”的灾难就会发生。（这一场戏应该主要

通过对话表演，以便尽快接入下一场戏，不过我们必须听到他们
439 正在排练的歌剧。梅耶贝尔？）魅影对一个脑子糊里糊涂的群演姑娘克里斯汀·戴伊情有独钟，后者最要好的朋友就是芭蕾舞女演员梅格，吉瑞夫人的女儿。魅影一直在教克里斯汀唱歌。他设法让一块景片掉下来，差一点打中首席女高音卡洛塔。她气急败坏地离开，还带走了首席男高音皮昂吉。她的角色由克里斯汀顶上，后者一开始紧张犹豫，最终用自己的咏叹调征服了观众（这首歌里有大的布景调度），并立刻成为全巴黎的话题。（之前应该让卡洛塔也唱一段这首咏叹调。）

下一场戏发生在克里斯汀的化妆间里。克里斯汀跟梅格解释说，她那奇特的老师就是她的音乐天使（一首三四拍的重要曲目）。接着来祝贺演出成功的，是克里斯汀的儿时伙伴，夏尼子爵拉乌尔。他热烈地爱上了她。（注意，小说里提到的拉乌尔和克里斯汀童年时分享的怪异事物。暗黑系的北欧传说，音乐天赋！）这些都被盛怒之中的魅影听到，他诱惑她穿过一面有魔力的镜子，划船载着她穿越歌剧院下方的一个地下湖（管风琴和弦，主题歌），来到他的地下迷宫之中。

他是在一台巨大的管风琴上搞创作的（注意：他应该使用十九世纪之外的风格创作……全音阶？在小说里他的名字叫艾瑞克！决不能叫——《艾瑞克的音乐剧》，烂标题）。魅影告诉她，音乐把他们结合在一起了，无法逆转（这里该有一首歌颂音乐可以带来爱的结合的大歌……）。一夜过去。（他们有没有做了些什么事情呢？）第二天早晨，魅影正在作曲。她把魅影的面具拉开，显露出他的半张脸是畸形的。魅影狂怒不已，可接着哀求克里斯汀要忽略他的相貌，看到他的灵魂（这里应有一个大调的音乐动机）。

魅影把克里斯汀送回来。歌剧院的经理们正因为年轻明星的

> 失踪而慌成一团，拉乌尔也是。卡洛塔则喜出望外。可让她抓狂的是，克里斯汀重新出现，同时魅影也送来了字条（要给魅影找一个非常鲜明的音乐动机），要求克里斯汀在下一部歌剧里，再次 440
> 取代卡洛塔做主演。两个经理对此嗤之以鼻。（不太清楚该如何表现上述内容，情节量较大。来首关于5号包厢的歌？）卡洛塔不把魅影的命令当回事，继续演出，结果只能发出蛤蟆般的声音，蒙羞下台。（搞笑曲目，莫扎特歌剧风格。）
>
> 当了解很多内幕的舞台工人布凯被人发现吊死了以后，剧院一片混乱。拉乌尔带着克里斯汀跑到歌剧院屋顶上，在那里，被吓坏了的姑娘竹筒倒豆子似的诉说她遇见过的那个既可怕又迷人的身影。拉乌尔则说他会来保护她。（终于有机会写一首爱情二重唱啦！先由器乐演奏出在屋顶俯瞰巴黎的美妙感受。）克里斯汀也爱上了拉乌尔，并答应离开巴黎。魅影听到了，在心碎的痛苦催生的怒火下，他把歌剧院的大吊灯砸了下来（重复爱情二重唱和魅影主题歌的和弦……克里斯汀该在哪里——尚不确定）。接着是第二幕……

现在的问题是谁能够把这些都按部就班地展现出来？卡梅隆和我先找了汤姆·斯托帕德，被婉言谢绝了。另一个思路是找重金属大神吉姆·斯坦曼。我们和他在巴黎的大维富共进了一顿华丽的午餐。这位带给我们《地狱之蝠》专辑的人物，是个重量级的吃货和酒鬼。此外他还有相当严重的“餐厅点单失调症”。多年后，当我跟他在《风中轻哨》中合作时，才算是见识到了这毛病的全面发作。一个温暖的纽约夜晚，我们六人一行来到了一家墨西哥餐厅。吉姆研究了一下菜单，然后把领班招待叫过来，慢吞吞地说：“每样菜都给我们来一份。”

这个领班立刻凌乱了：“您确定您是想每样都来一份，先生？”

吉姆慢条斯理地想了想。“还是你在行，”他咕哝道，“每样来六份吧。”

441 卡梅隆和我晚了半个小时才赶到大维富。只见吉姆面前的桌上摆了一排醒酒器，身后泡在冰桶里的葡萄酒瓶也排成一条长队。“我想不清楚该点哪个年份的拉图城堡酒。”吉姆说道。

我看出来吉姆很受瓦格纳影响，这也算正常。可是他的作息时间显然是摇滚风格的，因此我们能在白天开会的机会，是微乎其微的。卡梅隆觉得吉姆那牛奶般白皙的皮肤说明他几乎不怎么见天日，便给我出主意，说是不是可以把他安置在我在塞德蒙顿的房子的地窖里，只要我们想工作了，就跟他说天已经黑了。可惜吉姆对《地狱之蝠》的投入状态和我们的日程安排永远对不上号。无论如何，我算是遇到了一个忠诚的朋友，而且还将跟他一起创作《无论怎样》这首二十世纪九十年代的热门金曲。

接下来，我给理查德·斯蒂尔格打了个电话。理查德是个严肃歌剧爱好者，我估计他的智慧应该能够确保这部戏不会华而不实。我把第一幕的预演安排在了塞德蒙顿音乐节，7 月 5 日，星期五那天。一幕演出应该足以判断《剧院魅影》是否能顺利走下去。

直到此时，卡梅隆还没有开始为制作进行准备。他找到了另一道法式大餐来烹饪。大约一年前，有人给他放了一盘法语概念专辑，是一部 1980 年在巴黎首演的根据维克多·雨果的《悲惨世界》改编的音乐剧，演期不长。卡梅隆看中了其中几首主要歌曲，并认为由特雷弗·努恩结合皇家莎士比亚剧院的加持，一定是能把这部戏改编成适合英语观众欣赏的版本的绝佳组合。

他有一次在卡普里斯餐厅进午餐时头一回提到了《悲惨世界》，他滔滔不绝地说有意邀请一度担任《星期天泰晤士报》的剧评人，并且曾经觉得《猫》最后那首歌[1]特别令人作呕的诗人约翰·彼得，来担任词作者。他甚至已经开始和碧迪·黑沃德讨论在皇家莎士比亚剧院演期结束后，把《悲惨世界》移师到皇宫剧院来演出。尽管如此，我们在《歌声舞影》和《普契尼餐馆》项目上一直是密切地并肩战斗的，442
而且再一次，卡梅隆察觉到我对能把《剧院魅影》作为我自己的创作目标，有多么激动。当他听到最初形态的音乐时，他不太确定理查德是否适合来给这部戏作词。不过我们都同意，拿我在塞德蒙顿音乐节预留的那个星期五晚场时段演个一幕，尝试一下，也没什么坏处。《普契尼餐馆》可以在星期六上午那个空当演满全版。

卡梅隆给出了一个十分重要的建议。由于约翰·纳皮尔正忙着弄《悲惨世界》，他推荐玛利亚·比约森来帮忙进行舞美和服装设计。她刚刚给皇家莎士比亚剧院的话剧《卡米尔》设计了魔幻般的舞台效果，让他有了这个主意。他还主动提出使用快要上演的《悲惨世界》里的卡司，我可高兴坏了。曾在当年首发阵容[2]里出演切的寇姆·威尔金森，终于被选定出演冉阿让，这部戏的男主角，而他会来演我的魅影。莎拉·布莱曼，尽管她正在满欧洲飞来飞去进行《安魂曲》的演出，毫无疑问将会出演我的克里斯汀。整个 5 月都排满了创作任务，这期间我才思泉涌。

6 月到了，该休息一下了。我被邀请和作曲家朱利·斯坦恩和塞·柯曼一起去托尼奖颁奖晚会演奏。可惜的是，1985 年，对音乐剧来说不是一个好年份，有些奖项甚至被取消了。同时在广场酒店举办的托尼奖提名前夜晚会也没什么好玩的。更令人扫兴的是，当天纽约的酒店行业员工全体罢工。

要想进入晚会现场，你得先鼓足勇气通过充满极端敌意的纠察线。

---

① 指《回忆》这首歌。
② 这里是指《艾薇塔》的首发阵容。

我隐隐觉得此地并不适合讨论一星期前，玛格丽特·撒切尔在唐宁街的私人晚宴上跟我分享的那些对付罢工的煤矿工人的经验。于是我侥幸躲过了一颗飞来的鸡蛋，冲进了那个只能被称为停尸房粉丝锐舞晚会的现场。我在某个角落看到了哈罗德·普林斯，他刚刚因为执导一部名为《格林德》的音乐剧获得最佳音乐剧导演提名，而在这个悲催的年度，他能获奖的概率，跟我能把外头的纠察队员变成撒切尔支持者的概率差不多。我提议一起走几步，去附近找个好歹不那么死气沉沉的地方。没过多久我就问道："哈罗德，我猜你从没有想到过要导演
443 一部浪漫传奇作品吧?"心里完全觉得这位给音乐剧《伙伴们》和极简主义风格的《艾薇塔》掌舵的人，会转而谈论柠檬大丰收是如何养活了以色列的。

可他却回答："确实没想到过，小伙子，有什么想法吗?"

我就把《剧院魅影》的事儿跟他说了，包括这个创意是怎么找上我的，我又是怎样在从未考虑过这个题材的时候，误打误撞找到了这本书的。哈罗德说他 6 月最后一周会在伦敦，我们就约好了在塞德蒙顿碰头。

回到伦敦后，我干劲十足地去预定了皇家爱乐乐团，在奥林匹克录音棚给音乐节演出录背景伴奏。6 月 23 日，哈罗德听到了第一幕的音乐。他一听到管风琴的序曲段落，就明白这是大吊灯那段了，如今演出时的段落跟那年夏天我弹给他听的一模一样。说他已经完全了解我想要达到的目标，还是不足以说明问题的。唯一一段被他认为远达不到我的最佳水准的，就是《5 号包厢》，音乐节后这段被改写成第一幕里两位经理以一曲《当家花旦》收尾的那场戏。

哈罗德提出的另一个问题是理查德的剧本里笑料太多了，比如剧中那部莫扎特风格的搞笑歌剧的名字是《唐·尼罗》，翻译成英文就是

"唐·布莱克"[1]，典型的斯蒂尔格风格，可哈罗德觉得这么做很小儿科。我们俩一致同意加斯顿·勒胡让魅影天生就有那令人生畏的畸形是正确的。某些电影版本则改变了这个剧情设定，比如克劳德·雷恩斯演的那版，他脸上的畸形就变成了被酸液浇出来的后果，彻底地削弱了整个悲剧性质的动力。

在分手时，我们达成了由哈罗德来导演《剧院魅影》的君子协定。不过，卡梅隆持保留意见。他理所当然地严重依赖特雷弗及其在皇家莎士比亚剧院的团队，毕竟特雷弗执掌着《悲惨世界》的方向盘。所以他坚持认为特雷弗至少应该在被考虑之列。更要命的是，因为当时哈罗德的三部最新作品《欢乐岁月》《玩偶人生》和《格林德》都以失败告终，搞得卡梅隆很紧张。

我一下子就陷于一个很尴尬的境地。我的内心告诉我特雷弗搞这 444
个故事会有问题。他的聪明才智会让他绕不过那些其实不需多加解释就照单全收的废话段落。哈罗德是个大师级的娱乐工匠，而我深信《剧院魅影》需要的就是一个娱乐工匠。再说，特雷弗已经被《悲惨世界》缠得脱不开身了，不过倒也没让他忙到抽不出时间来塞德蒙顿看《剧院魅影》的演出。

① Nero 是欧陆语言里"黑色"的意思，英文里就是"black"——"布莱克"。

37 “严重脱离原著的改动”

445 有三部音乐剧在 1985 年的塞德蒙顿音乐节上登台：《普契尼餐馆》《剧院魅影》和霍华德·古道尔的《女朋友们》。音乐节的剧场就安排在我们花园里的小小的原圣玛丽教堂。教堂内部布局被反过来用了，所以那个 6 米×4 米的小号舞台正对着原本圣坛所在的位置。舞台上方有个小过道厅，令人窒息地塞满了全程汗流浃背的乐手们。玛利亚就是从这里把吊灯推出来的。不满足于此的她，还想方设法把魅影的小船做成可折叠的，藏在钟塔下方。《剧院魅影》完成版制作里那些让全世界为之倾倒的舞美设计，都被玛利亚奇迹般地塞进了那个和拳击台差不多大小的舞台里。

我们真的狠狠蹭了即将上演的《悲惨世界》的卡司一把，寇姆·威尔金森出演魅影，克莱夫·卡特出演拉乌尔，还有麦拉·桑兹，我们首发阵容里的“甘比猫”出演卡洛塔，以及理所当然地，莎拉·布莱曼出演克里斯蒂（当时把名字里的最后一个元音去掉了）。塞德蒙顿版本是由特雷弗·努恩的联合导演迪恩·麦克休执导的。我问过哈罗德是不是想要来参与，不过他立刻建议在如此早期的阶段，应该由我亲力亲为。

演出是在晚上十点以后开始的，观众们刚刚享用了一顿带有上等巴罗洛葡萄酒的意大利主题晚餐，正在其乐融融之际。因此拍卖会这场戏带来的反响是很令人愉悦的。拍卖品和如今舞台上演的别无二致：

《汉尼拔》的海报、梅耶贝尔的演出中用到的一套人头骨。在拍卖那个雕着敲钹猴子的八音盒时，还有人笑了出来。可是当那段引出拉乌尔 446
就着弥漫整晚的音乐主题唱出“果然精美绝伦”这句歌词的弦乐“集群”冒出来的时候，观众席就像是被一股突然爆发的寒冷气流冰封住了一样。

大吊灯高高地挂在舞台上方的过道厅的后面，灯光闪烁，就像一艘来自外星系的飞船，沿着一条轨道滑向观众。序曲部分和如今完全一致。第一个不同之处是，第一场戏里的排练剧目不是《汉尼拔》，而是《铁面人》，这样就可以让理查德的搞笑能力充分发挥一下了。卡洛塔询问一个狱卒她的情人被关在了哪里，得到的回应是一个被蒙住的声音喊道：“我在这儿呀。”我们这些灌饱了巴罗洛葡萄酒的观众们都放声大笑起来。不过《音乐天使》这段跟如今一模一样（梅格这个角色由舞蹈演员杰姬·哈曼完美出演），主题歌《剧院魅影》和《夜之乐章》也是一样，尽管当时后半部分歌词的旋律重点跟现在完全不同。寇姆演绎得十分精彩，差点就让大家以为演出到此为止了。莎拉则表现出了她曾受过的舞蹈演员的训练，亲自来编排整首歌的动作。一年之后，她跟迈克尔·克劳福德一起，又原样给吉莉安演了一遍。

两位经理的那场戏就像哈罗德说的那样，还不够到位。当时莫名其妙地给这场戏起了个名字叫《报纸》，虽然现在的制作里，我还是保留了一些旋律片段，但整场戏已经被妥妥地删掉了。歌剧《唐·尼罗》的情况与之类似，只是如今的剧名是不那么搞笑的《哑仆》。屋顶的那场戏和如今的版本也完全相同，音乐部分则在《这就是我所盼》之后刻意延续下去，以引导观众直到第一幕结束才鼓掌。如果不这么写的话，这里就会出现第二次误以为演出结束的情况了。那次演出时，当寇姆出现在舞台上方的乐手所在的那个高高的小过道厅，唱出“我给了你音乐”那段歌词时，大家才安静下来，这段也被完整地保留下来了。

当我们把吊灯砸下来后，全场陷入一片漆黑。吊灯理应碰不到观
447 众的头顶，尽管《太阳报》的凯尔文·麦肯锡声称他的脑袋被蹭到了，至少在之后的那个星期里，他在某次电台节目中这么说来着，打破了音乐节后不剧透的常规。我估计他第二天起了个大早，头一个独享了演后酒会。那次《剧院魅影》的观众都是当年重量级媒体平台中数一数二的人物。大卫·弗罗斯特加入了罗伯特·麦克斯韦尔与安德鲁·尼尔进行的“在塞德蒙顿音乐节对媒体前景的忧思”的辩论之中，当然是东道主赢了。

我们只演了第一幕——第二幕还没开始创作，所以我也不能说《剧院魅影》就是音乐节上的轰动之作。《普契尼餐馆》倒是一部让所有人觉得能卖座的作品，同时相当一部分观众赞同卡梅隆提出的，关于剧本立意深度的“顾虑”。不过我还是了解到了我需要知道的信息，《剧院魅影》拥有成为一部特别之作的潜力。

音乐节的场地还没怎么清理干净呢，我就收到了一封来自特雷弗·努恩的信函。信中说他来塞德蒙顿是基于他会被宣布担任《剧院魅影》的导演的误会，他说卡梅隆曾给他送去了勒胡的原著小说，我也曾建议他看一眼那部默片，因此他为了赶到塞德蒙顿而“取消了原定在格林德伯恩举行的一场排练”，因为他觉得他被要求做“一个即将开始的项目的背景研究”。他还说卡梅隆曾告诉他，吉姆·沙尔曼已经不再参与这个项目了——鉴于吉姆从未参与过，这个说法颇耐人寻味——以及在星期天“卡梅隆告诉我，哈罗德·普林斯已经受邀来执导该剧——因此我现在气得浑身冒汗不止”。

这可真是一桩很棘手的事情。我给卡梅隆发了电传，说这部戏都还没写完，请“不要满腹牢骚”，可也别在这么早的阶段到处招摇，还

有，他的《悲惨世界》的导演也许该去冲个澡了。卡梅隆回复说“没有满腹牢骚”，他也没请特雷弗来参与该剧，他只是“纯粹是想确定他是否有兴趣参与，万一客观条件以及时机角度具备的话，也许能证明特雷弗是最合适的选择”。他还说他也“如同我们讨论过要谨慎对待那 448
样，告诉特雷弗目前哈罗德·普林斯表示兴趣相当浓厚”。卡梅隆还提到特雷弗对我把他曾创作歌词的，描述一个已婚男人的故事的歌曲旋律用在了《夜之乐章》上很不满意。我解释说我以为他知道没有唱片公司对那首歌有兴趣。而且我还因为这首歌跟莎拉闹得很不开心，这首歌最早是写给她的，现在我则把它给了一个戴面具的家伙。

音乐节后的几周里，莎拉在我们附近的海克利尔城堡的教堂里给戴安娜王妃演唱了一曲《仁慈的耶稣》，那城堡如今更广为人知的身份是《唐顿庄园》的拍摄地。该城堡主人卡纳文伯爵亨利，同时也是女王当年的赛马经理人，有个女儿叫卡洛琳，正要跟约翰·沃伦喜结连理，后者如今也接替了这个岗位给女王当差。戴安娜王妃和安德鲁王子是婚礼贵宾——当时就是这样安排的——不过能在美丽的卡洛琳和应酬老道的约翰的婚礼上演唱《仁慈的耶稣》，可是件令人开心的事儿，哪怕拉丁文歌词对他们来说跟希腊语没啥区别。莎拉也刚刚参加了歌剧《风流寡妇》中瓦伦仙妮这个角色的选拔，并如愿以偿，该剧将由沙德勒威尔斯剧院在 11 月上演。她终于实现了和一个正规歌剧剧组同台演出的夙愿了。

《安魂曲》在格拉斯哥完成苏格兰地区首演后，莎拉和我就飞去了悉尼参加《猫》在当地的首演仪式。接着我们安排了几天去大堡礁休假，然后再回到纽约参加《歌声舞影》的首演仪式。我们差点就没能活着回来。我们租用的去珊瑚礁上度假村的直升机刚刚离地 3 米，就听见飞行员大喊一声“这鸸鹋简直跟公牛的奶头一样不顶事儿”，然后就在一声还算中等音量的轰隆声中跌落回地面了。随后出现的脏话——类似的例子还有：“这只该死的蜜蜂的老二肯定是从一个狗养的恋羊癖那里买来的”，我猜翻译过来就是“这架直升机是从一个新西兰人手里买来的”——这让我万分感谢薇姨没有生在澳大利亚。反正我
449 们是不敢再尝试坐直升机了，于是改坐船，在一个月黑风高的夜晚，走了一段同样惊心动魄的水路，我们的船长一路高唱着“我看到妈咪亲了圣诞老人”，真令人好奇 7 月份唱这首歌是什么意思。同时他醉醺醺的女儿还在不停地吸着船上的柴油发动机喷出的尾气。就算费里尼也拍不出这样一段简直是奔赴阴曹地府的旅程来。

不管怎样，我们还是活着抵达了预订的五星级住所，看到的却是用波纹钢板搭出来的小棚子，我们被告知这就是我们的私人度假别墅。莎拉和我已经筋疲力尽，所以我们一倒下就睡死了过去，直到被一阵强烈的撞击声惊醒。众所周知，我只有在山穷水尽之际才能做到勇猛迅捷，所以我打发莎拉出去看个究竟，结果发现我们这栋私人度假别墅正被一艘中等尺寸的游船亲昵地拍打着。

第二天一早，莎拉打开窗帘，我们总算第一次看到了大堡礁天堂的美景。我不清楚你是否见过泰晤士河入海口的福尔尼斯岛上的淤泥滩，不过只要添上一个永远照耀的大太阳，你就差不多能拼出我们看到的画面印象了。公平地说，涨潮后，景色看起来就雅致多了。莎拉去了沙滩晒太阳，还拿着她的卡带播放机放着练声指导磁带来练音阶。

我坐在一把太阳伞下开始给《剧院魅影》的第二幕打草稿。当时我已经写好了魅影在自己创作的歌剧里搞调包计让自己上台的那部分音乐，以及后来成为《这条不归路》的旋律。勒胡的小说里提过魅影的歌剧名字，叫《胜利的唐璜》。现在我必须把故事线索往这个方向引导，那还有什么比一场为庆贺新装的吊灯而举办的富丽堂皇的化装舞会，更适合拿来给第二幕开场的方案呢?

当庆祝舞会达到最高潮时，魅影就以帕格尼尼范儿的“红色死神”① 形象亮相登场，并带来了他专为克里斯蒂谱写的歌剧。这时候她已经开开心心地和拉乌尔订了婚，所以她拒绝出演。拉乌尔算计着要是克里斯蒂出演，魅影必然会来看她演出，那就能以克里斯蒂为诱饵抓捕他了。克里斯蒂陷入了两难境地。她明白一旦她再次听到魅影的 450
音乐，一定会不可避免地被他吸引。他的音乐触动着她的灵魂，可她的理智告诉她必须要抗拒这股力量。

现在，我已经给克里斯蒂在第二幕的大咏叹调段落确定了场景，这段后来也成为《剧院魅影》里我最喜欢的《思绪多纠缠》。该曲是从《当家花旦》最后一段里的次声部的“对位旋律”里衍生出来的。我至今对此还有一个诡异的小迷信：每次我开始使用一台新钢琴时，都会先在琴上轻轻地给自己弹一遍这段旋律。这是《剧院魅影》全剧的情感核心，因此在《真爱不死》里我依然引用了它。它总是让我联想到我和莎拉·布莱曼的婚姻生活中最美丽的时刻，对我而言，从未有人也不可能会有人将这首歌唱得比她更美了。

我把克里斯蒂第二幕咏叹调的场景，安排在埋葬着她父亲遗骨的墓地里。《多渴望你又在我身边》的旋律很快就浮现出来了。我也早就写好了魅影的《胜利的唐璜》中的咏叹调，还有他凄惨多情的《这就是我所盼》的重现段落，紧接着就到了克里斯蒂当众揭开他面具的那一刻，此处情节也是与勒胡的原著相比改动最大的地方。接下来我得给他的“现代”歌剧找到一种不和谐的语汇，我打算留待回到家里再处理这部分。我在大堡礁做的最后一批笔记里，包括了“魅影密室”那场戏的音乐草稿。因为克里斯蒂当着全巴黎的面羞辱了魅影，他既怒火中烧又绝望至极。而在吉瑞夫人的帮助下，找到魅影藏身之处的

① 传说帕格尼尼是将灵魂出卖给了死神而获得那般神奇的音乐天才的。

拉乌尔的到来，多少平息了一些他的怒火。魅影让拉乌尔中了圈套（我的笔记里没说是怎么做的），然后让克里斯蒂做选择题：要么以“魅影夫人”的身份过完后半辈子，要么看着她的恋人送命。

我用带下划线的大写字母写下“严重脱离原著的改动”，后面又写道：“克里斯蒂对剧院魅影万分同情，在管弦乐形式重现《音乐天使》旋律之际激情地吻了他，是真挚的爱，还是出于心机与嘲讽？或两者皆有？”

克里斯蒂的吻，也是魅影一生中初次尝到的爱的滋味，促使他放走了这对年轻爱侣。他们离去，可是克里斯蒂又回来逗留了一小会儿，把魅影给她戴上的定情戒指还给了他。这对魅影来说打击相当大，他
451 失去了唯一能带来他所渴求的爱的那个人，他的心都碎了。莎拉和我回到家里，我还是满脑子不停在转。我想要继续深挖，完成《剧院魅影》的创作，可是《歌声舞影》的百老汇首演仪式就在眼前了。

8 月底，卡梅隆和我飞到纽约去准备带妆彩排。飞行途中，《剧院魅影》自然成了热门话题。卡梅隆不停地夸耀特雷弗在皇家莎士比亚剧院排的《悲惨世界》有多漂亮。他又告诉我约翰·纳皮尔设计的舞台转盘及其带来的令人震惊的戏剧效果，很明显，他想要特雷弗和约翰来给《剧院魅影》定调。这真是场噩梦。哈罗德当时住在巴黎的莫里斯酒店，我不停地把我的进展更新给他。可我又要依靠卡梅隆跟我一条心来搞定接下来几周在纽约的工作。我无法彻底拒绝听取特雷弗和约翰的建议，所以我答应当《歌声舞影》都安顿好了，就跟他们俩碰个头。

当我赶到丽思卡尔顿酒店时，收到一条留言，来自小罗伊·迪士尼，老罗伊·迪士尼的儿子，后者跟自己的弟弟华特同为华特·迪士尼公司的创始人。他想跟我见个面，聊一聊关于给动画音乐剧影片

《小美人鱼》作曲的事情。我有点心动。小罗伊·迪士尼带着他的高级主管杰弗瑞·卡森伯格一起来的，后者即将和迈克尔·埃斯纳一同让这家当时已经病恹恹的制片公司重振业务，再现辉煌。罗伊给我展示了一大堆画着美人鱼和海底王国各种各样居民的漂亮的分镜头画板。

可能我的肢体语言并没有表现出什么热情，反正不及我对《歌声舞影》和即将开始的下一个项目《剧院魅影》更有热情。不过我的确答应一有空就看一下剧本。想要不被一个讲述美人鱼为了变成人类而放弃美妙歌喉的故事所吸引，是不可能的。毕竟伯恩-琼斯爵士所有画作中最具神秘感的，就是那幅他特别突出了美人鱼的魔力的《海底深处》。可惜的是，当我跟他们说再见的时候，瓦莱丽·艾略特回绝迪士 452
尼改编要求①的场景再现了。我猜是我对汉斯·克里斯蒂安·安徒生这版故事的理解，比迪士尼预期的风格要暗黑许多。我那时有多傻啊？

几个月后，我给美人鱼这个角色写了首我自己很得意扬扬的歌，于是我打电话给小罗伊·迪士尼，聊了一通我才反应过来，他已经被调到别的项目去了。总之为时已晚，迪士尼这班车已经开走了。

《歌声舞影》一切顺利。理查德·马尔特比已经在“歌声/再说”这一幕做了大量工作。理查德从唐·布莱克和我这里要了好几首新歌，其中最棒的就是《英国姑娘》，讲的是一口英国口音可以帮一个单身姑娘在洛杉矶创造奇迹的故事。预演场已经全部售罄，所以演出时台下是真正的购票观众，而不是通常拿免费票来填场子的人群。现场的反应，是直到 2015 年《摇滚学校》前，我记忆中在百老汇看过的我所有作品中最强烈和最愉快的那种。卡梅隆和舒伯特剧院机构都确信这是一部轰动作品。我自信到让我妈妈飞过来参加首演仪式。莎拉也从她

---

① 指瓦莱丽·艾略特回绝迪士尼将其丈夫 T.S.艾略特的诗歌改成动画片的提议。

的《风流寡妇》排练中请假，带来了她的父母。我们都期待着一个令人愉快的充满观众之愉悦的首演之夜。

结果并非如此。纽约的剧评人恶评如潮。要不是我心里一直还记挂着《剧院魅影》，我可能早就抑郁得要死了。最让我不可思议的是，《纽约时报》的剧评人弗兰克·里奇怎么就对他自己在伦敦时觉得“令人愉快”的《变奏曲》变了脸。一个音符都没有改动过。伦敦的剧评人对《星期天再说》和《变奏曲》的音乐都几乎一致地给予积极评价，许多听过原版专辑的美国媒体作者也是如此。我不禁怀疑我对美国最强烈的恐惧是否就要成为现实。我对《时代》杂志那篇封面报道的预言很准吧？莫非《安魂曲》应该在布朗克斯而不是在第五大道上的一座时髦的教堂里首演？不过也有可能就是因为《歌声舞影》被当作想
453 趁着《猫》的成功再捞上一票的投机项目。毕竟，这部戏只是在伦敦以“戏剧音乐会”的形式排过很短的一轮演期。

卡梅隆一得空就回伦敦去了。《悲惨世界》在皇家莎士比亚剧院的预演也就是几天后的事情，他需要了解一下他的“法国小宝宝”是如何被“飞哥”·特雷弗·努恩调教的，“飞哥”是他当时给特雷弗起的外号。我也紧跟着回了伦敦，总算没有夹着尾巴，因为百老汇版《歌声舞影》的表现还算说得过去。尽管没可能给伯纳德和杰拉尔德的退休基金添上多少个零，可演出也维持了 14 个月，而且还给这部戏发了两张本来并没想过要制作的专辑唱片，总算好过被山大的巴掌打了脸。

这部戏获得了八项托尼奖提名，伯纳黛特拿到了最佳音乐剧女主演奖。很遗憾的是，她在录制卡司专辑期间得了很严重的流感，所以这版录音并非这部优秀的舞台演出的最佳收录。在《猫》中精彩出演过葛丽泽贝拉的贝蒂·巴克利在最后几周接替伯纳黛特上台。我实在是很喜欢贝蒂，但我也不是很确信她的先天条件是否能演好一个来自

马斯威尔山的二十多岁的英国姑娘。

在伦敦这边，莎拉正在全力以赴准备她在沙德勒威尔斯歌剧院的首次登台，我也跟理查德开始了《剧院魅影》的工作，同时在策划怎么把音乐捣鼓上电台去播放。《剧院魅影》的主题歌很显然是首选，尤其是我们手头已经有了麦克·拜特制作精良的伴奏音轨。麦克提议让“东区反抗军”乐队的主音歌手斯蒂夫·哈雷和莎拉二重唱。我完全理解麦克的出发点是什么，斯蒂夫毫不隐瞒他小时候得过小儿麻痹症，通过努力成为二十世纪七十年代闪亮的摇滚巨星，克服了病症留下的困扰。他当时已经有一阵子没什么成功作品问世了，不过麦克刚刚跟他合作过，也坚信他能把这个活儿干好。

宝丽多唱片公司很喜欢这首单曲，并希望能有一部音乐视频一同发行。还有谁能比肯·罗素更胜任这份工作？结果他充分地运用了蛇、墓地以及其他恰如其分的哥特风格装饰品，超越了自己以往的水平。
与此同时，卡梅隆催促我再跟特雷弗聊聊，在《悲惨世界》诞生阵痛 454
间歇里，特雷弗还是挤出了时间，跟约翰·纳皮尔讨论起了《剧院魅影》。他们提议，舞台设计方案，应该是一座歌剧院的侧方剖面图，展示出舞台、乐池以及带着大吊灯的观众厅全貌。

这可跟我设想的舞台布置差了十万八千里。我想要让大吊灯升起并悬停在观众上方，就像我们在塞德蒙顿玩的那样。我必须去回绝这两位曾经活灵活现地把我的“猫咪”们带到舞台上的好友兼同事，可要是面对面去说，我完全不知所措。祸不单行的是，《悲惨世界》在皇家莎士比亚剧院的开幕演出获得了大量负面评论。当然从今天来看，公众的积极反响迅速打了剧评人的脸这件事，已经成为戏剧界的传奇了。确实，《悲惨世界》如今的表现，证明了卡梅隆当时有多么聪明。如果《悲惨世界》在西区惨淡开场，那些负面评论极有可能就使其夭折。可是无论如何，皇家莎士比亚剧院都有一批忠实观众，只要这些金主喜欢这部戏，就足以确保其口碑能够抵消剧评人的非难。卡梅隆极其聪明地利用这座享受政府补贴的剧院，不仅给制作提供了配套设施，还建立起了观众基础，以此防备那些只挑过道座位买且令人讨厌的三流小文人。

不过当我们见面时，《悲惨世界》看似凶多吉少。我担心特雷弗和卡梅隆都觉得是那些剧评导致我坚持必须由哈罗德出任导演。当我坚持我的观点时，卡梅隆看起来颇为坐立不安。多年后我才发现了原因。尽管我仍然认为应该让哈罗德来出任我们的导演，可实际上已经有人回绝他了。当我了解到哈罗德曾为此对我不满时，我极为震惊。这件事就讲到这里吧。总之，当时的情形意味着哈罗德可以在《剧院魅影》项目上跟卡梅隆漫天开价了。到了 11 月初，在萨沃伊酒店，他被确认为导演，玛利亚・比约森出任舞美设计，吉莉安・林恩则被授命要打造出德加画笔下的那一群芭蕾舞姑娘，于是麦金托什 & 韦伯双人组合又正式开动了。

38 魅影之年

1985年即将优雅谢幕。观看了《风流寡妇》的剧评人总结说莎拉·布莱曼能一边唱歌一边跳康康舞。我们把伊莫金和尼克都接来，和布莱曼一大家子一起过了圣诞节。塞德蒙顿生机盎然，午夜时分唱起圣诞颂歌，圣诞树下堆满了圣诞礼物，无尾的马恩岛猫桑格斯特跟火鸡合作搞出了一个小麻烦。圣诞节翌日，我们赶回伦敦，在黄金时段播出的《特里·沃甘访谈秀》里发布肯·罗素导演的《剧院魅影》主题歌视频。12月28日，宝丽多唱片公司宣布该曲单曲开始发售。 455

那年最后几天，我一直和如今在音乐上担任我全职得力助手的大卫·卡迪克，还有刚刚加入即将被“公有化”的真有用集团董事会的碧迪·黑沃德在一起。用“集团”来取代“公司”是因为本来的缩写“RUC”会跟“皇家阿尔斯特保安部队”①，也就是北爱尔兰地方警察搞混。鉴于当时爱尔兰的“麻烦”还远没有消停，金融城的分析师们不希望与之牵扯上。他们担心类似“RUC老大应付天价绑票案”这种头条新闻，会给股价帮倒忙。

真有用集团的上市被安排在1月6日。除了向金融城的媒体抛媚眼，其他事情都是布莱恩·布罗利掌控的。高里伯爵格雷阁下当选董事会主席，我推荐的他，金融城的分析师们也都很赞成。格雷之前担

① 英文全名为 Royal Ulster Constabulary。

任过保守党内阁的文艺大臣，后来以大臣的收入无法维持其在伦敦的生活为由辞去政府职务。之后他凭借高超的外交手段，成为苏富比拍
456 卖行极为成功的董事会主席，同时被誉为业界的“真有用”。布莱恩·布罗利出任首席执行官。碧迪·黑沃德担任负责戏剧制作以及皇宫剧院项目的执行董事。我出任非执行董事。已经正式加入董事会的蒂姆也是非执行董事，同时享有优先股，也有权了解我以及公司的具体事务信息。最后还有一位理查德·贝克·维尔布拉汉姆，来自金融城的专业董事，以便向股东们表明所有事情都有人盯着。

由大卫、碧迪和我一起负责的制作部分这根硬骨头可够我们受的。首当其冲的就是于 2 月 7 日在芝加哥开幕的，肯尼斯·麦克米兰和美国芭蕾舞剧院合作的《安魂曲》。之后会通过洛杉矶在全美国打个旋，直到 5 月初在纽约的大都会艺术中心落幕。莎拉在维也纳和斯图加特两地的《安魂曲》首演之间，安排了出席《剧院魅影》单曲推广这样重要的演出活动。大卫被委任主管所有项目，与此同时，我则很不明智地接下了数量惊人的媒体和电视活动。

第二件拖后腿的事情，是我正在制作一部美国编剧肯·路德维希创作的闹剧，讲的是一位知名的歌剧男高音原定要参演一场全场售罄的威尔第歌剧《奥赛罗》，结果却无法到场，而且还没有人能顶替他的故事。最终这位男高音还是到场了，只是后果很严重。该剧叫《诙谐歌剧》，我很不喜欢。多亏理查德·斯蒂尔格把它改成了《借我一个男高音》。鉴于该剧严重政治不正确的错误定位的剧情，即有两位演员“涂黑人脸”登台，更要命的是这部话剧还是我制作的，当它在百老汇演出后，引发《纽约时报》的弗兰克·里奇在其热情洋溢的评论里赞誉该剧为“由尚在人世的编剧创作的两部最佳闹剧之一”，着实令人不可思议。

我跟肯·路德维希和因为导演《戴茜历险记》而出名的该剧导演

大卫·吉尔莫只开了第一次会，然后就把整个排练交给他们了，计划在剧组准备好联排的时候，我再参与进来。该剧的西区首演是3月6日在寰球剧院①举行的，紧接着我那部刚结束1 180场演出，正要启动 457
英国巡演的《戴西历险记》。

第三件麻烦事是《普契尼餐馆》。我后来没怎么关心过这部戏，卡梅隆和我把它排在长得像珠宝盒的温德姆剧院，就在《借我一个男高音》首演后的那一周开演。卡梅隆的公司负责制作，我们的编剧罗宾·雷和导演克里斯托弗·兰肖从塞德蒙顿那时起就一直忙着这部戏。看起来他们都很明白自己在做些什么，排练也很顺利，所以我就不操心了。

1986年1月2日，莎拉和我在我们公寓街角的花房餐厅吃了顿安安静静的晚餐。我们俩心里有很多想法。我们对真有用上市充满希望，我们都天真地以为这套班子能把业务管好，与此同时我想写什么就写什么。上市相当顺利，布莱恩和我都从中获利不少，尽管资金的大头指定用于修复皇宫剧院。我们还聊了不少《剧院魅影》的事情。我们猜测这首单曲大概只是一首中量级金曲而已，可实际结果超出预期，该单曲排名稳步进入前十名，最高位居第七名。我们又聊了莎拉对未来的梦想，包括生几个孩子，可最终还是觉得孩子这事儿得先靠靠边。

我还记得我当时觉得莎拉的职业投入感特别强烈。她已经把声乐课时翻了倍，每天还加了两节舞蹈课“助兴”。当谈到跟伊莫金和尼克一起过圣诞节有多开心的时候，我们都有同感。伊莫金到3月就满9岁了，跟莎拉·布莱曼之间也建立起了真正的感情。我深吸了一口气，说我想要给第一位莎拉②买一栋乡间宅院。这是我真心想要给她的补

① 不是“莎士比亚环球剧院”，是西区的一座剧院，现改名为“吉尔古德剧院”。

② 指前妻莎拉·赫吉尔。

偿。《猫》当时在全球的形势比我离婚时预料的要好得多。莎拉·布莱曼完全同意。

喝完咖啡后，我念叨起跟薇姨在地中海边度过的日子。不喝酒的莎拉说我每年1月份喝完一瓶葡萄酒后就会说起这些，要是我真这么
458 怀念里维埃拉的话，我应该去那里买一栋房子，别再唠叨了。那晚莎拉看起来带着一种迷人的拉斐尔前派风格，我一下子觉得要呵护好她，可也略微有点担心。莎拉的工作意味着她会更经常不在家。我们结婚才不到两年，我就总是发现家里空无一人了。莎拉参演《风流寡妇》的时候，我也感受到跟一个日常工作时间是在夜间的人结婚，是多么艰难。而且我们在塞德蒙顿同处一室的时间也越来越少。会不会是莎拉总觉得塞德蒙顿和我前一次婚姻有关？乡村环境也不是她习惯的居住场合。要是我们一起在法国买一套房子呢？也许她就会觉得那栋房子是她的家了。我们的确这么办了，三天后我们就搭上了飞去尼斯的航班。

我们买下的房子，叫作“夏巴内”，就在费拉海角的圣奥斯皮斯海岬那里。跟里维埃拉当地的大宅院不一样，这是一栋用石头建成的不太大的农舍，曾为了跟周围的房子显得和谐，做了点画蛇添足的修整。这栋房子需要彻底进行翻修，不过它直接面对大海，附带着令人惊叹的两公顷的平地。

就是在那里，我们有幸赶上了里维埃拉黄金时代的尾巴，得以和哈丁·劳伦斯这样的航空业传奇巨头以及他的妻子玛丽·维尔斯为邻。玛丽当时被誉为广告界第一夫人，正是她为自己老公的布兰尼夫航空公司想出了把飞机垂直尾翼刷得色彩缤纷的主意。她还因为担任在美国上市的公司里的首位女性首席执行官而享有名气。我们结交的朋友里有罗杰·摩尔、迈克尔·凯恩和莎奇拉·凯恩夫妇、莫里斯·萨奇

以及他现已亡故的妻子，那位杰出而又标新立异的爱尔兰籍作家约瑟芬·哈特，还有莱斯利·布利克斯，这位据我所知创作了史上最多获奖金曲却鲜为人知的音乐人，和他那位光彩照人、让我们连连称绝的妻子艾薇，因为她年轻时曾以艺名伊冯·罗梅恩和艾尔维斯·普莱斯利共同主演了电影《祸不单行》。

二十年前，里维埃拉彻底变了天，就像是一夜之间发生似的。我
们过去从不用锁门，可突然间那里风传发生了入室盗窃犯在空调系统 459
里放煤气，绑架以及更恶劣的案件。我后来把“夏巴内”卖给了一位英伦同胞，两年后又被他以五倍于我的售价转手出让。现在听说“夏巴内”已经被推倒，整片地块被重新开发。我无法回到那里去面对这一切。那里有我一生中几段最美好的时光。

我赶上了肯尼斯·麦克米兰在芝加哥的《安魂曲》。米哈伊尔·巴里什尼科夫因为旧伤复发不得不退出演出，不过亚历桑德拉·费利即使在我这双外行的眼里看起来，也是令人惊叹不已的。肯尼斯把一个在我创作《安魂曲》的过程中曾带来深刻影响的故事放大了：一个柬埔寨的孩子必须选择是杀死他妹妹，还是他自己。肯尼斯挑选了一个非常棒的少年舞蹈演员，吉尔·博格斯，如今是科罗拉多芭蕾舞团团长，来给男童高音唱段配舞。耐人寻味的是，美丽敏捷的亚历桑德拉的很多舞步都让我感到心绪不宁，由尤兰达·索纳本德设计的达利画风的布景和服装造型也是如此，尽管这位肯尼斯的长期合作伙伴跟我一样对缅甸猫颇为倾心。

可说心里话，我从未想过《安魂曲》能跟芭蕾搭上关系。独唱演员和乐队一起被塞在乐池里，根本就看不见，我还发现舞蹈演员们在把舞步身段跟歌声对应起来时一片混乱。虽然有一些令人震撼的段落，可对我来说没能留下多大印象，哪怕巡演到了大都会艺术中心时，对

音乐的评论要比前些年的好很多。

就在《普契尼餐馆》带妆彩排前，我接到了一通来自白金汉宫的电话。女王最年幼的儿子，爱德华王子殿下，想要跟我见个面。我们约好了时间在格林街的公寓见面。那年 6 月是女王的 60 岁大寿，他问我是否可以创作一部特殊作品，还要能同时兼顾到他父亲爱丁堡公爵的 65 岁生日。他计划在温莎城堡搞一个露天表演。爱德华还是很可爱
460 的，显而易见他对舞台情有独钟，只是对这行一无所知。我们讨论了露天表演的主题，结果还是把女王登基后的那些亮点事件翻来覆去地掰扯。爱德华想要一个简单快速的答案。我解释说接下来几天里我在西区有两部戏要开演，不过我会在一周内给他回复。我还建议他跟碧迪·黑沃德也碰个头。没过多久，碧迪就安排爱德华在我的戏剧制作部门上班了。

《借我一个男高音》开演很顺利并连着演了一年，没有像《戴茜历险记》那么长命，不过也衍生出了一个百老汇版。《普契尼餐馆》则是灾难一场。被硬塞进一个传统的镜框式剧院后，这部作品光彩顿失：观众只是旁观一家餐馆里的世事变迁，而不是坐在餐馆里，成为故事的一部分。卡梅隆和我都明白我们搞砸了，只能以伦敦没有理想的场地可以上演这类作品的想法来安慰自己。然后我们马上就终止了该剧的演出。

《剧院魅影》到这时进展得越来越快。哈罗德已经和玛利亚·比约森相处融洽，所以设计进展飞快。哈罗德也给斯蒂夫·哈雷做了一些培训，并不反对他来出演魅影。那首单曲已经荣登排行榜前十名，电台播放次数也在迅速攀升。而在肯·罗素的视频的诱导下，有些媒体专家已经言之凿凿地说莎拉和斯蒂夫将组成我们的明星阵容。

我让斯蒂夫跟着从未发表过的《已婚男人》的伴奏来演唱《夜之

乐章》，这首歌本来是和特雷弗·努恩一起创作的。在录音棚里，我们对他的演唱表现很满意，可回家后我却觉得不对劲，特别是他的咬字。卡梅隆和大卫·卡迪克也非常担心斯蒂夫能不能扛得住每周八场的现场演出。某天晚上，我去接莎拉，她在跟伊恩·亚当上声乐课。伊恩也曾给斯蒂夫上过课，跟他相处过很长一阵子。不过他也知道这次的音乐歌剧风格很强烈，担心斯蒂夫会应付不了。突然，伊恩直截了当地跟我说：“你需要的是迈克尔·克劳福德。”

我吓了一大跳。迈克尔·克劳福德在英国最负盛名的形象，是他出演的弗兰克·斯潘塞，就是那个出现在英国广播公司大获成功的喜 461
剧系列片《有些妈妈福气好》里略微智障、声音尖细，更有点娘娘腔的明星角色。在1969年，他的确和芭芭拉·史翠珊联合主演了电影版《你好，红娘!》，当时他也正在维多利亚皇宫剧院主演《巴纳姆》。该剧几年前在伦敦帕拉迪厄姆剧院上演时，我看他走过那条著名的钢丝绳，着实是一场魅力十足也十分壮观的演出，可无论是在这场演出里，还是在我和蒂姆·莱斯在大衣事件那晚看过的那场，由唐·布莱克和约翰·巴里改编自话剧《瞎话大王比利》且没有多少演唱难度的音乐剧《比利》里，都没有迹象表明迈克尔拥有足够搞定我创作的歌曲的声乐能力。

不过我回想起在二十世纪七十年代末期，一部由查尔斯·斯特罗斯，《皇帝和夜莺》的作曲者创作的一部音乐剧里看到过迈克尔的表演，那部戏叫《献给阿尔吉侬的花束》。迈克尔饰演一个智力有缺陷的角色，他唯一的朋友是一只宠物鼠。剧中有一个令人惊叹的场景，一只老鼠在他的肩膀上窜来窜去。多年之后，在出演我的《白衣女人》中的福斯科伯爵时，迈克尔跟一只老鼠在舞台上重现了类似的场景。尽管《献给阿尔吉侬的花束》在大西洋两岸都下场惨烈，我倒是觉得迈克尔的表演相当动人。伊恩提出要偷偷地给我一盘迈克尔唱歌剧唱段的录音带。一听到他的歌声，我就迫不及待要见他。颇费了点劲儿。迈克尔对保密这事儿有点偏执，他坚持把只有我们两人的会面场地，安排在紧挨着维多利亚皇宫剧院的安格斯牛排馆——在我看来离后台门有点太近了，可迈克尔的理由是我们俩认识的人都不会去那里。迈克尔说得没错，那地方真是鬼影子都见不着一个，除了一对坐在角落里的干瘪的波兰夫妻，在我看来是一对卧底间谍。他答应我再见一次面好听听音乐。

到了 2 月初，《剧院魅影》的团队对歌词感到严重不满。于是卡梅隆跑去理查德·斯蒂尔格在莱姆·格鲁夫拍摄基地的英国广播公司电视台化妆间通知他，他的老朋友艾伦·杰·勒纳将会参与歌词创作。我至今不知道那次会面过程是怎样的，不过卡梅隆很快就安排他跟我、
462 理查德和艾伦一起吃午餐，来听取艾伦的意见。理查德理所当然地不太自在，可也很难拒绝听取《窈窕淑女》的词作者的话。卡梅隆建议艾伦收下剧本，先跟我捣鼓一阵儿，然后大家再一起讨论修改过的版本。

我跟艾伦首次单独开会，是在卡梅隆位于蒙塔古广场的顶楼公寓里。艾伦爬那么长的楼梯相当困难，他不得不在中间一段平台坐下来，好喘口气，我记得他的脸色白得像雪花石膏一样。不过他对我们的项目产生了极大的热情，在理查德的资料上下了很大功夫。他特别喜欢大多数的歌曲名称，但确实觉得需要做很多调整。他坚决要求我们先拿第二幕的开场曲目《狂欢夜》开刀。我们把整个 3 月排出来准备开工，可惜命中注定我无缘与这位传奇人物共事。几天后，艾伦被诊断出癌症晚期，下面是他在 3 月 31 日写给我的信：

最亲爱的安德鲁，

谁能想得到？还没机会给《剧院魅影》写词，我自己倒快成

魅影了。

好吧，其实无法逃避的事实是我得了肺癌。在糊弄了我好一阵儿说是肺炎之后，他们终于得出结论，实际上是肺癌。

失去跟你一起创作《剧院魅影》这个难得的机会，让我深深地沮丧。不过我还会回来的！也许赶不上创作《剧院魅影》，可是就我而言，这只是一段小插曲。从医疗和精神角度来说，我都有百分之五十的机会。我一定能恢复的。我还没打算离开我美丽的妻子，这个美丽的人间，以及所有那些我还想要去创作的东西。我看这就是一次挑战，我毫不畏惧。

不过我会一直想着你，还有莎拉，还有理查德和卡梅隆，而
且我相信你会成功，上帝作证你当之无愧。音乐相当精彩，没机 463
会参与其中真的让我心碎不已。

整个夏天我会和你一直保持联系，让你知道我还好好的，想念着你们。我也满心期待有一天我们可以有机会一起共事。

祝福你跟莎拉。告辞了，

艾伦

艾伦·杰·勒纳于1986年6月14日与世长辞。

39 在“西区丛林”的另一头

卡梅隆和我这下可真的是一个头两个大了。跟艾伦开的那次会证明歌词的确需要调整。我们又跟赫伯特·克莱茨莫见了面，卡梅隆在炒掉了约翰·彼得后就把他找来给《悲惨世界》剧组当词作者，可也没有什么结果。绝望之中，我们开始查看 1986 年度的薇薇安·艾利斯奖入围者名单，该奖是一项很有价值的开发音乐剧新作的评比活动，可惜如今早已解散。一位名叫查尔斯·哈特的年轻作者给《摩尔·弗兰德斯》创作的歌词引发了我的兴趣。卡梅隆便把他请到了他的办公室。

查尔斯是一位个子挺高、肤色略深、身材纤细、谈吐文雅的 25 岁年轻人。他有点意料之中的喜出望外，不过也相当镇静自若，所以我们请他根据三首歌的器乐版录音试着填写歌词。几天后，我们看到了三首替换版的歌词。第一首是克里斯蒂的开场咏叹调《看时光无情对待我》，被改为《念着我》；然后是第一幕两位经理的那场戏修改过的歌词；再就是给克里斯蒂的墓地咏叹调写的一个也不怎么样的版本，已经不知被我丢到哪里去了。我很喜欢《念着我》的简洁风格。卡梅隆则觉得查尔斯把经理那段戏提升了不少，同时又没有把理查德的歌词精髓给扔掉。我们把重写的歌词给哈罗德看了，他也很欣赏，于是卡梅隆安排了他们俩见面。哈罗德调查了一下查尔斯的背景，发现他曾在市政厅音乐与戏剧学院学习过，而且他的外祖母是安吉拉·巴德

利，哈罗德导演过的《小夜曲》伦敦版制作的主演，这一下就把百老 465
汇王子[1]搞定了。

接着我们又把查尔斯介绍给了理查德。让理查德答应给艾伦·杰·勒纳当二把手是一回事，现在可完全不同。理所当然地，理查德更难接受让一个无名小辈完全接手自己的工作。令人愉快的是，时间以及查尔斯的创作共同治愈了这一切。没有什么是一部成功的作品不能疗愈的，如今大家也都是好朋友了。

在“西区丛林”的另一头，一枚重磅炸弹炸响了。特雷弗·努恩将接替迈克尔·贝内特，担任蒂姆·莱斯的音乐剧《棋王》的导演。蒂姆和阿巴乐队创作者们的合作，成就了一张全世界范围内颇热门的概念专辑，于是舒伯特剧院机构正在推动后续制作。迈克尔·贝内特一直在给我通报这部戏的进展，舒伯特剧院机构曾在与时代广场近在咫尺处[2]大张旗鼓地宣布了他出任该剧导演。尽管严格保密，艾滋病还是击垮了迈克尔。于是，1986 年 1 月 28 日，《纽约时报》报道说特雷弗已经空降剧组，来领军准备伦敦 5 月的首演了。

我最近才知道，其实特雷弗并非蒂姆和阿巴乐队的小伙子们的首选。据哈罗德·普林斯说，1 月 23 日的时候，蒂姆、本尼以及比约恩跑去萨沃伊酒店，打电话到他房间，他当时正要来格林街公寓参加一次《剧院魅影》的工作晚餐。哈罗德在伦敦显然是来参与《剧院魅影》的制作预备的，不过在不清楚他们为何找他的前提下，他答应跟这三位在美式酒吧聊个十分钟。他对被问到能不能推迟《剧院魅影》的工作，来接替迈克尔·贝内特担任《棋王》的导演颇为惊讶。

---

① “普林斯”（prince）在英语里的字面意思，就是“王子”。

② 即百老汇。

在那个时候，我对蒂姆图谋抢走哈罗德的举动一无所知。尽管我
466 们最后一次合作已经是1976年了，我还是邀请他在我的公司担任了一名董事，因为我依然怀抱希望我们终有一天还会再度合作。二十世纪八十年代早期，我们其实已经走得比较近了，就是有一次在米歇尔·盖拉尔那座位于欧也尼莱班的新式美食宫殿里，我们俩一起试图把大卫·加内特的中篇小说《爱的面面观》改成音乐剧的那个时候。

不过我的确知道蒂姆对参与《剧院魅影》是一点都不感兴趣的。前一年①，发生了一桩很令人尴尬的故事，起因是罗伯特·史迪格伍德来塞德蒙顿一起进晚餐。我给罗伯特弹奏了《剧院魅影》的音乐，他听得快疯了，说这是我创作过的最激动人心的音乐。不过他对歌词完全不满意。吓了我一大跳的是，罗伯特紧接着就在那里打电话到蒂姆在罗米恩斯宫的家。蒂姆正在开一场晚宴聚会，可以理解他极不乐意被生生打断。罗伯特说他会带着我跟我的《剧院魅影》的录音带立刻开车过去，丝毫不会顾及蒂姆有什么晚宴宾客，因为他即将听到的是昔日搭档创作出来的最优秀的音乐，管他乐意不乐意。然后我们就坐着罗伯特那辆白色的老式劳斯莱斯去了。路上我一声不吭，罗伯特不停地说我要登上我的职业生涯顶峰了，而蒂姆必须成为其中一员，不管有多大困难。可怜的蒂姆被从他的晚餐会里拽了出来，在自己的书房里被逼着听完了这些录音。我只能坐在那里，尴尬得要死。

要是我早知道有萨沃伊酒店那次会面，我怀疑我是不是还会邀请蒂姆来联合创作女王的60岁大寿作品。在我挂电话之前蒂姆就明确表示愿意了。第二天我们见了个面。我否决了爱德华王子想要办露天演出的念头，而是打算围绕蒂姆最喜爱的运动项目——板球，来创作一部小音乐剧。我提到赛马是女王的真心所爱，于是一个两者兼顾的剧

---

① 指萨沃伊酒店的事情前一年。

情成了我们的共识。

我致电爱德华提议放弃露天演出的主意，改为一出微型音乐剧。他有点不知所措，要知道温莎城堡里可没有剧场。不过他答应跟碧迪·黑沃德以及我的团队见个面，他们一起琢磨出来一个点子，在温莎城堡的礼拜堂里，为参加王室晚宴的宾客搭建一个临时剧场。不知道用了什么办法，爱德华让那些一直高度小心翼翼的王室管家们都点 467
头答应了这个计划。随着《棋王》的顺利开演，我觉得我可以打电话给特雷弗了。第二天，爱德华王子就当上了由特雷弗·努恩导演的，莱斯 & 洛伊德·韦伯组合新创作的音乐剧《板球姻缘》的制作人。这部戏只在 6 月 18 日于温莎城堡的王室礼拜堂上演一次。爱德华成功地让一群明星重聚，之后近十年再无一个顶级戏剧制作人能望其项背。

《板球姻缘》是一部佩勒姆·格伦维尔·伍德豪斯风格的爱情闹剧，主要角色比如维特林由蒂姆出演，还有文森特·圣·雷格，一个衣冠楚楚的赛马赌徒，由摇滚老将艾尔文·斯达德斯特扮演。既然这是一部只演一次的戏，创作时间又很紧张，我就从别的戏里借了很多元素，大部分来自我的下一部戏《爱的面面观》。并非借用的音乐中有一首叫《投球的本领》，由一个叫温斯顿的令人望而生畏的快速投球手演唱。

投球的本领	*The art of bowling*
不容易上手	*Is very subtle*
要是不相信	*For those who doubt it*
请记在心头：	*Here's a rebuttal*
罗茨还是悉尼[①]	*From Lords to Sydney*
或者巴巴多斯	*Or in Barbados*

---

① 两处都是著名的板球场。

击球手会牢记	*Batsmen remember*
投球手的姿势	*When they have played us*

不过有一段旋律，注定要变成一部大作品……看看你能不能从歌词猜出歌曲来。

我再不愿去推测	*I'll never make another*
那些未来的事情	*Confident prediction*
除了这一条	*Except for one*
无论如何都值得倾听	*All said and done worth hearing*
清晨柔柔微风轻轻	*That the narrow minds of morning*
入夜会变成狂风轰鸣	*Will be breaking out this evening*
酷热午后能改变人生	*A life can change in one hot afternoon*

468 莎拉·佩恩饰演的艾玛·科克斯托，剧中赫鼎礼伯爵的女儿，唱了这首歌。也许你已经认出这就是《仿佛从未有分开》的韵律节奏了。

特雷弗和我在礼拜堂的过道厅里观看了演出，全体王室家庭成员都在楼下坐着。女王和爱丁堡公爵时不时弄出一些略显克制的声响。演出结束后，戴安娜王妃很显然地躲开一众王室成员，抱怨着自己必须要等女王入场后才能进入接下来的舞会现场。我对此倒是没有什么烦恼。全体演员、蒂姆、特雷弗，还有我，都没有获邀参加舞会，因为我们只是工作人员。我们反倒是在回伊顿的路上，在一家印度餐厅享用了一顿开心的晚餐。不到一年后，当碧迪把爱德华王子转而安排到我的剧院部门时，英国媒体就开始管他叫“茶叶送货员”了。①

① 起因是当时爱德华王子第一天上班路上，被媒体拍到手里拿着一包名牌袋装茶。

从温莎往泰晤士河上游走没几公里，有一件对我一生具有更长远影响力的事情正在发生。两天后，得意扬扬的哈罗德请卡梅隆和我，到一个叫潘伯恩的泰晤士河畔的小村子，参加了一个面具工作坊。就是在那里，他和玛利亚揭晓了著名的魅影半脸面具。这真是一次重大突破。这样我们那个关于魅影的脸只有一半是畸形的，另一半则是英俊的前提就完全说得通了。如今我们的魅影不再是怪物，戴上了那样一款面具，他就是个英俊的帅哥。

40 克劳福德先生

469 随便问一个了解迈克尔·克劳福德的人，你会得到的第一个答案就是，只要他答应接受挑战，他就一定会成功。拍电视剧《有些妈妈福气好》的时候，他坚持自己出演所有高度危险的特技镜头，《巴纳姆》剧中的那条钢丝绳周围也没法安一张安全网。所以我并不需要伊恩来担保迈克尔能够胜任魅影这个角色。只要迈克尔说他能在首演之夜一改瘦猴一样的弗兰克·斯潘塞的形象，变成一个威风凛凛而又性感的高男中音，他就能。所以关键就在于让他点头。

当我播放序曲给他听的时候，我就知道迈克尔被勾住了，等到整个乐队开始演奏时，他被彻底征服了。那是一个炎热而又晴朗的下午，我把格林街公寓里朝着花园方向的窗户全部打开了。我把拍卖那场戏，以及大管风琴的和弦是如何带出大吊灯向着观众厅上方冉冉升起，继而整个歌剧院的场景焕然重生的剧情描述了一遍。隔壁邻居要抓狂了，我一边这么想，一边按下了播放键。当管风琴雷鸣般奏响时，迈克尔紧紧攥住了沙发把手，等整个乐队突然加入时，他已经站到了我身边。

“安德鲁，”他轻声感叹，“这真是我听到过的最令人震撼的音乐剧开场。”

我把迄今为止合作过的最完美的戏剧表演家给笼络住了。下一个障碍是跟迈克尔协商合同，其间几次貌似我们又要无功而返。卡梅隆最终不得不违背他自己的信条，把利润也分给了他一份。要知道他已经被迫给了哈罗德一大笔钱，所以这一次足足花了一整天时间，他的心态才算恢复正常。

5月27日，迈克尔加盟的消息被宣布了，就在《棋王》开演后两 470
周。广受赞誉的金曲唱片、蒂姆·莱斯、主演伊莲·佩吉，加上特雷弗·努恩，以及全世界的阿巴乐队歌迷大军的结合，使《棋王》成为我记忆中最大规模的西区首演。《剧院魅影》则完全相反，看起来相当可疑。作曲家的老婆，再加上演弗兰克·斯潘塞的那家伙做主打阵容？“原来如此啊，”戏剧圈里都在窃窃私语，“就是把肯·希尔的那部戏包装得光鲜一点，在搞笑段落的间歇，让克劳福德在大吊灯上荡着秋千，给布莱曼女神喝倒彩。”

可戏剧圈没搞明白的一件事是哈罗德·普林斯在其中起到的作用。当他和玛利亚给卡梅隆和我介绍那些模型的时候，我们都一清二楚。那可真是一个令人难忘的早晨，我们齐聚玛利亚在伯爵宫地区的格莱德豪花园的地下室公寓，那里实际上就紧挨着我自己住过的第一套公寓。那是不是一个好兆头？我此前和之后看布景设计时，从没有也再没有过那样让我浑身起鸡皮疙瘩的感觉。当哈罗德展示歌剧院是如何重生时，我就确信这些和我的音乐是完全一体的：那些覆盖着玛利亚设计的残破的假台口的遮尘布四下飞散，在大吊灯腾空之后，各种形状的景片从舞台地面升起。一切动作都行云流水，尤其是还显得美艳逼人。

大家都说《剧院魅影》有巨量规模的布景，实际上不是。所有的布景都是哈罗德照一个黑匣子剧场来设计的。经理们那场戏就是几道幕布加上一扇门；魅影的地下迷宫场景无非是一个没有玻璃的穿衣镜框、一张床、一架他创作时用到的小管风琴，以及树枝状烛台在黑布上留下的光影。即使是狂欢夜那场戏，也只是一个切开的，底下部分用脚手架支撑住的大台阶而已。很多穿戴整齐的舞会参与者是固定住了的假人。哈罗德和玛利亚花了较大心血的是，他们设法修复了女王陛下剧院，即我们未来的主场里的一部分维多利亚时代的舞台机关。比如，拉乌尔纵身跳入魅影的地下湖的情节，就是因为发现了一扇被长期遗忘的舞台暗门而设想出来的。

玛利亚的服装设计，说到底，跟她的舞台设计一样丰富多彩，而
471 且都是手上功夫。狂欢夜的服装应该是为音乐剧创作过的最奢华也最具创造性的服装。有一场以服装来搞笑的戏，被砍掉了。第二幕开场时，两位经理，安德烈先生和菲尔曼先生穿着他们的骷髅外套撞在一起，把对方都吓了个半死。我们曾经把这一段写成两人打扮成女装来参加时尚晚会时发现撞衫了。等到了试穿服装的时候，出演菲尔曼先生的约翰·萨维登特死活不答应，声称那套服装让他看上去显胖。于是他的服装就改掉了，砍掉这段搞笑的戏实在是让人痛心。

1986 年塞德蒙顿音乐节是在 7 月 4 日那个周末举办的。温莎城堡的卡司重演了一遍《板球姻缘》，获得了“好玩有趣”的评价。我们在星期六晚上举办的歌舞演出里推出了去年没有写的《剧院魅影》第二幕里的歌曲。《多渴望你又在我身边》的歌词显然还是不够灵光，当时的歌名叫《故事讲到这里就结束了》。查尔斯·哈特将此怪罪于主旋律开头的五个重复的音符，威胁着要把歌名改成《抽空想想孩子和圣诞节》。他现在还埋怨我迫使他不得不在最终确定的歌名里加上“又在”这个词。有些观众发现克里斯蒂·戴伊改名字叫克里斯汀了，有点好奇，哈罗德觉得“克里斯蒂”很土。

尽管《剧院魅影》在不断提速，莎拉依然想办法给百代唱片录了一张本杰明·布里顿的民歌专辑。这还不是那年 8 月她在修道院路录音棚唯一的工作。就在她录制了《你会织靠垫吗?》《永别了我故乡的竖琴》以及其他十七首民歌金曲的两天后，她又回到了修道院路，来

帮助我实现我的个人梦想之一——跟克里夫·理查德合作录制一首歌。克里夫已经答应了录二重唱《这就是我所盼》，就像当年艾尔维斯和佩图拉·克拉克用颤音唱出我的作品那次一样，我乐得像飞上了七重天。结果克里夫在录制他自己的音轨时，用错了伴奏音乐，可也没能阻止这首单曲在几个星期后的《剧院魅影》开演之际，冲到了排行榜第三名。

那年夏天出了两件扫兴的事情，虽然没有一件跟《剧院魅影》有 472
关，可也都是真有用集团上市这件事要给我带来大麻烦的先兆。第一件事是布莱恩·布罗利强行插进一个给百代及大师之声唱片公司录制《变奏曲》的项目。原来给摇滚乐队创作的谱子由大卫·库伦修改后由皇家爱乐乐团演奏，洛林·马泽尔执棒。尽管我弟弟朱利安再次担任大提琴独奏而且表现非凡，我依然反对这样一个愚蠢的安排，不过只是徒劳。如果世上有一首曲子天生不是给古典乐团创作的，这首就是。我不清楚也不关心百代唱片究竟抓住了布莱恩什么把柄，不过这是他第一次为了公司盈利而不是我个人的目标来运作项目。所以当编曲效果表现极差，以至于洛林不得不再增加一天的录音工作从而让费用激增的时候，我内心飘过一句“我就说嘛”。

当然这张唱片卖得很差，唯一的好处是，作为我没有公开展示不满态度的回报，我得以将我爸爸的交响诗《北极光》一同录制。由于我那版被阉割过的《变奏曲》浪费了不少时间，以至于洛林指挥的《北极光》都没来得及搞一次正式录音，而是在联排时就开录了。可见只要洛林拿到的素材是花了功夫准备好的，他就能发挥出一个杰出的音乐家的水平来。

第二片阴云，是罗伯特·史迪格伍德退出了《星光快车》美国演出项目。罗伯特曾提议和摇滚乐演出商斯蒂夫·勒伯合作，在美国的体育场馆巡演《星光快车》，后者供职于威廉·莫里斯经纪公司时曾参与过《耶稣基督万世巨星》的巡回演唱会。对我来说，这是个不用动脑子也能明白的比闯百老汇更保险的方案。可到了仲夏之际，这两位因为受够了布莱恩的犹豫不定，双双退出了。当时我并不知道吉米·倪德伦给布莱恩承诺了一笔惊人的 1 000 万美元（如今币值 2 200 万美元）的担保金，就为了把《星光快车》硬塞进他在百老汇经营的某家剧院里。这就是一个剧院老板，和一个自以为是个制作人的经营管理者，在毫不了解一部剧目为何会有生命力的前提下，把剧目作品当作“产品”的经典案例。

473 布莱恩转过头又把吉米开出的天价，当作跟制作人马蒂·斯塔格谈判的另一个项目的筹码。事后来看，我相信布莱恩在试图给《星光快车》争取到最高报价，以便提高真有用的短期利润并取悦金融城，当然他自己也能拿到不错的分红。此外，布莱恩也开始犯那种商人自诩可以充当创作者的毛病了——看看他那个愣头愣脑的古典音乐版《变奏曲》。要感谢老天的是，我当时没看出来他的意图，否则我就可能不得不从《剧院魅影》这里分心了。

《剧院魅影》的排练于 8 月的第三周，在那座“一塌糊涂”的沃克斯霍尔社区活动中心的阿尔福德楼开始，不过没人有一句怨言。就像在排练一部事先已经试排和测试过的制作一样，哈罗德丝毫不打折扣地坚持着他的原则，就是音乐和转场过程必须相得益彰，这样的话，制作的效果就总是比观众的预期抢先一步。

一切进展顺利，预示我们第二周结束时就能把第一幕给串起来过一遍了，还能有富余的时间来听一遍第二幕的开场曲《狂欢夜》。这首歌完全不行。我想起来艾伦·杰·勒纳本来就打算先修理《狂欢夜》的。那次正好是 8 月的长假周末，于是查尔斯和我赶去了塞德蒙顿，花了一天时间才发现问题其实很明显。我们之前写的是一首庆贺六个月没有魅影来打搅歌剧院的传统的开场曲，场景设置为一场假面舞会。可假面舞会是有点吓人、有点怪异的，甚至有点神秘兮兮的意味——试想一下威尼斯的狂欢节。①

查尔斯按照新的音乐节奏重写了歌词，结果整首歌的潜台词更凶险了。会不会魅影就躲在某个面具后面？我把《狂欢夜》设计成一个从大台阶上走下来的老式风格大合唱，直到魅影穿着“红色死神”的服装打断整个舞会。吉莉安在接下来的星期二就排好了整场表演。

在那个星期发生了一个可以被称为“小插曲”的事件。卡梅隆、 474
迈克尔·克劳福德，还有我，驾车从沃克斯霍尔前往剧院。当我们接近兰贝斯桥时，迈克尔说他希望《这条不归路》能做个预录音轨，因为他唱这首歌的时候脸上蒙着头套，担心声音会太闷。卡梅隆一下子就发火了，他说迈克尔，冲着你挣这么高的演出费，至少第二幕的大歌你必须真唱，难不成你还想在演出时煲电话粥啊？那一刻我们正好被堵在车流中。迈克尔大喊一声：“你放什么狗屁?”然后制作人和男主演就冲到了人行道上，让几位不知所以然的游客欣赏了一场迷你格斗。我这个和平主义者，老老实实地待在车子里。随着交通阻塞渐渐缓解，我也从慢慢启动的车子里喊着：“不分输赢别停手哦!”场面终于冷静下来了。我们一路上谁也不说话，继续往女王陛下剧院开去。这个话题再也没有被提起过。

其他方面进展都很顺利，所以卡梅隆开始把注意力转向女王陛下剧院，那里事情一大堆。哈罗德和玛利亚宣称布景就像变戏法用的小道具那样灵巧，也没说错，只是它们都是些复杂的小道具，于是“技术工作”就要多花时间来完成了。而媒体则搞到一个小八卦，说莎拉的化妆间里特地安装了一个卫生间，因为迈克尔·克劳福德不愿意和

① 威尼斯狂欢节的一个传统就是参与者都会戴着夸张的假面具。

她共用一套。实际上这么做是为了方便克里斯汀那十几次的换装。卡梅隆则回应说："有备，就无患。"

然后又是一个关于鸽子的大折腾。哈罗德想要在第一幕快结束时的屋顶场景里，让鸽子振翅飞过观众头顶。大家都知道鸽子容易被光吸引，所以在楼上观众席过道里安装了两台明亮的射灯，给鸽子指引归途。可惜我们的鸽子不走寻常路。在无数次与从天而降的鸟粪擦肩而过后，卡梅隆宣布凡是长羽毛的都禁止进入女王陛下剧院。

这之后，卡梅隆和我觉得我们需要放一整晚的假。这是个很不明智的决定。那晚出的状况害得我们几乎被终身禁止进入伊斯灵顿的国王头像剧院。那里在演一部音乐剧《马洛》，剧名提到的是跟莎士比亚
475 同龄的诗人和编剧克里斯托弗·马洛。斯蒂夫·哈雷演马洛，说真的，他演得挺棒的。问题在于这部戏。这部戏开场就是一首歌，唱的是一个在十六世纪的人，有着一副二十世纪的头脑。接着出来一个叫"鸭子查理"的角色，唱了首叫《歌颂童贞》的歌。可最搞笑的是，奄奄一息的马洛把他的羽毛笔交给莎士比亚时，说的那句不朽金句："以后就全靠你了，威利[1]。"我觉得卡梅隆快要笑抽风了，也就是那时，剧院管理层觉得我俩出现在观众席里绝不是什么好事。

这一周结束之际，女王陛下剧院内越来越显得无趣。区政府的健康安全官员把大吊灯坠落的速度减到了就像一个优雅的老太太坐着三轮轮椅四处看风景那么缓慢。迈克尔、莎拉和我溜到了巴黎，跑到歌剧院屋顶上拗造型，让《每日邮报》的娱乐新闻记者巴斯·拜米博伊拍照。伊莫金和尼克也跟着去了，我们还获准去看那座著名的地下湖。迈克尔被一个巨大的阀门吸引住了，阀门上标着"塞纳河水"，他觉得我们该考虑拿这个名字来推销一款香水。

---

① 莎士比亚名字是"威廉"，也可以简称为"威利"。

星期一就是乐队排练了。我们的音乐总监是麦克·里德，指挥家哈罗德·菲尔丁的高徒，有史以来在西区开始执棒的最年轻的指挥。他曾经跟迈克尔在《巴纳姆》中合作过，这让迈克尔信心百倍，因为后者在拍子上总是有点拿不准。这就让他成为《剧院魅影》的完美指挥人选。我们在赫伯特·比尔鲍姆·特里爵士那间位于女王陛下剧院圆顶下方的旧私人公寓里排练。在《这条不归路》第一次联排时，卡梅隆被吓得够呛。他坐立不安，倒抽着冷气，不停地说“这不行啊，亲爱的，这不行”，实在令人抓狂。因为我当然知道这不行，更知道怎么来纠正它。这首歌被编得像弗朗西斯·莱的电影配乐，[①]可它需要的是充满情欲、诱惑色彩的邪恶风格。我连夜把谱子改了一遍，加了一个小军鼓，这样不仅降低了音乐的油腻感，还突出了情欲和张力。

我们花了大量时间检查关键的音乐动机。《剧院魅影》的音乐没有 476
一处是随意写就的。比如菲尔曼先生在第一幕的台词：“我的天！你们有点素质行不行?”就是刻意以主题歌的下行音阶来唱的。换景师布凯的“老爷您别盯着我看”和拉乌尔的“果然精美绝伦”相呼应，接着又作为魅影的“字条”的音乐出现。这些联系都是刻意设定的。当我听到乐句被念出来的时候，我会疯掉的。不过这些细节固然重要，但现在事关重大的是要听一下编曲在剧院里的效果。

1986年9月27日，就是声名狼藉的《剧院魅影》公开带妆彩排之夜。大吊灯被卡住的故事至今仍是西区的传奇。这套道具如今已经几乎如钟表般精准地在全世界各地运行了三十多年，可就在那一晚，跟我们的舞台技术团队闹起了情绪。我已经记不清演出被中断了多少次，莎拉累得回到家后，连排练服都没脱就在沙发上睡着了。卡梅隆不肯

① 弗朗西斯·莱，法国著名电影配乐家，擅长为爱情片配乐，音乐风格甜蜜浪漫。

取消第一场预演，于是第二天就全部用在一遍又一遍地演练布景道具上了。

到此时，我就好比是一盘正要进比萨烤炉的果冻。技术上的折腾意味着我失去了在剧院里联排全部音乐的机会。更糟的是，在舞台中央的，是我的妻子。谁来演克里斯汀，谁就是全剧最辛苦的推动者，魅影在台上总共只出现 17 分钟而已！伦敦每个人都在等着莎拉踩到香蕉皮摔个大跟头，她也依然被看成是一个破坏了幸福家庭的狐狸精。该让新任洛伊德·韦伯太太尝尝报应的滋味了。

41 “让你的心带你去向往的地方！”

当观众们挤满了女王陛下剧院华丽而又局促的前厅时，大家沉浸在一片欢乐的气氛里。有几位闹哄哄的阿姨还学着迈克尔演的弗兰克·斯潘塞的腔调说道：“你们好糗，我可是魅影哦！”她们显然不是来欣赏今晚的浪漫传奇之作的，我看了有点不爽。我跟卡梅隆一起站在底楼观众厅最后面的调音台附近。观众的吵闹声越来越响，当场灯暗下去时，还发出了一阵意料之中的哄堂大笑。接着，拍卖师的木槌就砸下去了。

“成交！”

观众一下子寂静无声。等着看一部闹剧的群众可想不到戏是这样开场的。在拉乌尔唱出“果然精美绝伦”之前的合成器和弦集群，就像在音乐节上一样，让观众们心中发冷。当大吊灯光芒闪耀，魅影的主题和弦喷薄而出之际，观众们就像小孩子第一次看到魔术表演那样目瞪口呆。大吊灯冉冉升起，歌剧院顺利重现。这一段简直完美得不真实。

莎拉演唱的《念着我》真是漂亮。她的嗓音就像山泉水一样清凉纯净，似精美的瓷器一样清脆。我们的梅格在化妆间那场戏里略微有点走音，不过珍妮·德文尼什孩子般的美丽完美达标，当克里斯汀唱到她的“神秘天使”时，两个女孩之间的情感联结完全通达了。

等拉乌尔，克里斯汀的儿时伙伴和即将的追求者上场，那些预期

478 会看到一个逗笑场景的观众们就该明白他们走错地方了。“小小洛蒂，浮想联翩”这一句在同一个音符上演唱，而伴奏则围绕这个音符，和谐地向下进入到最终让我们确认魅影出场了的音乐。这里演员的音准极其重要，莎拉和斯蒂夫·巴顿完美地做到了。当大嗓门的迈克尔·克劳福德以浑厚的音色唱出“傲慢的小子”时，观众吓得都坐不稳了。“弗兰克·斯潘塞”出了什么情况？

他们很快就看明白了。魅影第一次出现在那面大化妆镜后面，唱着“我就是你的音乐天使”的那一刻，在技术上完美地揭示了一个截然不同的迈克尔·克劳福德。再不是瘦柴杆儿一样的弗兰克·斯潘塞。一个英俊、性感、身材健硕的中年男人出现在我们面前，全面掌控莎拉和整个舞台。当迈克尔高歌“再和我一起唱，美妙组合”的时候，预演场观众见证了戏剧史上一个演员在角色形象上最彻底的一次改变。

不停地调试布景道具的一整天工夫没有白费，所有在技术上可能作祟的小妖精们消失得无影无踪。同样令人不可思议的是乐队和演员们配合得天衣无缝。麦克·里德在音乐方面的处理思路极其妥当。我总是能通过地下密室这场戏的第一段里，魅影坐在他的管风琴旁唱出“我带你坐上这音乐的宝座”这段的音乐速度，来判断一个指挥是不是真的读懂了我的《剧院魅影》的谱子。这是“小小洛蒂”部分的展开，表现了魅影对克里斯汀的掌控。谱子上这里写着“maestoso”，意思是“有威严地”。

有些指挥在这段急匆匆地冲过去，完全破坏了此处作为《剧院魅影》二重唱的高潮段落的意图。我有一次问我们一个在百老汇的指挥，为什么他在这段要如此急促，他说是因为当任魅影个子比较高，坐在
479 管风琴上不舒服。预演那晚则完全没有急促。乐队转到降D调，完美地接上后一首《夜之乐章》。那一晚，这首歌中的性感张力、激情和渴

望，是我过往的音乐剧里不曾有过的。莎拉表现得像是迈克尔手里的一团油灰，我也从未见过她的舞蹈课带来这般奇效。迈克尔唱到了那个强劲的最高音降A——“让你的心带你去向往的地方!”——带着真正的歌剧般的力量。不过他没有让自己的表演产生丝毫波动。要不是我跟哈罗德给麦克·里德下指令继续演奏，那时的掌声可能就会让演出停在这里了。

还是没有出任何技术问题！麦克稳稳地走完经理们那场戏，观众们对每一个词都心领神会。这场戏的重点是展示歌剧院的头号女高音卡洛塔的确是个优秀歌手。我们对此会心一笑是因为她代表了歌剧的旧时风格，可她并不是一个搞笑的角色。只是魅影对音乐的品位不同，而且卡洛塔是他的克里斯汀星途计划的绊脚石。罗斯玛丽·艾什的卡洛塔完全满分，观众们对《当家花旦》报以微笑，同时也颇为享受其中。

掌声间隙，我戳了卡梅隆一下，部分是因为我迄今为止创作过的最复杂的声乐编排似乎已经成功，可以松一口气了，也是因为这里在转入模仿莫扎特风格的歌剧《哑仆》时会有大规模的换景，那场戏有一张硕大的床铺和许多精美的幕布。没有故障，看起来舞台技术组下午没偷懒。《哑仆》中，卡洛塔要发出蛤蟆般的叫声，魅影则得意扬扬地说：“她再唱下去，吊灯就要掉下来了。”大吊灯在头上吓人地摆动起来之际，正厅前排观众发出的惊慌的笑声实在是太逼真了。如今取消了鸽子的歌剧院屋顶的大换景，也是没有一丝毛病。如果不是伴着音乐盒奏出的《狂欢夜》的音乐动机奏响，以及克里斯汀的歌声——“该走 480
了，他们会到处寻找我”响起来刻意打断掌声，因克里夫和莎拉录制的单曲而变得广为人知的《这就是我所盼》，绝对会引发中断演出的掌声。接着大家就会发现魅影一直在暗中观察着这对小情侣。

当迈克尔出现在玛利亚设计的歌剧院假台口中央上方，并随着景片下降至大吊灯和舞台地面之间时，整个剧院都倒吸了一口凉气。当迈克尔哀怨地唱出“我给了你音乐，让你的歌飞翔”时，歌声中的痛苦让人难以承受。而他在威胁道“敢违背我所有的要求，你们会悔恨这一生!”前发出的那种被哈罗德称为“俄狄浦斯哭喊”的绝望的声音，彻底抒发了魅影的心痛，也解释了他砸下吊灯的举动，并非出于夸张做作的愤怒。尽管大吊灯冲向舞台的速度比如今更端庄从容，但那一晚它也确实万众瞩目了。

幕间休息时的观众反响让人始料不及。之后就是我满心期待的入行后的首次新尝试，我的间奏曲。这是我从业二十年来第一次有机会做这样的安排。任何声称不希望听到管弦乐队以合奏的方式接连演奏自己的旋律的作曲家，要么是在撒谎，要么就不是写旋律的料。麦克·里德是那种一有机会就必然卖弄的指挥之一。当时已经多年没有这种旧日风情的间奏曲了，他和乐队演奏得入木三分，仿佛他们的生命安危都在此一举。

接着演出的是《狂欢夜》。排练的时候我们真的把问题都搞定了吗？有人戳了我一下，这次是查尔斯·哈特。他其实不用担心：《狂欢夜》的表现恰到好处。有咬字的问题，不过并不严重。查尔斯重写的歌词反映出了玛利亚设计的异域情调的服装风格。歌词和服装相映衬，就像不曾有过什么问题一样：

	紫光闪	*Flash of mauve*
	虎斑黄	*Splash of puce*
481	美丑现	*Fool and king*
	人鬼狂	*Ghoul and goose*
	霹雳青	*Green and black*

冷艳装	*Queen and priest*
胭脂红	*Trace of rouge*
野兽妆	*Face of beast*
狂欢夜	*Masquerade*
眉来眼去	*Leering satyrs*
喜洋洋	*Peering eyes*

身着“红色死神”服装的迈克尔，出现在玛利亚设计的装点了假人的大台阶最顶层这一刻，让这堂必定跻身戏剧史上最优秀行列的服装大师班达到了极致巅峰。而当他把专门为克里斯汀谱写的《胜利的唐璜》这部歌剧的乐谱扔到地上，然后穿过暗门瞬间消失，却又紧接着奇迹般地出现在大台阶顶端那一刻，让我们的观众见证到哈罗德这位大师级娱乐工匠的巅峰状态。

麦克·里德驱动着音乐不断前进。拉乌尔在第二幕跟剧院经理们一起的那场戏，以“我们一直没注意”这句歌词接过决策主导权时新的音乐动机的拍子强度，恰如其分地表明了他就是一个甘愿让克里斯汀当诱饵，去出演那部歌剧好诱捕魅影的行动派分子——“只要戴伊小姐肯出场，他决计会来”。紧随其后的杂乱狂躁的争执引出了那个永远会让我联想起莎拉的唱段，《思绪多纠缠》，就是基于《当家花旦》的对位旋律创作的。

也许是出于我内心的狂喜，对莎拉的自豪，以及纯粹因为看到我的《剧院魅影》首次展现出生命力的情绪作用，反正我的首场预演笔记本上在这段之后就没有内容了。我还记得莎拉的《多渴望你又在我身边》的表演令人动容，并令人萌生怜爱之心，完全不像我之后常听到的女武神般的演绎。

我记得我在《胜利的唐璜》排练时说的关于八七拍的笑话毫无反

482 响，之后三十年里亦然，除了洛林·马泽尔在场的那个晚上。不过魅影前卫地运用“全音阶”创作的目的，是为了让声乐教练雷耶先生总是奏出可怜的皮昂吉先生无法唱准的三全音。

我还清晰地记得《这条不归路》爆发出十足的情欲张力，以及当莎拉揭开迈克尔的面具时，观众们是怎样发出惊呼的。不管听起来多甜腻，我都为最后一场戏里自己的音乐而热泪盈眶，当莎拉随着乐队奏响《音乐天使》之际，轻吻可怜的魅影时，我和全体观众一样彻底折服。从未有过一部作品和我如此息息相关，不只是说《剧院魅影》对我作为作曲家来说意义重大，让莎拉主演，也让我的职业声誉命悬一线。哈罗德沿着走道跑上来，紧紧攥住我的手。“这是我看过的最优秀的音乐剧，兄弟。我们都休息一下，首演之夜再看。”

第一场预演到全球首演之间，一个音符都没有改动过。

《剧院魅影》后来成为我职业生涯中在商业上最成功的音乐剧作品。根据不同的统计处理方法，也可以有争议地称其为有史以来最成功的娱乐项目，我个人觉得要是把通货膨胀率算进去，这个说法就没有问题了。哈罗德制作的这版《剧院魅影》可以说是音乐剧历史上难得一见的选角、编剧、作曲、作词、导演、编舞以及设计的“七星连珠”，共同催生了这部惊世之作。这也提醒了我们，创作过程是多么需要通力合作，也是多么地脆弱敏感，只要有一个环节没能平衡好，就会让一部杰作毁于一旦。

《剧院魅影》在 2016 年 10 月 9 日，于伦敦庆祝了 30 岁生日。在 2006 年 1 月 9 日，它成为百老汇有史以来连续演出时间最长的剧目。2018 年 1 月 9 日，它也在百老汇演出了 30 个年头。伦敦《星期天泰晤士报》的剧评人约翰·彼得用了四个字来评论这部作品。

“面具威舞”（Masked balls）。

散场曲

我的确是想把全部回忆录塞在一本书里面的，可是我唠叨的毛病
显然不允许如此，所以我在《剧院魅影》开演之际就打住了。停在这里也挺不错的。《剧院魅影》已经在166座城市上演过，而初版制作依然在百老汇和伦敦，以及全球其他五座主要城市演出。当1984年，我在第五大道上花50美分买下这本"廉价恐怖小说"二手书时，远远想不到这部戏会如此地改变了每一个参与其中的人的命运和财富。

到《剧院魅影》为止，无论从哪个标准来说，我的人生都是令人羡慕的——有一些挫折，有一些遗憾，不过跟将来难得会有兴趣续写的第二卷里不得不提到的那些挫折相比，就不算什么了。另一方面，我很有幸跟我无与伦比的妻子玛德琳共享一段极其幸福的历时27年，而且依然在延续的婚姻生活，以及她给我带来的三个杰出的孩子：阿拉斯泰尔、比利和贝拉，还有我更大一些的骨肉，如今在纽约居住工作的伊莫金，和生养了我的孙女莫莉，让我当上爷爷并为之自豪的尼克。在1989年我跟莎拉·布莱曼的婚姻生活触礁时，我通过我们共同的朋友认识了玛德琳·格尔顿。有媒体报道了莎拉跟初版《剧院魅影》的键盘手的绯闻，尽管我依旧爱着她，一切也都再不似之前那般了。当我告诉莎拉我要离开她跟玛德琳一起生活时，她崩溃了。不过我们还是继续一起工作。最近一次是2016年，我给她写了一首她本来要在太空站上演唱的歌曲，她计划成为在太空中唱歌的第一人，尽管后来

由于与她无关的原因取消了该计划。莎拉·布莱曼的歌声对我来说永远是特别的。

玛德琳是一个陆军准将的女儿，我遇到她时，她正要结束她的职业骑手生涯。她创办了一家非常成功的乡间运动服装公司来支撑她的
484 马术事业，思路清晰迅捷。她如今在我名下那些公司里担任董事，工作十分勤奋。在我事业中的一些艰难时期，以及受健康困扰的四年里，她都如磐石般坚定地支持着我。很高兴，我终于在 2015 年初摆脱了病魔的困扰，可在 2014 年，我曾陷入一片黑暗之中，众所周知，当时很多人觉得我不可能再有作品问世了。我终于跨过了这道坎。

那时有很多事情需要重新拾起。我决定彻底戒除酒精，把我酒窖里的存货卖光，回到我最初的状态来创作《摇滚学校》，这部从杰克·布莱克和麦克·怀特的同名电影改编的作品。这是我自《耶稣基督万世巨星》后，第一部在百老汇举行全球首演的音乐剧。我自己担任制作人，同时创作音乐，这也是自《剧院魅影》后我首部盈利的百老汇演出。自《剧院魅影》以来，我的七部作品中只有三部曾登陆百老汇的舞台：我的小“室内乐”音乐剧《爱的面面观》、《白衣女人》和《日落大道》，最后那部尽管赢得了托尼奖最佳音乐剧奖和最佳作曲奖，并且获得了一些我职业生涯中的最佳评价，还是由于一些严重阻挠我的职业传奇持续下去的客观原因，未能让我收回成本。

从某些角度来说，我也很高兴这本书写到这里为止。逆境之中，才见真情。一些所谓的朋友和同袍的令人难堪的行为我早已知晓，可我也不觉得揭露一番能让我感到开心。不过如果即使从你的角度来看，这本自传也算不上真实，那么其意义又何在呢？也不都是令人不快的事。1991 年，我成功地回购了我公司的股份，所以现在它是一个家族企业了，本来就该这样。2000 年，我又得以收购斯托·摩斯伦敦剧院集团。我现在拥有的七家剧院里有两家是最负盛名的——德鲁利巷皇

家剧院和伦敦帕拉迪厄姆剧院。我因为每一分利润都被投入了修缮保养这些漂亮的建筑的工作里，而备感自豪。

1992 年，由于对文艺事业的服务，我被女王陛下封为骑士，之后在 1996 年 12 月，我又有幸被荣封为终身贵族，加入英国议会上议院。 485

2017 年秋，我辞去了上议院的在任议员职务。上议院的性质在过去的二十年里发生了显著的改变，变得更加政治化，机构也日益臃肿。前任首相大卫·卡梅伦，自 2010 年来新任命了 295 名贵族议员，使得上议院的规模扩大了 40％以上，创下了由政党提名贵族的纪录。

1997 年，我跟蒂姆·莱斯合作给电影版《艾薇塔》创作了新歌《你必须要爱我》，获得了奥斯卡奖。2017 年，《摇滚学校》在白色大道落户，再算上《剧院魅影》和一个《猫》的重排版，再加上由无与伦比的格伦·克洛斯出演的《日落大道》的一个演季，意味着我同时有四部演出在百老汇上演，再创了我的偶像罗杰斯和汉默斯坦在 1953 年创下的纪录。

在过去几年我那些不太成功的作品里，有一些音乐创作和题材选择也让我很自豪。比如讲述在北爱尔兰年轻人是怎么被政治分化然后转变为恐怖分子的《美丽的游戏》，跟当下的社会局势的关联比 2000 年更紧密。这是我唯一一部获得伦敦剧评人奖的音乐剧。《剧院魅影》的续篇《真爱不死》也让我特别自豪。尽管汇集了一些颇具才华的人，伦敦的制作却并不成功。可在澳大利亚，一切都完美和谐，所以目前在美国演的就是这个版本。毕竟我已彻底恢复健康，所以我对该剧做了相当大的修改。也许永远没法跟《剧院魅影》那样杰出的成功相提并论，可部分音乐段落在我看来是我创作过的最优秀的作品，而且我毫不隐瞒该剧里有两段我最喜欢的旋律。在底特律的首演之夜，也是我职业生涯中最值得珍藏的时刻之一。

总有一天我会把《斯蒂芬·沃德》修一修，这部戏讲述了处于因

性丑闻和间谍事件而臭名昭著的“普罗富莫事件”焦点的那个男人的
486 故事。针对该事件引发的后果的调查报告，被英国当局认为具有惊人的杀伤力，以至于在2046年前不得公开于众。就算我再也没机会重写《斯蒂芬·沃德》，也总会有人去描写那段历史的。事关重大，所以对此事的隐瞒绝不能就此被放过。

我还为曾经制作了非凡的宝莱坞作曲家A.R.拉赫曼的音乐剧《孟买梦》而相当自豪。该剧在伦敦大获成功，还吸引了一群新的观众来到剧院。很遗憾，2004年的百老汇对这样一部戏还没有做好心理准备。一位知名剧评人觉得我已经彻底丧失了我的职业嗅觉。五年后，拉赫曼凭借《贫民窟的百万富翁》赢得了奥斯卡最佳作曲和最佳原创歌曲奖。

当时A.R.拉赫曼的音乐吸引我之处在其出色的旋律天赋。我坚信西方的戏剧观众应该体验一下。旋律让我着迷，甚至让我鬼迷心窍，我后脑勺那里的某处无时无刻不在产生旋律，很难描述具体出自哪里。有时候，一段音乐直接就来了。可能是在机场、在车里、在餐厅——甚至在演出幕间休息时！有时候，旋律会自动找上我，可有的时候我许久也找不到一条。有时候，一首歌名也能激发我的灵感，或者我只是坐在钢琴旁用棍子漫不经心地戳着钢琴，就会根据听到的歌词即兴弹出一段东西来。从《猫》开始，我就总是根据已有的歌词来作曲。

不过我的旋律几乎总是由一个故事情节激发的。我极少在戏剧领域之外创作歌曲。当然，和大多数旋律作者一样，我也有一些“必杀技”。只是我有一个压倒一切的原则，就是合适的旋律只有出现在合适的故事里的合适的地方，才能在剧院里达到所追求的效果。了解一下理查德·罗杰斯告诉我的关于那首《慢慢了解你》以及它从《南太平洋》剧中被删掉的故事就知道了。我估计我的剧目中95%以上的歌曲，都是在我对故事有了概念后才创作出来的。我希望我的音乐永远是故事的仆从。

随着我的 70 岁生日越来越近，我回望人生，再次觉得自己有多么幸运。要是明白自己这一生喜欢做什么，就已经很幸运了。我不仅仅 487
可以靠自己的兴趣谋生，更是收获颇丰，这就是双重幸运了。我既从事主题创作，也偶尔为其他创作者负责制作，在不断经历风险中成长起来。目前最重要的是，我希望通过我的基金会，以及我的剧院修复工作，让我得以回报这个善待我至今的行业。我也狂热地坚信校园艺术培养的重要性，尤其是跨越所有语言、政治立场、种族和信仰的音乐。在我们这个日益危险且支离破碎的世界里，艺术从未像今天这样必不可少。

在写到这里的时候，我还没有找到可以创作新戏的主题，可我会找到的。我必须要回到工作坊和修改工作中，回到走音的排练钢琴旁和汗水淋漓的排练厅里，回到让人心神不宁的预演和让人提心吊胆的首演仪式上。我已经被远离工作折磨得痛苦不堪了。就算我还未曾写出接近《在一个醉人的夜晚》那样水平的歌曲，我也希望已经给一些观众献上了几首还听得过去的作品。我还想给他们多献上几首。

附　录

担任作曲的作品

《约瑟夫和神奇彩衣》

作词：蒂姆·莱斯

1968 年在伦敦科利特科特小学首次上演

英国首演-爱丁堡国际艺术节：1972 年（作为《圣经一号》的第二幕）

西区首演：1973 年 2 月，艾尔贝瑞剧院

导演：弗兰克·邓洛普

原版阵容：盖瑞·邦德（约瑟夫）；彼得·里弗斯（说书人）

百老汇首演：1982 年 1 月，王宫剧院

导演：托尼·坦纳

原版阵容：比尔·赫顿（约瑟夫）；劳里·比奇曼（说书人）

《耶稣基督万世巨星》

作词：蒂姆·莱斯

百老汇首演：1971 年 10 月，马克·赫林格剧院

导演：汤姆·奥霍甘

原版阵容：杰夫·芬霍特（耶稣）；本·沃伦（犹大）；伊冯·罗

梅恩（抹大拉）

西区首演：1972 年 8 月，皇宫剧院

导演：吉姆·沙尔曼

原版阵容：保罗·尼古拉斯（耶稣）；斯蒂芬·泰特（犹大）；戴娜·吉莱斯皮（抹大拉）

《通天管家》

作词及编剧：艾伦·埃克伯恩

西区首演：1975 年 4 月 22 日，女王陛下剧院

导演：艾伦·埃克伯恩

原版阵容：大卫·海明斯（波提·伍斯特）；迈克尔·奥尔德里奇（吉福斯）；加布里埃尔·巴塞特（玛德琳·巴塞特）

编舞：克里斯托弗·布鲁斯

舞美设计：沃伊泰克

灯光设计：罗伯特·沃尔伯

《艾薇塔》

作词：蒂姆·莱斯

西区首演：1978 年 6 月 21 日，爱德华王子剧院

百老汇首演：1975 年 9 月 25 日，百老汇剧院

原版阵容：伊莲·佩吉（艾娃）；大卫·埃塞克斯（切）；乔斯·艾克兰德（贝隆）；雪凡·麦卡锡（贝隆的情妇）；马克·赖恩（奥古斯汀·马卡尔迪）

导演：哈罗德·普林斯

编舞：拉里·富勒

布景和服装设计：蒂莫西·奥布莱恩；塔齐娜·费尔斯

灯光：大卫·赫西

音效设计：艾伯·雅各布

《变奏曲》

1977 年，于塞德蒙顿音乐节首度上演

唱片发行日：1978 年 11 月 22 日

朱利安·洛伊德·韦伯：大提琴

唐·艾瑞：三角钢琴，合成器，Fender Rhodes 电钢琴

罗德·阿金特：三角钢琴，合成器

盖瑞·摩尔：Gibson Les Paul 电吉他，瑞肯贝克十二弦电吉他，Fender Stratocaster 电吉他，Guild 木吉他

芭芭拉·汤普森：长笛，中音长笛，中音和高音萨克斯管

约翰·莫尔：Fender Precision 贝斯，Hayman 无品低音吉他

乔恩·希瑟曼：Arbiter 多音鼓（Auto-Tune drums），Paiste 钹和锣，打击乐

特邀乐手：安德鲁·洛伊德·韦伯（合成器）

大卫·卡迪克（钢琴）

比尔·勒·萨吉（电颤琴）

赫比·弗劳厄斯（贝斯）

菲尔·柯林斯（鼓，打击乐）

《星期天再说》

作词：唐·布莱克

1979 年，于塞德蒙顿音乐节首度上演

1980 年，英国广播公司电视台录制专题节目

西区首演：1982 年 3 月 26 日，作为《歌声舞影》的上半场首演于

皇宫剧院

百老汇首演：1985 年 9 月 18 日，作为《歌声舞影》的上半场首演于王宫剧院

原版阵容：玛蒂·韦布（女孩）

《猫》

作词：T.S.艾略特，特雷弗·努恩

西区首演：1981 年 5 月 11 日，新伦敦剧院

百老汇首演：1982 年 10 月 7 日，冬日花园剧院

原版阵容：伊莲·佩吉（葛丽泽贝拉）；斯蒂芬·泰特（剧院猫格斯/格罗泰格）；莎拉·布莱曼（杰米玛）；韦恩·斯利普（奎佐/米斯托弗里斯先生）；布莱恩·布莱斯德（老戒律伯/巴斯托弗·琼斯）；保罗·尼古拉斯（若腾塔格）；邦妮·兰福德（兰贝蒂泽）

导演：特雷弗·努恩

编舞：吉莉安·林恩

布景、服装、化妆设计：约翰·纳皮尔

灯光设计：大卫·赫西

音效设计：艾伯·雅各布

《歌声舞影》

歌词：唐·布莱克，增补歌词由小理查德·马尔特比创作

西区首演：1982 年 3 月 26 日，皇宫剧院

百老汇首演：1985 年 9 月 18 日，王宫剧院

原版阵容：玛蒂·韦布（女孩）；韦恩·斯利普（领舞）；珍妮·达令（领舞）

导演：约翰·凯尔德

编舞：安东尼·范·拉斯特

布景和灯光设计：大卫·赫西

服装设计：罗宾·堂

音效设计：安德鲁·布鲁斯；朱利安·比彻

《星光快车》

作词：理查德·斯蒂尔格

西区首演：1984 年 3 月 27 日，阿波罗·维多利亚剧院

百老汇首演：1987 年 3 月 15 日，格什温剧院

原版阵容：雷·谢尔（拉斯提）；杰夫·山克利（格利斯博）；朗·萨顿（唠叨老爹）；杰夫瑞·丹尼尔斯（伊莱克特拉）；斯蒂芬妮·劳伦斯（珍宝）；克莉丝·维克汉姆（艾什莉）；南希·伍德（珀菲）；P.P.阿诺德（蓓尔）

导演：特雷弗·努恩

编舞：阿琳·菲利普斯

布景和服装设计：约翰·纳皮尔

灯光设计：大卫·赫西

音效设计：马丁·勒凡

《安魂曲》

首演：1985 年 2 月 24 日，纽约圣托马斯教堂

参演：普拉西多·多明戈

莎拉·布莱曼

保罗·迈尔斯-金斯顿

圣托马斯合唱团

温切斯特大教堂合唱团

圣路加堂乐团

指挥：洛林·马泽尔

《剧院魅影》

作词：查尔斯·哈特，增补歌词由理查德·斯蒂尔格创作

西区首演：1986年10月9日，女王陛下剧院

百老汇首演：1988年1月26日，美琪剧院

原版阵容：莎拉·布莱曼（克里斯汀·戴伊）；迈克尔·克劳福德（魅影）；斯蒂夫·巴顿（夏尼子爵拉乌尔）；约翰·萨维登特（菲尔曼先生）；大卫·菲尔斯（安德烈先生）；罗斯玛丽·艾什（卡洛塔·吉乌迪切利）；玛丽·麦拉（吉瑞夫人）

导演：哈罗德·普林斯

音乐表演设计和编舞：吉莉安·林恩

舞美设计：玛利亚·比约森

灯光设计：安德鲁·布里奇

音效设计：马丁·勒凡

《爱的面面观》

作词：唐·布莱克；查尔斯·哈特

西区首演：1989年4月17日，威尔士亲王剧院

百老汇首演：1990年4月8日，布罗德赫斯特剧院

原版阵容：安·克伦姆（罗丝·维贝尔）；迈克尔·波尔（阿列克斯·迪林汉姆）；凯文·考尔森（乔治·迪林汉姆）

导演：特雷弗·努恩

编舞：吉莉安·林恩

舞美设计：玛利亚·比约森

灯光设计：安德鲁·布里奇

音效设计：马丁·勒凡

《日落大道》

作词：克里斯托弗·汉普顿；唐·布莱克

西区首演：1993年7月12日，阿德尔菲剧院

百老汇首演：1994年11月17日，明斯克夫剧院

原版阵容：帕蒂·卢波恩（诺玛·戴斯蒙德）；凯文·安德森（乔·吉利斯）；丹尼尔·本萨利（麦克斯·冯·梅耶林）；梅瑞迪斯·布劳恩（贝蒂·谢弗）

导演：特雷弗·努恩

编舞：鲍勃·艾维安

舞美设计：约翰·纳皮尔

服装设计：安东尼·鲍威尔

灯光设计：安德鲁·布里奇

音效设计：马丁·勒凡

《通天管家》

作词：艾伦·埃克伯恩

西区首演：1996年7月2日，约克公爵剧院

百老汇首演：2001年10月28日，海伦·海耶斯剧院

原版阵容：斯蒂芬·佩西（波提·伍斯特）；马尔科姆·辛克莱尔（吉福斯）

导演：艾伦·埃克伯恩

编舞：希拉·卡特

布景设计：罗杰·格洛索普

服装设计：路易丝·贝尔森

灯光设计：米克·休斯

音效设计：理查德·赖恩

《风中轻哨》

作词：吉姆·斯坦曼

编剧：帕特丽夏·诺普

美国首演：1996 年 12 月 12 日，华盛顿特区国立剧院

原版阵容：戴维斯·盖恩斯（男子）；艾琳·莫洛伊（燕子）

导演：哈罗德·普林斯

编舞：乔伊·麦克尼利

投影设计：温德尔·K.哈灵顿

服装设计：佛罗伦斯·克罗茨

音效设计：马丁·勒凡

西区首演：1998 年 7 月 1 日，奥德维奇剧院

原版阵容：马克斯·莱维特（男子）；洛蒂·迈尔（燕子）

导演：盖尔·爱德华兹

编舞：安东尼·范·拉斯特

布景设计：彼得·J.戴维森

服装设计：罗杰·柯克

灯光设计：马克·麦克勒

音效：马丁·勒凡

《美丽游戏》

作词：本·埃尔顿

西区首演：2000 年 9 月 26 日，剑桥剧院

原版阵容：弗兰克·格雷姆斯（欧唐纳尔神父）；迈克尔·谢弗（托马斯）；杰米·戈丁（丹尼尔）；戴尔·米克斯（“红毛”）；本·哥达德（德尔）；大卫·香农（约翰）；茱茜·沃克（玛丽）；汉娜·沃丁汉姆（克里斯汀）；艾莉科丝·夏普（伯纳黛特）

导演：罗伯特·卡森

编舞：梅丽尔·坦卡德

布景设计：迈克尔·列文

服装设计：琼·博尔金

灯光设计：让·盖勒芒

音效设计：马丁·勒凡

《白衣女人》

根据威尔基·柯林斯的同名经典小说改编创作

改编：夏洛特·琼斯

作词：大卫·齐佩尔

西区首演：2004 年 9 月 15 日，皇宫剧院

百老汇首演：2005 年 11 月 17 日，侯爵剧院

原版阵容：玛利亚·弗里德曼（玛丽安·哈尔科姆）；迈克尔·克劳福德（福斯科伯爵）；安杰拉·克里斯蒂安（安妮·凯瑟里克）；马丁·克鲁斯（沃尔特·哈特赖特）；吉尔·佩斯（劳拉·费尔利）

导演：特雷弗·努恩

动作指导：韦恩·麦克格雷格（百老汇版）

舞美及视频设计：威廉·达德利

灯光设计：保罗・皮安特

音效设计：米克・波特

《真爱不死》

编剧：本・埃尔顿；伦兰・斯莱特；弗雷德里克・福赛斯；安德鲁・洛伊德・韦伯

作词：格伦・斯莱特

西区首演：2010 年 3 月 9 日，阿德尔菲剧院

导演：杰克・奥布莱恩

编舞：杰瑞・米切尔

布景和服装设计：鲍勃・克劳利

灯光设计：宝莉・康斯特布尔

音效设计：米克・波特

原版阵容：莱明・卡莱姆罗（魅影）；席爱拉・博格斯（克里斯汀・戴伊）；约瑟夫・米尔森（拉乌尔）；萨默・斯特劳伦（梅格・吉瑞）；莉兹・罗伯逊

美国首演：2017 年 10 月 25 日，底特律菲舍尔剧院

导演：西蒙・菲利普斯

编舞：格雷姆・墨菲

舞美和服装设计：加布里埃拉・泰列索娃

灯光设计：尼克・施莱伯

音效：米克・波特

原版阵容：加尔达・托尔・科尔特斯（魅影）；梅根・皮切尔诺（克里斯汀・戴伊）；肖恩・汤普森（拉乌尔）；玛丽・迈克尔・帕特森（梅格・吉瑞）；凯伦・梅森（吉瑞夫人）

《斯蒂芬·沃德》

编剧和作词：克里斯托弗·汉普顿；唐·布莱克

西区首演：2013 年 9 月 19 日，奥德维奇剧院

原版阵容：亚历山大·汉森（斯蒂芬·沃德）；夏洛特·斯宾塞（克里斯汀·奇勒）；夏洛特·布莱克利奇（曼迪·莱斯-戴维斯）

导演：理查德·艾尔

编舞：斯蒂芬·密尔

布景和服装设计：罗伯·豪威尔

灯光设计：彼得·马姆福德

音效设计：保罗·格鲁休斯

视频及投影设计：乔·德瑞斯科

《摇滚学校》

作词：格伦·斯莱特

编剧：朱利安·菲罗斯（改编自麦克·怀特创作的派拉蒙影业的同名影片）

百老汇首演：2015 年 12 月 6 日，冬日花园剧院

西区首演：2016 年 11 月 14 日，新伦敦剧院

原版阵容：阿列克斯·布莱曼（杜威·芬恩）；席爱拉·博格斯（罗萨莉·莫林斯）；斯宾塞·摩西（奈德）；梅米·帕利斯（帕蒂）

导演：劳伦斯·康纳尔

编舞：乔安·亨特

舞美和服装设计：安娜·路易索斯

灯光设计：娜塔莎·卡茨

音效设计：米克·波特

担任制作的作品

除制作或联合制作韦伯自己的剧目，如《猫》和《剧院魅影》之外，他还曾出任以下剧目的制作人。

《戴茜历险记》

编剧：丹尼斯·迪根

《格兰吉伍德校歌》，蓓瑞尔·瓦德尔-布朗尼创作（安德鲁·洛伊德·韦伯）

西区首演：1983 年 4 月 18 日，寰球剧院

原版阵容：亚历桑德拉·麦希（戴茜·梅瑞迪斯）；海伦娜·利特尔（特丽克茜·马丁）；艾德丽安·托马斯（莫妮卡·史米瑟斯）；凯特·布福瑞（克莱尔·博玛特）

导演：大卫·吉尔莫

设计：格伦·威洛比

灯光设计：布莱恩·哈里斯

《踮起脚尖》

作曲：理查德·罗杰斯

作词：洛伦兹·哈特

编剧：理查德·罗杰斯；洛伦兹·哈特；乔治·阿伯特

西区首演：1984 年 6 月 12 日，皇宫剧院

原版阵容：娜塔莉亚·马卡洛娃（维拉·巴罗诺娃）；蒂姆·弗莱文（小菲尔·多兰）；雪凡·麦卡锡（弗兰奇）；凯

文·欧维斯（西德尼·科恩）

导演：乔治·阿伯特，由彼得·沃克重新创作

编舞：乔治·巴兰钦，由唐纳德·赛德勒重新创作

布景及服化设计：扎克·布朗

灯光设计：约翰·B.瑞德

《打工佬》

编剧：梅尔文·布莱格

作曲和作词：霍华德·古道尔

西区首演：1984 年 10 月 31 日，阿斯托里亚剧院

原版阵容：保罗·克拉克森（约翰·塔伦特里）；朱莉亚·希尔斯（艾米莉·塔伦特里）；比利·哈特曼（伊萨克·塔伦特里）；吉拉德·多伊尔（塞斯·塔伦特里）；理查德·沃什（杰克逊·佩宁顿）；克莱尔·伯特（梅·塔伦特里）

导演：大卫·吉尔莫

编舞：安东尼·范·拉斯特

设计：马丁·约翰斯

灯光设计：克里斯·埃利斯

音效设计：里克·克拉克

《借我一个男高音》

编剧：肯·路德维希

西区首演：1986 年 3 月 6 日，寰球剧院

原版阵容：丹尼斯·罗森（麦克斯）；简·弗朗西斯（麦琪）；罗纳德·霍尔盖特（蒂托：美声之王）；约翰·拜伦（桑

德斯）

导演：大卫·吉尔莫

设计：特里·帕森斯

灯光设计：迈克尔·诺森

《普契尼餐馆》

编剧：罗宾·雷

导演：克里斯托弗·兰肖

音乐总监：威廉·布雷扎德

于塞德蒙顿音乐节首度上演（1985 年）

西区首演：1986 年 3 月 12 日，温德姆剧院

原版阵容：刘易斯·费安德（普契尼）；妮可拉·麦考利夫；查尔斯·韦斯特；特伦斯·希尔耶；雅辛塔·莫卡希；莫里斯·克拉克

设计：蒂姆·古德柴尔德

灯光设计：珍妮·凯恩

《野兽》

编剧：大卫·赫尔森

导演：理查德·琼斯

百老汇首演：1991 年 2 月 10 日，尤金·奥尼尔剧院

西区首演：1992 年 1 月 30 日，汉默史密斯音乐剧院

伦敦原版阵容：艾伦·卡明（瓦雷勒）；杰瑞米·诺森（埃罗米勒）；西蒙·特雷弗斯（德·布利）；蒂莫西·沃克（孔迪亲王）；斯蒂芬·彼尔德（雷内·杜·帕克）；琳达·斯普利尔（特蕾茜·杜·帕克侯爵夫人）

设计：理查德·赫德森

灯光设计：珍妮弗·迪普敦，由斯科特·杰林斯基重新设计

《孟买梦》

作曲：A. R. 拉赫曼

作词：唐·布莱克

编剧：梅拉·沙尔

西区首演：2002年6月16日，阿波罗剧院

百老汇首演：2004年4月29日，宽街剧院

原版阵容：普莉亚·卡利达斯（普莉亚）；拉查·贾弗瑞（阿卡什）；阿伊莎·达卡尔（拉妮）；达利普·塔希尔（马丹）；拉蒙·提克拉姆（维克拉姆）

导演：斯蒂芬·皮姆洛特

编舞：安东尼·范·拉斯特

舞美设计：马克·汤普森

灯光设计：休·范斯通

音效设计：米克·波特

《音乐之声》

作曲和作词：理查德·罗杰斯；奥斯卡·汉默斯坦二世

编剧：霍华德·林赛；罗素·克鲁斯

西区首演：2006年11月15日，伦敦帕拉迪厄姆剧院

多伦多首演：2008年10月15日

原版阵容：康妮·费舍尔（玛利亚·莱纳）；西蒙·谢泼德（乔治·冯·特拉普上校）；莱斯利·加瑞特（院长嬷嬷）；索菲·博尔德（丽丝尔）；伊恩·戈尔德（麦克斯·迪

特怀勒）；尼尔·麦克德莫特（罗尔夫·格鲁伯）

导演：杰瑞米·山姆斯

编舞：阿琳·菲利普斯

布景和服化设计：罗伯特·琼斯

灯光设计：马克·亨德森

音效设计：米克·波特

《绿野仙踪》

作曲和作词：哈罗德·阿伦；E.Y.哈伯格

增补音乐及歌词：安德鲁·洛伊德·韦伯；蒂姆·莱斯

西区首演：2011年3月1日，伦敦帕拉迪厄姆剧院

原版阵容：丹妮艾尔·霍普（桃乐茜）；迈克尔·克劳福德（大巫师/马威尔教授）；汉娜·沃丁汉姆（西方坏女巫）；爱德华·贝克-杜利（铁皮人）；大卫·甘利（狮子）；保罗·基廷（稻草人）；艾米莉·提尔尼（格琳达）

导演：杰瑞米·山姆斯

编舞：阿琳·菲利普斯

布景及服化设计：罗伯特·琼斯

灯光设计：休·范斯通

音效设计：米克·波特

投影及视频：乔·德瑞斯科；丹尼尔·布罗迪

索　引

索引中为原书页码，本书以边码形式注明。

简称“韦伯”＝安德鲁·洛伊德·韦伯

音乐剧、翻译和这本书（代译后记）

“音乐剧”这三个字，在当今中国不少地方，已经不算陌生了。一些艺术类专科学校，都开办了音乐剧专业或者课程，甚至有青少年艺术培训机构也趁势推出以音乐剧为名义的课程售卖，引得一些家长趋之若鹜。对音乐剧从业者来说，当然对此喜闻乐见，可是让我们皱眉头的是，即使一些看似专业的机构组织，对音乐剧的了解，还是有不少误解，从而引发了不少误导。

比如不少人认为音乐剧是歌剧的演化品种，甚至跟歌剧混为一谈，其实并非如此。简单来说，歌剧讲究的是声乐技巧；音乐剧讲究的则是戏剧表演。要具体分析，估计要给本书增加几十页篇幅。这里就先分享一个业内小“八卦”吧。

无论是给音乐剧演员培训、做工作坊（也叫“试排”），或者是正式排练过程中，遇到演员的音域和声乐技巧都可以胜任，却依然没法把一首歌曲演绎到位的情况时，有经验的音乐总监或声乐指导，会对演员说：你先用你平常说话的音色风格，把歌词念几遍，念顺了再唱唱看。

这是因为不同于歌剧要求演员必须用被称为“美声”的音色来演绎歌曲，音乐剧要求以符合角色设定和场景需要的音色风格来演绎。于是乡村、摇滚、重金属、民谣、迪斯科、爵士，甚至嘻哈，在音乐剧的舞台上都可以有一席之地。换言之，歌剧对音色进行的是异于日常生活风格的艺术加工；音乐剧则采用尽量贴近日常生活风格的艺术处理。

不仅是音色处理，音乐剧的整体舞台风格都是倾向于贴近观众的。本书提到的制作人卡梅隆·麦金托什，在业内被誉为“音乐剧沙皇”，他就曾说适合音乐剧上演的剧院，舞台表演区前沿都相对靠近观众席第一排，让观众以尽可能近的距离沉浸在演员表演的感染力之中，而不是像传统的歌剧院，有一个庞大的乐池，把两者远远地隔开。

所以音乐剧对文本，包括台词和歌词，也有同样的要求：贴近观众的日常生活，让大家觉得台上的故事以及人物的命运，和自己息息相关。绝大部分欧美音乐剧，如果仔细阅读文本，就是这么做的——优美酣畅的旋律所配合的，是带着生活气息、易于理解和共情、朗朗上口的歌词。从本书中摘录的歌词就可见一斑。

因此，我和一些志同道合的伙伴们，在翻译或译配国外音乐剧剧本时就很重视这方面。我们追求的目标，是要让剧院里演出时的随场字幕，或者中国演员登台演绎汉化版国外音乐剧时的台词、歌词，都能“说人话”。我们认为，戏剧文本翻译的目的决不是为了显示自己在外国语言和文化上比观众更优秀，更懂得原文的精髓，而是为了让大家能以自己熟悉的语言文字，直观明确地感受到创作者想要传递出来的作品魅力，在欣赏国外引进的演出，尤其是那些经典剧目时，用文本引导大家融入剧情，伴随人物角色一同体验悲欢离合、跌宕起伏，而不仅仅充当旁观者。

2018 年，英国国立剧院（National Theatre）版话剧《深夜小狗离奇事件》（*The Curious Incident Of The Dog In The Night-Time*）来华演出。演出方给了我已经翻译好的汉语剧本，按说直接制作字幕就行了。可在对照演出资料校验了译文后，我发现这版译文有明显的“字典式”翻译风格，并没有充分考虑创作者要表达的情感主题，也会给不熟悉英语文化的观众带来理解上的困扰，更没有顾及现场观众看随场字幕的客观条件——剧院现场的字幕屏，都在舞台的两侧，或者台口上方，离表演区至少 6 米，屏幕尺寸也普遍不大。如果观众想通过字幕了解剧情对白，视线就必须移开表演区，错过舞台上的精彩瞬间。同时字体大小、字数多少、字幕翻屏的快慢，都会对观众能否看明白字幕，带来很大影响。（一个温馨小贴士：去剧院看国外引进音乐剧或者话剧，如果需要通过字幕了解演出内容的话，切记不要买头几排的座位，不然一部戏看完，可能会落下“脖肌劳损”的后遗症哦。）

其中有一段是演员们在 9 秒钟不到的时间里一人一句地念出 5 句英语成语：

- I am going to seriously lose my rag.
- He was the apple of her eye.
- They had a skeleton in the cupboard.
- We had a real pig of a day.
- The dog was stone dead.

我拿到的译稿是：

- 我要把抹布丢出去（我真的要生气了）。
- 他是她眼中的苹果（她很喜欢他）。
- 他们的柜子里有骷髅（他们有不可告人的秘密）。
- 我的一天是一头猪（我这一天糟透了）。
- 这条狗像死石一样（这条狗死透了）。

根据长年经验，直接这样做成字幕，一是观众看字面直译会很容易出戏（有一句还是错译）；二是加了注释后字数繁多，绝大部分现场观众不可能在 9 秒钟里看完整、看明白，更来不及欣赏表演。尤其这段台词是塑造主人公形象的关键之处，对理解后续剧情影响很大。

所以我把这几句段改为：

- 我叫你吃不了兜着走。
- 情人眼里出西施。
- 他们心里有鬼。
- 今天喝凉水都塞牙。
- 这条狗像死猪一样。

这就兼顾了英语原文表达的意思，和现场观众熟悉的语言文字环境，同时减少了字数，让观众只要眼角余光一瞥，就能明白舞台上在发生什么，然后尽快将关注点转回表演区，抓住精彩一刻。

我在翻译本书时也带着同样的思路。虽说书本阅读和演出随场字幕的阅读不太一样，不过对一本用 45 万字的篇幅叙述最晚也是 30 多年甚至更久远以前，发生在距我们约 9 千多公里甚至更远的地方的诸多轶事琐闻的书来说，用家电说明书或教科书风格的语汇来翻译，那就只有沦为“高效催眠工具”的命运了。而我想通过翻译此书，把作者在音乐剧领域耕耘半个多世纪所收获的经验教训，转述给业内同行的愿望，恐怕也就此泡汤了。

此外，在阅读原文时，我能感觉出作者本身对音乐剧以及其成长的年代文化的强烈的挚爱，以及时不时会闪现在字里行间的那种“精致的刻薄”，典型的英伦风范。所以在翻译过程中，我一直在尝试用同样历史悠久且内容丰富的汉语语汇，和大家分享这些体验——本书译文尽量采用生活化的语汇句式，甚至有些口语风格，希望大家能觉得是一个真人在你们面前，活灵活现地把自己的人生故事和见闻娓娓道来。

同时，我也想通过这次翻译，来调整一些文娱领域里“望文生译”带来的误译，比如以英文发音规则音译的法国、德国或者西班牙人姓名，以及习惯性把女士的姓氏做“女性化”处理，造成像“伊莲·佩姬”“琳达·朗丝黛”这样不恰当的译名。

当然，个人能力水平终是有限。我一直认为音乐剧是团队合作的产物，绝少靠某个大神一己之力就能成功（本书里也提到了这点）。所以这本书能付印成册，和大家的帮助是分不开的：

多位热心又可爱的“爱音客”（中国最早的音乐剧爱好者在线社区“中国音乐剧爱音客”网站的注册成员），像Crystal53451、陆吉、懒人phj、tpringlin、歌特（也是戏剧翻译高手！）和肖明霞以及任丹丹两位老师（都任教于天津音乐学院）等，给我提供了大量详尽的专业知识和资料，还有翻译思路上的指导！

本书出版方广西师范大学出版社（上海）有限公司的尹晓冬女士、邓洁玉先生、李昂先生和徐妍女士，在成稿过程中倾注了宝贵的心血，帮助我提升了文稿质量！

而我能有幸跟这个专业的团队相识合作，也全靠他们的同行，同时也是《剧院魅影》的铁杆粉丝陈兴军先生热心牵线搭桥！

本书部分歌词译文和曲目译名的确定，有赖于上海华人梦想文化发展有限公司、七幕人生文化产业投资（北京）有限公司和上海文广演艺（集团）有限公司的领导及同行鼎力相助。尤其是七幕人生的程何女士（国内音乐剧译配大拿！），在自己日程繁忙之际，依然不厌其烦地协调查找事宜和提供资料！

最早帮我联系英国真有用集团洽谈翻译本书事宜的夏乐进先生，曾亲自参与引进了包括《悲惨世界》《剧院魅影》《猫》等在内的一系列经典百老汇音乐剧的演出，而达到他那般娴熟洒脱的中英文互译能力，更是我此生的追求目标之一，谨祝他早日康复！

我在音乐剧行业的领路人，也是中文版代序作者钱世锦先生，还有上海文化广场剧院管理有限公司副总经理费元洪先生，在翻译期间都给予了我莫大的支持！

更要感谢我聪慧美丽的太太邵京英，一直是我最坚强的后盾——她自己也翻译了此书5章的初稿，还帮我校对了8章译稿！人生能得爱侣如是，夫复何求！

至今为止我最喜爱的音乐剧，也是第一部征服了我的音乐剧，就是《剧院魅影》。2004年底该剧开始的首次中国内地巡演，就是我戏剧翻译生涯的开端；2006年，更有幸在其伦敦寓所内见到了安德鲁·洛伊德·韦伯爵士本人。在工作习惯上，他是必须有人物和情节在先，才能写出精致优美的旋律，我也是必须充分了解人物和情节的设定，才能把台词、歌词翻译出味道来。我自诩是唯物主义者，可依然愿意相信这是一种缘分。

所以也衷心期望本书能跟各位，无论是尚未接触音乐剧美妙天地的读者，还是经常光顾剧院的“爱音客”，或是跟我一样常常绞尽脑汁、操尽心血的业内同行，都有如此的缘分。

裘　晔

2020年11月

著作权合同登记号桂图登字:20－2019－156 号

图书在版编目(CIP)数据

韦伯自传：面具后的天才与狂喜／(英)安德鲁·洛伊德·韦伯著；裘晔，邵京英译.—桂林：广西师范大学出版社，2021.3
书名原文：Unmasked
ISBN 978－7－5598－2962－7

Ⅰ.①韦… Ⅱ.①安… ②裘… ③邵… Ⅲ.①安德鲁·洛伊德·韦伯－自传 Ⅳ.①K835.615.76

中国版本图书馆 CIP 数据核字(2020)第 103221 号

韦伯自传：面具后的天才与狂喜
WEIBO ZIZHUAN: MIANJU HOU DE TIANCAI YU KUANGXI

出 品 人：刘广汉　　策划编辑：李 昂 徐 妍
责任编辑：陈 维　　助理编辑：陈 哲
装帧设计：胡 斌　　文创设计：王鸣豪 李 婧

广西师范大学出版社出版发行
(广西桂林市五里店路 9 号　邮政编码：541004
网址：http://www.bbtpress.com)
出版人：黄轩庄
全国新华书店经销
销售热线：021－65200318　021－31260822－898
山东临沂新华印刷物流集团有限责任公司印刷
(临沂高新技术产业开发区新华路 1 号　邮政编码：276017)
开本：690mm×960mm　1/16
印张：37.75　插图：16　字数：450 千字
2021 年 3 月第 1 版　2021 年 3 月第 1 次印刷
定价：158.00 元
